樊崇义教授八十华诞著作系列 10

刑事诉讼法哲理思维

（修订版）

樊崇义　著

中国人民公安大学出版社
·北　京·

图书在版编目（CIP）数据

刑事诉讼法哲理思维/樊崇义著. —2版. —北京：中国人民公安大学出版社，2020.1

（樊崇义教授八十华诞著作系列；10）

ISBN 978-7-5653-3622-5

Ⅰ. ①刑… Ⅱ. ①樊… Ⅲ. ①刑事诉讼法—法哲学—研究 Ⅳ. ①D915.301

中国版本图书馆CIP数据核字（2019）第106751号

刑事诉讼法哲理思维

（修订版）

樊崇义 著

出版发行：中国人民公安大学出版社
地　　址：北京市西城区木樨地南里
邮政编码：100038
经　　销：新华书店
印　　刷：天津盛辉印刷有限公司

版　　次：2010年8月第1版
　　　　　2020年1月第2版
印　　次：2010年8月第1次
　　　　　2020年1月第2次
印　　张：26.25
开　　本：787毫米×1092毫米　1/16
字　　数：441千字

书　　号：ISBN 978-7-5653-3622-5
定　　价：118.00元

网　　址：www.cppsup.com.cn　www.porclub.com.cn
电子邮箱：zbs@cppsup.com　zbs@cppsu.edu.cn

营销中心电话：010-83903254
读者服务部电话（门市）：010-83903257
警官读者俱乐部电话（网购、邮购）：010-83903253
公安业务分社电话：010-83905672

总 序

樊崇义教授是我国著名法学家，是刑事诉讼法学、证据法学的领军者，在国际上享有崇高声誉和威望。在长期的法学教育和科研工作中，樊崇义教授笔耕不辍，著述鸿博，成果丰硕，他出版著作、教材近四十部，发表论文三百五十余篇，主持国家级、省部级以上科研课题十余项，有多部著作获司法部、教育部等省部级以上科研奖。他主编的《迈向理性刑事诉讼法学》一书获得第一届中国出版政府奖提名奖；主编的《刑事诉讼法学》和《证据法学》多次再版，被司法部、教育部列为法学高等教育国家级规划教材。

追求真理是樊崇义教授的学术使命。樊崇义教授拥有认知事物、辨别真理的大智慧，在长期的法学理论和实务研究中，积极主张我国刑事诉讼程序的科学化与民主化，证据法学的哲理化与现代化，开创性地提出了许多奠定我国刑事诉讼法学和证据法学学科及其理论基础的重要学术理论和研究方法，在法学界和实务界得到了广泛的认同。早在 1996 年，他在证明标准上提出了“法律真实观”；2000 年年初，提出了“诉讼认识论”和“刑事诉讼法律观的转型”；2002 年，提倡“刑事诉讼人本主义”，倡导实证研究方法；近年来，又率先提出部门法学哲理化，首倡刑事诉讼法哲理思维。这些都对我国刑事诉讼和证据理论及其应用产生了深远影响。

学以致用体现了樊崇义教授的使命担当。樊崇义教授长期投身于我国法治现代化建设，积极参与刑事诉讼法修改和司法体制改革，为国家立法建言献策，将自己的学术主张变为立法现实，为我国法治建设作出了杰出贡献。例如，樊崇义教授主持了侦查讯问中的录音、录像和律师在场等三项制度项目研究，其成果——全程录音、录像制度在 2012 年刑事诉讼法修改时被正式确立为一项诉讼制度；2018 年刑事诉讼法修正案确立的值班律师制度也是该项目研究成果——

律师在场的重要体现。2012 年刑事诉讼法修改时将“证据确实、充分”的证明标准解释为“排除合理怀疑”，这是对樊崇义教授提出的“法律真实观”的接受和肯认。此外，樊崇义教授还经常走出校门，到实务部门讲学，播撒最前沿的法学知识，提升司法人员业务素质，直接推动我国法治文明的进步。

适逢樊崇义教授八十华诞之际，应学界同仁及同门弟子盛情相邀，获中国人民公安大学出版社鼎力支持，我们编辑出版了“樊崇义教授八十华诞著作系列”，该著作系列共二十部，包括四部分：

一是樊崇义教授近年来独著、合著或主编的理论价值较高、在法学界和实务界影响较大的学术著作的重新编辑出版，共十四部，包括《刑事诉讼法实施问题与对策研究》《刑事诉讼法再修改理性思考》《正当法律程序研究——以刑事诉讼程序为视角》《刑事审前程序改革实证研究——侦查讯问程序中律师在场（试验）》《迈向理性刑事诉讼法学》《侦查讯问程序改革实证研究——侦查讯问中律师在场、录音、录像制度试验》《部门法学哲理化研究》《检察制度原理》《诉讼原理》《刑事诉讼法哲理思维》《刑事证据制度发展与适用》《论检察》《刑事证据规则研究》《底线——刑事错案防范标准》。这些著作的重新出版基本上保持了书稿原貌，只是校正原书中的错字、漏字、衍字及明显有误的标点符号，订正错误的引注。这些著作出版时间跨度较大，其间刑事诉讼法经过两次大修，《宪法》《律师法》和其他法律法规、司法解释也有修改，为避免不必要的混乱，原书中涉及或者援引的法律条文序号及内容保持不变。一方面，书中有很多内容是针对原法条的不足和缺陷提出的分析和修改完善意见，保持原样可以更好地体现当时的学术讨论与争鸣的原貌；另一方面，读者可以从法条内容的前后变化和书中修改完善意见的比较中发现樊崇义教授对于我国刑事诉讼和证据立法的贡献。

二是樊崇义教授近十年来发表的主要学术论文，按照研究的内容及其内在的逻辑关系，整理编辑形成四部新的学术专著，包括《刑事诉讼法学方法论》《刑事诉讼程序的改革与发展》《证据法治与证据理论的新发展》《司法制度与司法改革》。所选论文均是樊崇义教授七十华诞后至今公开发表的论文，具有很强的思想性、时代性和创新性，反映了樊崇义教授的理论思想、创新思维和研究范式，同时也展现了樊崇义教授最近十年的学术历程。所选论文原则上保持了发表时的原貌，对于有些论题相同或者相近的论文，为避免内容重复，在充分考虑原文整体性和逻辑性的前提下，对部分论文进行了内容整合、适当删节和编辑加工；有些论文发表时有中英文“摘要”“提要”“关键词”等，收录本书时全部予以删除；部分论文是樊崇义教授与学生合作发表的成果，收录本书时均标有题注，标明了合著作者的姓名、论文发表的报刊或其他出版物的名称、时间等。

三是樊崇义教授主编的一部新作《法律援助制度研究》。该书围绕我国法律援助制度及其实施过程中的历史发展、基本理论、性质定位、功能设置、制度建设、立法建言等若干重大问题展开研究，旨在进一步推动我国当前正在进行的法律援助立法工作、法律援助制度的现代化发展及其优化实施。

四是樊崇义教授指导的学生为其八十华诞撰写的庆贺文集《刑事诉讼法哲理思考》。该文集收录七十一篇文章，内容涉及樊崇义教授学术思想、理论贡献、为人师表以及长期关注或者当前司法改革的重要理论和实践问题等方面，同门弟子以各自不同的方式表达了对樊崇义教授杰出的学术成就、高尚的品格和他对高级法学人才培养等方面所作贡献的崇高敬意！

樊崇义教授是始终走在时代前列的法学家，在学术上所取得的成就是巨大的，对于我国刑事诉讼法学和证据法学的理论贡献是有目共睹的，而谦虚谨慎的人格和锐意进取的精神更能展示出他作为一个真正学者的伟大品质。老骥伏枥，志在千里。八十高龄的樊崇义教授依然身先士卒地活跃在刑事诉讼法学研究的前沿，躬行求索在推进中国刑事诉讼法治化进程的道路上，以不倦的学术追寻引领中国法学前行！

衷心祝愿樊崇义教授学术人生不老，思想之树常青！

樊崇义教授八十华诞著作系列编辑小组

2019 年 8 月

修订说明

《刑事诉讼法哲理思维》自2010年7月出版发行以来，得到了广大读者的支持和关爱，许多读者来信给予肯定。本书首次从法哲学的层面来构建具有哲理深度的刑事诉讼法学理论体系，是樊崇义教授在刑事诉讼法哲理化研究方面的最新思想集成。本书改变了以往刑事诉讼法学研究简单套用哲学或法理学的研究方法，开阔了刑事诉讼法学研究的视野，具有极高的创新价值。

近年来，我国社会、经济、思想等各个方面都在发生深刻的变化，刑事诉讼法学的研究呈现出繁荣景象，各种学术观点争鸣，可谓“百花齐放”。在1996年对《刑事诉讼法》修改的基础之上，为适应社会的变化与转型，2012年及2018年对《刑事诉讼法》再次进行了修改。2012年修改后的《刑事诉讼法》，增加了“尊重和保障人权”、“侦查讯问录音录像”等规定，这与樊崇义教授长期以来倡导的“刑事诉讼人本主义”以及开展的“录音、录像、律师在场”实证研究相呼应。除此之外，樊崇义教授提出的“法律真实观”、“诉讼认识论”、“刑事诉讼法律观的转型”等哲理化思维，对理论界和实务界产生了重大影响，尤其是“法律真实观”所引发的探讨与争鸣至今仍未平息。鉴于此，我们在初版的基础之上，对本书进行了修订，不仅纠正了初版存在的错别字，吸收了2012年、2018年刑事诉讼法修改的新内容，还增加了作者对哲理思维研究的新思想、新成果。

全书共有八章，分别为从部门法学哲理化到刑事诉讼法哲理研究、诉讼认识论、诉讼价值论、诉讼人本论、实证方法论、诉讼原理研究、检察制度原理研究、刑事诉讼法再修改理性思考；在编写体例和内容的创新方面，仍按照部门法学哲理化的思维，促使刑事诉讼法学不断迈向理性，其中的创新性观点在刑事诉讼法学的哲学科学体系构建过程中影响深刻，并将继续推动刑事诉讼法学基础理论研究的长远发展。

樊崇义教授八十华诞著作系列编辑小组

2019年8月

学习理解和应用，要从哲理的高度，要以哲学思维的形式，来认识部门法学所涉内容的科学性、合理性、应然性；第二，应该承认与部门法学有关的哲理，是各个部门法学的内容之一。在各个部门法学的学习和研究中，每一个问题的理性，亦即深层次的哲学原理，是我们学习和研究部门法学不可或缺的内容之一。例如，近年来民法原理、诉讼法原理、刑法原理等相继出台，一个共同的走向就是从法理学和哲学的高度与深度进行概括、归纳、总结，从学理上解决每一学科的科学性、应然性问题。黑格尔在《法哲学原理》一书中指出："法哲学这一门科学以法的理念，即法的概念及其现实化为对象。"① "哲学所研究的是理念，而不是研究通常所称的单纯的概念，相反地，哲学应该指出概念的片面性和非真理性，同时指出，只有概念（不是平常听到那种概念，其实只是抽象理智规定的东西）才具有现实性，并从而使自己现实化。"② "概念在它现实化过程中所采取的形态，在对概念本身的认识上是必须的，这种形态是理念的又一个本质缓解，它与单单作为概念而存在的形式是有区别的。"③ "理念不仅仅是和谐，而且是它们彻底的相互渗透。如果不是某种式样的理念，任何东西都不能生存。法的理念是自由，为了得到真正的理解，必须在法的概念及其定义中来认识法。"④

黑格尔的这些精辟的论述，讲述了什么是法哲学、法哲学理念与概念的区别及研究法哲学的重要性。告诫人们，离开法哲学，脱离理念和理性，概念和定在之法就无法生存。由此可见，研究法哲学是多么重要。

以应用为特色的各个部门法学，要不要迈向理性，要不要沿着哲理思维，把应用法学的研究不断引向深入？对于这个问题的认识学界说法不一，近来有人以应用法学的实证研究方法否定哲理化研究，甚至个别同志把哲理研究斥为"脱离实际的空谈"，以否定"部门法学哲理化"这一命题的研究方法。笔者认为作为应用法学，加强实证研究是完全正确的。近年来笔者也是这么做的，从 2002 年开始就选定刑事诉讼法学中的几个难点，如刑讯逼供的解决、证据规则的确立、第一审程序的改革等重大问题，带领学生搞试点，做试验，进行案例考察，写出实证研究报告，已经产生了很好的效应。但是，不能以实证研究否定哲理研究，

---

① ［德］黑格尔著：《法哲学原理》，范扬、张企泰译，商务印书馆 1961 年版，第 1 页。
② ［德］黑格尔著：《法哲学原理》，范扬、张企泰译，商务印书馆 1961 年版，第 1 页。
③ ［德］黑格尔著：《法哲学原理》，范扬、张企泰译，商务印书馆 1961 年版，第 1 页。
④ ［德］黑格尔著：《法哲学原理》，范扬、张企泰译，商务印书馆 1961 年版，第 1 页。

哲理化的研究方法和走向是注释法学、文本法学迈向理性法学的必然选择，只有从法理学和哲学原理上，对各个部门法学中的问题作出合理论证，才能使各个部门法学走向理性，才能深刻理解各个部门法学的科学性。因此，笔者认为无论是实证研究的方法，还是哲理化的研究方法，都是各个部门法学研究必须采用的不可缺少的方法。

关于刑事诉讼法学的哲理化研究，笔者主持并带领学术团队进行了不懈的努力，已经出版的《诉讼原理》、《迈向理性刑事诉讼法学》等专著，就是刑事诉讼法学哲理化研究的成果。《诉讼原理》被教育部批准为全国通用的研究生教材，《迈向理性刑事诉讼法学》于 2008 年 11 月获得首届“中国出版政府奖优秀出版物”提名奖。除此之外，还有 12 名博士研究生以刑事诉讼法哲学为选题作为研究方向，出版了专著，有的还获得了各种奖项。例如，锁正杰博士所著的《刑事程序的法哲学原理》获得中国法学会中青年优秀科研成果一等奖，还有吴宏耀博士所著的《诉讼认识论纲》、方金刚博士所著的《案件事实认定论》、李静博士所著的《证据裁判原理初论》等，都分别得到不同的表彰，这些哲理研究的成果，对刑事诉讼法学的发展，作出了一定的贡献。

二、《刑事诉讼法学》和《证据法学》教材的哲理走向

我国《刑事诉讼法学》教材的编写工作，从党的十一届三中全会以来，历经四代。第一代教材称为《刑事诉讼法教程》，以注释法律条文的方法进行编著，分总论、证据论和程序论三部分；第二代教材改称为《刑事诉讼法学》，在原三论的基础上，加强了一些学理解释；第三代教材《刑事诉讼法学》，在第二代的基础上增加了哲理范畴，即用专章论述刑事诉讼的目的、职能、价值、模式、阶段、法律关系等，在讲清刑事诉讼基本概念、基本理论、基本程序的基础上，对刑事诉讼法学中的一些基本范畴，设专章予以论述；第四代教材《刑事诉讼法学》，“按照刑事诉讼的客观规律和部门法学理性化、哲理化的要求，在内容上尽量从注释法学走向理性法学，按照诉讼的主体、客体、行为这一哲理化思路，进行设计和编排”①。在编辑的说明中，笔者称这一变化是对以往教材的提升或曰“升级”。笔者认为，《刑事诉讼法学》教材的这一变化和走向，不仅是

① 樊崇义主编：《刑事诉讼法学》，法律出版社 2004 年版，出版说明。

出于对刑事诉讼法学科结构的科学性、逻辑性、严密性的考虑，更重要的是为了突出应用法学的特点，通过教材的变革，使学生在世界观和方法论上学到真知，教给学生一种哲理思维，以提高执行刑事诉讼法的能力。例如，在教材的第四章，即“刑事诉讼基本范畴”一章中，笔者撰写了“刑事诉讼中的认识”一节，对刑事诉讼的认识主体、认识对象、辩证唯物主义与刑事诉讼等问题做了一一论述，使学生掌握诉讼认识的特征和防范，经过这几年的运用，广大师生普遍感到：“学刑诉就是要学习方法，就是要端正世界观和方法论。”

新一代《刑事诉讼法学》教材，突出了诉讼哲理研究的内容，打破了注释法学的樊篱。作者不仅提升了诉讼哲理的框架，在教科书中按照诉讼的原理、原则和诉讼的主体、客体、行为进行编排，而且在章节内容上增加了刑事诉讼基本理论范畴和刑事诉讼行为。

刑事诉讼基本理论范畴包括：

第一节　刑事诉讼的目的

一、刑事诉讼目的的概念

二、关于惩罚犯罪及其实现

三、关于保障人权及其实现

四、惩罚犯罪与保障人权的辩证关系

第二节　刑事诉讼的价值

一、目的价值观

二、过程价值观

第三节　刑事诉讼的本质

一、一般本质

二、阶级本质

第四节　刑事诉讼的认识

一、刑事诉讼认识主体

二、刑事诉讼认识对象

三、辩证唯物主义认识论与刑事诉讼

第五节　刑事诉讼的结构

一、英美法系当事人主义刑事诉讼

二、大陆法系职权主义刑事诉讼

三、日本当事人主义刑事诉讼

第六节　刑事诉讼的职能

一、关于刑事诉讼职能的不同学说

二、刑事诉讼职能的历史演变

三、基本诉讼职能

第七节　刑事诉讼的法律关系

一、刑事诉讼法律关系概述

二、刑事诉讼法律关系构成

三、刑事诉讼法律关系意义

第八节　刑事诉讼的阶段

一、刑事诉讼阶段的历史演变

二、刑事诉讼阶段与刑事诉讼目的关系

三、审判中心说与诉讼阶段说

以上是关于刑事诉讼的目的、价值、本质、诉讼认识、诉讼结构、职能、法律关系和诉讼阶段等基本理论范畴的编排和阐述，从中不难看出我们在教材内容上的哲理走向，这些基本范畴中许多提法本身就是哲学问题在刑事诉讼法学中的具体运用。尤其是把价值论、认识论、法律关系论引入刑事诉讼之中，对诉讼功能和诉讼能力的提升起到了很大的推动作用。与此同时，我们突破了刑事诉讼法条文关于基本原则规定的范围，这对于诉讼观念有着重要影响，而且又富有哲理，对制约诉讼的原则，做了专门论述，如人权保障、控辩平等、无罪推定、审判中立、证据裁判、司法审查等。对于这些原则的理解和认识，作者都以马克思主义的辩证唯物主义与历史唯物主义为指导，按照诉讼规律的要求，吸收其合理内容，为我所用。

“刑事诉讼行为”一章包括：

第一节　刑事诉讼行为的概念

一、诉讼行为理论的产生

二、刑事诉讼行为的概念

三、刑事诉讼行为的种类

第二节 刑事诉讼行为的要素

一、刑事诉讼行为的构成要件

二、刑事诉讼行为的无效

三、刑事诉讼行为无效的法律后果及其救济

四、我国刑事诉讼中的诉讼行为无效制度

第三节 刑事诉讼行为的程式

一、诉讼行为之语言文学

二、诉讼行为之时间

三、诉讼行为之文书

关于“刑事诉讼行为”一章的增设，完全是按照诉讼哲理的要求，因整个教材有了诉讼主体和客体，从哲学范畴上讲，必然要有诉讼行为。这一章的增加是原来几代教材所没有的，通过教材的适用和检验，现在已经证明这一哲理思维是正确的。长期以来我国的行为法学研究处于薄弱环节，党的十七大报告在对今后司法改革的论述中，除了对司法权的制约制衡，优化配置外，强调的一个重点就是规范司法行为。诉讼行为的规范问题，已成为当前我国司法改革的一个重点。在刑事诉讼中什么是有效行为，什么是无效行为，以及无效行为的分类与处置，即法律后果和救济制裁等，已经成为我国刑事诉讼立法和修改的重点问题。因此，按照刑事诉讼法学的哲理走向，加强教材中的诉讼行为研究是由刑事诉讼法学哲理的应然性决定的，也是完全符合时代呼唤的。

然而，关于诉讼行为的研究，包括刑事诉讼法学中引入诉讼主体、客体的问题，学界有不同的看法，有人认为引入这些东西，只是“在形式上显得逻辑严密，并具有一定的法理思辨意味，但对于刑事诉讼理论创新却没有实质性帮助”。① 也有人认为，“研究诉讼行为的分类、成立条件、生效要件，其核心理念与民事法律行为理论是一脉相承的，也就是过于注重行为主体的意思表示问题”。② 我们认为这种看法失之偏颇，根据行为法学和哲学理论，不能认为关于主客体和行为的研究，仅为民法理论所有，主体、客体、行为理应带有普遍性，刑事诉讼也不例外；同时，加强刑事诉讼行为研究，对于诉讼当事人、参与人和

① 陈瑞华：《刑事诉讼法学的回顾与反思》，载《法学家杂志》2009 年第 5 期，第 68 页。

② 陈瑞华：《刑事诉讼法学的回顾与反思》，载《法学家杂志》2009 年第 5 期，第 68 页。

公、检、法机关的法律行为走向规范、走向法治，更有特殊意义，这是刑事诉讼走向科学、走向民主的必然要求。因此，党的十七大报告中指出："深化司法体制改革，优化司法职权配置，规范司法行为，建设公正高效权威的社会主义司法制度，保证审判机关、检察机关依法独立公正地行使审判权、检察权。"① 这一论述，把规范司法行为问题，包括侦查行为、公诉行为和裁判行为，作为建设公正、高效、权威的社会主义司法制度的重要条件。对于当事人和其他诉讼参与人的诉讼行为的构成要件，成立和生效与否的问题，对于司法行为所产生的影响和法律后果，有着重要的意义。诉讼当事人和其他诉讼参与人，以及公安司法机关的行为规范问题，已经成为我国司法制度建设的核心问题，它直接关系着全社会公平正义的实现，更关系着公正、高效、权威的司法制度的建构问题。因此，不能认为刑事诉讼法中引入诉讼行为的哲理思辨既无意义又没创新。

笔者主编的《证据法学》已由法律出版社出版到了第六版，在第四版修改过程中一个突出的变化，就是增加了证据法学的哲理基础。大家知道，诉讼证据问题就是办案人员和当事人、诉讼参与人如何正确认识案件事实的问题。马克思主义关于辩证唯物主义的认识论是证据法的哲理基础，把这一原理引入《证据法学》教材是理所当然的。因此，在新版的《证据法学》中增加了证据法原理章节。它包括：

第一节　证据法原理概述

一、证据法原理的概念和意义

二、证据法原理的基本体系

三、证据法原理的基本内容

第二节　诉讼认识论：辩证唯物主义认识论

一、诉讼认识的要素

二、诉讼认识的内在过程

三、诉讼认识的原则和方法

四、诉讼认识的结果

第三节　诉讼认识论：程序正义论

① 胡锦涛：《高举中国特色社会主义伟大旗帜　为夺取全面建设小康社会新胜利而奋斗》，人民出版社 2007 年版，第 31 页。

一、诉讼认识的外在过程

二、程序正义论

第四节 诉讼认识论与证据法

一、辩证唯物主义认识论与程序正义论的关系

二、诉讼认识论与证据法

以上这些内容，以马克思主义哲学原理为指导，结合诉讼认识的特点，对诉讼认识的要素、过程、原则、方法和结果，进行了一一阐述。同时，还把诉讼认识与诉讼程序、诉讼正义、证据法之间的关系也做了章节论述。这样做的目的就是把最基本的哲学原理运用到诉讼证据之中，运用到证据法和程序法之中。马克思主义辩证唯物论与证据法、程序法的有机结合，对各个诉讼主体证据理念、证据意识、证据方法的提升有着直接的作用和意义。尤其是在大力倡导规范司法行为的今天，它不仅从世界观、方法论上提高了广大司法人员的司法能力，而且还有着重大的现实意义。

三、刑事诉讼法哲理已经成为博士毕业论文的重要选题

学术是一项非常人性化的事业。刑事诉讼的哲理化研究如果能形成一种团队攻关的态势，势必能推动法学研究层次的提升。所以，对于刑事诉讼的哲理化研究，除了自己身体力行，笔者还将这种意识贯穿到博士生培养工作当中去，引导博士研究生在选题、写作等方面知难而上，勇攀高峰，多做具有开拓性、前瞻性的课题研究。这样做的效果相当不错，已经产生了一批具有影响力的研究成果。下列博士论文就反映了笔者所做的这种努力：

（1）锁正杰博士的《刑事程序的法哲学原理》（2002 年由中国人民公安大学出版社出版）。对刑事程序的逻辑结构和价值问题从法哲学的角度展开研究，是我国诉讼法学研究领域尚未得到解决的一个重要课题。在笔者的指导下，锁正杰采用法哲学的研究方法，写作了《刑事程序的法哲学原理》一文，填补了这一理论空白，此论文获中国法学会中青年优秀科研成果一等奖。

（2）吴宏耀博士的《诉讼认识论》（2008 年 3 月由北京大学出版社出版）。刑事诉讼活动不是一种单纯的认识活动，而是一种法律规范下的认识活动，对这种特殊的认识活动进行研究可以更深刻地揭示刑事诉讼中事实和法律之间的互动

关系。鉴于诉讼认识论在诉讼法和证据法中有着极为重要的理论意义，笔者指导吴宏耀写作了《诉讼认识论》一文，从全新的角度对诉讼认识问题展开研究。

（3）史立梅博士的《程序正义与刑事证据法》（2003 年 10 月由中国人民公安大学出版社出版）。整个刑事诉讼就是以证据的收集、审查、判断为核心展开的。我国具有职权主义的诉讼传统，较为重视案件事实真相的发现，与此相应，此前学者们的研究较为重视证据的证明力问题，而证据能力问题则较少涉及。随着我国政治民主化进程的加快以及多项国际人权公约的签订，诉讼程序的人权保障功能逐渐受到重视。所以，在当前的历史时期将程序正义与刑事证据法进行结合研究，是一个非常有意义的课题。鉴于此，笔者指导史立梅写作了《程序正义与刑事证据法》一文。

（4）刘涛博士的《诉讼主体论》（2005 年 6 月由中国人民公安大学出版社出版）。刑事诉讼主体在本质上可以看作特定时代的个体形象、社会和国家政治权利结构的“缩影”，对应于现代社会人权、民主、法治三大价值目标。在当代中国，与社会主义市场经济体制的逐步确立及深入发展相呼应，依法治国、建设社会主义法治国家、促进社会主义民主、尊重和保障人权已经成为时代的主题。从理论论证和制度建构入手回应这一时代主题是近年来法学界关注的热点。在此背景下，选取和深入研究刑事诉讼主体无疑具有重要的理论价值和现实意义，为此，笔者指导刘涛写作了《诉讼主体论》一文。

（5）张小玲博士的《刑事诉讼客体论》。诉讼客体理论源远流长，起源于德国，大陆地区学者对这一理论向来缺乏研究，主要是通过台湾地区学者的著作来了解这一概念。须知，大陆法系的诉讼法学理论，以诉讼主体、诉讼客体、诉讼行为作为三大理论基石，对诉讼客体理论展开研究对于完善我国诉讼法学学科体系有着重要的意义。而且，近年来学界在“法院变更指控罪名”这一问题上表现出的理论混乱，也证明了这一问题的研究具有重要的理论指导意义。基于此，笔者指导张小玲写作了《刑事诉讼客体论》一文。

（6）杨立新博士的《刑事诉讼平衡论》（2006 年 8 月由中国人民公安大学出版社出版）。本书分为上、下两篇，上篇深入探讨了刑事诉讼平衡论的基本理论，其中包括刑事诉讼平衡论的基本范畴、刑事诉讼平衡论的法哲学基础以及刑事诉讼平衡论实现的基本原则和具体机制。下篇深入探讨了平衡论视野下我国刑事诉讼结构与程序之完善，其中包括在新的社会条件下，我国刑事诉讼立法和司法确立平衡观念的必要性，我国刑事诉讼平衡观的核心内容以及我国刑事诉讼结构与程序的重塑和完善。

（7）方金刚博士的《案件事实认定论》（2005年8月由中国人民公安大学出版社出版）。世界的司法经验证明，事实认定比适用法律要困难得多，认定案件事实是诉讼的中心任务。鉴于这一问题在实践中的重要性，笔者指导方金刚写作了《案件事实认定论》一文，从法哲学的高度对法官的案件事实认定活动进行了研究。

（8）毛利华博士的《论证据与事实》（2008年由中国人民公安大学出版社出版）。该成果抓住了刑事诉讼中的核心问题，即事实和证据，从法哲学的高度，对"事实"进行了科学的界定，对如何运用证据证明案件事实，联系实际，有针对性地加以阐释，从而说明办案人员坚持唯物史观，坚持马克思主义的辩证唯物主义的重要性。

（9）陈惊天博士的博士论文《法官证据评判研究》。该文在方法论上结合中华传统文化进行了创新性的阐述与发展，以点和圆圈的通俗比喻解读了研究定位和理论架构等诸多基本问题；在认识论上进一步发展了辩证唯物主义认识论与诉讼认识论之间的关系，在辩证唯物主义认识论的基础上强调了诉讼认识的特殊性，强调了个体认识的相对性、主观性和有限性特点；对证据概念进行了深入的微观解构，引入并提出了证据信息、可识素因等观点，更新了证据分类学说，从而调整了证据资格、证明能力与证明力理论，对证明、证明责任、证明标准等概念进行了重新诠释；在哲学和逻辑学两个层面上对"事实"的双重属性问题作了系统论述，解读了人们对"事实"存在的认识误区并对其原因进行了剖析；用信息论对辩证唯物主义关于意识与物质相互关系进行了探索和发展，结合符号学的相关理论，对证据、事实与命题的基本概念提出了新的视角，对三者之间的相互关系问题进行了深入的研究和探索，提出了一些比较深刻的理论与观点。

（10）李静博士的《证据裁判原则初论》（2008年5月由中国人民公安大学出版社出版）。该专著不仅对证据裁判原则的产生、发展、内涵进行了论证，更重要的是它从刑事诉讼法哲学的视角，对证据裁判的主体、客体、行为，联系诉讼的过程、认识的过程进行了清晰的论述，尤其是对证据裁判原则的认识论和价值论两大理论支柱作了哲理性分析，揭示了刑事证据的哲理基础，清楚地回答了诉讼过程就是一个严谨的逻辑形式与求真的内容之有机统一。

（11）夏红博士的《无效刑事诉讼行为研究》（2009年8月由中国人民公安大学出版社出版）。该专著运用行为法学理论专门研究了刑事诉讼过程中的无效行为的生成、分类、法律后果及如何处置。它对完善我国的刑事诉讼法，特别是在新的修改中，如何加强对无效行为的制裁以及规范司法行为，有着重要的现实意义。其理论意义在于，它对诉讼法律关系中的诉讼行为要素进行了科学的论证与分析。诉讼行为是我国刑事诉讼法学研究的一个薄弱环节，特别是对无效行为的研究，夏红博士这一研究填补了这个空白。

（12）关于刑事诉讼中的人本主义的研究，成果有张品泽博士的《人本精神与刑事诉讼程序》、吴光升博士的《刑事诉讼中的人性分析》。这两本专著都是以马克思主义的唯物史观关于人本主义的论述作为理论武器，来揭示具有中国特色的刑事诉讼的本质。前者重点解决人本精神与刑事诉讼的关系，后者意在完整地阐述人本精神在刑事诉讼中的具体体现。“法律本因人的需要而来到人间，但在阶级对立的社会里，它异化为压迫人的工具。一旦人的发展和人民的根本利益成为法律活动的出发点和归宿时，法律又回归于人。与此相适应，法律观也随之变化，即神本法律观—物本法律观—人本法律观。”① “人本法律观表明这样一个客观事实：人是法律之本。法律源于人，行于人，服务于人。离开了人，法律既无存在的必要，也无存在的可能。”② 刑事诉讼法更是如此，诉讼中每一个程序的设计，每一个诉讼行为都离不开人，它的基本要求就是合乎人性，尊重人性，体现人道，体恤人情，保障人权。上述两本专著，对这个问题的认识和分析，既有宏观的理性思考，又有在诉讼活动中的运用，被学生们誉为“刑事诉讼法学的姊妹篇”。

以上仅列举12篇博士论文（其中有10本作为专著出版），从他们的选题和内容中不难看出其哲理走向，也充分地反映出笔者在指导和培养学生过程中的哲理思维。笔者认为，这种走向和思维，对深化“刑事诉讼法学”和“证据法学”研究有着重要的作用，它不仅使学生对刑事诉讼立法的内容有了正确的认识和理解，而且对法律规定的应然性、规律性、科学性、正当性有了一个科学的思维，对树立学生的人生观、世界观和价值观很有帮助，对学生马克思主义法律观的形

① 李龙著：《人本法律观研究》，中国社会科学出版社2006年版，第2页。
② 李龙著：《人本法律观研究》，中国社会科学出版社2006年版，第2页。

成起着重要的推动作用。

值得赞扬的是，有些成果对刑事诉讼法哲学体系的建构有一定的参考价值。长期以来，笔者曾试图建构刑事诉讼法哲学科学体系和证据法哲学科学体系。这两个科学体系的建构我们可以从锁正杰博士和吴宏耀博士的两本著作中得到一定的启示。

关于刑事诉讼法哲学科学体系的问题。刑事诉讼法哲学科学体系是笔者长期以来思考和研究的一个重要问题，作为刑事程序法它有一个完整的程序体系，而支撑程序体系的哲理框架是什么，这个问题在锁正杰博士的学位论文《刑事程序的法哲学原理》提供的大纲的基础上，经过多次研究、推敲，笔者认为已经呈现雏形，可资参考：

刑事诉讼法哲学科学体系（目录）

第一章　引论暨方法论

一、刑事程序与法哲学方法

（一）研究对象

（二）研究方法

二、刑事程序法哲学研究的历史与现状

（一）国外对刑事程序的法哲学研究

（二）我国对刑事程序的法哲学研究

本体论

第二章　刑事程序的要素与结构

一、概论

二、刑事程序的规则

（一）刑事程序规则的结构

（二）实体性规则

（三）实施性规则

（四）我国刑事程序规则之分析

认识论

关于诉讼认识论纲的问题。刑事诉讼活动中，证据问题是一个核心问题，也是诉讼活动的基础。案件事实的认定靠证据，证据的来源和运用靠办案人员和诉讼参与人的正确认识。因此，诉讼认识的规范问题，是一个诉讼法学者经常思考的问题。笔者曾试图研究“证据法哲学科学体系”，以解决诉讼认识问题，但一直未能如愿。吴宏耀博士是哲学学士，有较深厚的哲学功底。他专攻诉讼中的认识问题，2002年元旦前后，正值他的博士论文选题之时，当时证据法学研究的一个热点就是在转型时期关于诉讼认识的特征问题，一方面要坚持以马克思主义关于认识论的一般原理作为指导，另一方面也要把握诉讼认识领域认识的特征，深入践行科学发展观。经过师生共同研究认为，诉讼认识应区别于一般社会活动，区别于一般科研活动的思维方法和思维模式。我们经过艰苦的思考和对大量案例的分析，认为裁判者对案件事实的认识“是一种通过证据而展开的回溯历史的认识”，因为案件事实不能重演或重现，而且这种认识是基于实体法和程序法规定的“法律格式化”的认识，它只能在法定的期限内依照法定的程序进行。“事实上有罪”与“法律上的定罪”是两个不同的概念。这一特定领域的这些特征导致“诉讼认识论”应运而生。依传统证据法学中“客观真实理论”、“真相论”、“实践是检验真理的标准”等一系列抽象的哲学命题是无法真正解决诉讼中的认识和诉讼裁判问题的。

吴宏耀博士以“诉讼认识论”为题，经过多年艰苦细致攻关研究，对诉讼认识过程作了符合实际的细微解析，从逻辑思维上厘清了诉讼认识的活动过程，完成了《诉讼认识论纲》。他坚持马克思主义的唯物史观，从研究分析“唯物主义本体论”与“辩证认识论”的关系着手，阐明了诉讼过程中认识主体与客体的关系，分析和探讨了长期以来我国诉讼认识论中坚持“认识本体论”的片面性，引导人们从证据法学研究中的本体论转向认识论，亦即加强认识主体与客体的辩证关系研究。在这一转变的过程中，他在充分地论证了诉讼认识与司法证明的特殊性以后，指出诉讼认识的社会历史属性——诉讼认识是一种法律规制下的证据裁判活动。诉讼中对事实的裁判是一种以裁判者确信和判断为真的认识活动，把诉讼认识中的内部思维机制和对证据的评价机制，进行了规律性的分析，使人感到“具体、实在、管用”，符合诉讼认识的过程和规律，符合法官裁判案件的思维方式和方法。作为一名法官，面对千差万别、形形色色的案件事实和证据，以什么思维、什么方法依实依法进行判断，《诉讼认识论纲》会对这样的困惑进行梳理，让人理性地按照一个正确的认识规律和判断标准作出准确的回答。因此，笔者个人认为《诉讼认识论纲》对提高办案人员的认识能力，提高办案的质量，将会产生一定的影响。

从证据法哲学的科学体系的构建来看，笔者认为《诉讼认识论纲》应该是它的核心和内涵，把握了诉讼认识论就会对证据法哲学的基本内容有一个初步的了解。因此，笔者也把《诉讼认识论纲》的目录引入本稿，将其作为证据法哲学新发展的一个重要成果。

《诉讼认识论纲》目录

四、刑事诉讼法哲理思维在课题研究中的应用与发展

刑事诉讼法哲理，又可以称为刑事诉讼法法理学或理论刑事诉讼法学，是

把刑事诉讼法所涵盖的法理提升到哲学高度进行研究的一种思维，或曰一门科学。

关于刑事诉讼法学与哲学的关系问题，许多学生总是问："老师！刑事诉讼法就是刑事诉讼法，哲学就是哲学，刑事诉讼法哲学在哪里？这个问题的答案关系到对哲学概念的理解问题。什么是哲学呢？""哲学是社会意识形态之一，是关于世界观的学问，它研究整个世界最普遍的问题。在思维对存在、精神对物质的关系看法上，哲学分为唯物主义和唯心主义两大派别，马克思、恩格斯批判地吸收了过去哲学上的成就，总结了自然科学的成果和无产阶级阶级斗争的经验，建立了唯一的科学的哲学，即辩证唯物主义和历史唯物主义。"① 由此可见，哲学问题是研究整个世界最普遍、最基本的问题，它是各门学科的总领，是一个世界观和方法论问题。刑事诉讼法学也不例外。其实只要你闭上眼睛，结合刑事诉讼的立法、执法、守法的各个环节深入地想一想，处处都有哲理问题。例如，你面对一个刑事案件，关于什么是案件事实？如何查明案件事实？如何调查、收集、运用证据，揭露案件事实？什么是案件事实？查到什么程度？案件如何移送？如何起诉？如何庭审？各个环节都有哲理问题，从一定意义上说，都是哲学问题。因为关于"事实"、"证据"、"真相"、"证明标准"、"起诉与审判程序"的设计等，都存在着一个科学界定、正当设计、合理运用问题。界定、设计、运用之中，无不与各个诉讼主体的世界观、方法论，司法理念密切相关。真与假、善与恶、黑与白、是与非，泾渭分明，是何原因呢？这就是一个复杂的哲学问题，就是由于世界观、方法论不同，而得出不同的结论，形成不同的执法效果。我们研究刑事诉讼法哲学，就是要从哲理三观，深化人们的认识，统一人们的法学理念，提高人们的立法、执法与守法能力，使法律效果最大化。

刑诉法哲学研究，就是要把刑事诉讼法所蕴含的理性提升到哲学的高度进行研究。这也是笔者在教学和科研生涯中的追求。

（一）"刑事诉讼哲理化"主张的提出

20世纪八九十年代末期，整个诉讼法学研究处于恢复时期，这一时期的理论著作大多针对具体制度而作，对外国刑事诉讼的研究也是制度介绍居多，而对其进行理论比较、借鉴的研究则不多见，对刑事诉讼进行哲理研究的作品更是少

① 《现代汉语字典》，商务印书馆1977年版，第1304页。

见。这种状况，一方面，与当时特殊时期理论研究上的断层有关；另一方面，也是因为法律规定的粗疏，许多制度问题上的漏洞亟须理论填补，当时较为流行的口号“理论研究为立法和司法服务”，就是对这种情况的反映。

早在20世纪80年代初，在笔者任教的中国政法大学刑事诉讼法学教研室召开的一次研讨会上，出于对“刑事诉讼法学和刑事诉讼法的同构化”这种低水平循环研究局面的焦虑，笔者提出了“刑事诉讼法学的哲理化研究”的主张，得到了与会者的热烈赞同。会后，笔者又对这一问题进行深入思考，写成了《关于刑事诉讼法学结构的思考》一文，发表在《高等法学教育》1991年第2、3期上，该文明确提出“深化刑事诉讼法哲学研究”的观点，并进行了比较深刻的论证。这就是“刑事诉讼哲理化研究”主张的提出。这一主张一直延续到2004年12月18日至19日教育部人文社会科学重点研究基地（法学）主任联席会议在海南博鳌亚洲论坛会场召开。这次会议由中国政法大学诉讼法学研究中心主持召开，由于笔者时任该中心的主任，会议主题由笔者提出并将其命名为“部门法学哲理化研究”，与会近50名专家，均为各个部门法学学科带头人。会议成果《部门法学哲理化研究》于2007年9月出版发行。在这次召开的各部门法学学科带头人的年会上，热烈讨论了部门法学哲理化的意义、部门法学哲理化的含义和部门法学哲理化的方法等问题。

与会专家一致认为，部门法学哲理化是我国法学走向理性和成熟的标志，是我国法学研究和法学教育发展的必然走向。这是部门法学哲理化的意义。

徐显明教授认为，部门法学哲理化的命题是我国法学研究范式从反思式的革命性法学走向建构式法学的标志，是对我国理论法学和应用法学之间的整合提出的战略性挑战。25年来，我国法学的研究方法主要是反思和批判，而现在是从反思法学走向创新法学的时候了。如果我们将法学研究和社会生活紧密结合，那么，目前中国的政治、经济、社会、文化正在很大程度上改变着我们的法学研究范式，具体表现在法律主体从国家本位转向公民本位、法律体系从权力本位转向权利本位、法律价值观从法律工具本位转向法治价值本位、国家治理从人治主导到法治主导、国家形态从政治国家走向市民社会、国家管理从统治走向以构建和谐社会为目标的治理以及执政党依法执政等七个方向。因此，部门法学哲理化是社会实践提出的必然要求。在学科建设方面，该命题意味着理论法学和部门法学的两分模式应当走向整合。西方国家法学研究已经表明，法理学和应用法学的结合是法学发展的必然结果，因为部门法学研究深入到一定程度，必然上升到一般的法理。

邓正来教授认为，西方法学家没有提出该部门法学哲理化的命题，而我们为什么提出了呢？该命题实际上预示着对我国法学研究缺陷的检讨和反思，蕴涵着知识生产活动的高度个性化与知识生产制度安排的标准化之间的矛盾。我国法学研究不发达的一个重要表现和原因是学科划分非常细致，而且与教研室、院系的设置相对应。这样的制度安排必然与知识生产的个性和综合性冲突，造成法学研究的肤浅。在这种背景下，部门法学哲理化命题的提出实际上也是对我国法学知识生产的制度安排提出的挑战。

锁正杰博士认为，部门法学哲理化的最大意义是为部门法研究提供规范的、成熟的方法论，从而为不同的部门法学之间交流整合以及同一部门法学内的交流和流派形成提供语境平台。我国法学界的不少研究活动是各行其是、自言自语、缺乏统一方法论的支撑，不仅不同部门法学之间难以沟通，而且，同一部门法学内的不同专家之间也难以相互理解。观点的分歧和争鸣是正常的，但没有统一的方法论和语境平台，则是不科学的。法理学界存在不同的法学流派，部门法学在走向成熟时也必然出现不同的流派，而部门法学哲理化的命题正是我国部门法学出现不同流派的先兆。

部门法学哲理化的含义。与会专家认为，“哲理化”并非将哲学、法哲学或者法理学的范畴或者原理简单套用到部门法学中，更不是用它们来改造部门法学，以至于消除部门法学的划分。不同的部门法学应当有自己不同的课题和语境，有自己的哲理化发展路径，从而形成符合部门法特色的范畴、方法和原理。

关于部门法学哲理化的含义，与会专家提出了不同观点。“提升说”认为，哲理化是应用哲学、法哲学的方法论替代部门法学研究层次的结果。“上升说”认为，部门法学对具体问题的研究最终也需要上升到一般法理的层面。“方法借用说”认为，“哲理化”是部门法学借助哲学、法哲学和法理学的一般方法和原理研究部门法的问题。“中间说”认为，部门法学哲理化是研究位于理论法学和应用法学中间地带的范畴所构成的共有知识体系。

在明确部门法学哲理化的含义时，与会专家提出了如下具体问题：

(1) 法理学与法哲学之间的关系。多数专家主张区分这两个概念。李步云教授的“包容说”认为，法理学的研究对象是法的本体、价值、功能、实施等一般性问题，而法哲学的研究对象是法、法律制度、法律思想中的认识论和方法论。认识论的逻辑起点是法的主观和客观的两面性，法学认识论由此研究法律与社会现象、法律与法律意识之间的矛盾以及法律证据、法律规则、法律推理的两重性等基本问题。法的方法论研究课题是法的内容和形式、法的本质和想象、法的共性和个性、法的整体和部分、法的权利和义务、法的秩序和自由、法的应然和实然、法的确定性和不确定性、法律的稳定性和变动性、法的继承和扬弃、法的协调发展等之间的矛盾。法哲学并不高于法理学，因为在整个法学理论中，法理学占有主导地位，法理学包括法哲学、法社会学、法律经济分析学等分支学科。马克思主义法哲学的特色是唯物辩证法的认识论和方法论。

陈兴良教授的“并列说”认为，法哲学的研究对象是法的价值内容，因而其主要方法论是一种价值分析，具有批判性与反思性，本质上是对法的形而上的研究，它超越实在法，成为一种对实在法的批判力量。法理学是对法的规范内容的考察，主要采用规范分析的方法，这种方法具有规范性和思辨性，是法学和伦理学等规范学科所共用的方法。

（2）理论法学与应用法学之间的关系。进一步加强两者之间的联系是与会专家的共识。王利明教授认为，过去应用法学与理论法学是脱节的，以至于形成了所谓的“饭碗法学”。部门法学哲理化的命题则意味着两者的结合。理论法学要为部门法学研究提供一般法理支持，而部门法研究也要从法理学中找到一些依据，尤其是法学方法论的指导。国外法学界能够从很小的部门法案例中总结出高深的一般性法理，而实务界也能够将法理学研究出来的法律方法运用到个案的解决过程中。例如，法律经济分析，在我国目前停留在学理研究阶段，实务界很少在案件裁判中应用这个方法，而美国司法实务界已经在合同法、侵权法的判例中应用经济分析的方法裁判案件。

张文显教授认为，应用法学是理论法学研究的基础，理论法学是应用法学研究的一个提升，两者在哲学上是特殊与一般、共性与个性的关系。理论法学与应用法学的划分只有分类意义。应用法学研究一旦深入，就会超越部门法的实践，从特殊上升到一般，从而触及理论法学神经。

（3）部门法哲学。张文显教授提出了“部门法哲学”的概念，认为这是应用法哲学的方法研究部门法问题的中间学科，有人称之为法学隧道、模糊地带。部门法哲学的研究对象是开放的，主要是部门法的基本原则、基本原理、基本范畴、法律方法以及热点问题等；研究方法包括语义分析、价值分析、反思批判、建构整合等。

“部门法哲学”是部门法学哲理化的重要方面，但不是全部内容。关于部门法哲学的归属，与会专家的意见大同小异。张文显教授和陈兴良教授持“中间地带说”，认为部门法哲学是理论法学和应用法学之间衔接和结合的一个中间地带；而赵秉志教授持“共有地带说”，认为部门法哲学既属于理论法学，也属于应用法学。

关于部门法哲学的分化，有专家认为，各个部门法学应当建立研究自己特殊概念、原则和原理的法哲学，如民法哲学、刑法哲学、行政法哲学、诉讼法哲学等。张保生教授从哲学分化的角度出发，认为哲学可以分为社会哲学、自然哲学和思维哲学，法哲学属于社会哲学的一个分支，可以进一步分为刑法哲学、行政法哲学等。在这里，关键要把握学科的分化和整合之间的“度”。否则，部门法哲学就没有哲学的味道了。

（4）部门法理学。部门法理学是研究特定部门法规范中蕴涵的一般范畴、原理和原则的科学。陈兴良教授以法社会学、法理学和法哲学的内容区分以及价值分析、规范分析和社会实证分析的方法区分为经纬，认为部门法理学是应用规范分析方法研究部门法规范之内的原理和范畴，而部门法哲学是应用价值分析的方法研究特定部门法之上的价值内容，两者都是部门法学的组成部分。

部门法理学固然要接受一般法理学理论的指导，但应当主要从部门法学的内部产生。张千帆教授认为，公法和私法未必遵循同一种“理”，各部门法都处理目的问题，因而必然具有不同的特色。我们没有必要过分强调统一。纯粹的、大一统的“法理学”是不存在的，实际上只存在部门法理学。

部门法学哲理化的方法。关于部门法学如何走向哲理化，与会专家提出了如下观点：

（1）学科结合。这里是指对哲学和法学、应用法学和部门法学展开跨学科的合作研究。吉林大学理论法学研究中心寻找部门法学和理论法学中间地带的做法极具特色，宋显忠博士将其归纳为“一个中心两个基本点”，即以反思部门法学已经形成的原理或者命题为中心，以实在法的制度分析和热点案例分析为基本点，将一般法理研究与单靠一个部门法难以解决的疑难问题分析结合起来。

（2）针对问题。部门法的哲理化研究必须针对部门法的具体问题，并且以此为出发点。邓正来教授认为，部门法学哲理化不是一个独立的知识体系，而是部门法学研究层次逐步提升的结果，必须针对具体问题，否则就有可能变成玄学。

（二）课题研究中的刑事诉讼法哲理思维

2000 年 9 月 18 日，笔者承担了“诉讼原理研究”项目，该项目由普通高等学校人文社会科学重点研究基地基金资助，属教育部重点科研项目，历时 3 载，于 2003 年 4 月由法律出版社出版。

2004 年，笔者同珠海人民检察院合作，共同立项研究“刑事诉讼中的人文精神”，最后形成《人文精神与刑事诉讼法的修改》专题论文，于 2004 年 6 月发表于《政法论坛》。

2005 年 1 月，笔者承担了国家社科基金项目“刑事诉讼法修改研究”，经过两年的研究形成了《刑事诉讼法再修改理性思考》一书，于 2007 年 10 月由中国人民公安大学出版社出版。

2006 年，笔者承担了最高人民检察院重大科研项目“具有中国特色社会主义检察制度原理研究”，经过近 3 年的研究，形成了《检察制度原理》一书，于 2009 年 11 月由法律出版社出版。

2009 年，笔者所撰写的《法律监督哲理论纲》，发表于 2010 年第 1 期的《人民检察》。

2010 年，笔者所撰写的《我的刑事诉讼哲理思维》，发表于 2010 年第 6 期的《东方法学》。

2012 年，笔者所撰写的《刑事诉讼法修正案（草案）的哲理之思》，发表于 2012 年第 5 期的《人民检察》。

2012 年，笔者所撰写的《社区矫正哲理之思》，发表于 2012 年第 8 期的《中国检察官》。

2013 年，笔者所撰写的《从“排除合理怀疑”看实体真实相对性》，发表于 2013 年 5 月 3 日的《检察日报》。

2013 年，笔者所撰写的《证明标准：相对实体真实——〈刑事诉讼法〉第 53 条的理解和适用》，发表于 2013 年第 5 期的《国家检察官学院学报》。

2016 年，笔者所撰写的《大力弘扬检察制度的哲理基础》，发表于 2016 年第 14 期的《人民检察》。

2017年，笔者所撰写的《法律真实哲理思维》，发表于2017年第3期的《中国刑事法杂志》。

回眸十几年来课题研究中的主线，就是从刑事诉讼法哲学的高度来思考刑事诉讼中的问题，课题研究的走向就是从法律规范、规则研究，走向哲理研究，这种哲理思维主要表现在以下几个方面：

1. 正确区分刑事诉讼法学的概念、范畴和原理，建构刑事诉讼法哲学体系

我们知道，任何一门科学都是由基本概念、基本范畴以及若干原理构筑起来的理论知识体系。作为一个部门法学的刑事诉讼法学也不例外，但是对基本范畴和原理的概括与总结，还处于一个认识和发展的阶段，甚至说法种种，尚未形成一个科学体系，特别是在研究方法和研究内容上，常常出现概念、原则、制度、基本范畴、原理等分辨不清、相互混淆的情况。因此，如何正确区分概念、基本范畴、原理，对建构刑事诉讼法哲学科学体系，意义重大。

（1）概念与范畴。概念与范畴作为人类认识成果的结晶，作为人类思维的形式，它们之间没有实质区别，它们的区别仅仅在于范畴是人类在认识客体的过程中形成的基本概念。在哲学史上，古希腊哲学家亚里士多德把范畴看作对客观事物的不同方面进行分析归类而得出的基本概念。我国哲学家高清海先生指出："范畴是内容更为抽象、概括性也更大的概念。"① 因此，很多学者对范畴和概念不加区分地并用。

（2）范畴与原理。科学研究是最高的理性认识，通过理性认识所形成的理论是一个个概念范畴序列化、体系化的过程，这一过程就是理论的形成与发展。由此可见，"任何一门科学成熟的标志，总是表现为将已经取得的理性知识的成果——概念、范畴、定律和原理系统化，构成一个科学的理论体系。这种理论体系不是零碎知识的成果，也不是一些定律的简单拼凑，更不是许多科学知识的机械凑合，而是有一定内部结构的相对完整的知识体系，或者说是反映对象本质、对象发展规律的概念系统"。②

通过概念、范畴、原理相互关系的分析，我们可以清楚看到，刑事诉讼法学之研究，在走出诠释法学的束缚之后，其研究方法和思路，必须沿着"概念—范

① 《高清海哲学文存》（第2卷），吉林人民出版社1997年版，第285页。
② 彭漪涟主编：《概念论：辩证逻辑的概念理论》，学林出版社1991年版。

畴—原理”的逻辑思维，唯有如此，才能把学术研究不断引向深入。目前摆在我们面前的一项重要任务，就是不断地概括和抽象刑事诉讼法学的范畴，然后从范畴走向理性的序列化、体系化，从而产生诉讼原理，并形成独立的刑事诉讼法学科学体系和科学风格。

当前构建刑事诉讼法哲学科学体系的一项基础性工作，就是必须构建刑事诉讼法学范畴体系。每一个学科的“范畴体系是思想家借助于逻辑的方法，对丰富的感性材料进行科学的抽象，对已有的知性和理性知识进行整理和升华建立起来的……”① 它是一门学科走向成熟的必由之路，所以刑事诉讼法学范畴体系的建构是十分重要的。在思想史上，亚里士多德、康德、黑格尔等思想大师曾经有过构建逻辑范畴体系的不同尝试，为后人提供了可资借鉴的重要思想资料。马克思在《资本论》中构建范畴体系的经验，以及在构建范畴体系时所遵循的基本原则，为世人研究社会科学树立了典范。根据先人和大师们的科学经验，笔者认为对刑事诉讼法学的原理研究，必须从研究刑事诉讼法学范畴体系入手，再从范畴体系中抽象归纳出制约和指导刑事诉讼的基本原理。

刑事诉讼法学范畴体系同整个法学范畴体系一样，其范畴类型包括本体论范畴、运行论范畴、主体论范畴、客体论范畴、行为论范畴、价值论范畴等六大类范畴。对于每一类范畴的内容，笔者都作了尝试性概括（参见《诉讼原理》一书）。

2. 刑事诉讼本质的研究从一元化到多元化

刑事诉讼法在本质上，要从国家本位的一元化的法律观转变为国家本位、社会本位和个人本位并重的多元化的法律观。

对刑事诉讼法本质的认识，长期以来，特别是从 20 世纪 50 年代初期到 20 世纪 80 年代中期，由于受苏联式的制度结构和意识形态的影响，法律仅仅被当作是把持国家政权的统治阶级的意志。在这种国家主义法律观的指导和统治下，作为比较敏感的刑事诉讼法，从立法到执法，无不以国家本位为主宰。在“以阶级斗争为纲”的时期，把刑事诉讼法定位于“打击敌人”、“镇压反革命”的工具；党的十一届三中全会以后，社会主义的民主与法制被提上议事日程。刑事诉讼法的诞生，在立法上开始注意把保障无罪的人不受刑事追究，把诉讼中的权利

① 张文显著：《法哲学范畴研究》，中国政法大学出版社 2001 年版。

保障作为社会主义民主与法制的体现；随着我国民主与法治建设的进程，党的十五大把“依法治国”确定为治国方略，并明确提出了政治生活中的人权保障问题。这些重大的改革和变化，说明党和国家的法律观已经从一元化转变为多元化，强调和肯定了法的社会属性，亦即“社会主义”，确立了人权保障原则。但是，由于我国传统法律文化中缺少个人的自主地位和独立价值，国家本位的价值观根深蒂固。在刑事诉讼领域里，特别是在执法的环节中，重国家轻个人，重打击轻保护，重控告轻辩护，重实体轻程序等，其明显的价值取向就是国家本位。

其实，国家、社会、个人是三个既有联系又有根本区别的概念。“自从黑格尔对市民社会和政治国家作了实质性区分以来，国家与社会两个层面的事实得到了基本的学理说明。马克思早期仍然借助于黑格尔的学说作为分析工具，即使其后来的经济基础与上层建筑的区分，也是在充分肯定黑格尔学说的基础上发展起来的。”① 然而，在我国，对这三个概念的区分长期以来未受到应有的重视。

在刑事诉讼中，国家本位的价值观必然置诉讼参与人的诉讼权利于不顾。因为在一元化思想指导下，必然导致义务本位和权力本位，诉讼中的独立、平等和权利被取而代之，还美其名曰“为了国家”，“必然要牺牲个人”。早在20世纪初陈独秀在分析这种义务本位和权力本位的价值观时就指出它的四大恶果：“一曰损坏个人独立自尊之人格，一曰窒碍个人意见之自由，一曰剥夺个人法律上平等之权利，一曰养成依赖性，戕贼个人之生产力。”②

按照近现代刑事诉讼的规则与标准的要求和对刑事诉讼法本质的认识，从一元化的国家本位的法律观转变为多元化的国家、社会、个人本位的法律观，是势在必行和客观所需。具体表现在以下五个方面：（1）就刑事诉讼的概念而言，近现代人们对刑事诉讼的理解，也绝非只是由国家决定，它是由控诉、辩护、审判三种基本诉讼职能组成，取消或削弱了任何一种职能，都不是一个完整的、健康的诉讼，尤其是世界各国对诉讼中辩护职能的改革和加强的发展趋势，更说明了这一点。（2）就参与和决定刑事诉讼进程的主体而言，以近现代的标准，更非只由代表国家的侦查、检察与审判机关决定，作为刑事诉讼的主体，除了专门

① 《中国法学家法律观的转变》，载《法制日报》（第3版），2000年5月7日。

② 公丕祥著：《法律文化的冲突融合》，中国广播电视大学出版社1993年版。

机关之外，还包括所有的诉讼参与人，法律还赋予各个诉讼参与人应有的诉讼权利。在诉讼中剥夺或侵占他们的权利，将直接影响诉讼行为的效果或效力。一部完整的刑事诉讼法，对此都应有明确的规定。(3) 就刑事诉讼法的属性而言，20世纪90年代以来，我国法学界对传统的国家主义的法律观，进行了全面的、深入的反思，特别是1992年对市民社会的讨论，直接感染着法学界对法律本质研究的深化，即法学家们把对法律本质研究的探讨深入到市民社会，肯定了法律的多元化存在，打破了“法律是统治阶级的意志的体现”这个一元化的论断。通过对这一观念的锤炼和升华，作为国家基本法之一的刑事诉讼法的属性和本质问题，就不言而喻了。我们在执法思想上，必须完成从国家本位向国家、社会、个人三位一体的转变，对刑事诉讼法的实施，必须同时兼顾三者利益，向任何一方偏颇，都会导致不良的社会后果。(4) 在社会主义市场经济培育过程中，市场主体资格制度确立。作为市场的法律主体，他们是相互独立的人，有完全的行为能力和责任能力，他们没有行政依附，不存在因所有制不同而产生的身份差别，他们在法律地位上是完全平等的人，均可以以真正独立、平等的市场主体资格进入市场，与他人竞争，这与计划经济下的法律制度，即排斥市场、否定市场主体、禁止竞争是大相径庭的。当前，我国经济生活的这一重大变化，必然影响着刑事诉讼的立法、执法。如果说传统的国家本位的一元化法律观同计划经济相适应，那么，在经济体制发生重大变化之时，我们的执法思想不能不作相应调整，使之同市场经济相适应。刑事诉讼法律观必须在考虑国家利益的同时，平等地对待社会和公民个人的合法权利。正因如此，党的十五大在确立“依法治国”的方略时，特别把人权保障问题提到了我国政治生活的议程之上。(5) 就国际社会而言，特别是我国改革开放的方针实施以来，我国已经批准签署加入联合国的有关公约，加入WTO也已多年，这些变化必然要求刑事诉讼法同相应的国际规则或标准协调一致，特别是对在诉讼中的人权保障以及程序标准的立法和执行，如果在刑事诉讼法律观上不能彻底地转变，它将直接影响我们国家和民族的利益。因此，江泽民同志在《联合国千年首脑会议分组讨论会上的发言》中指出：“促进和保护人权是各国政府的神圣职责。任何国家都有义务遵照国际人权公约，并结合本国国情和有关法律，促进和保护本国人民的人权和基本自由。”笔者认为，贯彻江泽民同志的这一讲话的精神，在刑事诉讼法中促进和保护我国人民的人权和基本自由，首先要冲破国家本位一元化的刑事诉讼法律观，牢固地树立国家本位、社会本位和个人本位多元化的刑事诉讼法律观，才能在刑事诉讼的立法和执法上达到预期的目的。

当前对刑事诉讼本质从一元化转向多元化更有其现实意义。我国现实社会所呈现的阶段性特征，如人民内部矛盾凸显，社会经济利益的分配格局发生着剧烈的变化，人民群众参与社会事务的积极性不断高涨，刑事犯罪率也在不断攀升，一件小小的刑事案件，就可能引发群体事件，导致社会矛盾的激化。另外，民生问题已经成为社会关注的热点问题。这些新情况、新问题，要求和决定着刑事诉讼的进行，刑事司法裁决要从中国现实社会实际出发，要做到案结事了，在全面客观地考虑国家利益的同时，还要特别关注当事人的诉求，更要注重社会矛盾的化解。一句话，只有抓住国家社会和个人利益的有机统一，才能实现社会的公平、公正和正义。由此可见，准确地把握刑事诉讼的问题本质，对适应社会转型的需要有着重要的现实意义。

3. 诉讼认识论的形成和运用

长期以来，传统的观点都认为刑事诉讼法学和证据法学的理论基础是马克思主义的辩证唯物主义认识论，这一观点不仅写入了教科书，而且为实际工作所运用。到了20世纪80—90年代，个别学者提出，把马克思主义认识论作为刑事诉讼法学和证据法学的理论基础是进入了一个误区，认为它不能完全解决诉讼问题。针对这些不同的认识，笔者倡导研究“刑事诉讼法哲学科学体系”，提出了“诉讼认识论”的概念，并把它作为博士研究生毕业论文的选题立了项，这一项目的核心问题是在刑事诉讼领域中既要坚持运用马克思主义认识论的一般原理作指导，又要充分认识到刑事诉讼办案过程中诉讼认识的特征，要用马克思主义认识论共性和个性的辩证关系，专题研究诉讼认识与一般社会活动中认识的区别，专题研究法律思维方法和思维模式同一般科研活动的不同，师生结合，经过艰苦的思考和大量的实证研究、案例分析，得出的结论是“诉讼认识是通过法定程序和证据而展开的回溯历史的认识”，因为案件事实不能重演和重现，这种认识又是基于实体法和程序法规定的“法律格式化”的认识。其特点是：

（1）证明的对象是过去已经发生，而且不能重现的一个事件；

（2）证明的过程要依照法定的程序和实体法规定的犯罪构成要件进行；

（3）证明问题时，受法定期间约束，不得超期，不得反复，不得像科研活动那样，无休止地进行下去；

（4）由于办案人员认识的局限性，不可能完全达到绝对的“客观真实”。

上述这些特点，使我们认识到在传统的刑事诉讼法学的“客观真实理论”、“真相论”、“实践是检验真理的标准”等一系列比较抽象的哲学命题中，是无法解决诉讼认识和诉讼裁判问题的。

在马克思主义辩证唯物主义认识论的指导下形成的诉讼认识论，在运用过程中，必须做到以下几点：

（1）在诉讼认识的体系或思维机制中，努力克服在我国长期以来所坚持的“认识本体论”的片面性，亦即案件事实是客观存在的，而且是可知的，这种看法不容置疑，但是，不能只强调客观性一面而忽视认识主体与认识客体的关系，尤其要加强对认识主体、认识方法、思维方式的研究，要把“认识本体论”与“认识主体论”二者辩证地统一起来，有机地结合起来，坚持唯物主义认识论的反映论。在刑事诉讼这一特殊领域，作为办案人员，对认识的客体——案件事实，如何认识？如何反映？认识到何种程度？什么是事实真相？怎样才能忠于事实真相？这一系列问题，绝非用“客观真实理论”、“实践是检验真理的唯一标准”这些抽象的哲学命题就能彻底解决的。

（2）要坚持唯物主义立场，诉讼认识的全过程必须以案件的客观事实为根据，脱离案件事实的证明方法、证明标准、自由裁量、定罪量刑等，一定会走偏方向。倡导法律真实的证明标准，仍然是以客观事实为依据，根本不存在脱离案件事实的法律真实。因此，刑事诉讼中的认识，必须要坚持辩证唯物主义的基本立场——唯物论的世界观和方法论。

（3）查明案件事实关键在于办案人员这一认识主体行为的规范性，或曰办案人员的素质。我们在学理研究方面倡导从传统的“认识本体论”转向“认识的方法论”，其宗旨就是要让办案人员的思维方式、方法科学化，司法行为规范化。把对案件事实的认识以及最终的司法裁判的准确率最大化。要实现这一标准，一是办案人员要掌握辩证唯物主义认识论，学会收集证据、固定证据、保全证据，运用认识论的反映论，准确地反映案件事实，努力克服认识的局限性和片面性；二是办案行为要走向规范化，要有严格的道德水准，不办“关系案”、“人情案”、“金钱案”；三是要严格依法办案，主持公道，坚持公正、正义。

4. 强化了诉讼人本主义研究，使诉讼程序更加人性化

转型时期，由于我们对刑事诉讼本质的认识有了转变，在课题选项和研究活

动中，加强了对诉讼人本主义的研究，如“刑事诉讼与人权”、“人文精神与刑事诉讼法的再修改”、“刑事诉讼过程中的人文关怀”等。这些课题的研究都坚持以马克思主义唯物史观为指导，学术团队成员都学习了“人学原理”和“中外人学思想发展史”，我们充分认识到，刑事诉讼的全过程都是国家公权力与公民个人私权的矛盾与冲突，一切活动都围绕着“人”进行，一切活动都是为了“人”，诉讼中的人权保障，诉讼程序如何体现人文精神，直接关系到国家和社会的“文明、进步、民主与法治”的水平。

马克思在研究哲学的过程中，始终关注人，并把哲学与法学紧密地结合起来。他认为，“人”是马克思主义哲学的出发点，也是它的目的，同时，“哲学要求国家是合乎人性的国家”。[①] 马克思早在 19 世纪初即 1843 年，便在《黑格尔法哲学批判》中，明确地提到：人并不是抽象地栖息于世界以外的东西，提出了“人的社会特质”这一崭新的命题。接着，他在《〈黑格尔法哲学批判〉导言》中，发表了他对人的本质的认识，他写道：“人就是人的世界，就是国家、社会。”[②] “人本法律观是以人为本的科学发展观在法律领域的体现与运用，是发展的马克思主义指导的法学理论体系，它有着丰富的科学内涵：其一，在法律活动的各个环节，都必须以人的全面发展和人民的根本利益为出发点与落脚点，并贯彻于全过程。其二，强调法律同经济社会的协调、和谐、可持续发展。其三，要求国家机关和公务人员的活动，必须合乎人性、尊重人格、体恤人情、讲究人道、保障人权。其四，从理论和实践相结合的角度弘扬人文精神，树立法律权威，完善法规制度。”[③]

根据人本法律观的含义，在刑事诉讼法哲理的课题研究中，我们做到了以下几点：（1）把诉讼中的人权保障作为我国刑事诉讼的基本原理之一，纳入刑事诉讼法哲学的基本范畴。同时也把它作为我国检察制度的原理之一，以指导刑事诉讼的进行和检察制度的运行。（2）以保障当事人（被告人和被害人）诉讼权利为重点，设计刑事诉讼程序，指导刑事诉讼法的修改和再修改。对被告人和犯罪嫌疑人而言，重点解决刑讯逼供问题，对被害人而言，重点解决刑事附带民事诉讼的赔偿和救济问题。对双方当事人实行对等均衡原则，以实现人权保障的对

---

① 《马克思恩格斯全集》（第 1 卷），人民出版社 1995 年版，第 225 页。

② 《马克思恩格斯全集》（第 1 卷），人民出版社 1995 年版，第 56 页。

③ 李龙主编：《人本法律观研究》，中国社会科学出版社 2007 年版，第 7 页。

等性。(3) 在诉讼程序的设计方面，贯彻落实宽严相济的刑事政策，实行诉讼分流，研究在打击严重刑事犯罪的同时，对轻罪实行区别对待，设计刑事和解、扩大不起诉、设立被告人认罪程序，扩大简易程序等，以体现在诉讼程序上的人权保障原则。

5. 用实证研究的方法推动刑事诉讼法学发展

作为部门法学的刑事诉讼法学，其显著特点是具有较强的实用性。这一特点决定着各个诉讼原理、原则和程序设计，必须回到现实生活中去验证，必须解决中国的实际问题。因此，笔者认为采用和加强实证研究的方法，应该是刑事诉讼法哲学的重要组成部分。近年来，在课题研究和指导学生学习的过程中，把深入实际部门进行实证研究作为一项重要的科研内容，这种研究方法是紧紧结合刑事诉讼再修改的活动进行的。我们的团队已经采用试点实验的方法研究了三个专题：一是侦查讯问中的录音、录像和律师在场问题研究，二是刑事第一审程序的实证研究，三是刑事证据规则的实证研究。以上三项研究的成果均形成专著出版发行，《侦查讯问程序改革研究》一书，已获得北京市哲学社会科学一等奖，研究的结论对推进刑事诉讼法的修改将产生一定的影响。

实证研究的方法与理论联系实际是不相同的。理论联系实际从本质上讲是一种工作和学习的态度与作风问题，而不是研究方法。其目的在于防止理论与实际的脱节，强调一切从实际出发，实事求是，在实践中检验和发展真理。因此，理论联系实际没有什么固定的模式，也没有规范化的要求，用理论联系实际的办法进行刑事诉讼法学的学习或者是研究，可以只是一般意义上的举例说明，也可以通过对刑事诉讼法的某一制度或者程序的实际情况进行深入细致的社会调查，掌握第一手统计数据、典型的案例和其他材料，然后经过分析研究，发现该制度和程序在实际适用中的制约因素和条件以及法律规定本身存在的问题，再有针对性地提出解决方案，等等。因此，理论联系实际比实证研究方法更为抽象和宏观，而实证研究方法从其内容、形式、方法等方面而言，是更加规范、系统、具体的一种联系实际的方法，尤其是它在方法上的程序性，内容上的规范性，是理论联系实际所不可能具备的。

实证研究方法的应用和推广对中国刑事诉讼法学的研究具有特殊的重要意义，它是推动中国刑事诉讼法学研究方法转型的突破口。就此而言，实证研究方法是把刑事诉讼法学研究不断引向深入的一种重要的渠道和方法。

（1）实证研究方法的规范性实践活动彻底改变了刑事诉讼法学思辨型的研究定式。

长期以来，我们的研究方式已经形成了一种思辨型的习惯和定式，不知不觉地将研究固化在书斋中；另外，虽然有些学者也不时地通过各种渠道和途径了解一些实际情况，但是这些都是很分散的、零碎的，因此对于实际情况的了解也只能采用大概估计的办法。例如，对刑事辩护率的确定，有的不足20%，有的认为不到25%，而且对于律师不出庭原因的分析一般也是想当然的分析，没有经过实证的分析研究而作出的结论和观点自然也不具有很强的说服力。

在相当长的一段时间里，存在着将实证研究等同于一般感性认识的情况。认为研究问题时列举一些案例，将自己在社会生活中的某些经验描述一下，就是实证了。我们说，这是将实证研究方法简单化了。实证研究并非这样简单，它需要一定的程体，需要实实在在的体现质与量的数据和事实，这些是感性认识所不具有的，或者说是在感性认识过程中不需要的。实证研究方法的引入正是对传统的研究方法的一个规范化的校正，使之更符合学术研究的要求，更能体现研究的严谨性和科学精神。

（2）以经验事实为核心的实证研究方法与刑事诉讼法学的实践性特点相一致。

刑事诉讼法学的实践性特征和属性，决定其必须采用实证和实验的方法，让经验事实说话，才能对刑事诉讼法律规范的实质加以理解，并贯彻执行。实证研究方法与刑事诉讼法学的实践性契合，并为刑事诉讼法学实现研究目的和价值提供了科学的、系统的方法支撑。刑事诉讼法学生命的根基在于生动的、现实的、复杂的刑事诉讼事实。刑事诉讼法学既要确保对于实际刑事诉讼运行的在场性，又要能够对其进行理性的分析和研究，其重要途径就是实证研究方法的使用。

（3）实证研究方法是建构刑事诉讼法学独立品格不可或缺的桥梁和工具。迪尔凯姆说："一门科学只有在真正建立起自己的个性并真正独立于其他学科时，才能成为一门真正的科学。"① 那么，刑事诉讼法学的独立个性是什么？关于这个问题，陈瑞华教授认为，刑事诉讼法学的品格在于形成一个独立于立法、司法实践等世俗世界的学术空间。为此，刑事诉讼法学应当高于刑事诉讼法、刑事司

① ［法］埃米尔·迪尔凯姆著：《社会学方法的规则》，胡伟译，华夏出版社1999年版，第120页。

法实践。因此，其认为独立的学术空间是刑事诉讼法学独立品格的核心。[①] 笔者同意刑事诉讼法学应当有自己独立的学术语境，要形成适合本学科研究的方法体系这一看法。笔者欣喜地看到，刑事诉讼法学界对于研究方法的重视程度正日益提高，围绕这方面的讨论也正逐步成为学术话语的一个组成部分，不仅社会科学的研究方法正逐渐地被引入和应用于刑事诉讼法学的研究当中，而且将自然科学的研究方法纳入刑事诉讼法学研究视野的进程也在进行中，[②] 多元化的刑事诉讼法学研究方法体系正在形成。

人类科学发展的历史表明，很多领域的变革或者革命往往是由方法的更新引起的。笔者相信，实证研究方法在刑事诉讼法学中的应用和推广正是这一领域的研究者寻求多年的一种科学的研究方法。

---

① 陈瑞华著：《刑事诉讼的前沿问题》，中国人民大学出版社 2000 年版，第 42 页。

② 例如，樊崇义主编的《诉讼法学研究》（第六卷）（中国检察出版社 2003 年版）一书中刊载了日本学者中村宗雄的《法学和自然科学方法论上的关联》，文中对于将自然科学中的研究范式应用于诉讼法的研究进行了说明，并且提出了一些颇有新意的观点。

第二章　诉讼认识论

诉讼认识论这一范畴产生于20世纪90年代末。它是笔者和锁正杰博士、吴宏耀博士、陈永生博士合作撰写的《刑事证据前沿问题研究》一文中所阐述的一个问题，载于何家弘教授主编的《证据法学论坛》第一、二卷上，由中国检察出版社于2000年和2001年出版。这一刑事诉讼法哲学范畴的提出，不仅有其重要的社会学术背景，而且它针对刑事诉讼法学，尤其是刑事证据法学面临的挑战，即对证据法学的理论基础的反思、评价、建构有着重要的现实意义。回眸十多年来，我国政治、经济、社会生活发生了翻天覆地的变化。诉讼法律观的转型，具有中国特色的刑事诉讼法学，证据法学的发展、创新和建构，实践已经证明，诉讼认识论这一范畴的创新研究，具有极为重要的学术价值和司法实践意义。

一、诉讼认识论的产生

诉讼认识论是在转型时期对传统的证据法学理论基础的反思中产生的。

在我国，长期以来无论是诉讼法学，还是三大诉讼的证据制度，都是把马克思主义、毛泽东思想，特别是其中的辩证唯物主义认识论作为它赖以存在的理论基础，因为辩证唯物主义认识论“揭示了人类认识自然、认识社会的最普遍的规律”,[①]“是指导人们认识客观世界的唯一科学的理论”,[②] 辩证唯物主义的认识论，按照一般的理解，可包括三个基本的理论要素：“一是可知论，二是实践是

① 陈一云主编：《证据学》（第二版），中国人民大学出版社2000年版，第95页。

② 陈光中、徐静村主编：《刑事诉讼法学》，中国政法大学出版社2002年版，第154页。

检验真理的唯一标准，三是追求客观真实。”[①] 马克思主义辩证唯物主义的认识论认为，存在第一，认识第二，认识是存在的反映，三大诉讼中的案件事实是客观存在的事实，办案人员查明案件事实靠证据，证据事实也是客观存在的事实，司法人员正是借助证据与案件事实的联系，认定案件事实，这一过程就是一个认识过程，就是主观对客观的反映，主观反映符合客观的认识，即认为这一认识就具有真理性。基于这一“可知论”、“反映论”的思想，把案件事实的证明标准定为“客观真实”，并根据马克思主义辩证唯物主义认识论关于实践是检验真理的唯一标准的论断认为，办案人员要使自己的主观与客观相符合，就必须做到一切从案件的实际出发，深入实际，调查研究，尊重客观事实，按照客观世界的本来面目去认识世界，由浅入深，从感性到理性，从认识到实践，再认识，再实践，对案件事实的认识不仅要经得起实践的检验，还要经得起历史的考验，如此等等。

我们认为，上述关于辩证唯物主义认识论的科学论断是放之四海而皆准的真理，它为自然科学、社会科学的认识提供了一个科学的方法，三大诉讼的进行也不例外，尤其是刑事诉讼的进行。这些基本理论在指导着诉讼的进行，对诉讼过程产生着巨大的影响。其一，许多学者，在上述基本理论和思想的指导下，把我国的诉讼证据制度也命名为“实事求是”的证据制度，“按照毛泽东的解释，‘实事’就是客观存在的一切事实，‘是’就是客观事物的内部联系，即规律；‘求’就是我们去研究”,[②] 甚至把这一命名的证据制度同人类历史上的神示证据制度、法定证据制度、自由心证证据制度并列，并写入证据学的教科书中。其二，按照辩证唯物主义的“可知论和反映论”的认识路径，把诉讼的证明标准也定为“客观真实”。其三，在立法方面，“公安机关提请批准逮捕书、人民检察院起诉书、人民法院判决书，必须忠实于事实真相”。[③] 其四，在追求实事求是、客观真实的目标影响下，整个诉讼过程呈现出“两重两轻”，即重实体轻程序，重口供轻证据。《刑事诉讼法》第 120 条规定：“侦查人员在讯问犯罪嫌疑人的时候，应当首先讯问犯罪嫌疑人是否有犯罪行为，让他陈述有罪的情节或者

---

① 陈瑞华著：《刑事诉讼的前沿问题》，中国人民大学出版社 2000 年版，第 193 页。

② 陈瑞华著：《刑事诉讼的前沿问题》，中国人民大学出版社 2000 年版，第 194 页。

③ 见《刑事诉讼法》第 53 条规定。

无罪的辩解，然后向他提出问题。犯罪嫌疑人对侦查人员的提问，应当如实回答……”关于“应当如实回答”，不仅同“不得强迫自证其罪”的诉讼原则相悖，同近现代刑事诉讼中犯罪嫌疑人、被告人所享有的沉默权以及作虚假陈述的自由权相比，其差距就更大了，更重要的是这一“应当如实陈述”的规定，在司法实务中常常会导致刑讯逼供发生，冤假错案时有出现。同时，在实际工作中，由于重口供，重“实质真实”，追求“客观真实”，在实体与程序的关系上，往往重实体轻程序，为了破案，为了查明“真相”，不讲规矩，不讲程序，不择手段，非法取证，将公平正义的目标抛至九霄云外。诉讼过程的简单粗暴，诉讼程序被淡化甚至被取消，程序不公，正义难求，导致司法公信下滑，司法权威失灵，申诉、告状、不服满天下。当今的中国翻案风、告状风、群体事件不断上升，究其原因，轻程序重实体应该说是其中之一。其五，把人们对事物认识的一般规律全盘搬到诉讼认识之中，把诉讼认识的规则、规律简单化。长期以来，我国的立法也好，证据规则的理论归纳也好，都显得笼统、简单，不便于办案，仅把运用证据的基本原则归纳为三项：（1）重证据，重调查研究，不轻信口供，严禁刑讯逼供；（2）一切证据必经查证属实，才能作为定案的依据；（3）必须忠于事实真相。[①] 然而，如何落实此三项原则呢，往往以“贯彻执行运用证据的原则必须坚持辩证唯物主义的立场、观点和方法”为前提，要求办案人员做到四点：（1）必须客观地看问题；（2）必须全面地看问题；（3）必须联系地看问题；（4）必须本质地看问题。[②] 从这些原则和要求就可以看出，这些内容都是放之四海而皆准的真理，问题是如何达到忠于“真相”，什么叫“真相”，怎样才能“客观、全面、联系、本质”地看问题。作为一个实务工作者，读后认为收效不大，不能解决问题，原因就是没有把证据法学研究的对象真正地表述出来，空洞的口号是指导不了办案实际的，因为刑事诉讼的过程是要解决法律上的定罪量刑问题，即法律上的有罪。“法律有罪”与“事实有罪”这两个概念是有联系的，但是区别也是相当大的。所以，人们对“真相”的理解和把握，往往会产生分歧，诉讼过程中的“求真”和“事实的认定”必须依法定的标准进行。其六，在证据法学理论的研究上，在诉讼的过程中，如何处理客观与主观二者的关系，

① 陈一云主编：《证据学》（第二版），中国人民大学出版社 2000 年版，第 212 页。
② 陈一云主编：《证据学》（第二版），中国人民大学出版社 2000 年版，第 225 页。

长期以来偏重于本体论研究，即客观事实的研究，而很少注重主观方面对客观事实的能动的反映论的研究，即主观与客观的辩证关系的研究，片面地强调“真相”、“客观真实”，而对于人们的主观认识的能动性，人的认识能力的非至上性、局限性，即能动的反映论，如何从感性认识到理性认识，这一认识论的关键环节，却很少有人给予关注和研究。只一味地强调“实质真实”、“客观真实”，就诉讼的过程和特点而言，办案人员的认识和认识的程度及标准是有相当难度的，它不是一般的社会活动或科研活动，它已处于马克思主义辩证唯物主义认识论的一个特殊领域之中，必须认真地加以研究和解决。

在反思中，我们认识到，辩证唯物主义作为马克思主义的重要组成部分，其科学性、正确性是不容置疑的。但是，在适用这一科学真理的范围和方法上，不能生搬硬套，要坚持把科学理论的原则性和灵活性结合起来，坚持共性与个性的统一。这也是马克思主义辩证唯物主义论的灵魂。马克思主义辩证唯物主义的认识论，作为哲学上的一种认识学说，其适用的范围主要是人类的认识活动，作为诉讼活动，解决定罪量刑问题和利益争端，活动的过程尽管也包含一部分认识的过程，但它又不完全都是认识问题，同时，这一认识问题，还是对一个特殊的对象，在特殊的领域内的认识，有其特有的规律、规则、方法和程序。如何把马克思主义辩证唯物主义的认识论与诉讼的特殊性相结合，成为诉讼认识论应运而生的一个重要的背景。

诉讼认识论是在依法治国，凸显程序法治的价值，反思“重实体轻程序”的潮流中产生的。

党的十一届三中全会的召开，使中国的改革开放进入了新的历史时期，中国社会、经济、政治、思想等领域发生了重大的变化，依法治国和尊重与保障人权被载入国家宪法，我国第一部刑事诉讼法诞生，民事诉讼法与行政诉讼法相继出台。在国际交流方面，我国先后参加并签署了二十几个联合国国际条约，同60多个国家签署双边刑事、民事司法协助条约、刑事司法国际准则，法治与人权理念不断深入人心，随着社会的进步与发展，具有中国特色的程序法治的法律体系也基本形成。诉讼价值的理念，以及程序的功能与作用，在我国法治体系中不断地显现，人们对社会公平和正义的理解，开始从重实体轻程序，迈向实体与程序并重，并逐步地认识到公平正义不仅仅体现在诉讼的结果上，更重要的是过程与程序的公平、正义，即程序正义，“以程序为本”，坚持“程序正义”，已逐渐成为诉讼的理论基础和指导思想。“在这一意义上，诉讼包含着裁判者运用证据对案件事实进行确定的认识活动。但是，这种认识活动在诉讼中并不具有根本的决定性意义。”①

第一，就诉讼目的而言，并不完全是为了查明事实真相，主要是为了解决纠纷，化解社会矛盾。有社会存在就会有矛盾，矛盾的普遍性是社会发展的一个根本规律，有矛盾就有纠纷，利益的争端是不可避免的。争端和纠纷一旦进入诉讼，裁判者就必须给予一个权威性的裁决，其目的是解决争端与纠纷，使社会矛盾得以化解。诚然，争端与纠纷之解决，通过证据的收集、审查、质证，对案件事实作出评断，这一评断为诉讼目的的实现提供了一个事实基础和依据，为争端与纠纷的解决创造了一定的条件。但这种对事实基础的认识，并不一定要完全达到客观真实的标准。例如，民事诉讼承担举证责任的一方如果不能向人民法院充分地证明对方法律责任的存在，或者举证明显不足，那么他就有败诉的危险，人民法院就会据此作出不利于他的裁判。在刑事诉讼中，控方如果不能向法院提出确实、充分的证据证明被告人有罪，我国《刑事诉讼法》第 200 条第 3 项规定：“证据不足，不能认定被告人有罪的，应当作出证据不足、指控的犯罪不能成立的无罪判决。”在行政诉讼中，如果被告人不能证明有关行政决定的合法性，人民法院也会裁判其败诉。由此可见，三大诉讼对有关利益争端的解决，虽然包含着一定的认识问题，要坚持以事实为根据，但并不一定是完全建立在查明事实真相的基础上。这是由诉讼认识对象的复杂性，以及诉讼认识的法律性所决定的，诉讼的目的是解决利益争端和纠纷，这种解决机制，诉讼目的的实现，在一定程度上是建立在裁判者对法律的理解和法律价值的选择上，它不同于一般的社会认识或科研证明活动，非要有一个“水落石出”，非要达到“绝对真实”。

第二，就诉讼活动的机制而言，诉讼活动是在法定程序的规范下进行的。这种程序与规范的限制，很难把诉讼的目标定位于“查明真相”或“客观真实”。这不仅是由形形色色的案件的复杂性决定的——虽然我们是辩证唯物主义的可知论者，但法定的期限和程序不可能让司法人员无休止地查下去，甚至反复地进行——而且在诉讼的期限和机制下，它是通过举证、质证、辩证等庭审程序进行的，作为法官是通过听证，控、辩双方参加的庭审模式来解决案件事实和定罪量

① 陈瑞华著：《刑事诉讼的前沿问题》，中国人民大学出版社 2000 年版，第 197 页。

刑问题的，在这种模式下，不可能像一般的认识活动那样，可以反复进行，以查明“真相”为目的，它只能根据双方的举证作出一个主观判断，通过裁决使矛盾得以化解，争端和纠纷得以解决就完成了诉讼的任务。同时，通过庭审程序的证明活动，虽然同认识活动有联系，但证明活动不完全等同于认识活动，这是一种特殊形式下的认识活动，尤其是对于法官而言，通过被动的听证，作出主观判断，一方面，他要了解案情，认识案情；另一方面，也是重要的一个方面，就是要依法作出法律价值的评判，这种价值评判是诉讼认识论的一项重要内容，也是诉讼认识区别于一般的社会认识活动的一个重要环节。

第三，在实体正义和程序正义的博弈中，提升了程序的价值，使人们逐步认识到“重实体轻程序”的危害性，许多论著开始把程序正义定为诉讼法学的理论基础，一改传统的诉讼理念，即把追求“实质真实”、实现“实体正义”纠正为实体正义与程序正义并重，甚至要逐步实现以程序为本，走程序正义之路。当前，我国诉讼法学的主流进入“实体正义与程序正义”并重的发展阶段，这一可喜的变化告诉人们，无论是刑事诉讼，还是民事、行政诉讼，都不再以“实质真实”、“客观真实”为唯一的追求，为了实现“实体正义”而不择手段，刑讯成风，错案时有发生的情况会渐渐消失。这一重大变化使我们认识到，采用一般的社会认识活动的方法来解决诉讼问题，亦即沿用唯物主义认识论的一般原理，将其套用到诉讼认识活动之中，很难解决诉讼问题，也难以实现诉讼的价值，我们只有以辩证唯物主义认识论的一般原理为指导，结合诉讼认识活动的规律和诉讼的目的，适用“诉讼认识论”的新概念，才能实现实体正义与程序正义的统一，才能完成诉讼的任务。

二、诉讼认识论的界定和内涵*

何为诉讼认识？如何科学界定诉讼认识的概念和内涵？可以从诉讼认识的主体与客体，诉讼认识的本质属性，诉讼认识的模式和诉讼认识的结果等方面加以理解和阐述。

诉讼认识的主体与客体。马克思和恩格斯考察了两千多年来哲学发展的历

* 这一部分是根据笔者主编的《诉讼原理》中第六章的内容修改而成的，原文部分内容由吴宏耀博士执笔。

程，得出结论说："全部哲学，特别是近代哲学的重大的基本问题，是思维和存在的关系问题。"① "用其他的术语来说，就是精神和自然、意识和物质、主观和客观的关系问题。"② 主观和客观的关系问题，就是认识主体与客体的关系问题。

（一）诉讼认识主体

诉讼是一种多主体参与的活动。从不同主体出发，可以形成多个认识系统。然而，诉讼的目的是裁决纠纷。因此，在众多认识系统中，只有裁判者对纠纷事实的认识才具有决定性意义；至于其他主体，尽管他们对纠纷事实的认识构成了诉讼认识活动的某些方面，但是，他们的认识必须最终转化为裁判者的认识，才可能对纠纷的最终裁决产生现实的作用。因此，在法律意义上，所谓诉讼认识，即主要是裁判者在诉讼活动中借助证据而展开的关于案件事实的认识。具体言之，在过程意义上，诉讼认识是指裁判者在诉讼中的认识活动；在结果意义上，诉讼认识则表现为判决书中确认为真的裁判事实。

在诉讼史上，真正意义上的诉讼认识始于裁判者由神到人的转变。在初民社会里，纠纷事实的认定往往求助于神明的启示。在神明裁判制度下，事实裁判者是无所不知的神，它直接以神意的方式宣示裁判的结果。因此，此时还谈不上真正意义上的诉讼认识。随着人类文明的进步，神明裁判逐渐为人的裁判所取代。裁判者由神到人的转变导致了诉讼认识方式的质变：在人的裁判中，法庭不再接收神意，而成为裁判者对纠纷事实进行认识、裁判的法定空间；在法庭上，凡俗的裁判者作为真正意义的认识主体，必须对纠纷中的事实争议作出认定和裁断。

根据裁判者与纠纷事实的时空关系，由人负责裁判的制度可以分为两类：知情人裁判与非知情人裁判。知情人裁判主要存在于人类社会早期，如英国早期的知情陪审团。在知情人裁判制度下，裁判者对纠纷事实的认识是在诉讼以前以直接经历纠纷事实的方式形成的。裁判时，裁判者根据自己的先前认识对纠纷作出评断。因此，在与纠纷事实的关系上，裁判者与纠纷事实同时存在于社会生活之中，二者之间不存在时空上的断裂。然而，一方面，随着社会生活日益复杂，并非每个案件都能够找到知情人来充任裁判者，因此，知情人裁判存在着难以克服的技术性困难；另一方面，人类公正意识的觉醒也逐渐要求裁判者应当与纠纷事

① ［德］恩格斯：《路德维希·费尔巴哈和德国古典哲学的终结》，载《马克思恩格斯选集》（第4卷），人民出版社1995年版，第219页。

② 李达著：《唯物辩证法大纲》，人民出版社1978年版，第9页。

实无涉，而基于这一价值上的诉求，最终通过人类积极地设置相应的防范制度，强化了不知情人裁判制度的地位。在现代诉讼中，知情人不得担任裁判职责已经成为一项不言自明的制度；而且，在排除预断的制度下，裁判者一般只能在对纠纷事实“一无所知”的认识状态下开始对纠纷事实的认识。

非知情人裁判制度的确立可谓裁判者实现由神到人的转变之后的又一次重大变革。在认识关系上，知情人裁判与非知情人裁判具有明显的差别。就前者而言，裁判者与作为认知客体的纠纷事实之间不存在明显的时空断裂，裁判者对纠纷事实的认识表现为裁判者个人的直接感知活动。然而，在非知情人裁判者制度下，裁判者（认识主体）与纠纷事实（认识客体）在时空上处于分离状态。与此相应，裁判者与纠纷事实之间的关系也发生了下述实质性变化：

第一，对于裁判者而言，纠纷事实由已知事实变成了过去发生的未知事实。在知情人裁判中，裁判者直接面对现实生活中的纠纷事实；而在非知情人裁判中，纠纷事实是一种过去发生的，而且不能重演的历史事件，裁判者只能借助间接的手段才能与纠纷事实建立认识关系。

第二，纠纷事实进入裁判者视野的方式改变了。在知情人裁判中，纠纷事实直接以社会生活事实的原本形态进入裁判者视野，具有完整性、直观性。然而，在非知情人裁判中，客观发生的纠纷事实已经随着时空的转变成为过去，它必须转化为一种有关事实的语言陈述才能进入裁判者的视野。语言尽管可以传达关于事实的信息（卡尔·比勒所称的语言再现功能），但是也必须看到，语言与所表达的事实之间却不必然是等同关系。因此，语言陈述的介入产生了两方面的问题：（1）该事实陈述是否真实地描述了纠纷事实；（2）该事实陈述是否完整地描述了纠纷事实。

更重要的是，在非知情人裁判制度下，裁判者关于纠纷事实的认识关系发生了微妙的转移：裁判者需要认识的客体已不再是社会生活中客观发生的纠纷事实，而是语言陈述所描述的纠纷事实（即案件事实）。在现代诉讼制度下，由于裁判者受制于不告不理原则及“不得诉外裁判”原则，这种认识关系的转移就表现得更为明显了。例如，在现代诉讼中，经过法庭调查后，即使有充分的证据证明杀人犯不是被告人某甲而是证人某乙；此时，即使证人某乙已经当庭承认，裁判者仍然只能作出原指控事实不成立的裁判，而不得径行裁判证人某乙有罪。

第三，由于案件事实与纠纷事实并不必然等同，在非知情人裁判制度中，如何保证裁判者的认识能够最大限度地逼近社会生活中发生的纠纷事实（即裁判者认识的客观性问题）成了诉讼认识问题的核心。与语言陈述引发的问题相对应，该问题的解决也包括两个方面：一方面，为了保证陈述的真实性，以语言形式存在的案件事实必须有证据证明。证据成了沟通案件事实与纠纷事实的桥梁。证据问题可以分解为三项内容：何者可以作为证据；如何获得证据；如何揭示证据的证明价值和作用。另一方面，为了保证陈述的完整性，原则上，诉讼认识活动应当在纠纷双方当事人的参与下进行。在此意义上，纠纷双方当事人的参与具有深层的认识论价值，即他们的参与有助于裁判者更全面、更准确地认识案件事实。

在现代诉讼制度中，诉讼认识的主体只能是非知情人充任的裁判者。由于非知情人的认识具有明显不同于知情人认识的特点，因此，在诉讼认识研究中，必须首先明确认识的视角问题，即裁判者只能从非知情人视角来认识案件事实。而且，只有从裁判者这一特殊认识视角出发，我们才可能更深刻地认识到现代诉讼认识的特殊性以及解决诉讼认识问题的复杂性。

（二）诉讼认识客体

在诉讼活动中，对纠纷的裁判即法规范的适用过程，也即将法规范适用于纠纷事实以获得特定法律效果的过程。在法学方法论上，这一过程常常等同于逻辑上的三段论，即将法规范的一般规定视为演绎推理的大前提；将具体的生活事实通过涵摄过程归属于法律构成要件之下而形成推理的小前提，然后，根据三段论推导出该法规范适用于该事实的法律效果。在这一演绎过程中，作为大前提的法规范和作为小前提的事实，都必须在裁判之前予以确定。因此，为了裁判纠纷，裁判者必须面对两方面的问题：第一，确定纠纷事实；第二，确定法规范。与此相应，在诉讼认识中，裁判者的认识活动可以分为两个相对独立的认识系统：裁判者对纠纷事实的认识；裁判者对法规范的认识。

其中，在指向纠纷事实的认识中，作为认识对象的纠纷事实一般是过去发生的历史事实。由于时间的单向性，该历史事实随着时间的流逝永远无法“客观地”摆在认识主体的面前，而只能借助间接的手段在人的思维中以观念的形态予以重现。因此，在指向事实的认识中，我们首先需要解决的是思维与历史存在的同一性问题。与此不同，在指向法律的认识活动中，作为认识对象的法律总是“现实存在”的法律，而且，基于法律应当公开颁布的法治原则，对法规范是否存在一般并不存在争议。因此，在诉讼认识活动中，指向法律的认识主要不是思维与存在关系意义上的认识活动，而是在法律文本客观存在的前提下，如何阅读、解释法律文本的诠释活动。在法学理论中，有关法律文本的诠释问题是法解释学研究的对象，其着眼点是文本的“意义”。为此，在本书中，诉讼认识专指以纠纷事实为对象的认识活动。①

然而，需要明确的是，理论上的泾渭分明并不等于实践中的互不影响。在司法实践中，事实认识与法律诠释常常交织在一起，呈现一种互相依赖的态势。

社会生活是多姿多彩的。然而，并非社会生活中的任何纠纷都可以求诸诉讼，而且，也并非社会纠纷的任何方面都具有法律意义。在与社会生活的对应关系上，法律关系的实质是“对一部分现实生活的撷取。生活关系是一个连续统一体，而我们正是从这一连续统一体中取出一部分来，对其进行法律观察”。② 因此，社会纠纷必须经过法制化处理后才能纳入诉讼的轨道。社会纠纷的法制化处理是一个复杂的事实与法律的“相互阐明的思考过程”。③“在无限多姿多彩，始终变动不居的事件之流中，为了形成作为陈述的案件事实，总是要先作选择，选择之时，判断者已经考量到个别事实在法律上的重要性。因此，作为成熟的案件事实并非自始‘既存地’显现给判断者，毋宁必须一方面考量已知的事实，另一方面考虑个别事实在法律上的重要性，以此二者为基础，才能形成案件事实。”④

因此，在诉讼认识中，裁判者的认识并非漫无目的的智识活动，而总是针对法规范所要求的特定要件事实展开的，或者说，法规范（包括法解释）对特定事实是否具有法律意义具有决定性影响。在此基础上，该特定事实是否确实发生则属于本文讨论的事实认识问题。

---

① 这种区分亦是传统法学方法论的一般做法。例如，郑玉波曾经指出：“如何始能确定法文之真义，及如何始能确定事实之真相，乃适用法律之前提也。前者属于法律解释之问题……后者即事实确定问题……”郑玉波著：《法学绪论》，台湾三民书局股份有限公司1981年版，第67~68页。

② ［德］迪特尔·梅迪库斯著：《德国民法总论》，邵建东译，法律出版社2000年版，第51页。对此，梅迪库斯进一步解释说，“……将生活关系限制在现实的某些部分是必要的。否则，法律发现将依赖于法与非法的一种非理性的整体印象，因而会完全丧失其可信赖性。因此，要实现一种人为理性的法律发现，就必须撷取有限数量的，实际上甚至是较小数量的重要情况。如果有待认定的情况的范围不够小，那么法律发现的过程就会永无休止”（第53页）。

③ 王泽鉴著：《法律思维与民法实例》，中国政法大学出版社2001年版，第237页。

④ ［德］卡尔·拉伦茨著：《法学方法论》，陈爱娥译，台湾五南图书出版公司1996年版，第181页。

综上所述，诉讼认识，是指裁判者通过诉讼活动对案件事实的历史认识。在认识主体与认识客体关系上，诉讼认识的客体并非直接作用于裁判者感官的诸项证据，而是发生于诉讼之前的案件事实。因此，诉讼认识活动实际上可以分解为两个相关的认识过程：裁判者对证据的认识；裁判者根据对证据的认识结果而对过去事实的思维重构。其中，对于前者，辩证唯物主义认识论已有明确的论述；至于后者，却不能简单地套用辩证唯物主义认识论，尽管辩证唯物主义认识论物质决定意识、可知论等认识原理仍然是探讨这一认识活动的理论基础。在本文中，为区分认识客体直接作用于认识主体感官的认识活动，将以“认知”来指称裁判者对案件事实的间接认识。

（三）诉讼认识的本质属性

诉讼认识是一种特殊的历史认识。就其认知维度而言，一方面，诉讼认识属于历史认识的一种，具有历史认识的一般特征；而另一方面，作为一种法律规范下的认识，诉讼认识又明显不同于纯粹的历史认识。

1. 诉讼认识本质上是一种历史认识

诉讼认识的目的是确定案件事实。然而，作为历史性事实，案件事实已经成为过去，裁判者不能对其通过感知的方式从经验上加以直接把握。因此，在本质上，诉讼认识属于对历史事实的认识。

诉讼认识具有历史认识的一般特点：

第一，裁判者的处境与历史学家非常相似。在历史认识中，“历史事实是过去了的事实，我们只能通过历史证据（文献、钱币、建筑遗迹等）来确立它，而这些证据有真伪之分。这就显示了确定历史事实的特异之处。一方面，历史学所处理的事实是实际上已经发生了的，我们不能改变它们，也就是说它有某种给定的东西；但另一方面，由于历史学需要区分真证据和伪证据，历史事实的确定更依赖于人们的批判性认识”。[①] 同样，在诉讼认识中，作为认识对象的案件事实是预先给定的，我们只能认识它而不能改变它；对案件事实的认识需要借助证据，而且，对证据真伪的甄别、证据推理是否正确等因素均影响着认识结果的正确与否。

第二，认识方式的间接性。“过去绝不是一件历史学家通过知觉就可以从经

① 袁吉富著：《历史认识的客观性问题研究》，北京大学出版社 2000 年版，第 43 页。

验上加以领会的给定事实……他（历史学家）十分清楚地知道，他对过去唯一可能的知识乃是转手的或推论的或间接的。”[①] 因此，在论及“表示历史的特殊命题底证实”时，金岳霖先生直率地承认，“表示历史的特殊命题底证实，麻烦得多……证实一表示历史的特殊的命题，决不能直接地证实，像 B 段所论的那样。[②] 这样的命题底证实总是间接的。它不但是间接的，而且间接的方式也不同。这种方式牵扯到特别的工具如记载及古物，也牵扯到普通的工具如普遍的学理”。[③] 换句话说，在诉讼认识中，裁判者对案件事实的认识必须借助一定的证据，并通过推论获得关于案件事实的认识。

第三，认识目的都是为了确证某一表述具体历史事实的单称命题，而非探寻普遍命题或规律。诉讼认识像其他历史认识一样，指向的是过去发生的事实，该事实即使与其他事实有所雷同，在时间和空间的定格上却必然区别于其他事实。“司法调查者——陪审员——所必须处理的事情一般来说不具备这些以相同或相似的形式重复或再现的性质或能力。尽管存在无数产生某一犯罪行为的相同的环境条件，也不能指望犯罪再次发生。即使它能够且确实发生了，也无助于前一问题的解决；它仅仅意味着同样的制裁机制将要启动，而且，将构成新一轮制裁机制中调查的主题。”[④]

由于案件事实是过去偶然发生的独一无二的事实，诉讼认识不可能像自然科学那样就同一类现象通过反复实验对认识结果予以检验核实。“……要描述的事实乃是过去的事实；而过去的事实是不能再接受直接检验的。总之，我们不能简

---

① ［英］柯林武德著：《历史的观念》，何兆武、张文杰译，商务印书馆 1997 年版，第 389 页。

② 在 B 段，金岳霖先生就“表示当前的特殊命题底证实”区分了直接或间接的证实。“这里所谓直接或间接不是从有无工具着想，而是从有无推论着想。没有推论的，这里称为直接，有推论的称为间接。假如我判断‘上面那箱子里有一块白布’，我只要开箱子找，这命题就证实了，假如找不出白布来，这命题就被否证了。无论证实或否证，这里都没有推论。所谓没有推论，就是说这命题无论证实或被否证都不是我们底动作、底结果、底结论。我们说这证实和否证是直接的，因为这命题本身就表示或不表示这结果。有的时候，我们利用普通的情形或趋势为媒介，来证实或否证一命题。例如，某朋友每天骑马进城到某处上课，我断定他今天在某处上课，只要我看见他底马在某处，我也许就觉得我判断证实了。也许他的确在某处上课，果然如此，这证实只是间接的。”金岳霖著：《知识论》，商务印书馆 1983 年版，第 868 页。

③ 金岳霖著：《知识论》，商务印书馆 1983 年版，第 869 页。

④ Alexander M. Burrill, A Treatise on Circumstantial Evidence, (1868. p. 94); quote from John Henry Wigmore, The Principles of Judicial Proof, Little, Brown, and Company (1913), p. 10.

单地看它们是否符合已经独立地为人所知的现实，来检验历史陈述的正确性。”①对于诉讼认识，我们所获得的只能是运用证据得到的推论性认识，这一认识结果可能因不同认识主体的一致性认识得以强化，却无法像规律性认识那样接受实践的检验。在马克思主义哲学中，实践是检验认识是否正确的根本手段。但对于历史认识，我们却无法像亲自尝一口布丁或者像“以这种认识制造出人造蛋白”一样予以实践的验证。对诉讼认识结果的检验只能借助时间之手来完成，只能等待更有效的证据的出现。然而，问题的另一面是，随着时间的流逝，人们对诉讼认识结果进行检验的兴趣将会趋于消失，而时间的久远也往往使这种检验事实上成为不可能。

第四，认识结果上的或然性。诉讼认识像其他历史认识一样，都是由果推因的逆向推理过程。在这一过程中，裁判者所能借助的只能是出现于自己视野之中的证据。然而，“证据”是沉默的，只有在有人认为它有证明价值并加以利用时，“证据”才成为“实践意义上的证据”。因此，在司法实践中，证据以特定主体认为它对证明案件事实有用为前提，或者说，证据总是按照一定的观点收集而来的；而且，实践中可资利用的“证据”往往是有限的，甚至可能仅仅是“证据”的一小部分。因此，借助证据进行的回溯性推论，在结果上必然包含着一定程度的或然性。恰如历史学家柯林武德所言：“没有任何历史的论证曾经以精确科学所特有的那种强制性的力量证明了它的结论。这种说法似乎是指，历史推论从来都不是强制性的，它至多只是许可性的；或者像人们有时相当含糊地说的，它决不能导致确凿性，而只能导致或然性。”②

2. 诉讼认识是一种特殊的历史认识

作为历史认识的一种特殊形式，诉讼认识又明显不同于纯粹的历史认识。在历史学中，由于历史事实已经远去，对特定历史事实的认识主要是作为智识活动而存在的，其认识结果对现实社会生活一般不产生直接影响；而诉讼认识却是一种直接影响现实生活的认识活动。很明显，我们可以不关心历史上项羽是否真的烧了阿房宫，却不会忽视是谁在你家放了一把火。由于诉讼认识通过为适用法律提供事实根据的方式直接影响着当事人的权利义务关系，诉讼认识必须更为严格

① ［英］沃尔什著：《历史哲学》，何兆武、张文杰译，广西师范大学出版社 2001 年版，第 11 页。

② ［英］柯林武德著：《历史的观念》，何兆武、张文杰译，商务印书馆 1997 年版，第 363~364 页。

并呈现出自身的规律和特征。

与历史学意义上的历史证明相比，诉讼认识具有以下典型特征：

（1）诉讼认识必须在一定期限内得出确定性结论。历史学家柯林武德认为，由于目的的不同，是否必须在一定时限内得出结论构成了历史学家与裁判者的根本不同。“历史学家没有义务在任何规定的时间之内作出他的决定。对他来说，除了他的定案（当他达到这一点时）必须是正确的而外，就再没有别的问题了；这对于他就意味着，它将不可避免地要跟着证据而来。”① 由于历史学家无休止的争论一般不会给我们的生活带来什么不便，而武断地下一个定论反而可能阻塞历史真相的发现，在历史学中，所有的争论和分歧都可以通过“信传信、疑传疑”的方式留待新证据出现之后予以澄清。诉讼认识则不然。诉讼的目的是为了解决纠纷。“倘若人们求助法律程序来解决争执，那么争执须在某一阶段上最终解决，否则求助法律程序就毫无意义。”② 因此，为了适用法律对纠纷作出最终的解决，诉讼认识不可能无休止地持续下去，而必须在一定期限内对具体历史事实的存在与否作出确定的回答。

在现代诉讼制度中，及时裁判是各国普遍承认的诉讼原则。美国宪法第六修正案（1791 年）规定，“在一切刑事诉讼中，被告享有下列权利：由犯罪行为发生地的州和地区的公正陪审团予以迅速而公开的审判……”在德国，“快速原则，被视作在‘基本法’第二十条规定中体现出的法治国家原则的效果”。③ 值得注意的是，尽管各国关于及时裁判原则的规定主要针对刑事诉讼，但作为一种诉讼理念，该原则却普遍适用于各种诉讼活动。恰如日本学者所言，“迟延诉讼或积案实际上等于拒绝审判。因此，迅速地审判一直被当作诉讼制度的理想。这里所说的迅速审判首先意味着迅速及时的判决。这一角度尤其为判决中心的观点所强调。”④ 在贝勒斯归纳的 19 项程序法原则中，第 8 项是“及时原则：程序应

① ［英］柯林武德著：《历史的观念》，何兆武、张文杰译，商务印书馆 1997 年版，第 371 页。

② ［美］迈克尔·D. 贝勒斯著：《法律的原则》，张文显等译，中国大百科全书出版社 1996 年版，第 37 页。

③ ［德］约阿希姆·赫尔曼著：《〈德国刑事诉讼法典〉中译本引言》，载李昌珂译：《德国刑事诉讼法典》，中国政法大学出版社 1995 年版，第 14 页。

④ ［日］谷口安平著：《程序的正义与诉讼》，王亚新译，中国政法大学出版社 1996 年版，第 55 页。

提供及时的判决”，第 9 项是“止争原则：法院应作出解决争执的最终决定”。[①]

在及时裁判和终结性原则约束下，诉讼认识必须在一定时间内对争议的历史事实作出确定性结论。然而，这项要求却明显超出了人类的实际能力。一方面，在裁判当时，裁判者对证据是否已经穷尽无法知晓，在现在看来已经确证无疑的结论可能会因新证据的出现而变更，甚至被彻底推翻；另一方面，基于人类认识能力的局限，即使这种建立在不完全证据基础之上的认识，仍然可能出现半信半疑的认识状态。面对客观存在的认识局限，现代证明制度在“求真”的大前提下，不得不作出一系列无奈的妥协性选择。例如，默认法庭在不存在合理怀疑状态下作出裁判的正当性，并附以必要的纠错制度；[②] 在诉讼认识只能达到半信半疑状态时，借助证明责任制度强行在当事人之间进行风险分配；借助推定等法律手段进行法律上的拟制，人为地确立特定事实间的因果关系；在民事诉讼中，策略性地放弃对纠纷事实原貌的探寻，“除证据之外，尚得以全辩论意旨作为认定事实之基础”，[③] 等等。

（2）诉讼认识只要求查明历史事实的特定内容。在历史学上，何种历史事实被选择为认识对象主要取决于特定研究者的个人兴趣。因此，作为历史学家认识对象的历史事实一般是随机的、多样的；就认识广度而言，由于历史学家的目的是为了如实地揭示人类曾经历过的社会生活或生活片段，对历史事实的认识往往是全面的。

在诉讼认识中，作为认识对象的历史事实往往是片面的，并具有以下基本特征：

第一，该历史事实是以法定的方式预先确定的。诉讼不是意气用事的争斗，而是为了对发生争议的实体权利义务关系作出裁判。因此，在实践意义上，并非任何纠纷都可以求助于诉讼。在特定国家，哪些纠纷可以求助于诉讼取决于该国的现行法律制度。在法律规定的可诉范围的约束下，什么类型的事实可以成为诉讼认识的对象，什么类型的事实不能成为诉讼认识的对象，取决于法律而非个人的兴趣。在刑事法领域，罪刑法定原则在诉讼法上的作用首先表现为对刑事诉讼

① ［美］迈克尔·D. 贝勒斯著：《法律的原则》，张文显等译，中国大百科全书出版社 1996 年版，第 36~37 页。

② 在英美法系国家，陪审团裁定的事实曾一度被视为“神见的事实”，不允许对其正确性提出怀疑。

③ 黄东熊著：《刑事诉讼法论》，台湾三民书局印行 1999 年增订 2 版，第 363 页。

法适用范围的限定，相应地，在认识对象的抽象范围上，刑事诉讼认识也必须以刑法规定的犯罪为限。在民事法领域，由于公民权利的广泛性，认识对象在范围上并无明确的限定。即便如此，在特定的时期，民事认识对象也往往是比较明确的，尽管其确定化程度不如刑事法那么高。

第二，作为诉讼认识对象的历史事实是具有可重复特征的类型化事实。作为社会生活的一部分，纠纷事实是千姿百态的。在此意义上，纠纷事实是不可能重复出现的，就像世界上没有相同的两片树叶一样。然而，“法律的基本作用之一是使人类为数众多、种类纷繁、各不相同的行为与关系达致某种合理程度的秩序，并颁布一些适用于某些应予限制的行动或行为的行为规则或行为标准。为能成功地完成这一任务，法律制度就必须形成一些有助于对社会生活中多种多样的现象与事件进行分类的专门观念和概念。这样，它就为统一地和一致地调整或处理相同或基本相似的现象奠定了基础。”① 在法律规范作用下，具有法律意义的历史事实总是以类型化的一般面目出现。因此，在诉讼认识中，为了产生特定的法律后果，所需要证明的事实已不再是千姿百态的社会事实，而是被剔除了个性特征的类型化事实。这种类型化事实具有很大的涵盖力，众多的社会事实被分门别类地归属到一定类型之中并被赋予相应的法律效果。在此意义上，诉讼认识视野中的历史事实已经不再是独一无二的偶然事件，而是包含了可重复特征的事实。

第三，作为诉讼认识对象的历史事实是一种构成要件事实。在法律规范中，特定的类型化事实可以分解为一系列的可重复性特征，即法律构成要件。只要社会事实充分满足了法律构成要件，即可产生法定的法律效果。因此，在诉讼认识中，对具体历史事实的认识开始被转化为对该类型化事实中的可重复性特征（即法律构成要件）的认识：只要当事人能够证明法律构成要件所要求的事实，在法律上即足以产生证明该历史事实全部内容同样的法律效果。例如，对一般侵权行为的证明，只需要证明以下法律构成要件成立即可：①须有某项行为；②该行为须致人损害；③该行为须违法；④该行为须系出于过失或者故意；⑤行为人须有责任能力。换句话说，在诉讼认识中，当事人需要证明的已经不再是原始的社会

① ［美］E. 博登海默著：《法理学：法哲学及其方法》，姬敬武、邓正来译，华夏出版社 1987 年版，第 485 页。

事实，而是经过法律过滤并借助法定构成要件而产生法律效果的构成要件事实。①

（3）诉讼认识是在双方当事人的证明与证伪活动中展开的。作为一种社会活动，诉讼认识是在程序约束下进行的。因此，尽管诉讼认识本质上是一种针对特定命题展开的认识活动，这一活动却必须遵循诉讼程序的一般价值和要求。在现代诉讼制度下，基于程序公正的要求，诉讼认识普遍采取了当事人参与的方式，更准确地说，裁判者的认识是在双方当事人的证明与证伪活动之中展开的。

程序正义是评价程序自身正当性的标准和尺度。作为一种价值观念，程序正义最早产生于英国的“自然正义”观念，其思想谱系可追溯到1215年的《英国大宪章》；在司法程序问题上，普拉特法官在1723年“国王诉剑桥大学案”中最早使用了“自然正义”这一概念。②“自然正义”包含两个基本原则：第一，任何人都不得在与自己有关的案件中担任法官；第二，必须给予诉讼当事人各方充分的机会来陈述其本方的理由。③“自然正义”观念后为美国继承并以“正当法律程序”的形式规定于宪法之中。根据美国《布莱克法律辞典》的解释，程序性正当程序的中心含义是指：“任何权益受到判决结果影响的当事人都有权获得法庭审判的机会，并且应被告知控诉的性质和理由……合理的告知、获得庭审的机会以及提出主张和辩护等都体现在‘程序性正当程序’之中。”④

程序正义是对程序自身的要求，但这一要求通过程序直接影响了诉讼认识的结构。基于程序正义的要求，在诉讼认识中，不仅裁判者必须符合更严格的条件（如不得与证明结果有利害关系等），论证活动自身也必须符合正义的要求，即诉讼认识必须在利益可能受到影响的当事人共同参与下进行；一方当事人提出的

---

① 在张俊浩教授主编的《民法学原理》一书中，他主张区分法律规范层面的法律构成要件和事实层面的构成要件事实（书中称之为“法律事实”），希望以此强调二者的差别，以及社会事实必须经过法律构成要件这一环节才能产生实际的法律效果。张俊浩主编：《民法学原理》，中国政法大学出版社1997年版，第56页。何秉松教授在其《犯罪构成系统论》一书中，亦主张，“在讲到犯罪构成概念时，应把刑法上规定的犯罪构成与社会现实生活中的犯罪构成事实严格加以区分”。何秉松著：《犯罪构成系统论》，中国法制出版社1995年版，第109页。

② ［英］彼得·斯坦、约翰·香德著：《西方社会的法律价值》，王献平译，中国人民公安大学出版社1990年版，第97页。

③ ［英］彼得·斯坦、约翰·香德著：《西方社会的法律价值》，王献平译，中国人民公安大学出版社1990年版，第97页；王名扬著：《英国行政法》，中国政法大学出版社1987年版，第152页。

④ 《布莱克法律辞典》第5版，“正当法律程序”条。

主张和论据必须同时接受对方当事人的检验和反驳。因此，在结构形式上，诉讼认识已经不再是单纯的主客体认识，而是在证明活动中展开的多主体间的认识，它同时混杂了证实和证伪、证实证伪交叉重叠的论证过程。换句话说，一方当事人对证明对象的证明是在另一方当事人对该命题证伪的制约下进行的，该当事人对命题的证明直接受到另一方当事人对其论据、论证的质疑、责难、检验，甚至遭受对方当事人对所证明命题的直接证伪。①

诉讼认识采用这种方式，不仅体现着程序正义的要求，同时也包含了对实体正义的追求。诉讼认识的结果直接关系着当事人的权利义务关系，直接影响着现实的社会生活，因此，尽管在一般性质上，诉讼认识结果必然包含出错的可能性，但在人类情感上，我们却希望能够尽可能地降低出错的概率。在诉讼认识中，一方当事人对特定事实的证明同时要面对来自利害相关的对方当事人的反驳或证伪，这种证实与证伪并存的证明活动显然更有助于揭示论证过程中可能存在的错误。而且，在心理上，一个接受对方反驳仍然得以成立的证明结果也更容易为社会公众所接受。尽管该结果可能在后来被证明仍然是错的，但对方当事人曾经尝试的种种努力已经表明，这种错误在裁判当时是无法发现或避免的。在此意义上，诉讼认识的特殊论证结构赋予了诉讼认识结果一种更坚实的正当性根据，即尽管不是必然正确，却是一项其正确性经过检验且裁判当时已无可置疑的结果。

（四）诉讼认识对证据的自由评价

在思维层面上，诉讼认识表现为根据证据对案件事实的思维重构，或者说，根据证据推理案件事实的思维过程。因此，诉讼认识的核心是“如何评价证据”。在诉讼史上，关于“如何评价证据”的立法模式有两种：法定证据制度与自由心证证据制度。在现代社会，以自由心证制度为代表的自由评价模式是主流。

在我国，立法尚未确立自由心证制度，学理对应否确立自由心证制度亦存有争议，然而，如果着眼于“行为中的法”，我们却不得不承认：在证据评价方式上，我国事实上亦属于自由评价模式。因此，探讨自由评价证据模式的认识机理，不仅可以让我们更加清醒地认识到这种认知模式的合理性，也可以提醒我们

① 吴宏耀、魏晓娜著：《诉讼证明原理》，法律出版社 2002 年版，第 34 页。

认识到通过设置、完善相关法律制度将裁判者的自由评价活动纳入法律轨道的迫切必要性。

1. 证据评价的两种模式

根据案件事实是否需要提出证据加以证明，诉讼认识可以分为两部分：无须证据而认定事实，依据证据而认定事实。其中，对于前者，基于共同的社会认知背景或者法律的预先规定，裁判者可以直接对事实予以认定；对于后者，则需要一个由证据到事实的“跳跃”过程，即证据评价过程。

在诉讼制度史上，法定证据制度与自由心证制度代表了两种截然对立的证据评价模式：法定评价模式与自由评价模式。其中，与法定证据制度对应的证据评价模式是法律的创造物，而与自由心证制度对应的自由评价模式却并非法律的产物，而是一种独立于法律制度的认知方式、一种自然而然的认知方式。换句话说，自由心证制度并没有创制新的评价方式，而是对人们日常生活中习以为常的评价方式的认可。当然，从历史上看，大陆法系国家当时面对着积重难返的法定证据传统，如果立法不明确规定自由评价模式，就无法将其引入司法领域。但是，离开了这种历史处境，我们就必须承认，证据的自由评价模式并不依赖于法律的认可。相反，作为一种认识的普遍方式，只要立法没有对其明确否认，它就必然存在于诉讼认识活动之中。

因此，在理论上有必要区分自由心证制度与证据的自由评价。自由心证制度是一种制度化的自由评价模式，其核心在于肯定并规范证据的自由评价。我国台湾地区学者李学灯教授对“自由心证”一词进行了专门的考证，其结论是：所谓自由心证，其实质即对证据的自由评估。“评估是方法，心证是结果，由评估而得心证。自由评估，系对机械评估而言，意在不受法定或机械方法的束缚而为自由正确地评估，借以获得正确的心证，不得违背论理及经验的法则。有时虽有正确评估，亦有不得心证的可能。并非不经正确评估，即可以自由心证。所以就判断证据而言，实系自由评估，意在适当权衡，而非自由心证。”① 因此，针对我国长期以来的误解，有必要说明的是：第一，自由心证制度重在证据评价，强调法律不得预先规定证据的证明力。“这里所谓的‘自由’仅仅是指法律不设具

① 李学灯著：《证据法比较研究》，台湾五南图书出版公司1992年版，第712页。

体的规则来指示法官在根据证据认定事实时必须做或不得做出某种判断”,[①] 而“非许以自由心证（本身），而为事实之认定”。[②] 第二，自由心证制度是以证据裁判主义为基础的法律制度。裁判者心证的形成必须遵循以下要求：（1）无证据，即无心证；（2）自由心证，乃选择证据中之证据，并非证据外之证据；（3）自由心证，系判断证明力之心理要素，并非证据裁判主义之例外；（4）由有证据能力之证据，形成心证，并非以自由心证判断证据能力，亦不许以自由心证创造证据能力；（5）自由心证，系由调查证据而形成，既不得以自由心证缩小调查证据之范围，亦不许证据未经合法调查，而形成自由心证；（6）无关联性之证据，既无从形成自由心证，亦不许以心证使证据与事实相关联；（7）心证，由直觉或推理而形成；（8）依经验法则，形成心证，并非以经验法则作为证据；（9）依论理法则，形成心证，并不得以论理法则作为证据；（10）依自由心证，判断证据之证明力，并非以心证制造证据，更不得以心证作为证据。[③]

但是，作为一种证据评价方式，自由评价模式的存在却并不必然需要法律制度的明确认可。在英美法系国家，法律并没有自由心证的明文规定，但其属于自由评价模式是不争的事实。而且，从自由心证制度的产生渊源看，作为制度化存在的自由心证，恰恰是大陆法系国家模仿英国法律制度的产物。[④] 我国立法没有规定自由心证制度，学理上对自由心证制度也一直持否定态度，但这并不能否定我国司法实践中裁判者自由评价证据的事实。相反，如果我们不是专注于概念的有无，而以实事求是的态度看待问题，那么，我们将惊讶地发现，在我国司法实践中，裁判者自由评价证据不仅是不容否认的现实，而且，“比起其他国家来，

---

① 王亚新：《刑事诉讼中发现案件真相与抑制主观随意性的问题》，载《比较法研究》1993年第2期。

② 陈朴生著：《刑事证据法》，台湾三民书局1979年版，第548页。

③ 陈朴生著：《刑事证据法》，台湾三民书局1979年版，第554页。

④ 历史表明，法国自由心证制度的确立与陪审制度的引入基本同步。法国1791年9月26日至29日法令规定，对最为严重的重罪审判实行陪审团制度，同时规定“法官有把自己的内心确信作为裁判的唯一根据的义务”。我国台湾地区学者陈朴生亦认为，大陆法系国家历史上采法定证据制度，“迨法兰西革命后，改采陪审裁判，鉴于以法律规定证据之价值，有一定之证据，即得为一定事实之认定，即所谓形式的法定证据主义，于发现实体的真实上较为困难，使裁判流于形式，且适用之证据法则琐细，亦非陪审裁判之所宜，乃排斥法定证据主义取自由心证主义而代之，许由陪审员依其心证自由判断证据之价值。”陈朴生著：《刑事证据法》，台湾三民书局1979年版，第547页。

其自由度有过之而无不及”。①

在区分制度与事实的前提下，我们可以得出以下结论：第一，从制度演变看，自由评价模式一直是各国家、各历史时期证据评价的基本方式，而法定评价模式则仅仅是证据评价制度的一种特例。在诉讼史上，典型的法定证据制度仅存在于中世纪欧洲国家。第二，在现代社会，自由评价证据是各国的通例，而不以法律是否确立自由心证制度为前提。因此，即使没有明确确立自由心证制度的国家，为了防止裁判者滥用评价证据的自由，也均设置有（或需要设置）相应的制约机制。第三，在实行自由评价模式的前提下，仍然存在一定数量的法定证据规则，即使在明确确立自由心证制度的国家也不例外。

2. 自由评价模式的构成要素

在现代裁判制度中，自由评价模式是证据评价的最基本方式。尽管自由评价模式自身无须得到法律制度的认可，但作为现代法律制度的一部分，自由评价模式在评价主体、对象、内容、过程等方面仍带有明显的现代法制雕琢的痕迹。

（1）评价主体。在自由评价模式中，评价证据的主体是以个体身份存在的裁判者。根据现代法的一般精神，作为证据评价主体的裁判者应当满足以下两方面的要求：

第一，一般性条件，即裁判者必须坚持中立、平等的姿态。现代诉讼制度要求，裁判者必须遵循中立原则与程序对等原则。② 其中，中立原则首先是一项适格性要求，即充任裁判者的法官必须中立于有待裁判的案件。根据该原则，具有如下情形之一的法官不得充任裁判者：①与案件有牵连的人；②与案件结果或争议各方有任何利益关系或其他利害关系的人；③对其中一方当事人怀有支持或反对偏见的人。要求裁判者中立，目的是保证裁判者能够平等对待双方当事人提出的证据和辩驳。因此，在评价证据过程中，裁判者必须坚持程序对等原则，即裁判者应当给予各方当事人平等参与的机会，对各方当事人的主张、证据、辩驳予以同等的尊重和关注。

第二，实质性条件，裁判者必须直接接触证据，没有直接审查证据的法官不得参与证据评价。自由评价证据的内在合理性在于其能够更准确地认定证据。然

① 锁正杰：《刑事程序的法哲学要义》，中国政法大学2000年博士论文，第121页。

② 陈瑞华著：《刑事审判原理》，北京大学出版社1997年版，第65页。

而，在不直接接触证据的情形下，这种合理性将受到根本的侵蚀。

针对我国“审者不判、判者不审”的荒诞做法，我们必须正视以下事实：

首先，在很多情况下，证据是无法转述的，人的陈述尤其如此。在谈到卷宗主义时，拉德布鲁赫教授指出，卷宗主义的致命缺陷在于文字记录根本无法反映言词陈述的整体和全部。“被控告一方不正常的举止，紧张和愤怒的表情，证言陈述中不情愿的停顿，提前背熟的流畅和急速表达，所有这些细微区别和难以描述的状况，在单调呆板的官方记录中消失得无影无踪。”① 因此，对于那些认为根据法庭笔录同样可以准确评价证据的人，我们不得不提醒一句：仅仅根据静态的笔录就想对千变万化的证据作出准确的评价，即便不是痴心妄想，也极难实现。

其次，在证据转述中，转述人往往（有意或无意地）已经形成了自己的预先判断，而对于被转述人而言，这种预断却是作为默认事实对其产生影响的。因此，即使不考虑转述人从中作弊的可能，这种单纯依靠他人转述作出的证据评价也无可避免地存在偏离事实真相的危险。其实，在我国司法实践中，一些负责审理案件的法官为了获得一个自己期望的结果同时又可以推脱责任，将审判委员会当挡箭牌的例子已经屡见不鲜。

最后，也是最重要的，我们必须打破一个虚假的前提假设：即审判委员会比合议庭更有能力对证据作出准确的判断。在此，且不说多数证据的不可转述性，也不说转述中的“噪音”混入，单单就判断力而论，我们似乎没有任何理由说，一个人的判断能力与其职位高低有关。当然，或许有人会反驳说，在我国现行制度下，审判委员会中往往包含了有着丰富实践经验的资深法官，他们的判断能力当然高于那些审判新手。对此，论者往往容易忽视了下述事实：资深固然是优势，同时也有着自身的内在危险，即资深法官往往会因为过分强调其过去的经验而忽视了当前案件的个性特点。波斯纳通过职业法官与陪审团之间的比较，揭示了法官思维模式定型化（be case hardened）对于准确事实认定的不利影响。他举例说，根据贝叶斯定理，假设一名法官根据他曾经审判许多类似案件的丰富经验，在案件一开始就认为该案件中被告有罪的可能性为 100∶1，那么，即使法庭上提交的证据产生被告无罪的可能性为 8∶1，对于该法官而言，他认定被告有

① ［德］拉德布鲁赫著：《法学导论》，米健、朱林译，中国大百科全书出版社 1997 年版，第 125 页。

罪的证后可能性仍将高达12.5∶1。[①] 另外，需要指出的是，在我国司法实践中，最棘手的证据判断莫过于对人的陈述的判断（如所谓“一对一”）。然而，英美法系国家的司法实践表明，对于这种证据的判断，只有身临其境、亲身感知陈述人作证时的综合情态，才有可能作出符合实际的判断；而在亲身感知的条件下，对此类证据的判断，具有日常生活经验的普通人即足以胜任。因此，这里的问题已经与是否具有丰富的司法经验无关。例如，即便你是有着50年丰富经验的法官，如果你仅仅看着笔录材料，你仍然无法对“我说‘我今年27岁’”这一陈述作出正确的判断。总之，我们认为，如果说对于解决法律适用中的疑难问题，审判委员会尚有存在的一席之地的话，在事实问题上，法官将案件提交审判委员会本身即说明该法官已经不再是法官，尽管他还穿着法袍坐在法官的位置上。

（2）评价对象。自由评价的对象是证据。在现代诉讼制度中，作为自由评价对象的证据必须同时具备以下条件：

①必须有证据存在。证据进入法庭调查的途径有以下两种方式：当事人举证与裁判者依职权调取证据。其中，在当事人主义诉讼模式下，当事人举证是证据进入裁判者视野的最基本途径，裁判者一般不主动依职权调查证据。在职权主义诉讼模式下，尽管当事人举证仍然是证据进入法庭的基本途径，但基于实质真实的理念，裁判者依职权调查证据也受到了法律的强调。一般而言，在职权主义下，如果认为为查明案件事实真相而确有必要，裁判者即应依职权主动调查证据，否则，将构成审理义务未尽，其裁判将可能被上级法院撤销并发回重审。在这里，是否有依职权调查证据的必要，并非以裁判者单纯的主观判断为准，而应当根据诉讼进行后之全部情况来判断。因此，在实践中，裁判者依职权调查证据往往是作为补充当事人举证能力的辅助性手段被使用的，原则上不得在审理开始即认为有必要依职权调查证据。

②该证据必须具有证据能力。只有具有证据能力的证据才能进入法庭调查程序而出现于裁判者的视野之中。因此，“无证据能力之证据，既不得作为判断之依据，固毋庸加以调查，即经调查后，始发现其无证据能力者，亦不得本其调查

---

① ［美］理查德·A. 波斯纳著：《证据法的经济分析》，徐昕、徐钧译，中国法制出版社2002年版，第67页。

所得之心证，而判断其证明力。”①

③该证据必须经过法庭调查。诉讼认识不仅仅是一种认识活动，同时还是一种权力的运作。因此，为了防止裁判者的恣意和武断，防止纠纷当事人的命运操纵于具体的裁判者手中，我们不仅需要关注证据是否存在、裁判者是否认识了证据，而且，还必须知道裁判者认识证据的具体过程。如果认识过程是秘密的，那么，在秘密的阴影之中，裁判者便有了更多作弊的可能，而在“天知地知”的掩护下，裁判者的认识是否来自证据也失去了可观测性和接受外界评价的可能。因此，在现代诉讼中，法律不仅强调证据的重要，而且进一步要求，裁判者只能在当事人共同参与下才能进行证据认识，裁判者对证据的认识必须置于当事人（在公开审理的时候，还包括旁听审理的公众）的监督之下。因此，在现代法律制度下，经法庭调查已经成为了一项实质性条件。如果一项证据未于审判期日践行法庭调查程序，未经双方当事人质证，那么，该项证据即使确实存在且具有证据能力，亦不得作为裁判者评价的对象，更不得作为裁判的根据。②

从严格意义上讲，作为评价对象的证据是指经过法庭调查而获得的“证据内容”（即“证据资料”），而非承载证明信息的载体。换句话说，证据只有经过法庭调查而转化为证据资料时，裁判者才能根据经验法则和论理法则对其证明力进行判断，即决定证据之取舍、证明力之大小。

关于庭审法庭调查评价证据的问题，正是诉讼认识论区别于一般社会认识活动之处，亦构成诉讼认识论的一个特点。对于这个认识和评价方法的看法，有的学者认为诉讼证明活动不等于认识活动，笔者认为这是一种特殊的认识活动。这

① 陈朴生著：《刑事证据法》，台湾三民书局1979年版，第551页。

② 在实体正义的大旗下，我国立法、司法实践和法学理论长期以来偏重于强调诉讼认识的认知侧面，而忽视了诉讼认识中的权力控制问题。因此，在我国，裁判者对证据的认识往往是在法庭之外完成的，法庭审理程序则几乎沦为了裁判的一种形式性要件。由此而来的是恶性循环的后果：在司法实践中，形式化的法庭审理程序显得十分烦琐且毫无意义，于是，又有了进一步简化程序的呼声，如所谓“普通程序简易化”。但是，我们必须看到，法庭审理程序的形式化，直接危及我们追求实体正义的初衷。形式化的法庭审理程序给予了裁判者更多的舞弊机会，而且，一旦裁判者从中作梗，纠纷当事人将陷入很难讨回公道的不利处境。不要忘了，裁判者是我们法律权利的最后守护人。这恰如守护羊群的牧羊犬，如果牧羊犬侵害羊群，羊又有什么救助途径呢？在这里，我们并没有假设“法官更容易腐败”，而仅仅是基于这样一个铁的事实：再好的人也是人，其人性总是处于可善可恶、时善时恶的流动之中，而且我们无法预知人在什么时候会显示其恶的一面。这与“做好事不难，难在一辈子只做好事不做坏事”有着同样的道理。因此，如果我们不是叶公好龙式地追求实体正义，那么，我们就必须将裁判者作弊的因素考虑在内，从而注重法庭审理程序的权力控制功能。

种认识活动是控方依法“向裁判者证明”，或曰“证明给人看”的一种特殊认识形式，尤其是对于裁判者而言，只有通过这种形式，认识案情，了解案件事实，裁判者同样是在探求未知的事物和未知的知识，从而作出法律价值的选择。因此，不能认为这不是一种认识活动，只是这种认识活动是一种特殊形式的认识而已。

（3）评价内容。在现代诉讼制度中，根据法庭调查证据的时间顺序，裁判者对证据的评判存在于三个阶段：第一，接受法庭调查之前，根据该证据与待证事实的相关性以确定其是否具有接受法庭调查的价值或资格，即证明能力判断。一般而言，英美法系国家实行法定主义模式，大陆法系则诉诸裁判者的自由判断，也即实行自由评价模式。但随着诉讼实践的发展，两者之间的差距也在不断缩小。在英美法系国家，（规范证据能力的）证据规则已经出现了明显的松动，证据的排除开始越来越多地依赖于法官的裁量；而大陆法系国家，在刑事法领域，也已经出现了规范证据证明能力问题的法律规则。因此，在证明能力方面，裁判者亦存在证据评价活动，差别仅仅是范围大小的问题。① 第二，法庭调查之后，对证据自身可信性及其证明力大小进行判断，即证据证明力判断。第三，根据查证属实的证据事实推断待证事实，即事实的认定，具体包括对个别事实的认定与对事实的整体认定。

在这里，我们所说的证据评价专指经法庭调查后，裁判者对证据证明力的判断以及运用查证属实的证据对事实的认定。因此，根据时序，证据评价的内容可以分为两部分：一是证明力的评定；二是运用证据认定事实。其中，证明力的评定是自由评价证据的核心。

但需要说明的是，就裁判者对证明能力的评价而言，其实质相当于对证据与待证事实之间关联性的初次评价。“关联性问题要求对以下问题做出回答，即一项证据经过法律推理之后，是否具有足够的证明价值，值得作为证据予以接受。这样，评价一项证据的证明价值，如某人曾在命案案发前不久购买了一支手枪，

① 宋英辉、吴宏耀：《外国证据规则的立法及发展》，载《人民检察》2001年第3期。另外，关于英国的变化，可参见［英］约翰·D. 杰克逊：《证据法则》，载英国文化委员会编：《英国法律周专辑》，法律出版社1999年版，第168页；关于美国的变化，可参见 Federal Rules of Evidence, West Publishing Co. (1999), p. 27。

与其被指控之间的关系，就是一种分析和推理的活动。"[1] 因此，在裁判者对证明能力进行裁量时，其评价过程亦属于根据经验法则的推理活动，在推理方式上与证明力评价没有本质性区别。二者的区别主要表现在调查程序上，即证明力评价必须以严格的法庭调查为基础；对于证明能力的评价，在英美法系国家以"初步询问"程序进行。[2] 在大陆法系国家则一般不进行专门的调查，而由裁判者依据经验径行作出判断，或者用大陆法系的术语来说，证明能力的调查适用自由证明，而非严格证明。[3]

①证明力的评定。证明力的评定包括两个评定过程：一是关于证据自身的信用性（Credibility，又译"可信性"）的评定；[4] 二是纯粹的证明力评价。其中，证据自身信用评定是基础，只有在该证据具有可信性的前提下，才可能进一步对其内容的证明力大小予以考察，而且，对于人的陈述，证明力的大小在很大程度上依赖于对证据自身的信用性评价。

证据的信用性，是指证据自身是否可靠及其可信赖程度。就实物证据而言，可信性问题主要表现在该证据是否真实存在、有未经过人力雕琢加工等性质；就人证而言，则主要包括人本身的可信赖性（证人的真挚性或诚实度）和可靠性（证人是否具备相应的知觉、记忆、表达等能力及其程度）。[5] 在诉讼活动中，除裁判者亲临现场对实物证据进行直接观察外，实物证据仍需依赖人的力量才能向法庭提出。因此，关于实物证据信用性的考察往往转化为对提出该实物证据的相关人的信用性评价。所以，在证据信用性评价问题上，我们关注的是对人的信用性评价。

自由评价证据所追求的是一种"常人认识模式"。在认识模式上，自由评价

---

① Federal Rules of Evidence, West Group (1999), p. 25.

② 参见《美国联邦证据规则》第104条"初步询问"。

③ 参见吴宏耀、魏晓娜著：《诉讼证明原理》第二章"自由证明与严格证明"，法律出版社2002年版。

④ 该项判断相当于我国传统证据学理论中关于证据真假的判断。但值得注意的是，尽管在我国传统证据法学中，所谓"真假"指的是"实际为真、实际为假"，但在实践层面上，作为判断结果的"真假"却仅仅是一种主观判断和评价。换句话说，尽管符合实际是我们的理想追求，但"判断为真（假）"却并不等于"实际为真（假）"。因此，为了防止理想与现实的混淆，用"信用性"或"可信性"等带有明显主观判断色彩的术语更容易提醒人们，该评价并非必然反映客观实际，尽管我们希望并通过制度尽力促使其符合客观实际。

⑤ 王亚新：《刑事诉讼中发现案件真相与抑制主观随意性问题》，载《比较法研究》1999年第2期。

证据的实质是要求裁判者按照人类日常生活中习以为常的认识方式去判断面前的证据。此时，我们需要考虑的是认识对象所包含的社会价值、认识手段自身的可靠性，根据常理以及现有的认识程度是否愿意作出将产生特定社会后果的判断。因此，在现代诉讼中，裁判者对证据的认识是全方位的，不仅包括证据所表现出来的内容，而且还包括证据表现内容的方式、相关环境因素。比如，证人在提供证言时，不仅要看其内容是否合乎逻辑，而且还要将其作证时的举止、面部表情、语速、与当事人的关系等诸多因素考虑在内。也就是说，裁判者对证据的认识是一种以证据内容为核心，同时兼顾其存在背景的认识活动。因此，为了保障自由评价证据的准确性，这种认识方式本质上要求裁判者直接接触原始意义上的证据。

我国台湾地区学者陈朴生教授认为，证人之证言是否具有凭信性，应以证人之观察记忆及报告是否正确为准。因之，凭信性，本得分为证人信用性与证言凭信性两种。证人之观察不正确，如观察事实发生当时，证人精神有障碍，或正在泥醉中，其观察能力并不正确，其证言固难凭信；如证人之观察原本并非不正确，但因证人陈述时，记忆不清或有错误，致其报告内容与观察不相符合，其证言亦缺乏凭信性。其证言之不正确，有由于证人之偏见，或受劝诱或被收买者，则为证人缺乏信用性。故证言之所以缺乏凭信性，其原因，有由于能力之缺陷者，有由于证人之缺乏信用性者，不一而足。[①] 因此，证人的信用性问题可以进一步分为“能力上的信用性”与“品行上的信用性”。其中，前者与证人的感知能力、表达能力密切相关，而后者则由证人自身的诚实品行等道德因素决定。

在大陆法系国家，基于职权调查模式，证人的信用性由裁判者根据陈述人在法庭陈述时的综合表现，依其经验作出是否可信的判断。在此，裁判者对证人的评判是一种整体性判断，且重在判断证言内容是否准确。但是，这并不意味着裁判者不考虑证人的能力问题和品行问题，而是说，在职权主义模式下，对于诸如是否欠缺能力、是否诚实、是否怀有偏见等因素，一般不需要专门进行举证和辩论，而由裁判者根据询问证人时证人的情态表现径直作出评判。当然，法律并不禁止当事人要求对上述因素进行查证，而且裁判者根据经验也往往会主动进行必要的查证。不过，在大陆法系国家，对这类事实的查证是以自由证明方式进行，

① 陈朴生著：《刑事证据法》，台湾三民书局 1979 年版，第 410 页。

且只要求达到释明的程度。

在英美法系国家，对证人信用性的评价属于陪审团的职责。但基于当事人主义理念，在交叉询问中，为削弱或消除对方证人证言的效力，证人的能力问题和品格问题往往成为攻击的重点。因此，在法庭调查阶段，交叉询问的一个重要目的就是削弱或恢复证人在陪审员心中的可靠程度或诚实程度。在诉讼中，律师对证人信用性提出质疑的方式有两种：一是，通过交叉询问，揭示证人的感觉缺陷、证人品格、证人的精神状态、证人的重罪前科、该证人以前的自相矛盾的陈述、证人与诉讼一方有利益或偏见；二是，为了澄清交叉询问中的争议，提出与此相关的证人或其他证据。但值得注意的是，为了防止举证活动的“无限后退”，英美法系司法实践更强调通过交叉询问揭示证人的信用性，并对引入新的证据进行了限制。“每当一方可以恰当地提出质疑某证人的外部证据时，它就可以同样恰当地交叉盘问该证人——此话总的来说是正确的。然而，这一粗略规则并不总能反过来运用。在某些情况下，法官允许交叉盘问，但是不允许使用外部证据。当所提出的外部证据仅勉强具有相关性时便属于这种情况。法官们敏锐地认识到质疑性外部证据的提出比交叉盘问更耗费时间，而且它具有分散陪审员对本案中主要问题之注意力的更大危险。”① 而且，在允许使用以前不端行为质疑证人的案件中，法律通过“反对间接质疑规则”，强行对引入新证据进行了法律上的限制。② 因此，与大陆法国家一样，英美法系亦强调，通过证人在法庭调查中的言行举止等情态印象对其证言的可信性作出判断。其实，日常经验表明，通过询问，我们完全有能力对一项陈述的可信性作出近乎实际的判断（尽管并非总是正确）；而且，在实践生活中，我们也确确实实是主要依靠这种并不必然正确的方法对他人言论的可靠性进行判断的。

---

① ［美］乔恩·R. 华尔兹著：《刑事证据大全》，何家弘等译，中国人民公安大学出版社 1993 年版，第 157 页。

② 华尔兹教授引述《著名律师的重大诉讼案件》一书的内容对间接质疑规则进行了解释：“……如果一位夫人出庭作证说，该被告人偷了她的钱包，那么你就可以传唤证人来说明她根本没有钱包，或者说她当时正在芝加哥，或者用其他任何东西表明她的钱包没有丢。但是，如果你想证明她并非善良女子，那你就必须用她自己的嘴说出的话来证明。你可能有一打证人来证明她开了一个赌场、或者虐待迷路的小猫、或者从事某些令人不满的活动，但是，如果她拒绝不承认（而且你必须问她）那你只能就此罢休。”对此，如果有足够的证据证明证人在撒谎，而证人在追问下执拗地坚持自己的谎言，法律不允许导入新的证据，但可以另案起诉该证人犯有伪证罪。参见［美］乔恩·R. 华尔兹著：《刑事证据大全》，何家弘等译，中国人民公安大学出版社 1993 年版，第 139、158 页。

证据自身的信用性是证明力评价的基础。其中，就言辞证据而言，陈述人自身在能力和品性方面的信用性直接决定着其陈述内容的证明力评价。而且，在很大程度上，二者是无法截然分开的。例如，当我们知道证人甲已经被贿买时，我们对他所作证言的评价自然会持一种否定或消极性评价。对于实物证据，其自身的信用性则仅仅是一个担保性条件，在此基础上，我们必须进一步根据经验判断其证明力大小。例如，对于一份书证，通过对相关人的信用性评价，表明该书证为原件，此时，我们所获得的只是一个稳妥的立足点（这可以从反面得以说明，即在信用性评价中，如果已经表明该书证系属伪造，那么，我们根本无须再考虑其证明力大小）。在此基础上，我们还需要通过阅读该书证的内容，甚至诉诸鉴定，以判断其对特定事项有无证明力以及证明力大小。

通过单个证据的判断，我们所获得的证明力判断仅仅是一种暂时性答案。这一判断还需要根据对其他证据的调查结果予以强化、调整，甚至修改。一般而言，“一个证据，殊难形成正确之心证。故一般系基于数个证据而形成其心证。数个证据，各有其证明力，何者为强，何者为弱，即以何者为可信，仍应斟酌一切情形而为判断”。其中，如果多个证据均指向同一结论，或者说，如果某证据证明的方向得到了其他证据的加强，那么，该项证据的证明力将会进一步加强；相反，该项证据的证明力将会被削弱或淹没。在证明力判断中，难就难在当若干证据指向的结论相互矛盾时，应当如何评定证明力的大小。但就其实质而言，这一问题实际上是说，在此情况下应当如何认定事实。此问题暂留后文述说。

②事实之认定。事实认定包括单个事实的个别认定与裁判事实的整体认定。但无论是哪种事实认定，都是以证明力评价为基础的，换句话说，裁判者运用证据认定事实是以他确信该证据具有可信性且具有一定的证明价值为前提条件的。① 因此，如果就某一事实，案件中没有值得信赖的证据，那么，裁判者只需就该事实作否定性认定即可；如果就某一事实存在多个相互矛盾的证据，而且，（在当事人主义模式下）当事人双方都不能进一步提出足以澄清矛盾的证据，或

---

① 在法律和职业道德要求下，尽管仍有某些裁判者作出不诚实的事实认定，但就像禁止杀人的法律规范不足以消除所有杀人犯罪一样，并不因此而否认我们将这一规范性事实作为讨论前提的适当性。因此，在此问题上，我们暂不考虑必然存在的反例。但需要说明的是，这也绝非一个纯粹的道德问题，相反，现代法律通过刑法制裁、诉讼法律制度设置一直在尽力促使裁判者真诚地进行裁判。

者在职权主义模式下，裁判者已经穷尽了所有可能的调查手段，那么，裁判者应当根据举证责任机制作出裁断，而无须再追究事实的真相。

其中，就后一种情况而言，我们实际上已经涉及了这样一个问题，即裁判者在什么时候才能认定案件事实？简言之，有两个条件：第一，事实条件，即证据已经具备。在当事人主义模式下，证据是否具备的标准是，当事人已经没有证据可以向法庭出示。在此模式下，尽管裁判并不以追求查明案件事实真相为理想，但是，由于当事人并不知道裁判者是否已经形成了对自己有利的心证，在追求胜诉的利益驱动下，却可能因"举证过量"（即当事人所举证据远远超出获得有利于己的裁判实际所需要的证据数量）而导致查明案件事实真相的客观后果。在职权主义模式下，这一标准以裁判者的心证为尺度，即裁判者已经形成了确信，且进一步调查证据对该心证已不会有实质性影响。① 第二，法律条件，裁判者相信案件事实为真的确信已经达到了法律要求的程度。

对于运用证据认定事实的方式，美国证据学家威格摩尔教授将其归纳为以下两种模式：②

一是提交该事实本身。在这种方式中，需要证明的事实直接呈现于裁判者感官面前，其存在与否根本无须思维推理，而只需感官上的观望。例如，向法庭提交带血的刀、展示受伤的臂膀、提交文件或者让裁判者亲临现场观看不动产。威格摩尔教授将这类证据称为实在证据（Real Evidence，又称 Immediate Evidence；Direct Evidence）。他认为，这类证据更适合被称为眼见为真（Autoptic Proferencc）。根据实在证据认定事实避免了过高或过低地评估证据的证明价值。由此不产生逻辑问题；也即事实不言自明（Resipsa Loquitur）。事实通过它自身得到证明或证伪。在这种模式下，不需要逻辑推理；只需要一个感觉领悟活动（only

---

① 在日本，证据法学理论将这一标准称为"解明度"，即允许裁判者作出实体性裁判的证明程度。日本学者认为，一般而论，只要达到"即使继续进行证据调查，能够左右实体判断的事实关系也不可能变得更明确了"的状态，才能够说已达到了充分的解明度。如果还没有达到充分的解明度，裁判者就作出了裁判，那么即构成"审理义务未尽"，将受到上诉审的纠正。

② 以下部分，根据威格摩尔教授撰写的《司法证明的原则》一书的导言译写而成。在该书中，作者试图引导英美证据法学者更多地关注"包含存在逻辑、心理学和一般司法经验中的司法证明规则"，而不是"可采性规则"。但遗憾的是，他的呼吁并没有引起英美证据法学界的关注。威格摩尔教授提出，"司法证明"是指"涉及在争议中进行证明的理性过程，即思想对思想，律师对法官或陪审员。每一方当事人都竭力打动陪审员的思想"。因此，其所指实际上近似于本论文所讨论的诉讼认识的思维规则。对此感兴趣的读者可直接阅读 John Henry Wigmore，The Principles of Judicial Proof，Little，Brown，and Company（1913）。

an act of sensible apprehension occurs）——对所主张的事实存在或不存在的感知。

二是提交一个独立的事实，以推理（Inference）的方式说明待证事实的存在。其中，根据提出事实的类型，又分为两类：根据人的陈述即证人证言（Testimonial Evidence）进行推理；以其他任何事实（英美证据法一般称为“情况证据”，Circumstantial Evidence）进行推理。瑟马斯·斯塔克（Tomas Starkie）认为，“当知识不能通过个人现实的观察（actual and personal observation）获得时，能够确认过去事实的方式只有两种，即通过直接或间接来自对该事实有亲身感知知识之人的信息认定事实，或者通过与能够被有效证明的基本事实具有足够联系的其他事实，以推理或得出结论的方式认定事实。在第一种情形下，推理根植于日常经验认可的人类说真话的信赖原则（a principle of faith in human veracity sanctioned by experience）中。在第二种情形中，结论是在经验和理性帮助下从已知事实与未知事实之间的联系中获得的。但无论是何种情形，推理都需要借助已知事实与争议事实之间的先前经验知识，尽管两种推理的根据有着实质性不同”。[①]在《印度证据法》一书中，J. F. 斯蒂芬爵士亦认为，司法调查活动使用的推理有两类：一是从一项断言（assertion）中（无论口头或书面）推理其所断言的事实为真；二是从根据断言的肯定程度确信其存在的事实，然后，据此推理其他事实。但斯蒂芬爵士同样承认，上述两种推理依赖的一般理论是完全一样的。“法官亲耳聆听证人的陈述，亲眼阅读法庭上提交的书面材料，他的任务就是从这些他看到或听到的已知事实中推理出他既没有看到也没有听到的事实。”[②] 因此，在诉讼实践中，除了所谓“眼见为真”方式外，运用证据认定事实的方式实质上只有一种，即从已知事实推理未知事实。

根据威格摩尔的上述分析，我们知道，在单个事实的认定中，运用证据认定事实的方式有两种：一种是直接提出该事实本身，如为了证明双方具有合同关系而直接提出合同文本；为证明受到了伤害而展示伤口……在司法实践中，这种方式并不罕见。但需要注意的是，这种方式只能证明有限度的事实，如合同文本，它只能证明自身存在，至于它是否被伪造、篡改，则属于一个新的事实，需要以

① Thomas Starkie, Evidence, (1824. I, 13.); quoted from John Henry Wigmore, The Principles of Judicial Proof, Little, Brown, and Company (1913), p. 7.

② J. F. Stephen, Indian Evidence Act, (1872. p. 38); quoted from John Henry Wigmore, The Principles of Judicial Proof, Little, Brown, and Company (1913), p. 7.

其他证据（如鉴定、相关人的证言等）加以证明。另一种是根据一定证据所证实的事实推理其他待证事实。例如，根据已知事实，“犯罪现场发现的指纹与被告人具有同一性”，可以得出被告人到过犯罪现场的结论。在这一推理过程中，引导认识从已知事实“跳跃”到未知事实的是我们头脑中已经预先接受的经验常识。这些经验常识或者来自学习等间接经验，或者来自裁判者日积月累的生活实践。在上述例子中，实际上隐含着这样一个为我们这个时代普遍接受的科学命题：“一个人的指纹终生不变，而且两个人的指纹相同的概率非常之低”。其中，由已知推理未知的方式是司法实践中最为常见的事实认定方式。

就事实的整体认定而言，由于时间的一维性，它不可能以“眼见为真”的方式进行，因此，裁判者只能依赖思维推理的方式认定裁判事实。就推理模式而言，事实整体的认定与前述推理过程没有什么不同，即都是以社会经验知识为大前提，以证据证明的事实作为已知事实，然后，得出合乎经验常识的结论。因此，我们这里将只关注以推理方式认定事实。

需要说明的是，以推理方式认定事实是一个在裁判者头脑中完成的思维过程。一方面，这一过程极其复杂，远非下述文字表述的那么简单；另一方面，这一推理过程往往是在不自觉状态下完成的，根本不需要人为的刻意努力。就后者而言，在证明力评价中，根据那些具有可信性的证据，裁判者往往会自觉地在经验和理性的引导下得出相应的结论。其中，对于环境证据，它往往只能证明一种相关事实，因此，当裁判者确信一项环境证据具有真实性时，从环境证据到待证事实尚需要进一步的推理过程，如由“指纹同一”到“人的同一”。而对于人证，当裁判者确信其证言具有可信性时，实质上等于接受了该证言所描述事实的真实。在此意义上，就推理未知事实的过程而言，人证与环境证据确实有着实质性不同。但这种差别仅仅是相对的。因为，即使是人证，在很多情况下，我们仍然需要从证言所描述的事实进一步推理未知事实。

在推理的出发点，作为推理前提的已知事实或者来自司法认知，或者来自证据。对于后者，往往需要多个证据共同支撑；而且，“如果某一事件的各个证据是相互独立的，即各个嫌疑被单个地证实，那么，援引的证据越多，该事件的或然性就越大。因为，一个证据的错误并不影响其他事实”。[①] 例如，根据现场有

① ［意］贝卡里亚著：《论犯罪与刑罚》，黄风译，中国大百科全书出版社 1993 年版，第 19 页。

某甲的脚印，我们可以进行如下推理：“如果某甲是盗窃犯，那么，现场必有他的脚印；现场发现了他的脚印，所以，某甲可能是盗窃犯。”但是，这一推理很可能是错的，因为，存在着某甲可能仅仅是路过，其脚印是盗窃发生之前留下的……无以计数的可能。然而，如果还存在以下若干证据，如从某甲身上搜到了被盗的钱包、在撬门的工具上发现有某甲的指纹、有人作证说看到某甲鬼鬼祟祟地拿了一个包从失主家出来、某甲关于自己案发时在异地的陈述已证明纯属谎言……那么，某甲实施盗窃的嫌疑就非常大了。在这里，尽管其中任何一种情况都会存在无数多的其他可能性，但所有事实均巧合地凑在一起的概率却非常之小。在此，我们也可以把上述证据看做是一个个实施犯罪的必要条件。那么，“从一个必要条件（如作案时间）来看，具备的人是很多的；但同时具备几个必要条件的人（如既有作案时间，又有赃物，现场还留有足迹，等等），就会减少。从一个必要条件确定罪犯，难于排除偶然情况，如他同时具备几个必要条件，偶然性就会减少”。①

总之，运用证据认定事实，我们应当明确以下内容：第一，在诉讼中，除司法认知外，证据是确立作为推理起点之已知事实的最基本手段。在此意义上，我们可以把证据看作整个事实认定的基石，而该基石是否坚实则取决于裁判者对该证据证明力的评价是否准确地反映了客观实际。为此，裁判者必须亲身感知证据，观察证人作证时的情态表现。第二，在运用已知事实推理未知事实时，支配二者之间推理关系的经验知识是否正确，直接关系着事实认定的准确程度。第三，认定事实常常需要多个由已知事实到未知事实的推理。在这些后续推理环节中，除了这里我们正在讨论的经验推理外，还可能会适用由法律预先规定的推理（即推定，presumption）。② 本文讨论仅限于经验推理。

在案件事实的评价与判断上，就诉讼认识论而言，它是诉讼认识的重要一

---

① 阳作洲：《刑事侦查中怎样运用假言推理》，载《西南政法学院学报》1980 年第 2 期。

② 在推理形式上，经验推理和推定都是从一定的基础事实（单个事实或一组事实）推论出未知的事实；但是，两者仍有以下实质性区别：第一，指导推论的依据不同。经验推理（inference）依赖的是裁判者的经验和理性，其推理应当合乎人们的日常生活经验；推定（presumption）所依赖的则是法律拟制的关联性，尽管多数推定是对日常生活经验的总结，但亦存在基于特定价值而人为的法律联系，如无罪推定、长者先死的推定等。第二，类型化程度不同。经验推理具有多样性、不可预测性；推定则因法律明确规定而得以类型化并具有了可预测性。第三，适用的强制性不同。前者是否适用、如何适用完全依赖于裁判者个人，具有较大的主观性；对于后者，裁判者则具有遵循法律规定的义务。参见周叔厚著：《证据法论》，台湾三民书局 1995 年版，第 309 页。

环，也是裁判案件的决定性的一环。在这一环节上，裁判人员的世界观和方法论是否正确至关重要。按照诉讼认识论的要求，除了要在程序设计和技术方法上做到以上三点之外，从根本上讲还必须坚持以下几点：第一，坚持物质存在第一、认识第二，着力克服重感觉轻证据的做法，要有一个明确的唯物主义指导思想；第二，概念、感觉、推理、结论必须建立在客观证据的个别评断和全案证据综合分析评断上。因为“在唯物辩证法”看来，只要是在实践基础上对丰富的感性材料进行科学的加工而形成的概念，尽管仿佛远离了客观对象，实际上却更深刻、更正确、更完全地反映了客观对象，因为它抓住了事物的本质、事物的全体和事物的内部联系。列宁说：“人的概念就其抽象性、隔离性来说是主观的，可是就整体、过程、总和、趋势、源泉来说都是客观的。”① 一句话，要特别注意，结论是客观事实的客观反映，而且是科学的、正确的反映和加工。

3. 自由评价模式的推理方式

在自由评价模式中，由已知到未知的推理过程是裁判者评价证据的最基本方式。它不仅适用于从证据事实到未知事实，从部分事实到整体事实，而且适用于从证人的情态表现推断其可信性，从若干证据整合出证据事实。当然，在上述不同推理过程中，推理的复杂程度有着很大的差别，但就其实质而言，它们的推理过程却都遵循着同样的推理模式，即以预先接受（或应当接受）的一般经验知识作为大前提；以诉讼中证据证明的已知事实（或者是司法认知的事实、或者前一推理所得的结论）作为小前提，根据一般性经验知识中所蕴涵的已知事实与未知事实之间的联系，获得有关未知事实的认识。因此，在这里，我们只需关注该推理的最基本形式就可以了。

（1）推理方式的性质。在自由评价模式中，裁判者对证据的评价实质上是一种“日常评价方式”，其推理方式属于经验推理。

经验推理是我们现实生活中习以为常的推理方式。在此推理过程中，我们往往不自觉地使用着头脑中预先储备的经验知识。在日常生活中，当我们看到一条蛇时，往往会不由自主地产生恐惧。对此，人们一般将这种“刺激（蛇）→反应（恐惧）”看作一种自然的生理反应。然而，认知心理学告诉我们，在这种看似纯粹的生理反应中，其实已经包含了我们的经验知识的运用。具体而言，

① 李达著：《唯物辩证法大纲》，人民出版社 1978 年版，第 450 页。

"面前有一条蛇"仅仅是一个客观存在的刺激信号，该刺激信号究竟将引起何种反应，我们无法从客观存在的刺激信号中找到答案，而必须考察该主体头脑中预存的经验知识。显然，假设某甲善捕蛇，那么，"面前有一条蛇"所引起的反应将不是恐惧，而是兴奋；然而，如果某乙曾被蛇咬伤（或者，更常见的是，他通过间接知识知道蛇可以伤人甚至致命），那么，该刺激信号所引起的反应将必定不同于某甲；更进一步说，如果某丙是一个天外来客，到地球上遇到的第一个生物就是蛇，那么，"面前有一条蛇"的刺激信号将仅仅是一个视觉信号，由此可能会引起他的很多"反应"，如他可能会对蛇的艳丽外表感兴趣、可能关心蛇的爬行方式，等等，但有一点是可以肯定的，"面前有一条蛇"这一刺激信号所引起的反应必然不同于我们地球上任何一个知道蛇的人。

其实，在日常生活中，我们的所有认知活动都离不开我们头脑中预存的经验知识。这一点从反面更容易予以说明。在古代，指纹证据即使存在也不会引起人的重视，而在现代社会，侦查人员往往会主动寻找指纹证据。显然，在这一认知关系中，认识客体方面没有变化，变化的是认知主体头脑之中储备的知识。因为头脑中已经储备了关于指纹与人之间关系的经验知识，现代人才会积极地利用指纹证据。因此，可以说，在客体一定的前提下，我们能认识什么、能认识到什么，重要的不是客体本身，而是头脑中的储备知识。"生活经验证明，一个没有热力学知识的人是不能解决热力学问题的。在解决热力学问题的口语记录中，也可以看到，在解题的不同环节上，被试是靠提取他过去在长时记忆中储存的有关知识来解决当前问题的。"① 波兰逻辑学家齐姆宾斯基在谈到专家知识的重要作用时，亦指出，"虽然包含在起诉书中的有关事实已确认为必要的证据，但也可能由于法官不具备有关知识，使他不能根据现有的证据推断出某被告的做法是精神不健全，还是装出来的"。②

然而，由于这些作用于我们的知识往往已经"内化"为一种背景性存在，在具体的认识活动中，我们往往并不会觉察头脑中储备知识的作用。因此，在具体的认识活动中，认识往往表现为一种"跳跃"活动，即直接从已知事实得出未知事实的结论。例如，当我们知道证人与被告人是夫妻关系时，我们往往会直

---

① ［美］司马贺著：《人类的认知》，荆其诚、张厚粲译，科学出版社1986年版，第101页。

② ［波兰］齐姆宾斯基著：《法律应用逻辑》，刘圣恩等译，群众出版社1988年版，第289页。

接得出“该证人存在说谎危险”的结论。

证据评价实践亦是如此。在证据评价中，裁判者的结论往往表现为一种径直从已知事实“跳跃”到未知事实的推理过程，如从“指纹同一”直接得出“被告人与撬门的犯罪人为同一个人”的结论。在这里，裁判者像在日常生活中一样，不自觉地使用着自己头脑中预先储备的经验知识，并以其作为推理的大前提，将未知事实与已知事实衔接起来。因此，在证据评价实践中，由已知到未知的推理过程可以还原为演绎推理的形式。仍以指纹证据为例，通过展示其作为推理大前提的储备知识，该推理可以由上述“跳跃型”还原为：

大前提：人的指纹终生不变，且不同人具有相同指纹的概率非常之低。

小前提：（现证据证明）犯罪现场发现的指纹与被告人指纹具有同一性。

结论：犯罪现场的指纹（可能）是被告人的指纹。

但是，类似上述的推理，尽管能够还原为演绎推理的形式，但在本质上，却并不属于演绎推理。在逻辑学中，判断一项推理性质的关键不在于其外观形式，而在于其前提与结论之间的联系特征，即二者之间是必然联系还是或然联系。其中，前提与结论之间有必然性联系的推理是演绎推理；前提与结论之间有或然性联系的推理是归纳推理。[①] 因此，判断一项推理的性质，我们必须具体着眼于其前提与结论之间的实质联系。

一般而言，在演绎推理中，“作为三段论的前提或结论的判断，就量方面说，只能是全称的或特称的（单称的算作全称的）”。[②] 然而，在哲学意义上，作为推理大前提的经验知识只是对人类经验进行不完全归纳的结果，并不具有全称判断的性质。在经验性推理中，我们所赖以进行推理的基础是我们在社会实践中积累和接受的经验知识，这种经验知识尽管已足以满足我们应对现实生活的需要，却并非必然正确。“在实际生活中，我们对许多规律性命题毫不怀疑，无时无刻

① 在逻辑学中，演绎推理的逻辑推理形式是：如果 p，那么 q；非 q；所以，非 p；归纳推理的逻辑推理形式是：S_1 是 P；S_2 是 P；S_3 是 P；S_1，S_2，S_3，都是 P；所以，所有 S 都是 P。但是，这仅仅是一种形式化的表达，区分演绎推理与归纳推理的实质在于其前提与结论之间的联系特征。“前提与结论之间的联系是必然性的或者是或然性的，这是推理形式在真假值方面的一个极其重要的特征。因为，应用必然性的推理形式，只要前提是真，就能保证结论也是真的。但是，应用或然性的推理形式，虽然前提是真的，却还不能保证结论也是真的；要保证得到真实可靠的结论，我们还必须依赖其他的方式。”根据前提与结论之间的联系特征，逻辑学将推理分成两大类：一类是演绎推理，另一类是归纳推理。参见金岳霖主编：《形式逻辑》，人民出版社 1972 年版，第 143 页。

② 金岳霖主编：《形式逻辑》，人民出版社 1972 年版，第 178 页。

不靠它们来指导我们的行动。没有这些规律性知识，我们一天也活不下去。但是，在另一方面，我们确实不能证明这些规律命题绝对无误，而且事实上曾有过不少规律命题被证明是错误的……这样看来，对于归纳结论或全称命题（包括因果规律命题），我们既不能持绝对怀疑态度，也不能担保其无误。我们只能说，一切尚未遇到反例的全称命题都可以暂且视之为真，并据以指导我们的行动。”[①] 在此意义上，可以说，在证据评价中，所有推理都属于以演绎形式进行的归纳性推理，其推理结论只能具有或然性而非必然性。

基于经验主义哲学立场，英美法系国家的学者多持这种观点。例如，威格摩尔教授认为，“简短的研究表明，在法庭上提交证据、辩论的形式总是归纳推理……在所有这些案件中，我们都只有一个个单个的或孤立的事实，并以它们为根据，直接推论出争议的主张事实。这是归纳的或经验性的过程。”[②] 朱克曼教授亦认为，“从证据根据普通常识作出推理。这就是我们在如何对事实的实际调查中所采用的逻辑推理类型，它常常采取一种归纳的、而非演绎的形式”。[③]

经验主义是英美法系国家盛行的一种哲学观念。作为一种哲学流派，经验主义提出了与理性主义截然对立的知识起源理论，即人的知识并非与生俱来；“一切知识都发源于感官知觉或经验，因此，所谓必然的命题根本不是必然或绝对确实的，只能给人以或然的知识”。[④] 经验主义认为，经验是人类知识的源泉，人类通过对以往经验的归纳而获得知识。然而，由于我们以往的经验只能是无限发展的人类经验的一部分，所以，这种归纳只能是不完全归纳，所获得的知识只能是一种或然性知识。例如，洛克在其认识论名著《人类理解论》中，在论证“知识源于经验”之后，进一步论证说，“除了简单的观念而外，我们概无所知——这是我们所不必惊异的。因为我们缺少些虚浮的事物观念，只是由感官从外面得来的，或是由人心反省它自身中的经验得来的，而且，我们除了这些虚浮的观念而外，再没有其他观念，因此，再超过这个界限，则我们便一无所知，至于事物的内在组织和真正本质，则我们更是不知道，因为我们根本没有达到这种

① 杜汝楫：《归纳推理的疑难》，载北京市逻辑学会编：《归纳逻辑》，中国人民大学出版社 1986 年版，第 6 页。

② John Henry Wigmore, The Principles of Judicial Proof, Little, Brown, and Company (1913), pp. 16-17.

③ A. A. S. Zuckerman, The Principles of Criminal Evidence, Clarendon Press & Oxford (1989), p. 12.

④ ［美］梯利著：《西方哲学史》，葛力译，商务印书馆 1995 年版，第 284 页。

知识的官能”。[①] 显然，洛克认为，人类的认识不可能超出经验；源自经验的人类知识只能是或然的。不可知论的代表人物休谟通过对归纳法的批判进一步论证了人类知识的或然性。在休谟看来，第一，作为归纳法理论基础的客观因果规律不能成立，我们的感觉经验告诉我们的只是事物之间的先后联系，而不是因果联系；因果律没有经验的证据，只是人们的心理现象。第二，归纳不能得出必然结论，因为当我们从个别推导一般时，我们实际上作了两个大的跳跃：从观察到的事例跳到了未观察到的事例，从过去、现在跳到了未来，这两个跳跃都没有逻辑上的保证，因为适用于有限的不一定适用于无限，并且将来可能与过去和现在完全不同。因此，我们不能根据自人类有记忆以来太阳每天都从东方升起，就推断出太阳明天也会从东方升起，或它永远会从东方升起。否则，我们也许难逃罗素所提到的那只火鸡的命运：它根据主人过去一打铃就喂食，得出结论凡遇打铃必喂食，结果有一天主人打铃后却把它捉住，送上餐桌以款待客人。第三，归纳法本身的正确性只能归纳地证明，而这是逻辑循环。[②] 总之，通过归纳获得的认识可能具有很高的可信性，却“不能得出必然真的结论”。[③] 以证伪理论而闻名的哲学家波普以白天鹅的例子浅显易明地解说了通过归纳所获得的人类知识的或然性：“无论多少对白天鹅的观察都不能确立所有天鹅皆为白色的理论：对黑天鹅的第一次观察就可以驳倒它。”[④] 因此，在经验主义看来，人类知识来自经验归纳的基本特点决定了所谓“全称命题”实质上只是一种具有较高“经验含量”且尚未出现反例从而被我们

① ［英］洛克著：《人类理解论》，吴文运译，商务印书馆 1959 年版，第 286 页。

② 陈波：《论证是哲学活动的本性》，载赵汀阳主编：《论证》，辽海出版社 1999 年版，第 76 页。

③ 我国著名逻辑学家杜汝辑教授曾仔细讨论了“必然真”的含义。对此，他区分了两种意义上的“必然”：其一是指严格的必然或逻辑的必然，如 2+2=4 或逻辑蕴涵。这种“必然”只存在于逻辑和纯粹的数学之中。其二是指常识的必然或经验科学的必然，如“天下雨则地必湿”。对于后者，杜汝辑教授认为，其实质含义并非逻辑学意义上的“真”，而只能是“未被否定”意义上的“真”。“事实上，人们认识的发展和科学的发展，主要是在不断淘汰遇到反例的命题和建立新的命题的过程中实现的。新的全称命题在尚未遇到反例之前，我们可以视之为真，即并非严格的真……如果我们说一个全称命题是真的，实质上指的是它尚未被否定，而不是严格的真（因而不排除被否定的可能）……”只有在此意义上，我们才能说，一切科学规律命题，一切尚未遇到反例的全称命题，都可视为普遍而必然的真命题。杜汝辑：《归纳推理的疑难》，载北京市逻辑学会编：《归纳逻辑》，中国人民大学出版社 1986 年版，第 6 页。

④ ［英］卡尔·波普尔著：《通过知识获得解放》，范景中、李正本译，中国美术学院出版社 1996 年版，第 414 页。

认为是全称命题的知识。①

应该承认，经验主义哲学的上述理论对于防止人类认识故步自封、走向僵化是十分有益的，而且也必须承认，通过不完全归纳获得的人类经验知识确实存在随时被证伪的可能。然而，宣称所有推理都是归纳推理以及其推论只具有或然性，尽管具有积极的哲学价值，却无太大的实践价值。因为在日常生活实践中，我们并不关心经验主义者所谈论的那些风险。其实，就连休谟也承认，他一旦走出书斋也就放弃了怀疑主义的玄想。

在现实生活中，就像初民社会从不考虑神意只不过是一种“集体幻觉”一样，我们也并不担心现在信以为真的规律性知识会在未来社会被斥为荒诞。人类必须面对现实的生活，而不是百年之后的世界。因此，对于诉讼认识，我们必须持一种现实的、实践的立场：为了及时终结纠纷，裁判者不能等待终极真理的出现，而只能根据当时为社会普遍接受的认识作出判断。因此，在谈论证据评价中的推理时，我们只需立足于现实社会条件：如果一项规律性认识在裁判当时被认为是绝对正确的，那么我们根据它进行的推理，即属于演绎推理。此时，即使它和结论之间事实上并非必然关系，但是，由于两者之间的必然性得到了社会的普遍认可，大前提与结论之间仍然具有了一种实实在在的“必然性”；而且，尽管这种“必然”只是一种主观意义上的“必然性”，在实效上，它却与其他演绎推理一样具有同样的逻辑强制力和说服力。例如，在发现不同的人也可能具有同样的指纹之前，人们在运用指纹证据认定事实时，由于坚信前提与结论之间的“必然联系”，在推理过程中，人们赋予其前提与结论之间的必然联系丝毫不比其他演绎推理少。因此，从实效性上看，证据评价中的推理亦可能存在演绎推理，尽管这种推理数量一般不多，且存在主观认识与客观实际不符的危险。

我们已经看到，决定一项推理性质的关键在于作为推理大前提的经验知识。一方面，如果作为大前提的经验知识是一个（为特定社会条件所接受的）全称命题，那么，该推理即属于演绎推理，正确的前提将必然推出正确的结论；否

---

① 就此，西方的一则寓言或许可以让我们认识其中的道理：昔日有一位户籍官须记录下威尔士某个村庄里全体户主的姓名。他询问的第一个户主叫威廉·威廉斯，而第二个、第三个、第四个……也叫这个名字。最后，他自己说：“这可腻了！他们显然都叫威廉·威廉斯。我来把他们照这个登上，休个假。”可是他错了，单单有一位名字叫约翰·琼斯的。[英] 罗素著：《西方哲学史》（下），马元德译，商务印书馆 1976 年版，第 63 页。

则，其推理即属于归纳推理，此时，即使前提正确，结论也并不必然正确。另一方面，对于归纳推理而言，尽管所有归纳推理都具有或然性，但是，归纳推理的或然性大小却有着悬殊的差别。作为大前提的经验知识的普遍程度直接影响着归纳推理的或然性。一般而言，作为推理大前提的经验知识的例外情形越少，推理结论的或然性就越大；相反，则越小。因此，在证据评价中，作为推理大前提的经验知识具有十分重要的地位。

（2）经验规则。在推理过程中，作为推理大前提的经验知识或者是裁判者头脑中预先存在的储备知识，或者是经由其他诉讼参与人提出而为裁判者接受的具有公共属性的一般性知识。在现代社会，随着科学文明的进步，知识专业化的程度也越来越高；受此影响，在证据评价过程中，裁判者也越来越多地需要其他诉讼参与人提出的专门领域的规律性知识。但对此必须明确两点：一方面，由于这些规律性知识往往具有更强的公共属性，裁判者一般都会将其接受为评价证据的根据；另一方面，在诉讼实践中，这些专业知识多表现为专家证言或鉴定结论，在法律上，它们对裁判者并没有预决的证明价值。因此，在具体案件中，这些专业知识是否被裁判者接受，在何种程度上被接受，仍然取决于裁判者根据自身已有的储备知识作出的评价。因此，在以下的讨论中，我们将不关心裁判者获得经验知识的途径而只着眼于作为评价根据的经验知识本身。

在证据法学中，为了强调作为评价证据的经验知识应当是具有公共属性的普遍知识而非裁判者纯粹的个人知识，一般将其称为经验规则。[1] 例如，陈朴生教授认为，“经验法则，系本吾人生活之经验，而为判断证据证明力之基础，且非事理所无，并在客观上应认为确实之定则；既非仅凭裁判官之知识及办案经验，亦非违背事理，或为不合理之判断，尤非单纯为裁判官之主观经验作用”。[2]

一般而言，作为评价根据的经验规则具有以下特点：[3] 首先，经验规则是根据已知事实推导未知事实时能够作为前提的一般知识、经验、常识、法则。经验规则来自人类知识的总体。在证据评价时，由于对未知的具体探求有着无穷的变

① 在日本学界，往往将德国法中的 Erfahrungssätze 译为“经验则”。我国台湾地区学者则多译为经验法则。

② 陈朴生著：《刑事证据法》，台湾三民书局 1979 年版，第 564 页。

③ 王亚新：《刑事诉讼中发现案件真相与抑制主观随意性的问题》，载《比较法研究》1993 年第 2 期。

化，裁判者必须根据具体情况来决定具体采取什么经验规则。因此，在实践中，能够作为评价根据的经验规则在数量上具有无限性特点，无法在立法中一一列明。其次，经验规则应该是人们从个别经验的积累中抽象、归纳出来的一般知识或常识，具有一般性和客观性，应该能够在相当的范围内获得人们的普遍承认。作为评价根据的经验规则不能是裁判者所特有的个别经验，而应当是具有为多数人接受或认可的一般性知识，如高度专业的专业知识或某一行业的惯性做法等。在证据评价中，裁判者对于其他诉讼参与人提出的专业领域的经验规则，如果不予接受，应当说明其不接受的理由。最后，经验规则往往不能采用全称判断的形式来表述，而只是盖然性的命题。经验规则的范围很广，从具有必然性的数学、接近于全称判断之高度盖然性的自然科学法则，到具有较高盖然性的医学知识，再到往往只具有较低盖然性的日常生活中积累的生活常识。

根据经验规则的确定性程度，普维庭教授将其分为四类：生活规律、经验基本法则、简单的经验规则、纯粹的偏见。其中，只有前三类经验规则才有资格作为推理的大前提。

第一，生活规律（自然、思维和经验法则）。这类规则或者已经得到科学上的证明，或者合乎逻辑，或者尚未发现例外情形。它的逻辑结构是：如果 A，那么 B。这类规则在人类的认识过程中具有十分重要的地位。根据德国判例，“当用自然科学的知识可确定一项事实时，法官的心证即无适用的余地”。因此，即使法官对一项已为专业知识界所共识的事实仍觉得有疑问或无法理解，也应当将其作为判决的基础，如血型鉴定中的父子认定。但是，对于自然科学无法认定为可靠的因果关系时，法官则不得以之为裁判的基础。

除自然规律和思维规律外，这类规则还可能包括一些被社会普遍默认的经验规则，如 DNA 与人的联系、一个人不可能同时出现在两个地方、没有人可以活一千年等。但需要指出的是，在这些经验规则中，绝大多数规则的准确性并非确定无疑，而是有待人类经验的进一步检验。在此意义上，普遍默认的经验规则实质上是尚未遇到经验反驳的全称判断。

第二，经验基本法则。这类规则具有很高的盖然性，尽管它并不能完全排除例外情形的存在。一般而言，这类规则更多来自于生活经验，而且，尽管存在例外情形却并不影响其适用于多数情形。这类规则的逻辑形式是：如果 A，那么大多数情况下 B。例如，前述的“情人之间关系一般比较密切”、用刀砍断了别人的腿一般不可能是过失等。这类经验规则在反证的作用下可以被推翻，因此，在诉讼认识中，如果受其不利影响的一方无法提出有力的反证，这类规则往往会作为评价的根据被接受。

第三，简单的经验规则。这种规则具有较低的盖然性，它仅仅是一种认识的辅助性工具，而不能独立帮助人们形成确定性的认识。该规则的逻辑结构是：如果A，则有时B。

在证据评价中，经验规则实际上取代了法定证据规则在证据评价中的地位。由于经验规则在数量上是无限的，不同经验规则的或然性程度也有着无穷差别，在证据评价中，以何种经验规则作为评价的根据，完全由裁判者决定。另外，裁判者对经验规则的选择也并非毫无标准。相反，裁判者的选择亦受到来自经验规则自身的制约。这种制约之所以成为可能是由经验规则在内容和形式上的客观性所决定的。从内容上看，经验规则来自人们个别经验的积累，是大量经验的归纳和抽象；从形式上看，经验规则不是个别人所特有的特殊经验，而表现为一般人或一定范围内的人所共有的知识。由于经验规则的这种客观性质，裁判者在经验规则的选择及对其具体内容和盖然性程度的认识和运用上，都必然受到经验规则的内在制约。另外，法律制度对经验规则的强调、上级审查的存在，也现实地强化了经验规则的制约力度。因此，由裁判者根据具体情形选择经验规则，并不意味着裁判者可以任意作出选择。①

三、诉讼认识结果和评判标准

诉讼认识结果首先表现为裁判者关于案件事实的思维重构。在法律视野中，这种认识结果只能以语言的形式外化为裁判事实，成为适用法律的现实依据。因此，从诉讼的实际效力出发，我们关心的是裁判者的主观认识所形成的裁判事实。②

裁判事实是裁判者确信为真的认识。像其他认识结果一样，在本质上，裁判

① 关于依据经验规则之证据评价的客观性与主观性，请参见王亚新：《刑事诉讼中发现案件真相与抑制主观随意性的问题》，载《比较法研究》1993年第2期。

② 在裁判者是否如实表述其主观认识问题上，我们只能立足于下述职业道德的约束之上，即裁判者应当真诚地表达自己关于案件事实的主观认识。

事实也是一种主观认识，一种对认识客体的主观反映。[①] 于是，在这里，我们遇到了一个富有哲学趣味的问题：作为一种主观反映，裁判事实能否正确反映案件的客观实际？

在此问题上，我国传统证据理论与西方证据理论，尤其是英美法系证据理论，存在截然的对立。[②] 西方证据理论对该问题没有系统的表述，但多数学者认为，作为裁判根据的裁判事实只能是一种盖然性认识，而不可能是绝对确定之认识。例如，英国《大不列颠百科全书》称："由于取得证据的方法有显著不同和区别，证据只能产生程度不同的盖然性，而不会有哲学上的绝对真理的意义。"[③] 1885 年 1 月 14 日德国最高法院判例认为："由于人之认识能力有限，任何人对于事实之存在殊难得到绝对确定之认识。"[④] 日本学者亦持有类似见解，如团藤重光教授认为："真正绝对的真实，只有在神的世界中才可能存在，在人的世界中，真实毕竟不过是相对的。诉讼领域中的真实当然也不例外。"[⑤]

与此相对，我国传统证据法学以辩证唯物主义认识论为理论基础，坚信"查明案件的客观真实，是完全可能的……司法人员只要依法正确收集和审查判断证据，完全有可能对案件事实作出符合客观实际的认识"。[⑥] 近年来，在对客观真实理论的反思中，有越来越多的学者开始对"能够查明案件的客观真实"的论

---

① 在我国证据学理论中，常常否认裁判事实的"主观性"。似乎一谈"主观"，就不"客观"了。其实，在哲学中，"主观"一词的基本含义是指不同于客观物质的意识现象，指人的精神世界或观念形态的东西。主观性，是指一切意识现象都具有而物质实体所没有的性质，即它们都是人脑对物质的反映，而不是物质实体本身。因此，任何认识，包括真理，都具有主观性特点。而且，只有承认认识结构是主观的存在，才能谈论它是否因符合于认识客体而具有真理性。关于"真理的主观性"，参见田心铭著：《认识的反思》，人民出版社 2000 年版，第 446 页。

② 陈一云主编：《证据学》，中国人民大学出版社 2000 年版，第 116~117 页。

③ 转引自上海社科院法研所编译：《诉讼法》，知识出版社 1992 年版，第 208 页。

④ 转引自陈朴生：《刑事证据法》，中国人民大学出版社 2000 年版，第 581 页。

⑤ [日] 团藤重光：《刑事诉讼中的主体性理论》，载《法学家》1988 年第 4 期。又如田口守一教授认为："刑事诉讼法中的真实，第一是'诉讼上的真实'。它完全是法律学上的概念，而不是自然科学所研究的那种'绝对的真实'。对于过去的实践，只有依据证据法，认定为有'诉讼上'的事实，才是'真实'。尽管说是真实，也必须注意其中存在有本源性的界限。第二是刑事诉讼法中的真实，是'实体性的真实'……诚然，虽然说是'实体真实'，也不是实体法意义上的正确事实（绝对性真实），因为毕竟是诉讼法上的概念，所以是'尽可能接近真相的事实'。"[日] 田口守一著：《刑事诉讼法》，刘迪、张凌、穆津译，法律出版社 2000 年版，第 9 页。

⑥ 陈一云主编：《证据学》，中国人民大学出版社 2000 年版，第 116 页。巫宇甦主编的《证据学》教材亦认为："司法人员完全有可能掌握对查明案情具有意义的一切事实，通过正确的推理和判断，对案件事实作出符合实际的结论。"巫宇甦主编：《证据学》，群众出版社 1983 年版，第 79 页。

断提出了质疑，并转而主张："查明客观真实"只是诉讼的理想目标，在现实的司法实践中，"裁判者的认识只能'最大限度地接近客观真实'"。

由于对这一问题的认识直接关系着诉讼裁判制度存在的正当性问题，下文将围绕我国传统证据学中的客观真实理论对此展开讨论。首先，我们将区分两种意义上的"客观真实"概念，然后，我们将依次考察：裁判者的认识能否达到客观真实的程度（或者说，能否正确反映案件事实真相）、裁判事实与"客观真实"的关系、客观真实能否作为刑事证明标准等问题。

（一）什么是"客观真实"

"客观真实"是我国传统证据法学理论中的一个重要概念。但是，我国传统证据法学理论对"客观真实"并没有明确的界定，而是把它作为一个不言自明的概念加以适用的。因此，为了明确"客观真实"的内涵，我们只能借助于我国传统证据法学理论中与"客观真实"相关的论述。

在巫宇甦先生主编的高等学校法学试用教材中，论者认为："我国人民司法机关在进行诉讼时，历来遵循'以事实为根据，以法律为准绳'的原则。《刑事诉讼法》第50条明确规定，只有经过查证属实的证据，才能作为'证明案件真实情况'的根据。这里所说的'事实'、'案件真实情况'，指的是案件的客观真实，而不是任何其他行式、其他程度的真实。我国诉讼中证明的任务就是确定案件的客观真实。也就是说，在刑事诉讼中，应该确定犯罪事实是否发生，是否是被告人所为，以及是否存在某种从重、加重、从轻、减轻或免除其刑事责任的情节等。在民事诉讼中，应该确定对于判明当事人的权利、义务有法律意义的事实。司法机关所确定的这些事实，必须与客观上实际发生的事实完全符合、确实无疑。"① 在国家教育委员会委托编写的高等学校文科教材中，论者亦认为："我国诉讼中的证明任务是查明案件的客观真实或案件的真实情况……查明案件的客观真实，归根结底，就是要求司法人员的主观认识必须符合客观实际。"②

通过上述引文，可以清楚地看到，在我国传统证据法学中，"客观真实"这一概念是作为"案件的实际情况"的同义词使用的，指的是独立于司法机关而有待认识的案件事实真相。

---

① 巫宇甦主编：《证据学》，群众出版社1983年版，第78页。

② 陈一云主编：《证据学》，中国人民大学出版社1991年版，第114页。

（二）能否达到“客观真实”

裁判者认识能否达到客观真实是我们必须解决的一个问题。

辩证唯物主义认识论认为，人对客观对象的认识是一个永远不可能终结的过程；具体认识只能是对客观对象的一定程度的认识，是与客观对象近似一致的。在《反杜林论》一书中，针对杜林关于最后的终极的真理、思维的至上性、认识的绝对可靠性等论述，恩格斯提出了一个哲学问题：“人的认识的产物究竟能否具有至上的意义和无条件的真理权，如果能，那么是哪些产物能这样？”对此，恩格斯认为，“人的思维的至上性”“仅仅作为无数亿过去、现在和未来的人的个人思维而存在”；“至于说到每一个人的思维所达到的认识的至上意义，那么我们大家都知道，它是根本谈不上的，而且根据到目前为止的一切经验看来，这些认识所包含的需要改善的因素，无例外地总是要比不需要改善的或正确的因素多得多”。因此，他总结说：“思维的至上性是在一系列非常不至上的思维着的人们中实现的；拥有无条件的真理权的那种认识是在一系列相对的谬误中实现的；二者都只有通过人类生活的无限延续才能完成。”① 在《唯物主义和经验批判主义》一文中，列宁曾多次引证辩证唯物主义哲学家狄慈根的论述。其中，在谈到“自在之物”与人类认识的关系时，列宁引述狄慈根在《一个社会主义者在认识论领域中的漫游》的论述鲜明地肯定了人类认识的发展品格：“对于意识到自己的本质的意识来说，任何微粒，不论是灰尘、石头或木头的微粒，都是一种不能彻底认识的东西（Unauskenntiliches），这就是说，每一个微粒都是人的认识能力所不可穷尽的材料……”② 在已为我国法学界所熟知的有关图画与模特儿的论述中，狄慈根再次谈道：“不言而喻，图画不包括对象的全部，画家落后于他的模特儿……图画怎么能够和他的模特儿‘一致’呢？只能是近似的一致。”“我们只能相对地认识自然界和它的各个部分；因为每一个部分，虽然只是自然界的一个相对的部分，然而却具有绝对物的本性，具有认识所无可穷尽的自在的自然整体（des Naturganzen an sich）的本性……”③

---

① 恩格斯：《反杜林论》，载《马克思恩格斯选集》（第3卷），人民出版社1972年版，第125～126页。

② 列宁：《唯物主义与经验主义批判》，载《列宁选集》（第2卷），人民出版社1972年版，第119页。

③ 列宁：《唯物主义与经验主义批判》，载《列宁选集》（第2卷），人民出版社1972年版，第134页。

遵照辩证唯物主义认识论的基本原理，我们认为，诉讼认识论更不能例外，诉讼认识的结果、裁判者的认识，很难达到“客观真实”，它只能是与客观事实“近似一致”，或曰只能“无限地接近客观真实”。我们必须实事求是地、客观地认识“客观事实”这一诉讼认识结果的利与弊，从理论和实践两个侧面作出价值权衡选择。

第一，从刑事证据的本质特征看客观真实。

什么是刑事证据？有的学者认为，“刑事诉讼中的证据，是指审判人员、检察人员、侦查人员依照法定程序收集和审查属实的，用以确定或者否定犯罪事实，证明犯罪嫌疑人、被告人是否有罪和罪责轻重的一切事实”。① 也有的学者认为，刑事证据是“在刑事诉讼过程中由司法机关依法收集或由当事人、证人、辩护人等依法提出，并用以证明是否发生了犯罪以及有关案件真实情况的一切事实”。② 还有的学者认为“我国刑事诉讼中的证据是指以法律规定的形式表现出来的能够证明案件真实情况的一切事实”。③ 尽管这三种说法在语言文字的表述和内容上有所区别，但其共同点都是把刑事证据看作一种客观事实，在这一点上揭示证据的本质属性，概括了刑事证据的基本特征。

但是，从理论研究和诉讼实务所需出发，关于什么是客观事实，即对于刑事证据根本特征的理解，又成为学界和实际工作者认识不一的热点和难点问题。

笔者认为，首先，刑事证据是一种客观事实，应该把这种客观事实理解为一种客观物质。证明所有刑事案件的一切证据，概莫能外。所有的实物证据的物质性毋庸置疑，即便是所有的言词证据，归根到底仍然是客观物质的反映。其本身所表现的形式言词或书面陈述也是一种客观物质。其次，刑事证据不能等同于纯粹的客观自然物，即构成刑事证据内容的事实并不都是以物质存在的方式出现的。因为，作为诉讼证据除了与案件事实相关联的纯自然物外，还有它必要的法定形式。更重要的是，就刑事证据的客观性本质而言，它作为一种物质形态存在，其构成也不仅仅是一种纯粹的自然物。刑事证据作为客观物质的具体形态，它具有实物、能量、信息三种存在形态。刑事证据作为一种实物的物质存在形式通常表现为物体、物品和痕迹；作为一种能量的物质存在形式，它表现为专门机

① 程荣斌主编：《中国刑事诉讼法教程》，中国人民法学出版社 1997 年版，第 278 页。
② 陈浩铨、黄道著：《刑事证据法的哲学原理》，上海社会科学出版社 1994 年版，第 2 页。
③ 陈光中主编：《刑事诉讼法学》（新编），中国政法大学出版社 1996 年版，第 148 页。

关和诉讼参与人在进行刑事诉讼的过程中思维和实践相统一的活动，这种活动把不依赖于他们主观意志而客观存在的证据材料转化为最终定案的根据，作为定案根据的证据，充分地体现了办案人员在收集、传递、审查判断等活动中付出的能量。如果否定这种能量的存在，仅仅靠那种纯粹的自然物，即通常人们所说的证据材料，案件事实是难以认定的；刑事证据作为一种信息的物质存在形式，表现为对刑事证据的审查，判断过程中的传递、变换与处理的过程。在刑事诉讼过程中，对证据的收集、保全、审查与判断是一个主客观统一的过程，司法人员的主观认识能否如实地反映客观事实，关键在于信息这个中介联系。办案实践同样告诉我们，案件发生以后，经过现场勘验、侦查，办案人员得到的仅仅是与案件有关的信息与线索，这些信息与线索只有经过办案人员排列、分类、分析综合、审查与判断，最终才能成为定案的根据。

第二，从辩证唯物主义的认识论看客观真实。

辩证唯物主义的认识论是实现客观真实的科学的世界观和方法论。毫无例外，一切刑事案件都是过去发生的不能重演的事件，除了办案人员收到举报信息，立即赶赴现场目睹犯罪并抓获正在实施犯罪的犯罪人外，办案人员不可能亲历案件发生的过程和结果，而只能在案件发生以后，通过收集、审查判断证据，通过一整套法定程序查清案件事实。这里就有一个办案人员按照什么方法途径、规律来认识案件的问题。

由于刑事案件的复杂性及人们认识能力的局限性，这些矛盾冲突构成诉讼证明活动曲折、复杂的认识运动的发展过程。办案人员把独立于自己意识之外存在的“自在之物”，经过由低级到高级、由现象到本质、由表及里的实践和认识转化为“为我之物”，即转化为被自我认识了的东西。这个认识上的转化过程由两个方面构成，即内在方面与外在方面两部分。内在方面即认识过程，外在方面即实践过程。

遵循辩证唯物主义的认识论，人的认识运动的根源在于主体与客体的矛盾运动。在诉讼活动中就办案人员与证据事实、案件事实的关系来说，就是认识主体与客体之间的关系，亦即认识主体（办案人员）认识客观事物，使主观与客观相统一的过程。因此，加强刑事证明活动中主体、客体的研究都显得特别重要。然而，现行刑事证据理论的研究几乎只从客体方面去理解，甚至片面地把“客观真实”作为证明标准，而主观方面的研究则很少涉及。刑事诉讼既然是主体、客体两方面的矛盾运动，认识的主体、客体就是对立统一的辩证关系，只有对两者都加以重视，才能把刑事证明标准建立在科学的基础之上。如前所述，刑事证据是一种客观物质，但这种客观物质之所以能够证明案件真实情况，关键在于它是基于人们直接感知的基础上对客观事物存在的实际情况所产生的一种陈述，因而这种客观物质必须是人们对其概念已经接受并作出断定的。就这一认识过程而言，可以肯定地说，刑事证据事实就是一种经验事实，即办案人员对客观事物已经接受并作出的一种判断。经验事实同客观事实，二者既有联系又有区别。客观事实是经验事实的原始模型，是经验事实生存的根基和土壤，经验事实是以诉讼的方法对客观事实形成的认识结论。二者的区别在于客观事实是纯客观的东西，而经验事实则包括主观认识和客观存在两个方面的要素。诉讼认识的结果，即法官对案件事实作出的裁决，就是这两个要素的统一。

从辩证唯物主义认识论的角度来权衡刑事证明标准，可以清楚地看到“客观真实”的内涵和外延是何等的复杂，在诉讼实务中的可操作性是何等的困难。因为客观真实性不仅要受到外在客观条件的制约，更重要的是还要受到各种抽象的主观因素的影响。这正是在实际办案工作中，就一个案件事实、证据的认识常常产生分歧的根源所在，也是人民群众批评我们“司法不公”的原因之一。理论研究和实践证明，我们再也不能用一个深不可测的所谓“客观真实”的抽象口号作为衡量刑事诉讼证明的标准了，而是要寻找一个既符合实际又易于操作的标准来指导证明活动。

第三，从绝对真理和相对真理的辩证关系看客观真实。

按照绝对真理和相对真理的辩证关系，客观真实既是有条件的，也是相对的。因为绝对真理和相对真理是相互渗透、相互包含的，它们互相联结构成一个统一体，二者存在于同一个真理之中。同一真理从一种意义上看，是绝对真理，从另一种意义上看，又是相对真理。不仅如此，在相对真理中，也包含有绝对真理的成分；绝对真理则存在于相对真理之中，它通过相对真理表现出来。任何一个真理性的认识都是人们对物质世界的一定范围内和一定程度上的认识，所以它是相对的；反过来说，任何一个真理性的认识，不管它怎样正确地反映客观事物，这种反映总是有限的。由此可以看出，客观真实和真理一样同属于哲学范畴，它是人们对客观事物认识程度的一个总目标，也是人类思维和认识的价值取向。同绝对真理和相对真理的辩证关系一样，它的存在既是有条件的，又是相对的。

按照马克思主义关于真理的绝对性与相对性辩证关系的原理，笔者认为对一个具体刑事案件的认识结果，只能达到近似于客观真实，而且是越接近客观真实越有说服力。那种“必须”达到或“一定”要达到“客观真实”的说法在理论上是不成立的，在实务上也是有害的，更是无法实现的。这不仅因为，刑事案件是过去发生的事情，根本无法使之再现、重演，而且人们去认识它、调查它还要受到种种条件的限制，“客观真实”只能成为刑事案件证明的一个客观要求，它告诫办案人员要奋力地接近它，但它绝不应成为个案的一个具体的证明标准。

第四，从司法实践的检验看客观真实。

我国刑事诉讼证明的任务或要求，在证据理论研究中所确立的客观真实标准，在司法实践中普遍感到笼统、可操作性差。因此，公、检、法各机关之间经常因为对客观真实产生歧义理解，使案件事实、证据发生分歧，乃至互相扯皮、推诿，拖延诉讼时限，个别案件由于证明标准不统一，导致打击不力或判决不公，形成错案。1996 年《刑事诉讼法》修改以后，对抗制引进我国庭审活动之中，按照对抗制的要求，加强控方举证责任，强化辩方提出被告人的合法权利，在对抗制下的证据可采性问题，使证明标准细化就显得更为重要，仅仅靠一个笼统的理想化模式——客观真实，是很难奏效的。所以，在实际部门要求尽快解决刑事证明标准的呼声越来越高。笔者认为，客观真实作为运用证据的一种宏观价值目标无疑是正确的，但是司法是一种实践性和可操作性很强的活动，主持和参加这一活动的是活生生的同时也是有局限性的人。这一原则却把理想与现实，理论研究与司法操作相混淆，在司法实践中是很难实现的。同时，笔者认为，在研究刑事诉讼的标准时，迫在眉睫的问题就是要把案件发生后的客观事实与法律事实的联系和区别划分开来，把证据材料和定案的根据——证据区分开来。只有这样才能科学地确定刑事诉讼的证明标准。就诉讼的目的和任务而言，我们需要的究竟是客观事实，还是法律事实？是证据材料还是查证属实后作为定案根据的证据？显然是后者而不是前者。明确了证明的目的和任务之后，还要学会把客观事实与法律事实加以区分，学会如何把客观事实转化为法律事实，学会如何把证据材料转化为定案的根据——证据。只有这样，关于“客观真实”的弊端或缺点才能得以克服。

我国传统证据法学中一直弥漫着强烈的认识乐观主义精神。在许多论述中，论者往往忽略了实践操作的困难，有意无意地夸大了司法人员查明案件事实真相的能力和实际可能。因此，针对我国传统证据法学的客观真实理论，仍须明确以下几点：

第一，并非所有的案件都能够查明案件的事实真相。在此，我们必须在坚持可知论的前提下，承认具体历史条件下人类认识的有限性和有条件性。诉讼认识是历史认识的一种，为了重构过去发生的事实，我们必须依赖特定的中介手段。在现代诉讼制度中，证据是裁判者认识过去的基本手段。由于主客观等多方面的原因都有可能造成的证据缺失，司法实践中必然存在我们无法查证清楚，甚至是根本无法查证的案件。因此，在诉讼制度上，我们必须承认：确实存在一些超出了我们认识能力的案件，并应对这些确实无法查明的案件设置法律上的处理途径。其中，以依据证明责任进行裁判的法律机制最为重要。

第二，诉讼认识并不要求穷尽案件事实的所有方面，而只要求就裁判所需要的那部分事实，司法人员的认识必须正确地反映客观实际，达到主观与客观的符合。在诉讼认识活动中，法律从未要求我们查明生活事实的所有细节。在与社会生活的对应关系上，法律关系的实质是“对一部分现实生活的撷取。社会关系是一个连续同一体，而我们正是从这一连续同一体中去除一部分来对其进行法律观察。”[①] 因此，具体诉讼认识过程中，“即使是对一个案件客观真实性的认识也不意味着再现案件的细枝末节。只是主体所达到的对案件事实的一定层次的认识，这一认识止于具有法律意义的事实和情节。法律并不过问杀人者每一刀的方向和砍向被害人的姿势，仅仅关心杀人行为与被害人的死亡是否有直接的因果关系，因为这才是法律评价的对象，对案件认识的客观真实性的要求仅止于此。”[②] 换句话说，在司法实践中，“符合”总是特定方面的符合。例如，“张三借给李四100元钱”的生活事实是丰富多彩的，然而，其中的许多细枝末节，如钱的新旧、当时的天气、借钱的场所、李四的衣着等细节在这里都不具有实质意义；我们可以对这些细节一无所知，但当我们断定“张三借给李四100元钱”时，该认识照样达到了“真理性认识”的程度。因为，就该项认识的实质核心（即张三借给李四100元钱）而言，它已经正确反映了客观实际，并由此具有了认识上的

① ［德］迪特尔·梅迪库斯著：《德国民法总论》，邵建东译，法律出版社2000年版，第51页。

② 魏晓娜：《刑事证明标准的两个维度》，载何家弘主编：《证据法论坛》（第3卷），中国检察出版社2001年版，第134页。

绝对性（因而属于列宁所说的“只有疯子才会怀疑的真理”）。[①] 在此，素描是一个很好的例子。素描仅仅勾勒了一个人的轮廓。相对于被画的人，画家故意舍弃了她的许多特征，但是，就该画像足以让人们辨认出所画的人是谁而言，该画像显然已经正确地反映了所画的对象。

第三，诉讼认识所要求的“符合”是一种常识意义上的“符合”。作为一个哲学上的术语，“符合”所表述的是认识与其认识对象之间的正确反映关系。为了准确表达这种“符合”关系，哲学家绞尽脑汁提出了种种理论，[②] 但是，理论上的困难并没有影响到实践生活。在日常生活中，我们对“认识符合客观对象”中的“符合”究竟指的是什么并不存在疑虑，或者，如波普尔所言，即使我们不能决定一项认识是否确实与客观实际相符，但我们仍然知道“它与事实相符意味着什么”。[③] 因此，在本质上，“是否符合”不是一个理论问题，而是一个常识性问题、实践性问题。对此，认错人是一个很好的例子。在认错人的场合，实际上发生了两个认识过程：先有一个认识结果：“这个人是李四”；而后，我们发现我们错了。在此，无论是前一个认识，还是后一个认识，我们的判断标准都是认识结果与认识对象之间的符合关系。

在诉讼认识中，我们所要求的符合也是指这种常识意义上的符合。在某种意义上，认识与认识对象的“符合”确实存在“不同精确程度的符合”。对于任何客观事物，我们都可以沿着认识的发展性格无穷尽地认识下去：“这是一个苹果”—“这是一个红苹果”—“这是一个香甜可口的红苹果”—“这是老王送来的香甜可口的红苹果”……然而，当我们断言“苹果有毒”时，我们并不用

---

① 在对波格丹诺夫的批判中，列宁以恩格斯所举的有关永恒的、绝对的真理（指真理的绝对性）的例子说明了具体认识在与事实相符合时的绝对性和永恒性。“如果你不能断言‘拿破仑死于 1821 年 5 月 5 日’这个命题是错误的或是不确切的，那么你就得承认它是真理，如果你不能断定它在将来会被推翻，那么你就得承认这个真理是永恒的……恩格斯所举的这个例子是非常浅显的，像诸如此类的有关永恒的、绝对的真理的例子，像恩格斯在举‘巴黎在法国’这个例子时所说的那种只有疯子才会怀疑的真理的例子，任何人都能够轻而易举地想出几十个。”《列宁选集》，人民出版社 1972 年版，第 131 页。

② 根据对“符合”的理解，真理符合论又可以分为关联符合论（又可以分为本质关联论、罗素的对应沦、维特根斯坦的结构同构沦）与和谐符合论。怀特以形象的比喻对这两种符合论进行了说明：和谐的符合，好比一把钥匙可以同其锁眼相符合，半张邮票可以同另半张符合；而相关的符合则犹如账本上的一笔账目可以符合于一笔交易，陆军中一个官阶可以符合于海军中一个官阶。参见弓肇祥著：《真理理论》，社会科学文献出版社 1999 年版，第 33 页。

③ ［英］卡尔·波普尔著：《通过知识获得解放》，范景中、李本正译，中国美术学院出版社 1996 年版，第 418~419 页。

关心苹果是红还是青、苹果是否香甜可口，而只需弄清楚苹果中是否含有致命药物。在此，只要苹果中确实含有致命药物，我们关于“苹果有毒”的认识即已达到了常识意义上的符合。在认识实践中，我们一般只需关心与当前问题有关的“符合”，只需要满足实践需要的“符合”。“精确性和准确性其本身并没有智力价值，我们决不应该追问超过问题本身所要求的精确性或准确性。”[①] 在诉讼认识中，我们所关心的是一种“质”上的“符合”，亦即法律意义上的“符合”。

（三）法律真实是刑事诉讼认识的结果和诉讼证明的任务和要求

刑事诉讼证明的任务和要求就是通过诉讼要达到的目标或价值取向，人类历史上任何一种诉讼中的证明都是寻求真实。真实相对应的概念就是虚假，排除虚假，确认真实，就是一切诉讼中应当完成的根本任务。

但是，在人类社会发展的历史上，社会政治制度不同，证据制度也不同，对真实的理解和追求也不一样。人类社会发展的不同阶段，曾经有过三种证据制度，每一种证据制度都有自己真实的追求。神示证据制度所追求的是迷信真实，即基于崇拜神灵而虚构出来的真实。这种真实是没有任何意义的，纯属虚构。它是当时生产力低下，科学技术极为落后的产物。人类社会发展到封建专制主义的中后期时，法定证据制度兴起，这种证据制度下所追求的是形式真实。这种真实不是从实质内容上去寻求真实。近现代自由心证证据制度是在反封建斗争中产生的，法律不再预先规定各种证据的证据力与证明力，而特别强调办案人员的主动性和积极性的发挥，这种证据制度把调查收集、审查判断证据的权力交给了司法人员，它所追求的真实是主观真实。所谓主观真实是指法官主观感觉中的真实。在自由心证制度下，法官确信真实，就认为是真实的；法官确信虚假，就认为是虚假的。显然，主观真实是以法官心证也即法官内心确信为转移的。

我国社会主义的证据制度，在刑事诉讼证明活动中所追求的真实，在证据理论的研究中，传统的说法叫作“客观真实”。笔者认为，它是一种司法理想模式，其实用性、可操作性差，不能真正解决诉讼证明中的问题。因此，笔者主张用“法律真实”取而代之。所谓法律真实，是指公、检、法机关在刑事诉讼证明的过程中，运用证据对案件真实的认定应当符合刑事实体法和程序法的规定，

---

① ［英］卡尔·波普尔著：《通过知识获得解放》，范景中、李本正译，中国美术学院出版社1996年版，第396页。

应当达到从法律的角度认为是真实的程度。

把我国刑事诉讼认识的结果和证明的标准确定为法律真实的理论和实践依据：第一，诉讼证明追求法律真实与我国刑事诉讼法规定的宗旨和任务相一致。从我国《刑事诉讼法》第 1 条、第 2 条规定可以看出，我国刑事诉讼的首要功能和根本任务就是保证我国刑法的正确实施，以准确、及时地惩罚犯罪，保障无罪的人不受刑事追究。诉讼证明的任务和要求必须与刑事诉讼的宗旨和任务相一致，对于各种证据的收集、调查和审查判断，最终结果必须符合刑法各罪要件的要求和标准。因此，以法律真实作为刑事诉讼证明的任务和要求，不仅于法有据，而且符合情理。第二，法律真实简明扼要，具体明确，可操作性强，易于适用。法律真实同客观真实相比，标准明确，易于操作，整个证明活动只需紧紧围绕构成本罪的实体要件进行就可以了。客观真实所存在的那些悬而未决，无章可循，粗略笼统的弊端，都被一一克服了。第三，法律真实为证据的调查和运用指明了方向，澄清了在运用证据过程中容易混淆的环节和概念。如前文所述，何为客观事实？何为证据事实？何为证据材料？何为定案的根据？客观事实何以转化为法律事实？这些问题在证明活动中经常显得混乱不堪。有了法律真实的追求目标之后，方向就明确了，诉讼证明所有证据的可采性，均以认定的法律事实为标准，凡是与刑事实体法各罪构成要件相关的证据均具可采性（这里关于程序法事实证据的可采性问题不作专门论述）。因为诉讼过程中，案件发生后，客观的纯自然之物，各种证据事实，其范围相当广泛，尤其是在侦查之初或刑事自侦案件的初查阶段，情况包罗万象，各种说法、各种反映形形色色。有了法律真实的追求目标，以法律事实为标准，诉讼证明活动就能高效准确地进行。同时，客观事实向法律事实的转化也有章可循了。

在证明活动中，客观事实向法律事实转化，必须具备四个要件：（1）每个证据材料都必须具有客观性、关联性和合法性；（2）各个证据材料的内容经过排列、组合、分析必须与案件发生、发展的过程，即案件事实相符；（3）借助证据材料进行的推理必须正确，必须符合逻辑规则；（4）全案证据事实必须达到“三统一”，即证据自身统一、证据与证据统一、证据与案件统一，统一的标准就是排除了矛盾。

实现法律真实，诉讼证明活动只需紧紧围绕实体法事实的有无进行即可。所谓实体法事实，是指对于定罪量刑有决定意义的事实。这些事实包括：（1）犯罪事实是否发生；（2）犯罪行为是否是犯罪嫌疑人、被告人所为；（3）实施犯罪行为的时间、地点、手段、后果以及其他情节；（4）行为的动机、目的；（5）影响量刑轻重的情节（包括从重情节、加重情节、从轻情节、减轻情节和免除刑罚情节）；（6）被告人的个人情况（包括身份事项、责任年龄和有无前科）。

在诉讼活动中，如果为了解决程序问题，其法律真实实现只需紧紧围绕程序法事实的有无进行即可。所谓程序法事实，是指对于解决诉讼程序问题有法律意义的事实。例如，关于回避的事实，关于耽误诉讼期间的事实，关于影响采取强制措施的事实，关于程序违法的事实，关于执行的事实，关于法定不追究刑事责任的事实，等等。

法律真实与法定证据制度所追求的“形式真实”有着本质区别，在诉讼证据历史上出现的法定证据制度，曾把“形式真实”或曰“法律真实”确定为证明标准。这里讲的法律真实是封建专制主义者借用法律手段，预先规定各种证据的证据力和证明力，法官只需按照法律规定的模式去调查收集证据，这种制度剥夺了办案人员审查判断证据的权利，其价值取向只追求证据事实反映的形式合法，从反映事实的形式中求得真实。我们所确立的法律真实，其法律依据和内容，以及适用的方法和目的，同法定证据的形式真实是根本不同的。其价值取向是内容与形式的统一，现象与本质的统一。脱离案件实际，离开证据事实的真实性，只去追求所谓形式的统一和真实，正是法律真实所反对的。

完成和实现“法律真实”的证明任务和要求，在刑事诉讼中，对证据具体的运用标准是什么？这些也是理论研究和实际工作中必须研究和回答的问题。我国《刑事诉讼法》第 162 条、第 171 条、第 200 条等，分别对刑事案件侦查终结、提起公诉和一审判决的标准规定为“案件事实清楚，证据确实、充分”。但是，在实际工作中，对于什么是“清楚、确实、充分”，人们的认识不仅有分歧，而且做法也不一致。在前面的论述中，我们解决了证明的任务和要求，把满足于实体法要求作为我们运用证据所追求的目标和价值取向。但是，为了达到这一目标的证据规格和标准是什么，立法的上述规定也比较粗略笼统，笔者认为规定证据规格和标准不仅是必要的，而且规定应具体明确，易于操作，能解决实际问题。

确定刑事案件的证明标准的原则必须是从高从严，即高标准严要求。其理由是：(1) 这是由刑事案件的严重性所决定的，所有的刑事案件都同国家的安危、人民群众的生命财产相关，如果搞得不准，任何一个冤假错案或司法不公，都关系到国家的安全和社会的公益，关系到大局的稳定和群众的切身利益。(2) 证明的标准直接涉及人权保护问题，我国民主与法治的进程和世界范围内的人权斗争的潮流，都要求诉讼证明的标准要从高从严。就刑事诉讼的本身而言，其全过程无不同公民的人身权利、民主权利紧密相连，立案、侦查起诉、审判、执行等各个环节，一方面涉及被害人的权利保障问题，另一方面又关系到犯罪嫌疑人、被告人、被判刑人的人身权利和诉讼权利的保障问题。整个诉讼过程都表现为司法权力同人身权利、诉讼权利的矛盾冲突，要解决这一矛盾冲突，尊重和保障人权、严格证明标准是唯一的途径和方法。(3) 长期以来我国司法工作的经验和教训告诉我们，诉讼证明的标准必须从高从严，尤其是我党从延安整风，到中华人民共和国成立以来历次政治运动，特别是“文化大革命”十年的悲惨教训，党和国家为了打击刑事犯罪，总结和制定了“稳、准、狠”的刑事政策。贯彻执行这一刑事政策的核心是一个“准”字，所谓“准”，是指在刑事诉讼中就表现为诉讼证明的标准，既要高又要严，要严格按照运用证据的客观规律完成证明的任务。

按照从高从严的原则，为实现人权保障，众多国家都把“排除合理怀疑”确立为刑事诉讼证明标准。

所谓“排除合理怀疑，就是由于良知的确信，是以排除一切合理怀疑”。[①] 案件的证明须达到无合理之怀疑，反过来说，所谓有合理的怀疑，按照 19 世纪美国一位首席法官的说法，是指在一切证据经过全部比较与考虑以后，审理事实的人本着道义和良知，对于所诉的事实不能完全信以为真。究竟有无合理怀疑，如依另一位爱尔兰法官的说法，是本着一颗赤诚的心，对于全部证据经过冷静的观察，形成理智的了解，不受任何一方的影响，没有偏见，没有恐惧。“所谓怀疑，当然只是一种可以说出理由的怀疑，而不是无故质疑。否则，对于任何纷纭的人事，都可以发生想象的或幻想的怀疑。因此，所谓合理之怀疑，必非以下怀疑：(1) 非任意妄想怀疑；(2) 非过于敏感机巧的怀疑；(3) 非仅凭臆测的怀疑；(4) 非吹毛求疵，强词夺理的怀疑；(5) 非于证言无证的怀疑；(6) 非故

① 李学灯著：《证据法比较研究》，台湾五南图书出版公司 1992 年版，第 665 页。

为被告解脱以逃避刑事责任的怀疑；（7）如果属于以上各种的怀疑，即非通常有理性的人所为合理的、公正诚实的怀疑。”[①] 据此，排除一切合理怀疑的证明标准的真正含义和具体适用范围，有两项基本准则，一是要求陪审团和法官要站在一个公正和诚实的立场上，来认识案件事实和证据，要有一个基本良好的职业道德，即海外学者所说的必须是“一种实在、诚实的、为良心所驱使的怀疑”。[②] 二是合理怀疑必须以事实为根据，各种妄想、悬念、臆测等理论上的推测或怀疑均属于不合理的怀疑，必须要有证据证明，即怀疑有据。

“排除一切合理怀疑”，一方面是对办案人员内在素质的要求，另一方面是对全案证据的质与量的要求，即必须达到排除一切矛盾，排除一切怀疑的标准。笔者认为，这两个方面反映了不同证据制度关于刑事案件证明的共同规律。但是，就证据的质和量而言，笔者认为，以马克思主义辩证唯物论为指导的我国的证据制度，不能沿用“排除一切合理怀疑”的表述，因为这一表述无论是从文字解释，还是从实际操作上，其规范性都难以把握。吸收其合理内核，并按照辩证唯物主义的认识事实的矛盾法则，我国刑事诉讼的证明标准可以概括为“排他性”，即从证据的调查和运用上排除一切矛盾，从运用证据对案件事实所得出的结论上排除其他一切可能，而且该结论是本案唯一的结论，这一结论在事实和证据两个方面，还要经得起历史的检验。把排他性作为刑事诉讼的证明标准的根据有四个方面：一是我国证据制度的理论基础，是以辩证唯物主义的认识论为指导原则，对案件事实的最终认识，即查明事实真相，必须是在矛盾的运动过程中逐步深化、由表及里、去粗取精、去伪存真，最后的标准是必须排除矛盾，形成一个科学的结论，排他证明完全符合办案人员对案件事实的认识过程。二是就刑事案件的性质和严重性而言，案件无不关系到国家和人民群众的安危和生命财产，所以，运用证据证明的案件事实，必须情节清楚，所得出的结论必须具有排他性，必须排除一切其他可能，而且是本案唯一的结论。这个结论之所以是唯一的结论，就是因为它要经得起实践的检验，经得起历史的考验。三是排他性也吸收了西方证据文化中关于排除合理怀疑的思想。从对证明主体的资格和伦理道德方面的要求上，必须是公正、诚实，具备良好的职业道德；从案件事实的认定上，

---

① 李学灯著：《证据法比较研究》，台湾五南图书出版公司 1992 年版，第 667 页。

② 李学灯著：《证据法比较研究》，台湾五南图书出版公司 1992 年版，第 872 页。

必须以完全符合法定条件的证据为根据，即作为定案根据的证据的证据力和证明力不能违背证据法则的有关规定。四是把排他性作为证明标准，简单、明确、具体，易于操作和掌握。

排他性证明标准对证据确实、充分的要求明确、具体：（1）作为定案根据的每一个证据必须具备客观性、关联性和合法性。（2）根据认识论的矛盾法则，全案的证据经过排列、组合、分析之后，必须是排除了一切矛盾，且每一个证据的前后一致，证据与证据之间一致，全案证据同案件的发生、发展的过程和结果一致，形成一个完整的证明体系。（3）作为证明对象的案件事实、情节均有相应的一定数量的证据加以证明。（4）全案证据所得出的结论是本案唯一的结论(具有排他性)。

四、客观真实与法律真实*

刑事诉讼中裁判者认定案件事实是特定主体对案件事实的认识活动，证明的结果只存在于独立的法官心证之中。故而为防止任意裁判，法律必须对作为裁判基础的证明应当达到的尺度作出规定。证明要求就是立法者确立的证明目标模式，它体现了立法者设置规范的价值目标。是有关证明责任承担者应当令裁判者对其主张事实达到何种心证程度才能够确认该事实成立的法律要求。证明要求的具体化和可操作标准就是证明标准。刑事诉讼证明究竟应该达到和能够达到什么样的真实程度呢？这是近年来人们一直争论的问题。

我国《刑事诉讼法》关于案件侦查终结和提起公诉的证明要求与法院作出有罪判决的证明要求都是“案件事实清楚，证据确实、充分”，由于“证据确实、充分”这一要求本身并未包含具体的、可供操作的衡量方法与尺度，因此就证明要求或标准而言，可以说是缺乏实际效用的概念。在司法实践中人们必须探索和提出一些经验性的具体的操作标准，如不矛盾性、映证性、证据链条、排他性等。对于刑事诉讼案件事实证明标准理解上的混乱，引起了学者们对于司法理念根源及刑事诉讼程序价值的高度关注。法律真实说和客观真实说也随之浮出水面。

虽然在刑事诉讼中控诉事实和辩护事实都是证明对象，但是受篇幅所限，故

---

* 这一部分内容由李静博士协助整理。

本书将焦点放在控诉事实的证明要求问题上。同时，为了排除不必要的歧义和混乱，本书把诉讼认识的主体局限于裁判者，因为案件事实只有经裁判者的认定才具有裁判和确定意义，而侦查机关和检察机关对案件事实的认识则不是诉讼认识的最终阶段，还有待发展和检验。

（一）客观真实和法律真实的含义

“客观真实”一词从大陆法系的“实体真实”（或“实质真实”）演化而来。日本学者田口守一认为，“刑事诉讼中的真实是‘实体性的真实’。在以当事人的私人权利为对象的民事诉讼中，可以采取‘形式性的真实’主义，只要当事人承诺，就把该事实认定为真实。但是刑事诉讼中不能采取这个原则。诚然，虽然说是‘实体真实’，但也不是实体法意义上的正确事实（绝对性真实），因为毕竟是诉讼法上的概念，所以是尽可能接近真相的事实”。[①] 可以看出，实体真实是与形式真实相对应的概念。实体真实与形式真实的区别不在于诉讼上所达到的真实的、相对性的说法，而是关于发现事实的不同程序原则。追求实质真实的程序原则称作实质真实主义，满足于形式真实的程序原则称作形式真实主义。形式真实主义适用于民事审判程序及英美法系当事人主义刑事诉讼程序，实质真实主义适用于大陆法系职权主义刑事审判程序。二者都受到起诉事实和指控对象的限制，因而都承认发现真实的程度是有限的；二者的区别仅在于据以作出裁决的证据是否限于由当事人提出和法官是否积极调查案件事实，是否承认当事人自身意志（如自认或自白）的有效性。

长期以来，我国刑事诉讼法理论以辩证唯物主义认识论为指导，坚持认为在刑事诉讼中务必追求“实质真实”。把刑事诉讼法上的“实质真实”理解为对案件事实的认识能够也应该是符合客观实际的，如提出“所谓实质真实，是指证明活动的结果在实质上符合客观事实，是实质内容的真实”。[②] 也有学者将“实质真实”主义改述为“客观真实”证明标准，认为“刑事诉讼证明所要求的是客观真实：当人们运用证据对案件事实的认识达到了与客观的实际情况相符合时就是真实的，否则就是虚假的；判定其是否真实的标准是看人们认识到的案件事实是否与案件的客观实际情况相符合。”[③]

---

① ［日］田口守一著：《刑事诉讼法》，刘迪、张凌、穆津译，法律出版社2000年版，第9页。

② 何家弘：《论司法证明的目的和标准》，载《法学研究》2001年第6期。

③ 张继成、杨宗辉：《对“法律真实”证明标准的质疑》，载《法学研究》2002年第4期。

"法律真实"主张需要证明的案件事实由刑法规定的犯罪构成要件所决定，认定案件事实必须通过合法的程序进行，同时达到法律要求的证明标准。这一标准强调认定案件事实的过程必须尊重法律规定和法律精神，也就是承认法律规定和法律精神对案件事实认定的规制作用。这种规制作用体现在证明对象、证明手段、程序要求等方面，因而，认为裁判依据的案件事实只能是有限的、相对的真实。

根据法律真实主义者的这种理解，法律真实就具备了丰富的内涵，其含义和标准随着法律制度和文化的变迁而变化。历史上的"神明裁判"、"法定证据"及今天的"自由心证"获得的案件真实程度都是法律真实在不同历史时期的表现形式。当然，在理性和科技的作用下，自由心证是我们能接受的最合理选择。

有学者认为，"法律真实"是一个伪概念，因为不论刑事实体法还是程序法规范都没有判定证据是否真实的功能，法律真实论者认为的法律真实标准只是判定证据是否充分的标准，这一内容已为客观真实标准所包容，故而该理论没有存在的必要。[①] 笔者认为，这是对法律真实丰富含义的误解。笔者曾提出："法律真实，就是说事实裁判者对案件的认识应当符合法律规定，并达到从法律角度认为是真实的程度。"[②] 这种"认识"对"法律规定"的符合，是诉讼认识的进行必须遵守法律规定的要求或限制，不能为了追求认识案件事实而不择手段、置法律规定于不顾。

从学理上分析，客观真实和法律真实都是从学术角度对刑事诉讼有罪判决证明标准的概括，并非明确具体的标准。这两种理论对证明规则的确定、证明标准的具体化都有理论指导作用。究竟该如何理解法律真实与客观真实的实质和两者间的关系？在刑事诉讼中应当坚持什么证明标准？这关系到如何规范和进行诉讼认识活动、如何确定诉讼证明责任归责等一系列诉讼证明基本问题。因此，非常值得我们反思和讨论。

（二）客观真实与法律真实——差异中的一致与一致中的分歧

法律真实与客观真实究竟是意识之争、观念之争，抑或表述之争、标准之争？笔者认为，它们虽然在理论表述上有较大差异、在实践中反映了不同的侧

① 张继成、杨宗辉：《对"法律真实"证明标准的质疑》，载《法学研究》2002 年第 4 期。
② 樊崇义：《客观真实管见——兼论刑事诉讼证明标准》，载《中国法学》2000 年第 1 期。

重，但是在理念上却有很多共通之处。

1. 遵循“以事实为根据”的裁判原则

“以事实为根据”是司法裁判的一个“应然性”的价值要求，同时也是一个具有操作意义的价值判断。从判断形式看，“以事实为根据”，是指司法裁判“应当”以事实为根据。只要承认认识对物质的可知性，就不能否认“以事实为根据”这一价值判断的可操作性。案件事实的确认是司法推理的前提，只有事实得以确定，才能够对案件得出符合逻辑的法律结论。这样得出的法律结论也因此具备了正当、合理的权威性和确定性。

“客观真实”或“法律真实”作为证明的标准，都是针对同样的证明对象，这一对象“事实”都取决于刑法有关定罪和处罚的规定和理论。司法裁判中的“案件事实”是“事实”的一种形态，属于客观事实的一种。对这种事实的司法认知则是认识活动的一种。由于认知的过程受到法律规定的影响，自然可以被称为“法律上的事实”。实际上，在“事实”前面加上“法律上的”限定，意味着撷取“事实”的法律意义，而非曲解“事实”本身。如果“法律上的”这一限定与“真实”相背离，那么“法律上的真实”这一概念就会蜕变为“假的真”的概念。[①] 在司法裁判过程中，“法律真实”如果不能使人们普遍相信有可能达到并追求这种与“客观真实”的基本一致，那么，裁判所依赖的这种“法律真实”就会在制度和意识形态上失去其正当性，司法过程就会变质。

2. 以反映论和可知论为认识论基础

诉讼认识作为一种认识活动，就要受到认识规律的制约。对事实存在、事实判断、事实属性和真实评价标准的分辨和解说，包含了在哲学认识论上的一种立场选择。从我国的意识形态和立法指导思想看，内含于“以事实为根据”的原则之中的认识论立场，显然是辩证唯物主义认识论的反映论、可知论。

辩证唯物主义的反映论认为物质（或存在）为第一性，意识（或精神）为第二性，物质决定精神，意识是存在的反映。可知论认为思维与存在之间具有同一性，人的认识可以提供关于客观世界的正确图景。事实存在必须是可知的，才有可能加以陈述；而只有事实陈述是对“事物的真实情况”的反映并为之所决定，才有可能是真实的。

---

① 张志铭：《裁判中的事实认知》，载王敏远主编：《公法》（第4卷），法律出版社2003年版。

立足于这样的立场和概念框架来分析问题，那么“法律真实”这一概念显然不是在背离“客观真实”、背离对“事实”和“真实”的一般理解的基础上来确立的。司法裁判中对案件事实的认定，是事实认知的一种，同样要求具有真实的属性，要求符合案件的真实情况，并以此作为评价真实的标准。在诉讼中，裁判者能够依靠一定的手段、方法，经过努力以获取对案件事实的某种正确认识。

3. 遵循证据裁判主义的基本精神

证据裁判主义的基本精神要求认定案件事实必须依据证据。在我们认识案件事实时，必须借助理性的能力，依靠“真实的古事之足迹”——证据，因为它才是连接客观事实与认识者之间的唯一物质纽带，是我们窥知过去事实的唯一手段。在此物质基础上，根据经验、逻辑判断等认识方法推断出的案件事实，才具有高度的说服力。

现代国家莫不以证据裁判为原则。大陆法系国家通常在法律中予以规定，如日本《刑事诉讼法》第317条规定：“认定事实应当根据证据。”[①] 德国《刑事诉讼法》第244条第2款规定，为了查明事实真相，法院应当依职权将证据调查延伸到对裁判有意义的所有事实和证据。[②] 法国《刑事诉讼法》第427条规定，在审判中，“除法律另有规定外，犯罪得以任何证据形式认定，并且法官得依其内心确信作出判决。法官只能以审理过程中向其提交的、并在其当面经双方辩论的证据为其作出裁判决定的依据”。[③] 我国台湾地区“刑事诉讼法”第154条要求“犯罪事实应依证据认定之，无证据不得推定其犯罪事实”。[④] 普通法系国家也非常重视查明案件事实的重要性。普通法系的法庭反复讲道：“公平的审判就是对证据进行对抗式检验的审判”，“审判是一种劝说社会相信证据确凿得足以证明惩罚是正确的游戏。”[⑤] 普通法系各国在证据法中规定了相关性和其他可采性规则，其中很多规则是为了确保证据的可靠性。诉讼程序中的事实审理无不围绕取证、举证、质证和认证等活动进行，裁判者依据在法庭上提出的有关证据作出裁判是其诉讼原则的应有之意。我国《刑事诉讼法》也体现了证据对事实认定的

① [日]《判例六法》，日本有斐阁平成十八年（2006）版，第1695页。

② 何家弘、张卫平主编：《外国证据法选译》（上卷），人民法院出版社2000年版，第460页。

③ 罗结珍译：《法国刑事诉讼法典》，中国法制出版社2006年版，第292页。

④ 黄朝义著：《刑事证据法研究》，台湾元照出版公司1999年版，第7页。

⑤ [美] Lawrence S. Wrightsman 著：《司法心理学》，吴宗宪等译，中国轻工业出版社2004年版，第20页。

作用，第50条规定："可以用于证明案件事实的材料，都是证据……证据必须经过查证属实，才能作为定案的根据。"第55条规定："对一切案件的判处都要重证据，重调查研究"。因此，"客观真实"或"法律真实"只能根据在诉讼程序中获取的有限证据资料去推断过去发生的案件事实原貌，此外没有别的方法。

（三）"法律真实"标准的合理性、正当性

与"客观真实"相比，"法律真实"理论标准更符合诉讼认识的特性，也可以据此制定出更符合现代法治要求、更具有实际操作性的具体证明标准。

1. "法律真实"理论标准符合诉讼认识的特殊规律

辩证唯物主义认识论是关于人类认识自然、社会的一般规律的科学，它与刑事诉讼证明是普遍理论与部门理论的关系，即一般与特殊的关系。要合理地完成诉讼认识，必须认清诉讼认识的特点。

首先，诉讼认识的主体和时间是有限制的。诉讼认识是在诉讼中发生的有期限的认识活动，认识的目的在于为及时裁判准备事实根据，不同于人类在追求真理的活动中无限期进行的认识活动。这种时限性是诉讼的效率和裁判及时性的要求。而程序正义还要求只有中立的裁判者才有资格认定案件事实、作出裁判，这意味着裁判者对于过去的案件事实不具有直接认知，只能通过当事人以及证人等证明主体的活动进行间接认识。

其次，诉讼认识的手段是有限的。在诉讼认识中，证据是"真实的古事之足迹"，是裁判者窥知过去事实的唯一根据。而司法者可能只获得部分证据，现有证据也可能变化和流失，当事人或证人可能故意掩盖、伪造证据，使得判断证据的活动带有不确定性和虚假性。即便在证据媒介的作用下，反映在裁判者脑海里的不过就是一种关于过去可能的影像而已，并不是过去事实本身。要想得出关于案件事实的结论，必须依靠科技手段和逻辑、经验对证据事实与待证事实之间的联系进行推论。这种认识主体对案件事实的再判断缺乏科学观察的精确性、理论的预见性及可验证。

再次，诉讼认识的对象即案件事实带有主观性、经验性的色彩。案件事实是法律意义上的事实，是以当事人主张的形式出现的，将全案事实以当事人主张的形式表述出来不可避免地会带有较大的主观性和利益性，而以法律规范要件的内容对案件事实进行表述也会导致陈述者对事实的有意剪裁，不会叙述出案件全貌。除了主观性之外，案件事实还具有经验性色彩。诉讼证明的素材不是理性的对象或抽象理智的对象，而是现成的感性直观、感性的主观确信以及相应的陈述和保证。对于案件当事人、证人而言，案件事实多为直接经验的事实；对于法官、检察官、律师而言，案件事实基本上是间接经验的事实，他们只能通过案件发生时遗留在外界的物质痕迹和人的记忆回溯来求证案件事实主张的真假。因此，诉讼认识对象是当事人以陈述形式提出、请求裁判者进行确认的命题事实，不等于客观事实本身。不论裁判者是否相信该命题为真，客观事实都可能与该命题一致或者并不相同。

最后，裁判的事实根据是在特定的诉讼程序中获得的，而诉讼程序不以发现真相为唯一目标。法律程序的正当性要求诉讼认识除了发现真实以外，还应当顾及其他法律价值和社会价值的实现，如基本人权、诉讼效率、裁判稳定等。对其他法律价值的考虑，可能要牺牲掉一部分有利于发现真相的程序或证据。

综上所述，诉讼认识的这些特性使得我们必须关注诉讼认识的相对性、有限性。辩证唯物主义认识论认为：首先，从主观与客观、认识与实践的对立统一运动中考察人对客观世界的认识，把认识看做是在实践基础上的能动地把感性材料加工为理性知识，能动地从个别性的认识上升到规律性的理解，又能动地运用理论去指导实践的过程；其次，把认识看做是一个无限发展的过程，承认认识的至上性和非至上性，认为人类对事物的认识有无限接近客观真理的可能性，但是在特定阶段、特定主体的制约下认识的程度会受到限制。我们在接受辩证唯物主义认识论的指导时，一方面，要相信认识有绝对性；另一方面，要承认诉讼认识的相对性。我们还要把诉讼认识与对真理进行追求和认识相区别。在诉讼认识活动中，探求的是案件事实而非客观规律，诉讼认识是为裁判做准备而非去指导下一次实践，诉讼认识在个案中限期进行而不能够无限发展和修正。只有尊重认识论的辩证法，才能据以制定出一系列符合科学理论和现实要求的证明标准。“法律真实”标准正视了理想与现实的差距，认清了诉讼认识的局限，追求在法治要求下对真相的探求，符合诉讼认识的特殊规律。

反观“客观真实”标准，片面强调认识论的唯物论，即反映论和可知论；忽略了认识论的辩证法，混淆了绝对真理与相对真理的辩证关系，也忽视了诉讼认识的特性，将获得绝对真理的可能性机械地应用于诉讼中，打破了诉讼规律。“现行刑事证据理论的研究几乎只是从客观方面去理解，甚至片面地把‘客观真实’作为证明标准，而主观方面的研究则很少涉及。刑事诉讼既然是主体、客体两方面的矛盾运动，认识的主体、客体就是对立统一的辩证关系，只有对两者都加以重视，才能把刑事证明标准建立在科学的基础之上。”“对一个具体的案件事实的证明标准，只能达到近似于客观真实，而且是越接近客观真实越有说服力。那种‘必须’达到或‘一定’要达到‘客观真实’的说法，在理论上是不成立的，在实务上是有害的，更是无法实现的。”①

2. 坚持“法律真实”标准有利于建设法治社会

第一，它有利于确立一系列符合国际人权标准的刑事诉讼证据规则。苛求所谓“客观真实”，不免会把注意力集中在各种可能获取案件事实真相的方法和手段上，时常漠视公民权利，将非法取得的证据作为定案根据以发现真实，也可能造成冤假错案，使得国家刑罚权的实现以刑事司法权破坏国家法律所确立的秩序和侵犯宪法保障的基本权利为代价。这在助长非法取证从而导致更广泛地侵犯公民权利，使司法违法给人们心理造成恶果等副作用方面，远远超出在具体案件上发现真实的价值。而“法律真实”标准追求实体公正和程序公正并重，在行使国家权力的过程中保障基本人权。并且使诉讼认识的正当性与时俱进，以国际人权法律原则为标准评价事实发现的正当性。目前，我国关于刑事诉讼中以非法手段取得的证据材料的排除只规定在司法解释中，并没有以基本法的形式明确下来，并且我国还没有规定证人特权，以至于某些证人被不人道地要求为案件作证，另外，“如实供述”的要求和嫌疑人律师帮助权的缺失导致口供的自愿性无法判断……因此，“法律真实”标准提出了尽快确立一系列符合国际人权保障标准的刑事诉讼证据规则的要求，比如建立特权规则，承认特定社会关系人的合理利益；确立完善的非法证据排除规则，排除刑讯得来的口供、排除其他严重违反人权或基本程序获得的证据；审讯嫌疑人时应当有律师在场或者全程进行录音、录像等。虽然这些规则或多或少令追求真相的程度有所降低，但是在诉讼过程中人权得以保障、程序更加公正。

第二，它增强了裁判的可接受性。从本质上讲，法律程序是为促进独立判决结果的程序价值而设计的，这些价值包括裁判中立、裁判公开、当事人公平参与、保障人格尊严等。一项法律程序是否具有合理性，不单纯依赖它是否能够产生正确的结果，还在于它是否能够保护独立的内在价值。这也是人们对裁判的形

① 樊崇义：《客观真实管见》，载《中国法学》2000年第1期。

式合理性的期待。“法律事实不是自然生成的，而是人为造成的……它们是根据证据法规则、法庭规则、判例汇编传统、辩护技巧、法官雄辩能力以及法律教育成规等诸如此类的事物而构造出来的，总之是社会的产物。”① “法律真实”标准不回避这一问题，认为在适当的诉讼时空内，以正当、合理的诉讼方式得出的法律事实结论本身便具备了程序正当性和合理性，决定了这一法律事实的可接纳性。以法定程序进行的证明活动需要在裁判文书中说明理由，使当事人理解认定事实的过程和依据，认识自己应当承担的举证责任与诉讼风险的关系，服判息讼，减少社会各方对法院的误解。所以说，坚持“法律真实”理论标准要求在保障案件事实最低限度的正确性前提下，还兼顾认定过程的正当合理性，更有利于裁判为人们所接受。

第三，它有利于维护裁判权威，使裁判具有终局性、稳定性。以“客观真实”为刑事诉讼证明的理论标准，容易损害诉讼的效率，使法院裁判缺乏既判效力。在实践中，公、检、法各机关经常出现对案件事实是否符合“客观真实”产生歧义理解，乃至互相扯皮、推诿，导致案件久拖不决。同时，检察机关、法院可能以认定的事实不是客观真实为由不断启动再审程序，影响判决的稳定性和权威。而“法律真实”标准的优越性在于，经法定程序确定的裁判事实不会轻易再审，提起再审应当谨慎地依法定理由进行；而即便日后出现新的证据证明当初法官的认定与客观实际不符，只要法官没有主观过失，在人们心中就无损于法律和法院的权威。因为法官只应对法律和诉讼中的认识负责，而无法超越诉讼和证据对所谓客观事实负责。

第四，确立“法律真实”标准还有助于一系列其他利益的实现。比如，有利于司法改革的进行，盲目追求“客观真实”会导致裁判者从职权主义出发，将调查重心放在庭外，从而轻视庭审功能，侵害当事人的诉讼权利，也可能导致证明责任机能的失效。而坚持“法律真实”标准要求审判以庭审为中心，充分保障当事人的诉讼参与等权利。再如“法律真实”标准对合理分配诉讼资源也有积极作用，承认诉讼认识的相对性，将有限的诉讼资源在重大或轻微、复杂或简单案件之间合理分配，可以提高诉讼效率，更有效地打击严重犯罪，以及实现

① ［美］克列福德·吉尔兹：《地方性知识：事实与法律的比较透视》，邓正来译，载梁治平主编：《法律的文化解释》，三联书店 1994 年版，第 80 页。

恢复性司法目标。

总之，刑事诉讼不仅仅是一种以恢复过去发生事实的真相为目标的认识活动，而且还是一个包括程序道德价值目标的选择和实现的过程。根据法律的逻辑寻求处理结果的合理性、妥当性以及程序的安定性，确立“法律真实”的理论标准，有助于实现程序公正，构建法治社会。

3. 坚持“法律真实”的理论标准有利于构建现实、合理的证明标准

首先，基于“法律真实”理论标准构建的具体证明标准有规范性和可操作性。“法律真实”理论标准是一种规范形态的真实标准，它提供了评价案件事实真实性的标准。在司法裁判中，认定案件事实是一种合目的的认知活动。这种合目的性，反过来要求认识过程的有序性，并进而在评价事实认定真实性的标准上表现为规范性。法律真实标准的规范性，是它区别于其他实践形态的真实标准的关键所在。这种规范性的要求既表现在对案件事实的整体判断上，如“排除合理怀疑”、“确定无疑”等，也表现在对案件具体证据事实、待证事实的判断上，以及案件事实认定的其他许多方面，如证据类型、证据收集、举证时限、证人资格、质证要求、认定主体等，能够为行为主体、认识主体提供具体的操作标准或行为指引。

由于三大诉讼各有特点，性质、目的不同，在证明标准方面也有不同的要求，如刑事诉讼证明标准应当大大高于行政诉讼和民事诉讼的证明标准。而同一诉讼因不同诉讼阶段任务不同，或因不同类型案件特点不同，也会要求不同的证明标准，诉讼证明的合目的性、合规范性要求证明标准呈现出多元性。我国《刑事诉讼法》关于侦查终结、提起公诉、作出有罪判决的证明标准都是“事实清楚，证据确实、充分”的法律要求，未能体现诉讼认识规律和不同诉讼阶段证明要求的逻辑递进性，将有罪判决的证明标准提前到侦查、公诉阶段，违背了诉讼认识规律，既容易导致审判前的有罪推定，使庭审走过场；也不利于保障嫌疑人的人权，可能导致侦查机关为了完成结案移送起诉的超高标准而超期羁押、非法取证。而且，“证据确实、充分”还是个缺乏操作性的标准。证据的“确实”可以理解为“真实”，而证据的“充分”究竟是指数量充分还是推理充分，充分到什么程度？其本身并未包含具体、可供操作的衡量方法与尺度，只是一般性、政策性要求。因此，我们需要对该标准进行改造。

笔者认为，应该降低刑事诉讼侦查和起诉阶段的证明标准，而将人民法院作

出有罪判决时必须达到的标准确定为“排除合理怀疑”或“内心确信”、“确信无疑”。一方面，刑事裁判结果可能涉及剥夺被告人的生命、自由、财产，因此证明标准必须慎重地维持一个极高的标准；另一方面，我们必须正视定罪标准是为裁判主体的主观认识而设，因而是带有主观色彩的衡量尺度。当然，带有主观性的证明标准并不意味着认识主体可以随心所欲地使用和判断证据。正如德国奥格斯堡大学赫尔曼教授指出的：“法官个人的确信，指他的个人确认。这种确认，必须依据明智推理，建立在证据结果之完全、充分、无相互矛盾的使用之上。”① 基于以上两方面考虑，把有罪判决的证明标准规定为“排除合理怀疑”或“内心确信”、“确定无疑”，既能够体现主体认知的特点，又能使定罪判决维持一个合乎理性的高标准。“合理怀疑”意味着不是人妄想的怀疑，过于敏感的、臆测的怀疑，故意挑剔、强词夺理的怀疑，基于无凭证言的怀疑或故意为被告人开脱罪责的怀疑等，而是理性人在诉讼中以合理的根据（经验或逻辑）产生的定罪事实的不确定性。只有在认识过程中“排除”了定罪的“合理怀疑”，有罪事实才被认为是合理、可接受的证明结果。而“内心确信”或“确定无疑”的表述也都意味着认识主体对定罪事实怀有排除合理的怀疑有充分理由的确信。

其次，基于“法律真实”理论标准构建的具体证明标准具有现实性、包容性。在“法律真实”的概念中，包含有在目前条件下人类自身无法超越和自省的错误的可能性。即便这些错误可能影响定罪量刑的基本要件，也无法绝对地予以排除。“相反，在‘客观真实’主义者看来，误差可以有，但是错误的存在无论如何也不能容忍。‘客观真实’与‘法律真实’的真正分水岭，就在于是否承认诉讼实践中会出现无法超越和自省的错误（至少是在诉讼期间内无法超越和自省的）。”②

“法律真实”理论标准承认和正视诉讼认识与客观真实的背离。人对事物的认识是主观的，而过去的案件事实本身是客观的。主观认识与客观事实相背离的现象是哲学必须面对的问题，更是诉讼认识必须面对的问题。抽象的客观真实标准缺乏当下性，因而只是一种理想形态的标准。而转化为实践形态的客观真实标准具备了当下性，就必然要受认知局限性的影响。“法律真实”说更好地包容了

---

① 李昌珂译：《德国刑事诉讼法典》，中国政法大学出版社1999年版，第17页。

② 卓翔、欧彦峰：《关于诉讼证明标准的若干思考》，载《福建公安高等专科学报》2004年第1期。

认定的案件事实与客观实际的许多不一致的现象。诉讼认识手段、时限、主体的局限性往往导致诉讼程序中的认识与客观实际有所背离，但“法律真实”可以将这种矛盾合理吸收在认识的正当程序化过程之中。将“法律真实”引入刑事诉讼法学理论的一个直接导因是学者们对 1996 年修改的《刑事诉讼法》第 162 条所确立的“疑罪从无”原则的讨论。“疑罪”承认了达不到案件“客观真实”情况的存在，并提出法官在此情况下应如何作出判决的问题。

“法律真实”理论标准更好地融合了现代诉讼多元的价值追求，理性地接受法律追求多元价值目标过程中给案件真实带来的一定程度的冲击。除了追求真实，法治社会还要追求保障人权、注重效率、维护公平等重要价值。法律真实是一种以合法性为先决条件的真实标准。它是合法性评价和真实性评价标准的统一。合法性评价在前，真实性评价随后；不能通过合法性评价，则会阻断真实性评价。所谓“阻断”，是指在证据事实不具备合法性的情况下，就不再需要评价其真实性。证人不具备资格、供述是刑讯所得、证据没有在法定期限内提出等，都可能导致证据事实不具备合法性条件，从而阻断真实性评价的发生。诉讼认识的正当性就是在现代诉讼的多元价值的相互妥协和平衡中求得发展的。

“法律真实”理论标准适应和解决诉讼认识与客观真实背离的裁判问题。裁判者应当本着“无罪推定”原则，依据合法证据推断案件事实，如果控诉方主张的案件事实未能达到“排除合理怀疑”的标准，就应当根据证明责任制度进行裁判。“以事实为根据”的裁判原则要求关照事实判断的真实性。证明标准必须来源于诉讼实践的需要，以完成裁判任务为目的。当裁判者对事实主张进行认识判断时，内心可能产生三种认知状态：肯定的、否定的、既不肯定也不否定(即事实不清、真假难辨)。在真假难辨的认知状态下，无法确定事实主张是否是客观事实，但是裁判不能因此被搁置。此时，坚持查明“客观真实”是不能解决裁判问题的，只有依照“法律真实”标准，以认识论以外的法律规则去解决裁判问题，即通过证明责任来解决裁判的问题：对于评断为“真假难辨”与评断为“假”的事实，作出相同的法律处理，皆判决为无罪。以法律规则解决在法定程序中认识不清的问题，正是“法律真实”标准的应有之义。

最后，基于“法律真实”理论标准构建的具体证明标准有可检验性。真实，是指事实判断与事实存在相符合，其包含着有机联系的两层含义：真实属性和真实评价标准。真实与事实判断密不可分，它是事实判断的基本属性。从认识的有机过程和联系而言，一个活生生的事实，应该由事实存在和事实判断来构成。[①]不过，“真实属性”属于物质的实在论范畴，不论认识如何，事实都独立地存在着，不受思维和知觉的影响；而“真实评价”属于认识的确实性问题，人们可以根据它提供的标准是否合理可行来检验认识的确实性。司法裁判必须“以事实为根据”，这对每一个裁判者都提出了“追求真实”的要求。但是对案件事实的判断或认定的“真实”程度需要依靠“评价真实”来实现。

实践是检验真理的标准，主要是就顺向思维的结果而言，我们可以通过长期的实践积累去检验世界发展的规律。对逆向思维而言，特别是对那些无法再现的“历史事件”来说，实践对其真实性是无法检验的。刑事诉讼证明是对控辩双方提供的关于过去事实的假设命题进行求证，属于溯因式推理。“溯因推理就是从结果出发，根据一般的规律性知识、推测出事件发生的原因的推理方法。……它不符合充分条件假言推理的规则：肯定后件不能因此而肯定前件。”[②] 前提真，结论只是有可能真而非充分可靠。“客观真实”说认为，当人们运用证据对案件事实的认识达到了与客观的实际情况相符合时就是真的，否则就是虚假的；判定其是否真实的标准是看人们认识到的案件事实是否与案件的客观实际相符合。[③]这实质上是将刑事诉讼活动这一特殊的认识活动等同于有生活检验原型的实践活动，忽视了逆向推理的或然性，因此不能在诉讼实践领域提供具有可操作性的评价标准，也就意味着认识的确定性无法被检验和评价，这势必影响裁判的合理性、权威性和稳定性。“法律真实”理论标准承认刑事诉讼的证明过程既没有活生生的检验原型，也不同于实验室中可以用科学仪器进行重复性操作的实验，认识主体只能根据遵守法定程序所得到的有限的证据资料依照主体的理性和经验去推断案件事实。因此，在诉讼程序的合法进行方面寻找认识确定性的可靠检验标准，这种标准的检视就明确具体得多了。

在司法裁判过程中，案件的真实情况只能通过各种证据即它遗留下来的种种“痕迹”以及它与其他事物的联系来实现。因此，要评价对案件事实的认定是否具有真实性，就必须把所谓“客观真实”标准转化体现为“符合案件证据情况”和司法认识的法定程序的“法律真实”标准，“法律真实”作为真实评价的标

---

① 张志铭：《裁判中的事实认知》，载王敏远主编：《公法》（第4卷），法律出版社2003年版。

② 谷振诣著：《论证与分析——逻辑的运用》，人民出版社2000年版，第50页。

③ 张继成、杨宗辉：《对“法律真实”证明标准的质疑》，载《法学研究》2002年第4期。

准，使得笼统而难以操作的“客观真实”观念转化为体现司法认知特点和要求、提供行为指引和具体可实现的概念。

具体而言，“法律真实”理论标准提供的认识检验标准包括：证据资料的合法性、可靠性和关联性，程序进行的合法性，认识主体推理的正当合理性和高度确定性（诸如“排除合理怀疑标准”或“内心确信”）等。根据这些标准我们可以检验认定事实的确定性、合理性、合法性，此外没有别的更可靠的检验标准。

综上所述，证明要求或证明标准问题不是孤立于诉讼之外的真理追求问题，所遵循的认识规则必须放诸整个诉讼制度所遵循的价值理念（程序正义、诉讼效率等）之中，这就要求我们对证明要求有一个合乎法治要求的可操作标准。“法律真实”理论标准的现实可行性在于规范了在特定时间、主体、手段制约下诉讼认识应当达到的最低要求，一种兼顾实体公正和程序公正的真实程度，是一种以“追求真实”为主旨，以“不背离真实”为底线的合理、科学的理论标准。

（四）法律真实哲理思维

法律真实是指在刑事诉讼中，诉讼认识主体运用证据对案件事实的认定符合刑事实体法和刑事程序法的规定，从而达到法律上认为真实的程度。诉讼中进入裁判者视域的不是客观事实，而是法律事实，法律事实是诉讼主体通过诉讼认识实践形成的对于案件事实的主观认识，是定罪量刑的依据。法律事实的真实性无法直接以客观案件事实来检验，而只能据其产生的诉讼认识实践是否符合法律规定，来判断其是否达到法律真实。具体可从以下三个方面进行判断：一是判断法律事实是否包括对案件实体法事实的认识，实体法事实是刑事实体法规定的对定罪、量刑有意义的事实，这些事实是判断罪与非罪、罪轻罪重的依据；二是判断法律事实是否包括对争议性程序法事实的认识，程序法事实是指刑事程序法规定的有助于解决诉讼程序问题的事实，如有关回避、程序违法、诉讼期间等事实；三是判断法律事实是否包括对证据法事实的认识，证据法事实是指法律规定的有关证据审查判断的事实，如证据是否客观、关联、合法的事实。如果作为诉讼认识结果的法律事实同时包括了法律规定的实体法事实、程序法事实以及证据法事实，则可以判定该法律事实达到了法律真实的程度。

对诉讼认识真实性的理解同人类认识能力有关：在早期生产力、社会认知能力极端低下的人类社会，神灵崇拜普遍存在，因而神灵的旨意被奉行为诉讼中的真实；随着社会发展至封建主义中后期，机械经验主义在人类认识中占有重要地位，诉讼认识奉行法定证据制度，不是从证据的实质内容探求真实，而是依据证据的形式审查判断、采信证据，从而达到一种形式真实；近现代以来，认识主体的能动性逐渐受到重视，法定证据制度被自由心证制度所取代，诉讼认识所追求的是一种主观真实，即法官主观感觉中的真实，它以法官的内心确信为转移。以现代诉讼理念审视，上述诉讼真实观仍需发展完善，但它们却在当时特定的社会认知背景下获得了公众的普遍认可，构筑了稳定的法律秩序。所以，诉讼真实观是一种具体的、历史的存在，必须同特定历史条件下的社会一般认识相吻合，符合人类特定阶段认识能力的诉讼真实观才具有正当性。法律真实这一诉讼真实观符合现阶段人类社会通常的认识水准，具有可靠的哲理支撑：它不仅符合人们对“事实”“真实”认识论意义上的理解，也符合诉讼认识论与诉讼价值论的特定要求。

1. 法律真实符合“事实”“真实”的认识论内涵

恩格斯在《反杜林论》中指出：“思维的至上性是在一系列非常不至上地思维着的人们中实现的；拥有无条件的真理权的认识是在一系列相对的谬误中实现的；二者都只有通过人类生活的无限延续才能完全实现。”① 这个论断不仅揭示了绝对真理与相对真理的关系，也指明了绝对真理与相对真理实现的路径，即人类无限延续的认识活动。对案件事实真理的探求离不开诉讼认识活动，只有在认识论意义上理解“事实”“真实”，才能对诉讼真实观的探讨产生现实意义。

对“事实”这一概念通常从以下两个方面来把握：在本体论意义上，事实属于一种客观存在，是指外在于人的事物、事件及其过程。据此意义，“事实”基本等同于“客观存在”，自然界以及人所感知的具有客观实在性的存在都属于事实，此时，事实是一种纯粹的“自在之物”，不论人类对它持有什么样的看法，它该是怎样就是怎样的东西。② 在认识论意义上，事实是指认识主体对客观事物、事件及其过程的反映，是主体实践与认识活动的结果，此时，事实与对事实的认知等同。③ 据此，纯粹的“自在自为”意义上的事实，如果没有进入人的

① 中央编译局编译：《马克思恩格斯选集》（第三卷），人民出版社 1995 年版，第 427 页。

② ［英］罗素著：《逻辑与知识》，范莉均译，商务印书馆 1996 年版，第 219 页。

③ 孙伟平著：《事实与价值——休谟问题及其解决尝试》，中国社会科学出版社 2000 年版，第 76 页。

意识领域，就不会对人类产生价值，只有被人类所感知的并富有一定意义的客观存在才可称得上是事实。以上两种意义的事实存在一定的关联：作为存在的事实是指事物的本原面貌，包含了事件所有的细节和信息；作为认识结果的事实则代表那些进入了人类认识实践活动并被主体依照一定的形式反映的事实，受制于主体的认识能力和其他限制因素，该事实可能只包含了客观存在的事实的部分细节和信息，是经过"裁剪"了的事实。① 所以作为认识结果的事实所包含的细节和信息总是小于作为存在的事实所包含的细节和信息。

与事实本体论和认识论相对应，诉讼认识领域的事实可以分为两种：客观事实和法律事实。客观事实是指实际发生过的案件事实，属于存在意义上的事实，该事实是已经发生过的、唯一的并且不因人的意志而改变的客观事件；法律事实是指通过法定的程序和规则被认定的、作为司法判决依据的案件事实，属于认识结果意义上的事实，该事实是事实因素和法律因素相结合的产物，它是诉讼认识主体对客观案件事实的一种带有法律价值判断色彩的评价。司法人员裁判所依据的事实只能是在法律约束下所形成的法律事实，因为客观的案件事实一经发生，即成为历史事实，从本体论的角度而言，本原的案件事实仅存在于时空上同认识主体相隔离的历史彼岸，现实中能够寻觅到的仅仅是客观案件事实所遗留的印迹。人们对曾经发生的案件事实的认识，所依据的也仅仅是这些事实在现实中存留的记载材料，并结合法律所规定的程序与规则来对案件事实予以重建，这是诉讼认识主体对客观案件事实进行认知的过程，这个过程不仅要遵循认识论的基本规律，而且也要遵守诉讼程序和规则，最终形成了诉讼认识主体对客观案件事实法律上的认识结果，即法律事实。客观事实作为一种存在，没有真假之分，但是法律事实是诉讼认识实践活动的产物，是诉讼认识主体对客观案件事实的主观反映，该反映可能符合实际发生的案件事实，也可能偏离客观实际，公正合理的裁判建立在"真实"的法律事实之上，为了保证裁判的准确性与公平性，需要对作为裁判依据的法律事实是否真实加以判断。

"真实"一词在哲学上具有两种含义：从本体论的角度而言，"真实"是指客观存在，它既可以等同于实是，即实际上是什么情况；也可以等同于实在，即

① 刘亚丛著：《事实与解释——在历史与法律之间》，法律出版社 2010 年版，第 72 页。

实际的存在；还可以等同于事实。① 从认识论的角度而言，"真实"是指主体对客体的认识符合特定客体的内在规定性，是对主体认识活动结果的一种判断。例如，《现代汉语词典》对"真实"的解释是"跟客观事实相符合；不假"。② 这一解释省略了认识这一主语，其完整表述应该是"认识同客观事实相符合，认识不是假的"。认识属于主观产物，认识的对象则是客观事实，客观事实是一种存在，属于本原意义上的"真实"，因而它始终是检验主观认识的标准。"真实"被用来描述主观的认识同客观事实之间的关系：认识符合客观事实，则是真实的；否则就是虚假的。所以，从"真实"概念的认识论意义而言，判断认识是否真实的方法是用作为认识对象的客观事实来检验认识的结果，比较二者是否符合，若认识符合客观事实，该认识就是真实的。

法律事实是诉讼认识的结果，作为一种主观认识，检验其是否真实的最终标准是客观案件事实，这符合马克思主义真理观的一般认识，马克思主义真理观强调真的可知性，"真"就是认识同客观的相符。但是，这种直接拿认识同客观相比较的真实检验法是有前提的，其前提条件是客观事实必须能够重复实证，只有作为认识对象的客观事实可以重现，才能够将已经获得的认识同客观事实进行直接的比较，观察二者是否相符。然而，诉讼认识的对象是已经发生的、无法重现的案件事实，它是作为一种客观存在而存留于时空彼岸，在现有科技条件下，我们无法穿越时空去直接感知已经发生的案件事实，而只能通过案件事实所遗留的、包含有案件事实发生、发展规律的痕迹来认识成为历史的案件事实。有观点指出，判断案件事实是否查明的标准是案件的客观事实，只要公安司法人员的主观认识同案件的客观事实相符合，就可以说事实被查明了。③ 这是一种直接将作为客观存在的案件事实同诉讼认识的结果进行比较的"直接符合式"真实检验法，试图追求诉讼认识上的客观真实，在具体诉讼中是无法实现的，因为诉讼主体无法真正做到全面、客观地把握案件的客观事实。案件事实一经发生，就成为历史，并且该事实在诉讼中是不可再现的，诉讼主体只能通过诉讼实践来认识案

① 刘永富著：《论真假》，西安交通大学出版社 2002 年版，第 119~120 页。

② 中国社会科学院语言研究所词典编辑室编：《现代汉语词典》，商务印书馆 2006 年版，第 1730 页。

③ 陈光中、陈海光、魏晓娜：《刑事证据制度与认识论——兼与误区论、法律真实论、相对真实论商榷》，载《中国法学》2001 年第 1 期。

件事实，因而诉讼认识主体所认为的“案件客观事实”，已经不再是存在意义上的客观事实了，而是以诉讼实践为基础，经过其头脑的加工、改造、制作而形成的案件客观事实的反映，属于一种诉讼认识结果。通常所称的“案件客观事实”，也只是一种我们主观上认为其同存在意义上的案件事实相符合的认识意义上的案件事实，并非等同于客观上发生的案件事实，其真假尚待验证，用这种真假待定的认识去检验作为诉讼认识结果的法律事实，其本身就不符合“直接符合式”真实检验法的要义。在无法用客观事实来检验案件事实真实与否的情形下，只能退而求其次，寻找一种“间接符合式”的真实检验法，即推定法律真实为当前人类认知能力所能达到的最接近客观事实的真实状态，案件事实只要符合了法律真实的要求，就可以被认定为达到了有罪判决的事实真实状态。

2. 法律真实符合诉讼认识的内在特性

诉讼认识是裁判者通过诉讼活动认识案件事实的一种特殊的历史认识。一方面，诉讼认识带有明显的历史认识的特点：作为认识对象的案件事实是预先给定的，裁判者只能认识它而无法改变它；裁判者必须借助证据对案件事实进行间接认识；认识的目的是为了确证某一表述具体历史事实的单称命题，而不是探寻普遍命题或者规律。另一方面，诉讼认识具有自身的特殊性：诉讼认识须依据预先制定的规则在特定期限内得出确定性结论。同其他历史认识一样，诉讼认识都是由果推因的逆向推理过程，在这一过程中，裁判者所能借助的只能是出现在自己视野中的证据，只有能够用于证明案件事实的材料才能称得上是证据，因而证据收集总是暗含着特定主体对其有用性的判断；经过特定主体主观筛选后的证据往往是有限的，甚至可能仅仅是能够证明客观案情的一小部分材料。所以，借助证据进行的回溯性推论结果本身就是或然的，无法确证其就是曾经发生的客观案件事实。正如历史学家柯林武德所言：“历史推论从来都不是强制性的，它至多只是许可性的；或者像人们有时相当含糊地说的，它决不能导致确凿性，而只能导致或然性。”①

诉讼认识自身的特性决定了案件事实认识的相对性。诉讼认识的主体、客体、手段、过程都具有一定的特点，使得诉讼认识的结果表现为法律真实。

（1）诉讼认识主体的认识能力有限。诉讼认识主要是指裁判者在诉讼活动

---

① ［英］柯林武德著：《历史的观念》，何兆武、张文杰译，商务印书馆 1997 年版，第 363~364 页。

中借助证据而对案件事实形成的认识。在现代刑事诉讼制度设计中，裁判者只能由对案件事实不知情的人员担任，如果裁判者在案前已经知晓了案件事实，那么他只能以证人的身份参与审判，而无法作为案件事实的裁判者，裁判者不能亲历案件事实，使得其只能借助诉讼参与人展示的证据来认识案件事实。裁判者对案件事实的认识不是照镜子式的机械直观反映，更不应是凭借散乱的感觉而进行的主观臆想，而是一个遵循认识规律的由浅入深的发展过程。在这个过程中，裁判者的认识能力发挥着至关重要的作用。裁判者的认识能力受制于自身的立场、方法、知识储备以及情感因素等。① 首先，裁判者的立场、方法影响其对案件的裁判。裁判者在诉讼过程中应该保持中立的立场，如果偏袒任何一方，将会导致案件认识上的偏差，造成不公正裁判；裁判者的认识也需借助正确的认知方法，现代刑事诉讼奉行裁判者自由裁量，自由裁量并不意味着盲目裁量，而是依据逻辑与经验法则的理性裁量，裁判者对法律推理以及经验法则的掌握与运用，将直接决定着其是否能够透过复杂的案情发现事实真相。其次，裁判者自我的知识储备影响其对案件事实的认知。裁判者的知识是否丰富、知识结构是否合理，在很大程度上影响着其新认识获得的快慢和深浅。在有限的诉讼时限内，知识储备丰富的裁判者更易获得对案件事实的准确认识。最后，裁判者的情感因素影响其对案件事实的判断。裁判者也是社会大众一员，具有常人所有的一切情感，其认识的过程不仅是理性的，而且往往还有非理性因素掺杂其中，而后者在某种情况下发挥着较大作用。运用自身理性尚且无法全面掌握案件事实，更何况非理性因素的介入，使得裁判者不可避免地会产生认识上的误区。一个裁判者要达到主观认识完全符合客观的程度，至少需要其时刻保持客观中立的立场，拥有娴熟的逻辑推理与经验判断，具备完备合理的知识储备以及超乎常人的理智冷静，这对于处在世俗社会中的裁判者来说，是无法达到的，其对案件事实的认识也只能是相对的法律真实，而不会是绝对的客观真实。

（2）诉讼认识对象具有主观性、经验性。诉讼认识的对象即证据法上的案件事实，具有主观性、经验性。客观发生的案件事实一旦进入诉讼视野，就会带上法律的色彩，通常以当事人主张的形式出现。以当事人主张形式表述出来的案

① 杨春贵、张绪文、侯才主编：《马克思主义哲学教程》（修订本），中共中央党校出版社 2002 年版，第 212~213 页。

件事实不可避免地会带有较大的主观性和利益性，而依据法律规范要件的内容对案件事实进行的表述也会促使陈述者对案件事实进行有意裁剪。此外，作为诉讼证明的素材不是理性的对象，而是现成的感性直观以及相应的陈述或者保证。对于案件当事人、证人而言，案件事实多为直接经验的事实；但是对于裁判者而言，案件事实是间接经验事实，其只能通过案发时遗留在外的物质痕迹和人的记忆回溯来求证案件事实主张的真假。所以，诉讼认识的对象是当事人依据法律规范要件的内容陈述出来的、请求裁判者予以确认的案件事实，并不是客观事实本身。不论裁判者是否相信该案件事实，客观事实都可能同该事实一致或者不一致，因此只能依据法律真实的标准来判断该案件事实是否为真。

（3）诉讼认识手段受到限制。作为诉讼认识对象的案件事实是已经发生的、无法重复再现的事实。诉讼主体只能依靠包含案件事实信息的证据来查明事实真相。证据成为连接诉讼认识主体与案件事实之间不可或缺的媒介，并且作为诉讼认识手段的证据受到诉讼法律的规范与调整，必须具有证据能力。证据具有证据能力的前提是必须符合法律有关证据的规定，即具有合法性，合法性旨在防止非法证据进入诉讼程序。合法的证据不仅需要具备合法形式，也必须是由法定人员依照法定程序通过合法方式收集的。如果证据属于非法证据，则会被排除出认识依据的范围。对证据作合法性的限制，是为了遏制刑讯逼供以及其他非法收集证据的行为，从而促进公平正义的实现，这在客观上会造成裁判者据以认定案件事实的证据的量的减少；同时，司法人员可能只获得了案件的部分证据，证据随着时间的推移也可能发生变化和流失，这些都会减损裁判者对案件证据的全面把握，因而其对案件事实的认识总是同客观发生的案件事实有所偏差，无法达到客观真实。

（4）诉讼认识的过程受到限定。诉讼认识的过程包含在诉讼程序之中，必须遵守法律的规定。一方面，诉讼认识受限于法定诉讼期限。作为一种社会争端解决机制，刑事诉讼要在一定的时间范围内对特定的诉求作出明确裁判，这突出地体现在刑事诉讼法所规定的各种诉讼期限上，如我国《刑事诉讼法》第 208 条、第 220 条关于一审审限的规定，第 243 条关于二审审限的规定以及第 258 条关于审判监督程序审限的规定，等等，裁判者必须在法律规定的审限内完成对案件事实的认识并作出判决，即使其所认定的案件事实可能没有达到客观真实的程度，但是也必须在法定的审限内作出裁判，只要其对案件事实的认识达到了法律所要求的真实程度，所作出的裁判就获得了正当性。另一方面，诉讼认识必须遵守法定的程序以及证据规则。《刑事诉讼法》对证据的收集、审查判断以及证明责任的分担都有明确的规定，构建了证据的提取、出示、质证等程序以及证据的采纳、采信等规则，诉讼认识因与证据相关的程序和规则而被法定化了。这些规则的设置除了保证诉讼过程的公正之外，也有出于保证诉讼认识尽可能客观、准确的考虑，但是规则的存在客观上会造成进入裁判者视野的证据受到限制。一般而言，裁判者掌握的证据的“量”同认识的“质”成正比，裁判者无法掌握全部的证据，其对案件事实的认识也就无法达到客观真实的程度。

3. 法律真实是程序本位价值观的客观要求

认识的主体是处于一定社会关系中从事实践活动的人，因此主体与客体之间的认识关系并不是外在于主体与客体之间的实践关系，其归根结底是由主体与客体的实践关系所派生，并最终受实践关系制约的。①诉讼主体对案件事实的认识同样受到诉讼认识实践的制约，诉讼认识实践是在一定诉讼价值观指引下的认识活动，因而诉讼主体对案件事实的认知程度与诉讼价值观紧密相连。

诉讼价值观影响着诉讼程序的构造，诉讼程序构造的差异会导致诉讼程序设置的不同，诉讼程序的设计又制约着诉讼主体对案件事实的认识，因而诉讼程序所秉承的价值观会影响诉讼主体对案件事实的认识能力：如果诉讼程序的设置纯粹是为了发现事实真相，则程序将为事实发现提供最大便利，诉讼主体可以发挥最大的主观能动性探求案件事实；如果诉讼程序的设置另有其他诸如程序正义、人权保障的价值考量，则程序会为这些价值的实现预留足够的空间，如设置非法证据排除等程序，从而减损诉讼主体全面认识案件事实的能力。可以说，诉讼价值观在一定程度上决定着诉讼认识的真实程度，在奉行程序本位价值观的诉讼程序体系下，诉讼认识的终局是法律真实而不是客观真实。

对诉讼程序的评价可以有两项独立的价值标准：一是外在价值，即诉讼程序对于实现某一外在的目标是否有用；二是内在价值，即诉讼程序本身是否具有独立的内在优秀品质。诉讼程序不应仅仅只包含保证实体真实的外在价值，程序过程本身也应具有某种独立的内在优秀品质。诉讼程序应具备基本的正义品质，即程序应当公正。实体公正代表了程序的外在价值，程序公正则代表了程序的内在

① 杨耕等著：《马克思主义哲学基础理论研究》，北京师范大学出版社 2013 年版，第 191 页。

价值，两者都服务于解决纠纷这一目的，只是各自的着眼点有所不同：实体公正着眼于在行动层面解决纠纷，而程序公正立足于在心理层面解决纠纷。实体公正与程序公正二者并不矛盾，并且实体公正的实现应以遵循程序公正为前提。但是，由于实体公正与程序公正之间内在规定性的不同以及诉讼资源的有限性，两种价值在实现的过程中难免会发生冲突，无法兼顾，在这种情况下就面临着价值选择的问题，不同的价值选择会形成不同的诉讼价值观：如果选择实体公正，则属于实体本位价值观，此种价值观注重的是尽可能发现案件的事实真相，提高惩治犯罪的有效性；如果选择程序公正，则属于程序本位价值观，此种价值观注重的是诉讼程序本身的正当性以及对程序的遵守，其核心是通过正当程序限制司法权力的行使，保障当事人的合法权利。

在诉讼过程中，程序公正与实体公正是较难实现动态平衡的。所谓程序公正与实体公正的动态平衡，是指根据诉讼的实际需要而选择何者优先，即当诉讼中出现程序公正与实体公正不可兼得时，在某些案件中，因程序公正涉及人的尊严、根本自由和权利，出于维护法律的正当程序的目的，舍弃实体公正而实现程序公正；在另外一些案件中，维护实体公正比维护程序公正更重要，则应牺牲程序公正而实现实体公正。这样虽然在个案中程序公正与实体公正无法兼顾，但是从整个司法体制而言，程序公正与实体公正在司法的过程中实现了动态平衡。然而，在诉讼中动态衡量实体公正与程序公正的重要性是无法实现的，实体公正与程序公正之间的矛盾较难调和，当实体公正与程序公正产生冲突时，选择实体公正往往意味着对法定诉讼程序的背离，这不仅违背了程序法定的诉讼原则，也违反了诉讼法律的规定，是缺乏法律正当性基础的行为。因而，在面临程序正义与实体正义的两难选择时，应当坚持程序本位价值观，优先实现程序公正。

程序公正具有实体公正所无法比拟的确定性。案件事实的复杂性、可塑性以及法律适用的不确定性，决定了实体公正内涵的不确定性，而程序本身的自洽性、形式性、刚性和安定性能够最大限度地保证程序公正内涵的确定性。在通过程序公正能够实现实体公正，即二者不矛盾、不冲突的情形下，实体公正的不确定性因为程序公正的确定性而得以缩减、吸收，其正当性不会受到质疑。但当二者发生分离、产生直接冲突时，实体公正内涵不确定性的弊端就会充分暴露，内涵不确定的实体公正对于司法或诉讼这一功能有限的社会纠纷解决机制而言，显得不可捉摸、无法追寻；而内涵确定的程序公正因具有外在的规范形式而可现实感触。在这种情况下舍弃现实的程序公正目标而致力于虚无缥缈的实体公正，不但会造成司法资源的浪费，而且会导致当事人对司法裁判结果合法性、正当性的质疑，这有悖于诉讼解决纠纷的根本目的。

没有程序就无所谓诉讼，程序正义缺位的诉讼法也谈不上真正的诉讼法。我国《刑事诉讼法》秉持程序本位的价值理念，并基于程序正义的考虑设置了诸多程序性制裁措施。例如，《刑事诉讼法》确立了非法证据排除规则，对于非法收集的言词证据，即便其有助于案件实体真实的发现，但是因为违反了诉讼取证程序的规定，也会被裁判者加以排除。又如，《刑事诉讼法》第 238 条规定的第二审人民裁定撤销原判、发回重审的情形，也是出于程序正义的考虑。该条规定了五种二审人民法院应当发回重审的情形，除了第 3 项“剥夺或者限制了当事人的法定诉讼权利，可能影响公正审判的”之外，其他四个条件“违反本法有关公开审判的规定”、“违反回避制度的”、“审判组织的组成不合法的”以及“其他违反法律规定的诉讼程序，可能影响公正审判的”都是与一审程序违法有关，这充分体现了程序在审判中的重要性，诉讼必须以程序为先，而不能只以发现事实真相、实现实体公正为唯一追求。

诉讼主体对案件事实认识活动受到诉讼程序的规制，以程序本位观为指导而设置的诉讼程序客观上造就了认识上的法律真实。一方面，程序本位意味着程序相对于实体的优先性，强调对诉讼参与人权利的保障。以程序为本位的诉讼法对案件事实的认定过程规定了许多程序，这些程序不仅是对证明行为的指引，也是对司法公权力的规制，更是对诉讼参与人合法权利的保障措施。当事实发现与保障人权的程序设置相冲突时，诉讼主体必须遵循程序的规定，维护程序的权威，在程序的引导下发现案件事实。另一方面，法律程序的设置并不是为了让司法人员对案件的认识达到绝对的客观真实，而是要求司法人员对案件事实的认识达到裁判所需的法律上的真实即可。例如，当穷尽了法律上的调查程序仍然无法确定被告人是否有罪时，按照客观真实的证明要求是不能作出判决的，因为案件的客观真相不明，仍然需要继续查证，这就需要继续对被告人采取追诉措施。但是，事实上法律程序对这种真假不明的事实状态规定了一种无罪推定，即在上述情况下，应该推定被告人在法律上无罪，此时的事实认定只是达到了法律真实，而远没有达到客观真实的程度。所以，在程序本位观的指引下，认识主体必须遵循法定程序来探求事实真相，其最终达到的也只是符合法定证明要求的真实状态，即法律真实。

4. 刑事证明标准哲理解读

证明标准是指承担证明责任的诉讼主体提供证据对案件事实加以证明所要达到的程度。负有证明责任的诉讼一方对其主张的事实只要证明到了证明标准所要求的程度，其证明责任就可以卸除。从裁判者的角度而言，证明标准是衡量诉讼证明是否达到法定要求的具体尺度，裁判者确信案件证明达到证明标准的要求时，才会对案件事实作出肯定性认定。刑事证明标准就是认定刑事案件事实所必须达到的证明程度，对于刑事证明标准，国外有“排除合理怀疑”和“内心确信”两种主流表述。

“排除合理怀疑”是英美法系国家的刑事证明标准，是以反证法的形式来表述证明的标准。所谓“合理怀疑”是一种必须能够说明怀疑根据的怀疑，排除合理怀疑的证明并不排除轻微可能的或者想象的怀疑，而是排除每一个合理的假设，进而达到一种道德上的确定性，这是一种作为理性的人的裁判者在根据有关指控犯罪的证据进行推理后，如此确信以至于不可能得出其他合理结论的心理状态，是一种排除合理怀疑的确信。因而，“排除合理怀疑”所追求的并不是绝对的客观上的真实，而是裁判者内心确信的一种真实状态。“内心确信”是大陆法系国家刑事诉讼的证明标准，是指裁判者经过证据审查判断之后所形成的、排除了任何疑问的内心确实相信的心证状态。内心确信必须是理性的、真诚的确信，它要求事实裁判者的心证必须达到理性的人不会提出疑问的高度盖然性程度。“内心确信”同“排除合理怀疑”具有一定的相似性，都是要求对证明达到信念上的确定性，并且这种确信是裁判者根据案件证据推理后所形成的良知上的合理确信，“内心确信”也是裁判者对案件事实形成的主观确信状态，而不是绝对的客观真实。

“案件事实清楚，证据确实、充分”是我国刑事诉讼法所规定的有罪证明标准，该标准通常被解释为客观真实的证明标准，它要求裁判者据以裁判的案件事实必须与案件客观事实相符合，证据对案件事实的证明必须达到与客观事实相符的程度才符合定罪的要求。该标准要求看似明确，实则缺乏可操作性，因而很难给办案人员以实际指导。同时，该证明标准是以实体真实发现为目的，诉讼活动往往以惩罚犯罪为主要目标，重打击、轻保护，以犯罪追究的效果为诉讼的考量标准，超期羁押、非法取证等程序违法往往被以打击犯罪的需要所掩盖，在一定程度上促成了冤假错案。2012 年《刑事诉讼法》修改，在第 53 条增加了一款，专门对“证据确实、充分”作了具体解释，将其具体化为三个证据条件：一是定罪量刑的事实都有证据证明；二是据以定案的证据均经法定程序查证属实；三是综合全案证据，对所认定事实已排除合理怀疑。对以上三个条件应从三个方面把握：第一，“定罪量刑的事实必须都有证据证明”体现了证据裁判的原则，该项确定了证据量的规定性，即证据充分的参照对象是证明对象，只有与定罪量刑有关的全部证明对象都有证据证明，才达到了证据充分的标准。第二，“据以定案的证据均经法定程序查证属实”体现了程序法定原则和证据质证原则的要求，该项确立了证据的质的规定性，对定案的证据本身提出了具体要求，既强调定案证据必须是查证属实的结果，又强调对各种证据查证属实的过程，保证证据具有法定的证据能力。第三，“综合全案证据，对所认定事实已排除合理怀疑”体现了证据的综合运用法则，包含证实和证伪两个过程。从证实的角度要求全案证据之间应当相互印证；从证伪的角度包含两个方面，即用以定案的证据之间没有矛盾或者矛盾得到合理排除，对案件事实的认定不能违背逻辑规则和经验法则。不能为了达致证据之间相互印证，而故意曲解证据或者违背逻辑规则和经验法则，证据链的构建必须基于客观的证据解释和科学的逻辑经验推理。

从2012年《刑事诉讼法》对“证据确实、充分”的解释可以发现，刑事诉讼的证明标准正在发生转变，试图从证据审查判断的角度对什么是案件事实清楚作出一定的解释。这一方面是为了提高证据标准的可操作性，另一方面是因为刑事诉讼目的的转变。2012年《刑事诉讼法》修改，在第2条刑事诉讼法的任务中增加了“尊重和保障人权”的规定，使得我国刑事诉讼的目的从“惩罚犯罪”转变为“既惩罚犯罪又尊重和保障人权”，同时刑事诉讼法的修改也将不得强迫自证其罪、非法证据排除规则、侦查讯问全程录音录像等一系列正当程序的原则、规则、措施写入了法典。从这些新的规定可以看出，刑事诉讼的价值观正在从实体正义本位逐步转变为程序正义本位，更加注重通过程序限制司法公权力的行使来保障人权。在这种背景下，那种“有罪必罚”、“穷追猛打”的积极的实体真实主义已经不再适应刑事诉讼的要求，取而代之的是以人权保障为界限的消极的实体真实主义，这体现在刑事证明标准上就是刑事诉讼法在解释“证据确实、充分”时提出了“综合全案证据，对所认定的事实已排除合理怀疑”。虽然刑事诉讼法有罪判决的证明标准没有改变，但是刑事诉讼法通过增加“证据确实、充分”的条件的方式，让我们间接推知“案件事实清楚”是指案件事实通过法律被证明到了排除合理怀疑的程度，而不是纯粹的客观真实程度。

刑事诉讼证明标准的哲理基础，是“实质真实”与“形式真实”的统一，二者缺一不可。2012 年《刑事诉讼法》对“证据确实、充分”的三项解释性规定，就是这一哲理的具体体现，即既要强调定罪量刑的事实都要有证据证明，案件事实的证明要建立在客观的证据事实之上，坚持证据裁判原则；又要特别强调“均经法定程序查证属实”，达到“排除合理怀疑”的程度。这些规定和要求是“实质真实”与“形式真实”的结合，更是办案人员客观认识与主观判断的统一。这一认识过程所达到的标准不能片面地概括为“客观真实”，它正是“法律真实”的显现和运用。

五、相对实体真实——2012 年《刑事诉讼法》第 53 条证明标准的理解和适用

2012 年《刑事诉讼法》第 53 条对刑事案件的证明标准作出了规定，即“证据确实、充分，应当符合以下条件：（一）定罪量刑的事实都有证据证明；（二）据以定案的证据均经法定程序查证属实；（三）综合全案证据，对所认定事实已排除合理怀疑”。1996 年《刑事诉讼法》第 46 条规定，没有被告人供述，证据充分确实的，可以认定被告人有罪和处以刑罚。同时，在第 129 条关于公安机关侦查终结移送起诉的规定、第 141 条关于人民检察院提起公诉的规定、第 162 条关于人民法院作出有罪判决的规定中，都要求办案机关做到“证据确实、充分”。可见，“证据确实、充分”是我国刑事诉讼法对侦查机关侦查终结移送起诉、检察机关提起公诉的要求，也是审判程序中人民检察院完成证明被告人有罪的举证责任、人民法院判决被告人有罪所须达到的证明标准。1996 年《刑事诉讼法》没有对“证据确实、充分”这一证明标准的具体含义作出规定，在实践中，学术界和司法机关也存在一些不同认识。2010 年，最高人民法院、最高人民检察院、公安部、国家安全部、司法部联合制定的《关于办理死刑案件审查判断证据若干问题的规定》第 5 条第 1 款对办理死刑案件“证据确实、充分”的含义进行了解释，即“办理死刑案件，对被告人犯罪事实的认定，必须达到证据确实、充分。证据确实、充分是指：（一）定罪量刑的事实都有证据证明；（二）每一个定案的证据均已经法定程序查证属实；（三）证据与证据之间、证据与案件事实之间不存在

矛盾或者矛盾得以合理排除；（四）共同犯罪案件中，被告人的地位、作用均已查清；（五）根据证据认定案件事实的过程符合逻辑和经验规则，由证据得出的结论为唯一结论”。

2012年刑事诉讼法总结了实践的经验，并吸收了最新的学术科研成果，认为上述规定的第四项“共同犯罪案件中，被告人的地位、作用均已查清”，这不是证明标准问题，而是办理任何一个案件的证明活动的应有之义；第五项“符合逻辑和经验规则，由证据得出的结论为唯一结论”的表述不准确，“唯一结论”的提法过于绝对，不符合诉讼认识论。最终，立法者删去了上述第四项规定，并根据实践中的做法以及域外关于证明标准的规定，将第三项和第五项归纳为“综合全案证据，对所认定的事实已排除合理怀疑”。这是因为，逻辑和经验法则的运用，最终结果必须“排除合理怀疑”，才算完成了证明的任务。由此，就形成了2012年《刑事诉讼法》第53条关于“证据确实、充分”的三项条件。

（一）证明标准的法定条件

根据2012年《刑事诉讼法》第55条第2款的规定，证据确实、充分，应当符合以下条件：

第一，定罪量刑的事实都有证据证明。这一条件是认定证据确实、充分的基础，其含义有三：一是必须坚持“证据裁判原则”，对于定罪事实和量刑事实的认定只能依靠证据；二是确立了运用证据证明的范围，即证明对象包括定罪事实和量刑事实，这一规定充分吸收和总结了量刑程序改革的成果，使量刑程序从封闭迈向了公开透明，是我国刑事诉讼制度走向科学、民主的一大举措；三是在适用这一规定时，一定要区分四个概念，即定罪事实、量刑事实、定罪证据和量刑证据，只有把握好定罪量刑中的法定情节和酌定情节，才能准确地定罪量刑。

第二，据以定案的证据均经法定程序查证属实。这个条件是指公、检、法机关必须按照法律规定的程序，对作为定案根据的证据查证属实，才能达到证据“确实”的标准。具体地讲，包括四个方面：一是说明证据问题也是程序问题，非经法定程序查证属实的不得作为定案的根据；二是必须坚持以庭审为中心，凸显法庭审理的功能作用，因为只有法庭审判，才能做到控辩平等参与、对社会公开、显现法庭审理的权威；三是作为定案根据的证据，要以经过法庭调查、辩论程序所确认为标准，那些反反复复、庭审中翻证翻供或确认为非法证据的，不能作为定案的根据；四是侦查机关对证据的收集、固定要从破案功能走向庭审定案功能，要经得起庭审的考验。对公诉机关而言，提起公诉要达到“诉得出，定得了”的标准，所有公诉证据，都要经过法庭程序的检验，才能作为定案的根据。

第三，综合全案证据，对所认定事实已排除合理怀疑，即“办案人员在每一证据均查证属实的基础上，经过对证据的综合审查，运用法律知识和逻辑经验进行推理、判断，对认定的案件事实达到排除合理性的程度”。[①] 这一条件是证明标准中含义深刻、难以理解、不好把握的一项标准。因为它不仅有客观问题，还有主观认识问题；不仅有实践经验问题，还有理性归纳、逻辑判断问题；不仅有认识论方面的问题，还有价值论方面的问题，更有警察、检察官和法官的道德、理念和自由裁量权的问题。因此，笔者认为，所谓“证明标准”，仍然是很难找到具体标准的标准，证明标准绝非一个数量标准，它不是“1+1=2”的问题。一个刑事判决既有明确的确定性，又有其不确定的因素，笔者把它归纳为“实体真实的相对性”。其道理和根据下文将一一叙述。

（二）“排除合理怀疑”的理解与适用

排除合理怀疑的证明标准最早产生于18、19世纪。1824年，一位英国学者主张，刑事诉讼中的证明标准应当是“由于道德上的确定性足以排除一切合理怀疑”。之后，这一标准成为英美法系国家刑事诉讼中通用的证明标准。根据《布莱克法律词典》的解释，排除合理怀疑是指“全面的证实、完全的确信或者一种道德上的确定性；这一词汇与‘清楚’、‘准确’、‘无可置疑’这些词相当。在刑事案件中，被告人的罪行必须被证明到排除合理怀疑的程度方能成立，意思是被证明的事实必须通过它们的证明力使罪行成立”。“‘排除合理怀疑’的证明，并不排除轻微可能的或者想象的怀疑，而是排除每一个合理的假设，除非这种假设已经有了根据；它是‘达到道德上的确信’的证明，是符合陪审团的判断和确信的证明，作为理性的人的陪审团成员在根据有关指控犯罪是由被告人实施的证据进行推理时，是如此确信，以至于不可能作出其他合理的推论。”根据合理怀疑的产生和《布莱克法律词典》的解释，笔者认为，排除合理怀疑的内涵应当包括以下内容：第一，它是一个道德上的确定性，它是一个理念标准和要求，要求办案人员具备良知和真诚，据此可以设想，如果在诉讼中大办“人情案、关系案、金钱案”，那么，谈何“排除合理怀疑”呢?!第二，排除合理怀

① 郎胜：《中华人民共和国刑事诉讼法修改与适用》，新华出版社2012年版，第123页。

疑必须对具有客观性、关联性、合法性的证据的证明力，进行主观的推理、判断，它是办案人员主客观的综合运用，就主观而言包括办案人员的认识能力、经验判断能力、逻辑推理能力以及自由裁量能力。第三，所谓“合理怀疑”必须是有根据的、理性的，是合乎常理的知识和思维产生的怀疑。至于那些没有根据的无端质疑，甚至吹毛求疵或者想象的怀疑，并不属于合理怀疑之范畴。

无论是“排除合理怀疑”、“内心确信”，还是“高度的盖然性”，以及“清楚、准确、无可置疑”等证明标准，应该说它们要求达到的证明程度基本上都是一致的。在立法层面，法国最早确定了“内心确信”的证明标准，在 1795 年制定的《罪刑法典》中明确规定：“法律不要求陪审员说明他们是如何获得心证的。法律也不规定他们必须遵守的关于证据的规则。法律命令他们以真挚的良心问自己：为了证明被告有罪而提出的证据和被告方面的防御给了他们的理性以何种印象——法律只是向他们提出一个能够概括他们职务上全部尺度的问题：你们是真诚地确信吗?”这就是著名的“内心确信”的证明标准，它要求裁判者必须具有真挚的良心、真诚的确信。1887 年，德国在《刑事诉讼法典》中正式采用自由心证（内心确信）原则后，通过帝国裁判所的判例逐渐形成了“高度盖然性”的公式，即有罪认定除要求法官的诚实、良心和基于此而产生的有罪的内心确信外，还要求通过证据在量和质上的积累而使待证事实达到客观的“高度盖然性”。在日本，第二次世界大战以后，关于刑事案件的证明标准，逐步由“内心确信”的提法转向“排除合理怀疑”。现在，许多学者认为，从排除合理怀疑的角度来定义这种标准更为接近事实认定的实际过程，因而推崇英美法系的“排除合理怀疑”的表述。从两大法系主要国家刑事诉讼证明标准的立法规定和话语表达及其内涵可以看出，其共同特征有三：一是对案件事实的认定是信念和道德上的确信，其出发点必须是出于良知或者是真诚形成的，它是理性的、合理的；二是这些标准不完全是主观的或任意性的，而是都有一个形成确信的证据基础；三是从认识论的角度出发，证明标准只能达到相对的实体真实。

根据以上理解，在适用“排除合理怀疑”时，应当注意以下几点：

首先，排除合理怀疑重在排除“合理怀疑”，强调怀疑的合理性。所谓合理怀疑，是指一个普通的理性的人凭借日常生活经验对被告人的犯罪事实明智而审慎地产生的怀疑。英美国家往往从一般意义上进行解释，如英国将之界定为这样一种怀疑：“当你在日常生活中处理重要事务时，对你产生这种或那种影响的怀疑。”[①] 国内有学者主张用“排除一切合理怀疑”作为刑事诉讼的证明标准，以保证有罪裁判的正确性。笔者认为，排除合理怀疑标准并不是要排除所有的怀疑，而是强调所排除的怀疑的合理性，只要怀疑是合理的，自然都要排除，因此没有必要画蛇添足。还有人认为，合理怀疑中的疑点是指那些影响案件事实认定的具有根本冲突的疑点或者重大疑点，如被害人身上的伤口与致害工具不相符、被告人口供与物证不能相互印证等；而那些一般疑点，如共犯就具体犯罪时间表述不一致等，不属于合理怀疑的范围。笔者不赞同这种观点。虽然说合理怀疑不能是吹毛求疵的怀疑，但是有些案件往往正是因为无视那些不起眼的疑点而最终造成冤假错案。

其次，排除合理怀疑是要排除有正当理由的怀疑，而非任意妄想的怀疑。合理怀疑要求怀疑者能够说出怀疑的理由，而不能毫无根据地推测或幻想。由于每件事情都存在一些可能或者想象的可能性，因此，合理怀疑应当是法官或者陪审员根据理性对案内证据情况经过仔细思考后产生的怀疑。

再次，排除合理怀疑要求法官确信指控的犯罪事实存在。“排除合理怀疑”是一种带有浓厚主观色彩的表达，体现出普通法刑事证明标准认识论上的经验主义。人们在解释合理怀疑时，往往与大陆法系国家“内心确信”的证明标准联系起来，将之定义为“一种道德上的确信”。例如，英国刑法学者塞西尔·特纳就将合理怀疑定义为陪审员对控告事实缺乏道德上的确信，如果控方要证明被告人有罪，就必须将犯罪事实证明到道德上的确信程度。[②] 尽管“排除合理怀疑”与“内心确信”在表述上存在差异，但事实上二者并无本质区别，排除了合理怀疑，就意味着形成了内心确信；反之亦然。

最后，排除合理怀疑不要求达到绝对确定的程度，不要求百分之百的确定无疑。案件事实是一种“过去的事实”，作为历史性事实，无论是当事人运用证据论证案件事实，还是法官运用证据认定案件事实，都难以用自然科学的实验方法来加以证明和判定，都只是基于不完全的证据对过去事实真实性的证明。这种证明属于一种典型的“回溯性认识”，而基于回溯性认识自身的特点，无论裁判者的确信程度多高，所认定的事实都不可能必然正确，而只能具有一

① Richard May, Criminal Evidence, Sweet & Maxwell, 1986, p. 58.

② ［英］塞西尔·特纳：《肯尼刑法原理》，王国庆、李家启等译，华夏出版社 1989 年版，第 549 页。

种盖然性或者高度盖然性。此外，排除合理怀疑的标准通常是难以用百分比进行精确量化的，因为对其进行量化解释不仅会降低控诉方的证明责任，而且会给陪审员带来理解上的混乱。但在理论上，仍有学者试图给出一个相对确定的范围，如有人认为法官的确信程度应当超过95%的可能性，还有人认为有罪的可能性应在75%至90%之间。这种差异的存在，恰恰表明了排除合理怀疑的证明不具有绝对的确定性。①

（三）排除合理怀疑与实体真实的相对性

对“排除合理怀疑”的深刻理解和把握，有一个最基本的问题，就是诉讼认识论问题，亦即诉讼认识决定着“排除合理怀疑”的证明标准只能达到相对的实体真实，也称为“实体真实的相对性”。其理由是：

一方面，诉讼认识的特点决定着实体真实的相对性。辩证唯物主义的认识论是查明案件事实的科学的世界观和方法论。一切刑事案件都是过去发生的不能重演的事件，除了办案人员收到举报信息，立即赶赴现场目睹并抓获正在实施犯罪的人的情况外，办案人员不可能目睹案件发生的过程和结果，而只能在案件发生以后，通过收集、审查判断证据，通过一整套法定程序查清案件事实。这里就有一个办案人员按照什么方法、途径和规律来认识案件的问题。辩证唯物主义的认识论是我们认识案件事实的唯一科学的方法论。案件事实只能依靠具有合法性的证据来认定，这是证据裁判原则的要求。可以肯定地说，刑事证据事实就是一种经验事实，即办案人员对客观事物已经作出的一种判断。经验事实与客观事实既有联系又有区别。客观事实是经验事实的原始模型，是经验事实生存的根基和土壤；经验事实是以诉讼的方法对客观事实形成的认识结论。二者的区别在于客观事实是纯客观的东西，而经验事实则包括主观认识和客观存在两个方面的要素。同时，由于刑事案件的复杂性及人们认识能力的局限性，这些矛盾冲突构成了诉讼证明活动曲折、复杂的一个认识运动的发展过程。办案人员把独立于自己意识之外存在的“自在之物”，经过由低级到高级、由现象到本质、由表及里的实践和认识转化为“为我之物”，即转化为被认识了的东西。“经验事实”以及“为我认识之物”，与要查明的案件事实永远是相对的，只能“接近”，不会等同。正如日本法学家田口守一在其名著《刑事诉讼法》中所述：首先，“刑事诉讼法

① 樊崇义：《排除合理怀疑：刑事诉讼证明的新标准》，载《检察日报》2012年5月16日。

中的真实是‘诉讼上的真实’。它是一个法律学的概念，而不是自然科学所探求的‘绝对的真实’。对于过去发生的事件，只有依据证据法所认定的‘诉讼上’的事实，才是‘真实’。需要注意的是，尽管它是真实，但其本身就存在界限。其次，在以当事人的私人权益为对象的民事诉法中，‘实体上的真实’可以采取‘形式上的真实’主义，只要有当事人的承诺，该事实就被认定是真实。但是，刑事诉讼不能采用这一原理。诚然，虽说是‘实体的真实’，但也不是实体法意义上的确凿事实（绝对的真实），因为真实毕竟是诉讼法上的概念，所以，它只能是‘尽可能接近于真相的事实’。尽管存在这种本源性的界限，但在刑事诉讼中仍然应当以‘尽可能接近于真相的事实’为前提来处理案件”。[①] 因此，许多学者把实体真实区分为积极的实体真实和消极的实体真实。日本学者平野龙一博士指出：“实体真实也分成积极的和消极的两种倾向。积极的实体真实主义主张，既然实施了犯罪，就必须发现它、认识它，毫无遗漏地给予处罚；消极的实体真实主义主张不处罚无辜者。”[②] 田口守一又进一步指出这种划分是同诉讼的模式和结构紧密相连的。他指出：“可以说这一分析（平野龙一博士的划分）的着眼点是，以批判‘积极的’实体真实主义的形式来批判职权主义。因为职权主义是与积极的实体真实主义结合在一起的，而且容易陷入纠问主义的危险。换言之，实体的真实主义本身不是批判的对象，而‘消极的’实体真实主义是弹劾主义制度下的实体真实主义……如果按照英美法思想忠实地理解当事人主义对发现真实的意义，那么其中可能蕴含着新的实体真实主义克服绝对的实体真实主义的倾向。”[③] 这就是说关于实体真实主义之划分，在职权主义诉讼中倾向于积极的实体真实主义，在当事人主义模式中倾向于消极的实体真实主义，而且积极的实体真实主义极易陷入纠问主义的危险。笔者认为，实体真实主义积极与消极的划分，确实反映了两种诉讼结构、诉讼模式的不同追求，但其根本原因还是由诉讼认识的特点所决定的。办案人员的认识能力有局限性，在理念上要求“不枉不纵”、“真实可靠”、“绝对真实”等，只能是人所追求的一个目标，就实务工作而言，则只能达到“相对的实体真实”（或曰“消极的实体真实”）。加之近现

---

① ［日］田口守一著：《刑事诉讼法》，刘迪等译，中国政法大学出版社 2010 年版，第 14~15 页。

② ［日］平野龙一著：《刑事诉讼法》，有斐阁 1958 年版，第 8 页。

③ ［日］田口守一著：《刑事诉讼目的论》，张凌、于秀峰译，中国政法大学出版社 2011 年版，第 81 页。

代诉讼追求实体真实还必须以“人权保障”、“正当程序”为前提，因此，任何一个案件的证明标准更只能是相对的实体真实。

另一方面，刑事诉讼的目的决定着实体真实的相对性。我国《刑事诉讼法》第1条明确规定：“为了保证刑法的正确实施，惩罚犯罪，保护人民，保障国家安全和社会公共安全，维护社会主义秩序，根据宪法，制定本法。”据此，关于我国刑事诉讼目的的理论概括，长期以来一直被定位为“惩罚犯罪”、“严厉打击”，为实现这一目标而查明真相，追求“客观真实”乃至“绝对真实”。为了保证刑法实施的工具主义价值观也成为真理，导致诉讼中不择手段，非法取证、刑讯逼供盛行。传统的诉讼目的观决定着积极实体真实主义的追求。2012年刑事诉讼法的修改，将尊重和保障人权、不得强迫自证其罪、非法证据排除规则、侦查讯问全程录音录像等一系列法律正当程序的理念、原则、措施写进了法典。这一新变化，使什么是刑事诉讼法，刑事诉讼的目的、任务是什么等基本问题和内涵都发生了重大变化。从理论上概括，笔者认为，刑事诉讼的目的是“既惩罚犯罪又保障人权”，要从刑法实现说转向程序正义说。这一目的对证据和证明标准的要求就是“既要查明事实又要保障人权”。诉讼目的的变革，要求理论和实务工作者在证明标准上，必须厘清实体真实与正当程序的关系。长期以来，在传统诉讼目的观的影响下，执行“有罪必罚”的方针，贯彻积极的真实主义，穷追猛打，对违法取得的证据也承认它的证据能力，没有确立非法证据排除规则。2012年刑事诉讼法贯彻保障人权和法律正当程序的精神，不仅以查明案件真实为刑事诉讼的目的，而且把人权保障也作为刑事诉讼的目的，要求实体真实与人权保障协调一致。因此，笔者认为，2012年刑事诉讼法关于证明标准的规定，已经从积极的实体真实转向了消极的实体真实，或曰相对的实体真实。这一观念的转变，对“综合全案证据，对所认定的事实已排除合理怀疑”的把握和运用十分重要。具体来说，需要把握以下几点：第一，明确刑事诉讼法的目的，既惩罚犯罪又保障人权；第二，消除积极的实体真实，即必罚主义的影响，沿着法律正当程序的要求严格依法收集和审查判断证据，以实现相对的实体真实或曰消极的实体真实主义为归宿，完成证明的任务；第三，办案人员是人不是神，人的认识是有局限性的。但是，办案人员必须以法治的思维，严格执行法定的程序收集和审查证据，用程序来保障案件的质量，用程序让当事人和人民群众看得见、摸得着“公平正义”，案结事了，完成刑事诉讼的任务。

第三章　诉讼价值论*

笔者在《迈向理性刑事诉讼法学》一书的自序中，描述了自己在学术上的心路历程，“作为一个从特殊年代走过来的诉讼法学者，我亲身经历了法制虚无时代的酸楚和无奈，深知法治对国家振兴的意义，也痛感法治历程的艰辛。所以，40年来，我从未停止过对司法正义的探索，一直在为国家法制昌明摇旗呐喊。”① 因此，笔者在长期的诉讼法学、证据法学以及法哲学等研究中，联系实际，调查研究，苦苦思索，在证明标准上提倡“法律真实观”；提出“诉讼认识论”的概念；呼吁刑事诉讼法律观的转变；倡导刑事诉讼“以人为本”；推动侦查模式的转型；践行实证研究方法，等等。这些学术成果和学术观点，已日渐显现出它的理论价值和实践意义。

其中，面对传统刑事诉讼法学注释式或文本主义的重复、循环研究状况，笔者在国内提出“刑事诉讼法哲理化研究”，推动了“部门法哲理化”、“法哲学部门化”的发展进程。笔者还依据科学的方法论，对本体论、认识论、价值论等进行了积极探讨。笔者认识到，价值论的变迁与发展是刑事诉讼法哲理化进程的核心表现。在更宏观的意义上，价值论的权衡，甚至在“部门法哲理化”、“法哲学部门化”中居于举足轻重的地位。这是因为，价值选择上的偏颇，往往造成方向性的根本错误。好比历尽艰辛爬上梯子的顶端，却发现梯子搭错了墙头。通过价值论研究，有效连接了法哲学与诉讼法原理的研究，有效提升了诉讼法实施的实践品质。这是因为，刑事诉讼法作为“小宪法”，其涉及国家刑罚权的实现，并直接攸关公民基本权利的保障。可以说，一个国家在刑事诉讼中如何进行价值

* 本章由雷小政博士协助整理。

① 樊崇义著：《迈向理性刑事诉讼法学》，中国人民公安大学出版社2006年版，代自序。

权衡、如何处理利益冲突，这不但是一个法律问题，而且是一个政策选择的问题，从根本上说，是一个政治文明问题。俗语道："若想替月亮制裁衣裳，就要每夜为它的圆缺度量。"笔者在50多年的执教生涯中，一直关注刑事诉讼价值论的变迁和发展，推出一些研究成果。按照内部逻辑关系，这些研究成果大致包括以下五个部分：一是对法哲学、价值论与诉讼法原理的研究；二是对中国刑事诉讼价值变迁的研究；三是对域外刑事诉讼价值论的研究；四是对中国刑事诉讼价值发展的研究；五是刑事诉讼价值观的应用。

一、对法哲学、价值论与诉讼法原理的研究

价值问题在法学中无处不在。日本学者加藤一郎指出："凡涉及一切法律判断，亦即法的解释，就有利益衡量问题。不仅民法的解释，包括宪法的解释、刑法的解释，只要是法的解释，可以说都存在论理与利益衡量的关系问题。"① 对法哲学与价值论关系的研究是笔者研究诉讼价值论的前奏，也是笔者哲学思辨之路中的首要内容。

（一）法哲学与价值论的关系问题

在《迈向理性刑事诉讼法学》中，笔者主张以法哲学为主线来阐释诉讼程序问题，认为由此认识诉讼程序才能达到一定高度，其科学性才能一目了然。②要十分强调价值论在法哲学中的地位和作用。法律离不开政治。在诉讼法领域，要关注政治哲学观和法哲学的关系，只有加强对这一问题的研究，才能深入理解斗争哲学观、和谐哲学观的基本内容，这一认识为分析二者价值取向的差异提供了方法论支持。

1. 法哲学的体系与政治哲学观

一般认为，法哲学是关于法的基本理论的一门学科，也称法律哲学，在英美等国又称法理学。当然，对于法哲学和法理学的关系，学术界有不同认识。有的学者认为，法哲学就是法理学；有的学者认为，法理学与法哲学虽是两个概念，但法理学应该包括法哲学，二者是一个包容关系；有的学者认为，法哲学与法理

① ［日］加藤一郎：《民法的解释与利益衡量》，梁慧星译，载梁慧星主编：《民商法论丛》（第2卷），法律出版社1995年版，第79页。

② 樊崇义著：《迈向理性刑事诉讼法学》，中国人民公安大学出版社2006年版，第2页。

学二者是一个并列关系，各有各的研究视角，各有各的研究对象。笔者认为，法哲学和法理学虽有内在的关系，但它仍是两个概念，二者的研究对象和范围，应有所区别。

笔者认为，在各种类别的法哲学的探讨中，本体论、认识论、价值论都是其基本内容，这些都可以纳入到诉讼法研究中加以运用和检验；当前，如何吸收西方法哲学中的合理成分，完善中国法学研究才是问题的关键。这是一种宽容而不失理性的立场。一般而言，从19世纪中期起，随着资本主义立法和司法的广泛发展，法学才逐步与哲学、政治学相分离而成为一门独立的学科。与此同时，哲学家或政治学家的法哲学也逐渐成为主要是法学家的法哲学，法哲学也就相应成为法学的一个分科。在17—18世纪的西方法哲学领域中，古典自然法学派最为流行。19世纪，历史法学、哲理法学和分析法学三派兴起。至19世纪末20世纪初，分派开始增多。第二次世界大战后，西方法哲学的分派更为繁多，占主导地位的是推崇价值论的新自然法学、新分析法学和法律社会学。第二次世界大战后，经济分析法学、批判法学、新修辞学法学、后现代法学等也逐步兴起。在当代法学方法论的讨论中，根据不同的标准，法哲学的发展史可简要地概括为以下三大体系：（1）依据法哲学中的主客体关系，可区分为客观主义倾向阶段、主观主义倾向阶段、主客观相统一阶段以研究西方法学方法。客观主义倾向下，偏重从法律和人之外寻求法律的真理，法往往被视为超越自然、超越社会的神秘力量；主观主义倾向下，注意从人自身和社会结构的内部解释法律现象，侧重主体性分析；主客观相统一下，强调把法的客观属性与人的主体性结合，在主客观双向过程中探讨法。（2）依据法哲学预设的问题，可区分本体论阶段、认识论阶段、语言学阶段以研究西方法学方法，即分别在实然和应然范畴研究法律是什么、法律应该是什么，在经验主义和理性主义范畴法律如何被认识，在语言和语境范畴如何应对法律的不确定性等。①（3）依据法哲学研究对象，区分应然法、实然法和社会事实，将西方法学方法划分为价值分析方法、逻辑语义分析方法、社会实证分析方法等。三者分别强调法中的价值判断和道德内容、法律的逻辑语义和概念体系、法与社会的适应性。

我们应该清醒地意识到，中国的法哲学研究起步较晚，这直接限制了中国法

① 李其瑞著：《法学研究与方法论》，山东人民出版社2005年版，第60~62页。

学研究水平，制约了司法中价值权衡的客观性。当前，学术界许多学者反思，以下因素束缚了中国传统法学对西方法哲学的吸收与发展：一是作为科学的法学文化传统缺失，法学的工具性优于科学性。中国封建法律以及律学多为“器用之学”、“工具之学”；其作为“礼”的补充方式，与“制度之学”、“科学之学”的西方法学有很大不同。[①] 这种传统因素影响深远，即使经历清末变法、社会主义改造以及当代法学新发展，痕迹仍在。二是来自社会政治制度状况的直接制约。在中国两千余年的封建历史中，法律制度长期以来对于政治制度处于依赖和从属地位导致“方法的附庸化与政治化”现象严重。由于历史惯性和文化承袭，这种状况并未有效消除。中国法学的发展轨迹殊少“自然、自觉”状态，多显“被动、功利”命运。[②] 三是尽管中国法学教育正逐步规范、发达，但在职业性法学家、司法精英的“产出”上与现实需求存在不小差距。先天因素的不足，限制了中国法哲学的发展，也滞缓了其向部门法的渗透。对此，有学者指出，到了当代，中国的法理学，似乎从 1978 年以来由“政策定向的法学”下阶级斗争范式，经过“立法定向的法学”下的对策性法学，才开始有了走向“司法定向的法学”下的法学方法论的迹象。[③] 所谓政策定向的法学理论，是指在前法治化的时期，依靠意识形态维护集权统治，将现行政策作为注释的权威文本；所谓立法定向的法学理论，是指专业法律家（法学家）对立法（特别是法典的编纂）有一种基于本性的“乌托邦寄托”；所谓司法定向的法学理论，是指自 20 世纪初以来人们开始研究法官的工作、行为和裁判，试图通过更为细致的讨论，为法官适用法律寻找到保证统一性、安定性和公正性的方法论技术和哲学解释的根据。在这种语境下，不是从哲学传承上，而是从部门法角度具体阐释法哲学；不是从对策法学立场，而是从法律应用角度阐释法哲学的研究成果，因此显得弥足珍贵。这些反思促成了我国 20 世纪 90 年代开始的有关“法学研究范式”、“中国法学向何处去”、“部门法学哲理化”等法学方法论上的探讨。随后，西方三大主流法学派的方法论和后现代法学等逐次引入我国。

在比较充分地研究和考察了这一理论背景的现实价值的基础上，2000 年，

① 胡玉鸿著：《法学方法论》，山东人民出版社 2002 年版，第 3 页。

② 米健：《法学方法论在中国的缺失》，载米健主编：《中德法学学术论文集》，中国政法大学出版社 2006 年版，第 144~147 页。

③ 参见舒国滢：《从方法论看抽象法学理论的发展》，载《浙江社会科学》2004 年第 5 期。

依托中国政法大学诉讼法学科这一国家重点学科成立的中国政法大学诉讼法学研究中心（现改名为中国政法大学诉讼法学研究院）成为第二批入选“教育部普通高等学校人文社会科学重点研究基地”的科研实体之一。在这一平台的基础上，通过《诉讼法原理》等著作，展开法哲学的系统研究，并据此系统构建诉讼法学原理体系。书中许多论述展现了自然法学、历史法学、分析法学、法律社会学、后现代法学等的身影，不乏本体论、认识论、价值论等的运用。笔者认为，只有从法哲学视角，才能真正把握诉讼法学的精髓，才能具体、深入研究诉讼文化、诉讼本质、诉讼价值、程序正义以及诉讼人权等，才能建立具有独立品格的诉讼法学科学体系。《诉讼法原理》一书的出版发行不仅被诉讼法学界赞誉为中国刑事诉讼法的前沿，而且因其思辨性强、方法论综合而被许多法理学研究者所推崇。该书在国内首次对三大诉讼的共同原理进行系统研究，突破了国内诉讼法学界在以往的研究中三大诉讼各自为政的割裂局面，弥补了法学研究体系分散化的不足，有利于学科的整合。该书标志着我国刑事、民事、行政三大诉讼法学的研究从注释法学进一步向理论法学的转型。不难发现，法哲学思维是其中的“灵魂”。

在法哲学体系中，关于政治哲学观与法哲学的关系问题应从中国国情出发给予特别的关注。政治哲学观，其实也就是指有关政治及其活动的哲学观点和方法。笔者在《刑事诉讼法再修改理性思考》中，指出观察社会中的人，人的有意识的行为往往受一定世界观的指导，无论是有意识的，还是无意识的；可以说，人的行为往往是在一定哲学观的影响下进行的。个体的人如此，国家及其执行机构也是如此。其行为也是在一定政治哲学观的指导下进行的，因为所谓的国家行为只不过是国家机构组成人员的行为的有机结合体。无论是诉讼法，还是实体法，都涉及国家与个人、政治与法律等关系的处理。绝非危言耸听，国家及其执行机构坚持落后甚至反动的政治哲学观很有可能造成法律实践的混乱和无序。这意味着，国家及其执行机构在实施法律行为时，必须遵循政治哲学观的规律及其要求，并根据时代变化逐步提升自身的科学性、规范性。

在当前中国，上述观点无疑具有重要的方法论意义。在《完善的诉讼程序是政治文明的标志》、《从政治文明的角度看待程序问题》等文章中，笔者提出在政治文明的理论框架里，实现社会的公平和正义，应当说是政治文明的最高价值选择，要实现这一价值目标，其重要保障措施是改革司法体制和完善诉讼程序。

进一步指出，要以政治文明为目标，以在全社会实现公平和正义为价值取向，来完善诉讼程序。实现政治文明必然要以程序文明、诉讼文明、司法文明作保障。完全可以设想，程序无存、诉讼野蛮、司法腐败，还谈何政治文明、社会公平？正义到何处去找？

美国学者桑斯坦（Cass R. Sunstein）告诫，处理价值权衡时针对所存在的政治冲突，应当持有分寸感和谨慎精神。[①] 妥善处理司法中的价值问题时，要对国家主义进行深刻反思；但也不能基于法律和政治的传统偏见，对国家主义做毫无合理性的假定甚至是放弃。在价值权衡中，政治力量的实际作用不仅仅是许多学者所设想的隐藏在司法程序背后的权术斗争、非正当干扰；在许多政府主导法制化的进程中，其价值权衡不能严重对抗现行政治体制、宪法秩序；在政治生态容许日益强化人权保障的空间内，价值权衡不仅可以有所作为，而且可以起到实质性改良政治体制、宪法秩序的作用。

古已有言，空谈误国。当前，学术界逐步意识到，脱离政治文明谈法哲学，或进行程序改革，很有可能会脱离预设的价值目标。我们应当从政治文明的角度来观察、思考我国现有的诉讼程序。一方面，从政治的角度，按照党的十六大所确定的全面建设小康社会的目标，以及对民主与法制建设的要求，我国现有的诉讼程序的配置要据此进行修正和完善；另一方面，从务实的角度，要以诉讼法治观念的更新为先导，按照制度创新、程序创新、观念先行的逻辑思维模式，清除那些不适合新形势要求、阻碍诉讼制度改革深入进行的传统观念和陈旧思想。

2. 价值论在法哲学中的地位和作用

在传统价值论的基础上，注重从诉讼法特殊性去理解价值论的构成及其特殊性。

（1）价值论的构成。传统法哲学认为，价值论在古典自然法学、新自然法学中表现最为突出。笔者认为，这并不意味着其他法学流派不重视价值论，在诉讼法中就可以看出，价值论在各种门类的法哲学中的地位和作用。即使是规范分析研究，在实际作为立法完善的对策时，也是带有价值取向的。更进一步，在法哲学中，本体论、认识论、价值论对程序法具有重要影响，但价值论居于核心地位。在笔者指导的锁正杰博士论文《刑事程序的法哲学原理》中，我们发现这

① ［美］桑斯坦著：《偏颇的宪法》，宋华林、毕竟悦译，北京大学出版社2005年版，第15~16页。

样的论据：价值选择上的偏颇，往往造成方向性的根本错误，比如历尽艰辛爬上梯子的顶端，却发现梯子搭错了墙头。

当前，学术界逐渐意识到，法律适用均无法做到绝对性的价值无涉或价值中立。在价值本质上，哲学界先继有“属性说”、“兴趣说”和“关系说”等解说；但基本围绕两个维度展开：一是“作为手段合理性”的价值，它是看一事物对实现某一外在目的而言是否有用和必要；二是“作为目的合理性”的价值，它是看一事物本身是否具有一些内在善的品质，这种品质的有无应从该事物本身来判断。[①] 在目的或目标意义上，它们基本上是围绕自由与安全，或者说秩序、正义、公平、自由及效益等展开。而且，这些价值目标表现为一系列具体的利益形态。譬如，依据主体可区分个体利益和公共利益等；依据内容可区分人身性利益和财产性利益等；依据保护程度可区分实在的利益和潜在的利益等。当前，法律价值大致在三种意义上使用：第一，指法律促进哪些价值，探讨法律本质和法律目的；第二，指法律本身有哪些价值目标；第三，指利益冲突时，法律根据什么标准来对它们进行评价。

与法理学界的玄化研究相比，我们充分利用部门法学的优势，深入法律实践，考察具体的价值构成，包括本身或内部价值、外部价值、目的价值、过程价值等，这是我们对整个价值论研究的重点和内容。这在其刑事诉讼价值观中得到了充分体现。在价值论目标的研究上，由笔者主编的《刑事诉讼法学》中，一个鲜明的特色是把价值作为一节予以专门论述。在最根本的或者说在终极的意义上讲，诉讼程序与实体权利相比只具有工具性的价值，即诉讼程序只能是诉讼的手段而不能是诉讼的目的，只能是为了实现实体权利而存在、发展。当然，在这一意义之外，诉讼程序还有着透明、公正和保障自由与人权等多项价值。在笔者主编的《刑事诉讼法修改专题研究报告》一书中，更加明确地强调，与实体法修改相适应的需要，刑事诉讼法的价值有内在价值和外在价值之分，我们在强调刑事诉讼法的内在价值的同时，并不否定刑事诉讼法的外在价值。对此，下文将具体论述这些观点对刑事诉讼法及其程序建设的意义。

在价值论的构成上，在中国司法语境中，不可能不提及公正与效率。最高人

① 参见《简明不列颠百科全书》，第4卷“价值学”条，中国大百科全书出版社1985年版，第306页。

民法院不仅确定公正和效率为21世纪人民法院工作的主题，而且据此促进审判公开、程序合法、审限严格、裁判公正、依法执行。公正和效率，是司法的“生命线”。如何才能实现公正与效率的主题？如何才能做到既公正又高效？有些学者通常把公正与效率对立起来，特别是西方国家的一些学者，把公正与效率作为一对互不相容的根本矛盾。这是因为在某些条件下，对效率的追求不可避免地会产生出各种不公正。其实，我们认为公正与效率是既相适应又相矛盾的社会价值。一方面，以效率标准配置社会资源，才有可能实现高层次的公正和公平；另一方面，如果把效率绝对化，不考虑公正，就可能导致天平失衡，而又从根本上损害了效率，导致公正与效率都难以实现。把经济学中的这一对价值范畴运用到司法领域，司法公正与司法效率之间更是一个对立统一的关系。我国的《刑事诉讼法》、《民事诉讼法》、《行政诉讼法》三大诉讼法的制定和适用，其价值标准就是要实现公正与效率的高度统一。诉讼法制定和实施的目的，就是在合理配置司法资源、提高诉讼效率、节约诉讼成本时，要以公正为检验的标准。实现司法公正更要看司法效率如何，不讲效率，一拖再拖，积案如山，社会公众不满，又谈何公正？① 随着社会各界对权威价值的认识逐步深化，建立公正、高效、权威的社会主义刑事司法制度，使其最大限度地实现社会公平和正义、促进社会和谐和安定成为当前政治文明的重要内容。近年来又开始深入研究“公正”、“高效”与“权威”之间的关系，积极探讨如何以公正为灵魂，构筑“公正”、“高效”与“权威”之间有机统一的关系。

（2）价值论的权衡。一些学者对价值论的研究，偏爱于静态的比较或者对几个常规目标的故步自封，久而久之，会产生“画地为牢”的痛苦。价值论的魅力，不仅在于构成，因为构成大同小异，关键在于如何权衡。笔者在研究中充分意识到，法律体系可能因文化、制度、法系的不同而显示出一定差异，但均无法做到绝对性的价值无涉或价值中立；在不同的制度背景下，不同价值目标及其背后的利益形态不可避免地会发生冲突情形，如何协调这些冲突并作出合理的选择恰恰是法律发展史的一条主线。可以说，法律的主要作用之一就是调整相互冲突的利益：这些利益中哪些是值得保护的，对它们进行保护的范围和限度是什么？在必须牺牲一种利益时，应当遵循什么样的衡量尺度？关键的是，如何依据

① 《维护司法“生命线”》，载《人民日报》2001年2月21日。

法哲学原理在不同的价值之间进行权衡？对这个问题，在笔者主编的《诉讼法原理》中，进一步结合诉权理论等发展了诉讼价值，还论述了不同价值目标之间的冲突关系；其关于程序公正、实体公正、诉讼效益的讨论结合了诉讼法特质，进一步深化了公正与效率主题的研究。该书将诉讼关系界定为诉讼法律规范所调整的作为权利载体的诉讼主体与作为权力载体的诉讼客体之间的事实关系和价值关系。由此，典型的诉讼包含两层不同的诉讼主体结构：一是审判权与诉权的关系结构，强调平衡、制约；一是诉权相互之间的关系结构，强调平等、对等。由此，诉讼价值范畴呈现开放性特质并有了诉权这一具体的生动的载体。诉权的性质和特征可归纳如下：诉权既是程序性权利，又是实体性权利；诉权既是抽象的权利，又是当事人享有的具体权利；诉权既是客观性权利，又是主观性权利；诉权是自诉讼外部加以利用的权能。这样，在诉讼活动中出现的那些与诉权主体的需要和目的相悖的东西（如权力异化、审判权滥用、司法腐败），是诉讼价值客体"主体化"超过其限度的产物。作为价值客体的审判行为大致可分为管理性权力行为和给付性权力行为两类。给付性权力行为是诉权主体满足其需要和实现其目的的纯粹条件，管理性权力行为则规范、引导诉权主体的诉讼活动。在这些诉讼活动中，程序公正、实体公正、诉讼效益等价值目标及其权衡就成为其内在依据。当这三者发生矛盾时该如何处理？何者优先，有无可能并重？还是必须舍弃？对于这些价值冲突和权衡的论述，不仅揭示了诉讼价值在诉讼中的地位和作用，而且对指导诉讼实务、调解诉讼矛盾发挥着重要的作用。

（二）部门法哲理化中价值取向

部门法哲理化是探讨法哲学与部门法学关系时的一个重要的学术桥梁。从提出到论证再到被广泛认同的过程，可以看到，其中的价值取向十分明显：部门法要发展，法哲学必须提供成熟的价值论指导。离开成熟的价值论，部门法永远也长不大。

1. 哲理化对部门法价值

20世纪80年代初，刑事诉讼法学研究的总体局面是"刑事诉讼法学和刑事诉讼法同构化"，刑事诉讼法学研究主要围绕刑事诉讼法律进行，对策法学盛行，其他学科也大致如此。能否为立法机关青睐成为许多研究成果的价值"杠杆"，这同时导致一些研究成果丧失了独立的学术品格和理性的思辨能力。在中国政法大学刑事诉讼教研室的一次研讨会上，笔者提出"刑事诉讼法哲理化"的概念。

在1991年第2、3期《高等法学教育》上发表的《关于刑事诉讼法学结构的思考》，明确提出，要改变传统刑事诉讼法学研究，必须深化刑事诉讼法哲学研究。可以说，部门法学哲理化是我国法学走向理性和成熟的标志，是我国法学研究和法学教育发展的必然走向。刑事诉讼法学尤其如此。

进入21世纪后，笔者结合刑事诉讼原理研究的发展状况，再次提出了刑事诉讼法学学科体系的新框架。笔者主编的普通高等教育“十五”国家级规划教材《刑事诉讼法学》，由以原来的注释法学为主适时地转向以理性法学为主，按照诉讼主体、客体、行为这一哲理化思路，对以往的教材进行了“提升”。尤其是在教材中论述了刑事诉讼中对自由、秩序、公正、效率等价值目标的选择。笔者主编的21世纪法学规划教材《证据法学》已经由法律出版社出版到了第六版。其中，在第四版《证据法学》中适时地增加了证据原则、证据原理和证据规则等章节，使诉讼证据的理论学习和实践应用逐步迈向理性。其中的一个重要内容即是讨论证据法中理论基础及其价值权衡。该教材现已被评选为国家级教材。笔者在原有教材基础上的哲理化“升级”思路和体例安排，一方面，承袭了大陆法系注重逻辑演绎的思维传统，符合大家从原理到制度的学习、研究习惯；另一方面，它提升了诉讼和证据制度的理论基础，不至于陷入“只见树木、不见森林”的困惑。由此，哲理性教材已经成为相关教材发展的方向和潮流。

2. 哲理化的多学科价值

法学研究的哲理化，不仅仅是诉讼法学一个学科的问题，也是今后整个法学研究发展的方向。譬如，许多刑法学的前沿问题都有相关的法哲学研究，包括社会保护与人权保障之间的关系、功利和报应等价值之间的权衡及其多元化、减少死刑适用范围以及有关犯罪、刑罚、刑事责任等刑法基本范畴等都有一个哲理问题，这些范畴在刑法中虽有实然性的规定，但必须从应然的方面把它搞清楚，解决应然性的，就是哲理的，就是诉讼法学的哲理化的。相对而言，刑事诉讼中许多问题，包括保障人权与打击犯罪、实体正义与程序正义、形式理性与实质理性等，基本上是在自身学科的语境下循环、反复论证，缺乏哲理化的展开。这对于刑事法律一体化而言，实体法和程序法在哲理化上的步调差异，不可不谓一个现实障碍。

为此，在笔者和部分法理学学者的倡导下，2004年年末，中国政法大学诉讼法学研究中心在海南博鳌主办了“2004年教育部人文社会科学重点研究基地

(法学）主任联席会议暨部门法学哲理化学术研讨会”。教育部人文社会科学重点研究基地主任和各个部门法学的学科带头人参加了该会。会上，笔者的主张得到了广泛的认同和支持。嗣后，以会议研讨成果为基础，在深入思考部门法学哲理化研究基础上又产生了另一成果——《部门法学哲理化研究》一书，它对我国法学整体的哲理化研究起到了推动作用。

(三）两种哲学观中的价值取向

在诉讼法领域，关于法哲学与价值论的论述在转型期遇到一个根本问题，就是关于斗争哲学观与和谐哲学观的价值取向。我党八十多年来由斗争哲学观逐步发展到目前的和谐哲学观，但具体的哲学观都是相对的，只是表明某一段时期某一哲学观占主要地位，而非只讲斗争不讲和谐，目前也非只讲和谐不讲斗争。和谐哲学观的提出，在某种程度上传承和弘扬了“和合”思想中的积极因素和合理内涵，是对中华民族传统文化的扬弃。

1. 斗争哲学观及其价值取向

斗争哲学观是我党根据民主革命时期的具体情况，从马克思主义的矛盾运动原理出发，认为阶级斗争是推动社会发展的直接动力，矛盾的斗争性是绝对的，统一性是相对的，因而应注重矛盾的斗争性，通过斗争的方法和手段来消除各种社会矛盾。这种哲学观，是我党以马克思主义的历史唯物论和辩证唯物论为理论基础，结合我国民主革命的矛盾斗争特点形成的，它是马克思主义与我国革命实践相结合的一种产物，也是由我党的历史使命所决定的。

笔者在《刑事诉讼法再修改理性思考》中系统分析了斗争哲学观对刑事诉讼价值观的消极影响。中华人民共和国成立初期，在斗争哲学观的影响下，刑事诉讼法往往带有一种专政工具的色彩，将犯罪行为作为一种敌对行为看待，国家对犯罪嫌疑人、被告人采取的是一种高压态势，以有力打击犯罪分子为价值取向。至于犯罪嫌疑人、被告人的人权保障和程序公正问题，并不是刑事诉讼法的目标。以这种哲学观为指导的刑事诉讼的最极端的表现形式就是我国“文革”时期的“砸烂公检法”，完全抛弃诉讼形式而以运动方式打击犯罪分子。1979 年《刑事诉讼法》颁布虽然时值实事求是、解放思想的思想路线已在党的十一届三中全会上确立，政治、经济等各方面的发展已逐渐走入正轨，但仍受斗争哲学观的强烈影响，仍将刑事诉讼视为一种专政工具，公、检、法三机关都是专政机关。具体表现主要有：一是基本指导思想上重打击、轻保护，重实体、轻程序，如该法第1条就规定："中华人民共和国刑事诉讼法，以马克思列宁主义毛泽东思想为指针，以宪法为根据，结合我国各族人民实行无产阶级领导的、工农联盟为基础的人民民主专政即无产阶级专政的具体经验和打击敌人、保护人民的实际需要制定。"阶级斗争色彩极其浓厚，而有关犯罪嫌疑人、被告人的利益则没有受到应有的重视。二是诉讼构造上，控、审不分，实行的是一种超职权主义的诉讼模式，犯罪嫌疑人、被告人没有诉讼主体地位而沦为诉讼客体，其应有权利得不到保障。三是诉讼行政化倾向严重，法院主动调查取证，承担追究被告人有罪的责任，并在审前移送案卷，导致审前有罪预断。四是没有规定无罪推定原则。无罪推定原则，总体上是有利于犯罪嫌疑人、被告人的利益而不利于国家有力打击犯罪，这不符合斗争哲学的要求，同时也极大地影响了之后的刑事诉讼法的发展。五是实行免予起诉制度。免予起诉制度，其实也就是检察机关未经审判就对被告人作了定罪免刑处罚，检察机关行使了法院的一部分审判权。这也只有在斗争哲学的指导下，把公、检、法三机关都作为与犯罪行为作斗争的专门工具的情况下才有可能发生，在实行控、审分离的现代法治社会里是不可想象的。

1996年《刑事诉讼法》虽然较1979年《刑事诉讼法》有了很大进步，但是，我们还应清醒地意识到，受斗争哲学观影响，1996年《刑事诉讼法》中的价值取向仍然有不少瑕疵，诉讼中的人权保障思想尚未完全载入刑事诉讼法。其主要表现有：一是重打击、轻保护，重实体、轻程序的观念仍没有改变，导致侵犯犯罪嫌疑人、被告人人权的现象时有发生，如司法实践中经常发生的刑讯逼供现象，以及公、检、法三机关联合办案现象，其实都与斗争哲学不无联系。二是无罪推定原则没有得到完全的确立。虽然有人认为，我国《刑事诉讼法》第12条规定的就是无罪推定原则，但一般认为，该条规定的只是法院的统一定罪权，而不是无罪推定原则，这无疑仍是受斗争哲学的影响。三是犯罪嫌疑人在侦查阶段的人权保障措施缺失，对侦查措施缺乏有效控制。这可以说是斗争哲学在1996年《刑事诉讼法》中留下的最深的痕迹。四是犯罪嫌疑人、被告人没有沉默权，辩护权受到较多限制。这是最能体现刑事诉讼是否作为专政与压制工具的标志。因为没有沉默权，也就意味着犯罪嫌疑人、被告人只不过是国家司法机关追诉犯罪的一种工具或手段，这除了能说明该种刑事诉讼是一种单向的、行政治罪的工具外已无其他解释。五是没有建立有效的非法证据排除规则。非法取证行为是犯罪嫌疑人、被告人合法权益的最大威胁，也是国家有效打击犯罪的“捷径”。排除非法取得的证据可以维持刑事诉讼程序的诉讼性，免其沦为行政治罪工具和专政手段，但是很遗憾，它并没有这方面的规定。

不过，上述这些情况在2012年《刑事诉讼法》修改以后，有了很大的改变。2012年《刑事诉讼法》的修改，涉及了多个方面，其中在第2条刑事诉讼法的任务中，明确规定了“尊重和保障人权”；虽然仍旧没有提及犯罪嫌疑人、被告人的沉默权，但是在第50条增加了“不得强迫任何人证实自己有罪”的规定；第54~58条通过“五条八款”确立了我国的非法证据排除规则。2017年6月，“两高三部”联合发布了《关于办理刑事案件严格排除非法证据若干问题的规定》，再一次从侦查、起诉、辩护、审判等方面明确了非法证据的认定标准和排除程序，对办案人员严格依法收集、审查和运用证据提出了更高的要求，非法证据排除规则在我国得到了完善与进步。此外，党的十八届三中、四中全会也提及了多项司法体制改革，党的十八届四中全会提到的“以审判为中心”的诉讼制度改革，引发了理论界与实务界对公、检、法三机关“互相配合、互相制约”关系的重新认识。这些都充分说明，在走出斗争哲学观的桎梏之后，刑事诉讼理念与思维得到了提升与进步。

2. 和谐哲学观及其价值取向

在批判斗争哲学观的同时，笔者认为，在当前中国转型社会下，和谐哲学观是刑事诉讼法学走向法哲学时的有效路径，其价值取向符合中国国情的现实需要。具体而言，我们要承认、尊重各种主体的正当需要，平等保护这些正当需要，在这些利益发生冲突时，通过各种平和而非激烈对抗的方式来化解这些冲突，最大限度地增加和谐因素，减少不和谐因素，不断促进社会和谐，从而促进社会稳定和发展。和谐哲学观的出现，也是我党以马克思主义的历史唯物论和辩证唯物论为理论基础，结合我国新时期的社会矛盾特点而发展形成的，是马克思主义在我国新时期的发展和应用。当然，和谐政治观之所以成为我党新时期的主导哲学观，也是批判吸收我国传统文化始终贯穿着的“和合”思想的结果，它强调，世界万事万物都是由不同方面、不同要素构成的统一整体。在这个统一体中，不同方面、不同要素相互依存、相互影响，相异相合、相反相成。因此，和谐，从《刑事诉讼法》的角度来讲，最重要的就是承认与尊重不同主体特点，平等保护不同主体的合法权益，而不能将其中一种主体的利益尤其是国家利益凌驾于其他主体的合法利益之上。以和谐观念为指导，必须在宏观上和理论上理顺几大关系。首先是《刑事诉讼法》与其他法律之间的关系，这是刑事诉讼的外部和谐问题，包括《刑事诉讼法》与《宪法》、《刑法》以及民事法律规范之间的关系等。其次是处理好刑事诉讼各阶段之间的关系，如侦查和起诉、起诉和审判、审判和执行等方面的关系。理顺这些关系的目的在于处理好它们之间的制约关系，消除我国刑事诉讼中的行政化倾向。再次是处理好权力和权利之间的关系，处理好国家追诉权和犯罪嫌疑人、被告人人权保障之间的关系，尤其是追诉权力与犯罪嫌疑人、被告人权利之间的关系，是刑事诉讼程序性质的风向标。权力处于压倒性地位，权利得不到保障，这是专政性质的行政治罪程序；权力受到抑制，权利得到保护与张扬，这才是真正意义上的刑事诉讼程序。目前改革的方向是对追诉权力进行一定程度的抑制，防止其过分扩张而压制权利、侵害权利。

二、对中国刑事诉讼价值变迁的研究

在我国，关于刑事诉讼法的价值问题，长期以来，无论在理论研究还是法律的执行上，一直是沿用和秉承工具主义的法律观，认为刑事诉讼法是实施国家刑罚的工具，是无产阶级专政的工具。结果，“刑事诉讼法是实施刑法的工具”就顺理成章地发展为一种公理，导致刑事诉讼法处于“从属”、“服从”的地位，而没有独立存在的内在价值。不仅实务界如此，理论界当中有的高等法学教育的教科书中也认为刑事诉讼法是手段、是工具，是为了保证刑法的实施。这是怎么形成的呢？其中之谜，只有通过研究中国刑事诉讼价值的变迁，才会不言自明。

（一）中华人民共和国成立之前刑事诉讼价值变迁

我国长期以来的“重实体、轻程序”、“程序虚无”的思想对当前我国程序法完善具有许多消极影响。那么“绝对工具论”的诉讼价值观和“重实体、轻程序”的观念为何在中国具有这么大的影响力呢？

根据季卫东教授的解释，中国“轻程序”现象既是一个文化传统问题，也是一个制度设置问题，中国传统法律程序结构上的缺陷制约了中国的程序建设。这是因为，传统审判程序是按行政原理设计的，审判的程序性限制是以官僚机构内部纪律的形式出现的，程序的遵守不是由于当事人能够对违法的过程提出效力瑕疵的异议，而是通过上司对违法官僚的惩戒处分来保障的，人民仅仅止于接受其反射性的利益。同时，中国的反程序化倾向十分有力，立法上忽视程序要件的规定，实务中试图松弛程序的现象屡见不鲜。这就造成中国有“程式”而无“程序”，有名不副实的法律形式化而没有正名求实的法律形式主义。[①] 笔者在《刑事诉讼法律观的转变》中指出，我国刑事诉讼法律观的形成和发展，具有深刻的历史背景和文化背景。从法律文化传统看，几千年的儒、法两家所具有的特权、等级、地方保护等观念深深地影响着我国刑事诉讼法的制定和执行。在我国长达两千年的封建社会中，实行的是一种有罪推定原则，任何人一旦被确定为犯罪嫌疑人，也往往就被作为罪犯看待，缺乏辩护权，刑讯逼供合法化。从中华法系的历史考察上看，在传统刑事诉讼中，其利益形态基本呈现国家与犯罪人的二元对立，张扬“国家”与“犯罪人”之间的对抗关系，而相对较少关注被害人等其他主体的利益。正如学者所反思的，“传统的刑事司法体制强调以国家权威为中心，并给国家的抽象利益以优先地位。因此，看来犯罪主要是（经常甚至仅仅是）对国家利益——更确切地说，是国家所代表的集体民众的利益——之侵犯。”[②] 在传统刑事诉讼价值权衡中，针对“国家—犯罪人”的利益对抗，基本采取静态位阶方法处理冲突利益：统治阶级利益超越被统治阶级利益；在特定司法环境中，家族主义利益超越个体利益。为避免发生统治危机，上述价值权衡也会出现一些内部调适。

1. 统治阶级利益为核心

以统治阶级利益为核心，较少关注被统治阶级利益，是刑事诉讼在政治社会下利益形态的一个核心特征。譬如，奴隶社会采用弹劾式诉讼模式，继承氏族组织解决社会冲突的朴素民主方式，但刑事诉讼在维护奴隶主阶级利益上，毫不含糊；在封建社会盛行的纠问式诉讼模式中，国家主动追诉犯罪，刑事诉讼在维护封建皇权秩序上，作用重大。在不同社会形态下，统治阶级利益构成和表现形式不一。其中价值权衡，在实现社会秩序的同时，往往存在人权上的危机。在欧洲中世纪，“城堡司法”下城堡主利益至上，在一些处于封建割据状态下的国家，城堡主的利益试图超越国王利益，形成饶有特色的“城堡司法”，在镣铐、鞭笞

① 季卫东：《程序比较论》，载《比较法研究》1993 年第 1 期，第 30 页。

② 邱兴隆著：《关于惩罚的哲学——刑罚根据论》，法律出版社 2000 年版，第 26~39 页。

下，许多异己被秘密逮捕，宗教或政治意志替代证据、有罪推定、刑讯逼供的冤假错案不断发生。在中国封建社会，在统治阶级利益维护上以“皇权秩序”为基本特征。譬如，明朝“厂卫机构”恣意掌权，曾诬告陷害、排除异己、滥用酷刑、罪疑从有、刑疑从重，形成特务政治、国家恐怖主义，动辄祸及九族数万人，以至于明末沈起堂在《明书》中痛陈：“明不亡于流寇，而亡于厂、卫。”① 在第二次世界大战中，纳粹刑事审判以党政意志驾驭司法审判，实行对犹太人等的恐怖司法，具有明显的镇压功能，其对人权的极端抑制对战后世界刑事诉讼的“痛定性反思”起到了直接的推动作用。

2. 注重家族主义利益

注重家族主义利益，忽视个体利益，是东方传统社会在刑事诉讼中价值权衡的独特形态，即刑事诉讼除了维护皇权秩序外，注重与之伴生的父权、族权、夫权在刑事司法中的特殊维护，在一定程度上形成“家族主义司法”。譬如，在中国古代刑事司法中，阶级和家族主义融合，强调家族主义权威：按照亲情义务，子女应该为祖父母、父母隐罪，如控告祖父母、父母，则属“干名犯义”，虽得实也徒三年；反之，“父母控子，即照所控办理，不必审讯”。又如，尊卑同罪异罚：凡是以卑犯尊，采取加重主义，如詈骂常人，最高笞十而已；但詈骂祖父母、父母则处绞刑；凡在五服内亲属，以尊犯卑者减凡人一等，以卑犯尊者加凡人一等。“家族主义司法”虽然具有秩序上的功能，但蕴涵权利的不平等和深层压抑。

3. 统治危机的内部调适

传统刑事诉讼中价值权衡，在方法论上具有一定的失调性，在价值目标中，往往导致实体高于程序、安全高于自由等后果，而且，容易忽视部分利益，产生利益专制。这往往维护了一种表面的秩序，但在其深层结构中，它不是在积极促进，而是在逐步销蚀统治秩序的合法性。价值失衡的破坏力，正如学者吴思所反思的，由于其司法在利益上的偏颇和明显的权力庇护，与监司失察、营私舞弊、世风滑坡等问题紧紧联系在一起的是一幅这样令人失望的图景：惩贪而“贪官不绝”，如过江之鲫，层出不穷；倡廉而“清官稀见”，甚至衍生“淘汰清官”的

---

① 《明史·刑法志》：“胡惟庸、蓝玉两（大臣）案，株连且四万（人）。”

潜规则。[1]

价值权衡失调的破坏力，引起了统治者的密切注意。在传统刑事诉讼中出现过一系列调适价值权衡失调的制度性努力。譬如，来自中世纪英格兰的衡平审判——星座法院，以及中国古代司法中的“原情审断”，即是例证。他们均以道德原则，补救由于严格执行法律条款而造成的不公正。其差异在于，大法官是国王良心的守护人，大法官们以确保国王的道德水准为依托，寻求的目标是合理的诉讼程序和周到的权利保护，以对苛刻、极端的法律起到缓和、减轻和改进作用;[2] 原情审断强调的是司法官应充分考虑天理、人情、伦理，以实现法律之外的宗法性的公正、秩序。[3] 又如，在中国古代司法中，还存在一些具有现代法律价值因素的制度或思潮，对刑事诉讼价值权衡失调有缓和作用。譬如，惩处“五过之疵”中的严厉性；调解中体现的亲民司法方式；允许“亲亲相隐”；对于死刑的执行规定“三复奏”、“五复奏”；疑罪从轻、从赎、从赦思想以及规定；对老幼妇残等社会弱势群体实行的恤刑；以《洗冤集录》为代表的勘验方式，等等。应当说，这些制度或思潮蕴涵的价值因素绝非单纯的皇权秩序，还包括人本主义的诸多考量。当然，它与现代社会的权力制约功能不能“等量齐观”，在根本目的和价值上，它更多的是维护当时社会秩序的需要，而且，也没有成为价值权衡的核心基准、基本方法。

对于清末变法及“中华民国”时期的价值权衡，应予以特别注意。当时，刑事诉讼反映的利益冲突，相当剧烈，价值权衡确实难以均衡，其基本状况是：在理念层面，具有一定的现代化倾向，但在规范层面，未能有效实施或者在实施中发生功能异化，价值权衡被虚置。从当时一系列刑事诉讼法草案以及法律文本来看，如 1906 年《大清刑事民事诉讼法（草案）》和 1910 年《刑事诉讼律（草案）》以及“中华民国”刑事诉讼法等，当时改革者非常明确其价值权衡的基本立场：对内，革新传统刑事司法体制；对外，消化移植法、排斥治外法权。在刑事诉讼法草案以及法律文本中，不乏废除刑讯逼供、确立审判公开的原则、设立律师辩护制度等内容，表明其已具备现代刑事诉讼程序的雏形以及对现代刑

---

① 吴思著：《潜规则：中国历史中的真实游戏》，云南人民出版社 2004 年版，第 42~53 页。

② R. J. Wallker. The English Legal System, Butter Worths, 1980, p. 47.

③ 朱勇著：《东西方法律比较》，黑龙江人民出版社 2002 年版，第 407~408 页。

事诉讼价值目标的关注。① 但是，在当时的专制社会下，清末刑事诉讼草案在价值权衡上存有无法解开的“死结”：是继续维护封建皇权秩序，还是全面吸纳西方现代法制理念。这是导致清末刑事诉讼草案“夭折”命运的一个关键性因素。因此，清末刑事诉讼草案中对现代刑事诉讼价值目标的关注并未产生多少司法效用，而多体现在对后世法制的指导功能上。在“中华民国”刑事诉讼法中，价值权衡同样存在难以愈合的“伤疤”：是拓展法治主义的道路，还是维护国民党一党专政秩序。在国内外战争不断、经济饱受波折、政治反抗云起的环境下，国民党决策层在价值权衡上偏向一党专政秩序，由此：（1）强化了刑事诉讼程序的镇压功能；（2）制定了大量政治性刑法规范；（3）弱化了程序公正、保障人权等方面的价值诉求。从司法实践来看，由于司法腐败，刑事诉讼“纸面上的法”与“行动中的法”相去甚远，出入人罪、枉法裁判等现象较为严重。

（二）社会主义刑事诉讼法学的价值变迁

鉴于我国社会主义刑事诉讼法学的特殊性质，将中华人民共和国成立之后的刑事诉讼法学定性为社会主义刑事诉讼法学。笔者认为，我国社会主义刑事诉讼法学大概经历了三个发展阶段：初创时期、停滞时期、复苏与发展时期。在这些时期，刑事诉讼价值权衡呈现跌宕起伏的特征。但主线是明确的，社会刑事诉讼法学的价值权衡从重实体、轻程序逐步走向程序与实体并重，并最终走向程序本位的社会主义法制。

1. 初创时期：价值观重塑

社会主义刑事诉讼法学的初创过程，包括对旧法统的批判，对苏联刑事诉讼法学理论的学习，探索建立中国刑事诉讼法学三方面的内容。在这段时期，刑事诉讼的价值集中体现在它的外在价值——打击敌人的工具上。其实质仍然属于单一的工具主义价值观。

（1）对旧法统的批判。1949 年 2 月，中共中央发布了《关于废除国民党的

① 《刑事诉讼律（草案）》内容主要有以下八个方面：一是追诉由当事人行之，审判官则超然于原告、被告之外；二是对犯罪提起公诉之权专属于代表国家的检察官；三是发现真实，包括自由心证、直接审理和言词辩论；四是赋予被告人聘请辩护人的权利，并且辩护人可以为之搜集有利证据，为之进行法庭辩论；五是审判公开；六是当事人对刑事案件没有处分权，包括检察官不得任意放弃起诉权，不准私和刑事案件等；七是干涉主义，即审判官为了断定罪之有无应当干涉、调查一切必要事宜，而不受当事人辩论的约束；八是三审制度。“中华民国”时期刑事诉讼程序基本继承了上述草案的多数内容，在法律条文中，也吸纳了程序公正、保障人权等现代刑事诉讼法理念。

〈六法全书〉与确定解放区的司法原则的指示》，该指示要求，“人民的司法工作不能再以国民党的六法全书为依据，而应该以人民的新的法律作依据”。自此，基于建立与国民党不同的新法制的主观要求，伴随着政治、经济、社会等各个方面的巨大变革，刑事诉讼法学的发展进入了一个新的历史阶段——社会主义刑事诉讼法学的创立、发展阶段。1949 年颁布的具有临时宪法作用的《中国人民政治协商会议共同纲领》亦宣告：“废除国民党反动政府一切压迫人民的法律、法令和司法制度，制定保护人民的法律，建立人民的司法制度。”根据这两个文件废旧立新的精神，新中国法制建设开始起步。新的法制需要新的观念和作风。为了纯洁司法队伍，更新观念，1952—1953 年，在全国范围内掀起了一场以反对旧法观点、旧司法作风和改造各级司法机关为主要内容的司法改革运动。在此次运动中，包括刑事诉讼法学在内的各法学学科运用马克思主义理论、观点、方法对旧法观念、制度进行了激烈彻底的批判。应该说，对旧法统的批判也是对其价值论的否定。但是，其后，以马克思主义为指导的刑事诉讼法学开始萌芽。

（2）苏联刑事诉讼理论的大规模移植。中华人民共和国成立初期，我国法学的发展深受苏联法学理论的影响。在整个政治、法制大环境下，刑事诉讼法学理论的形成也深深地打下了这一时代烙印。苏联刑事诉讼理论的大规模移植，主要通过三种途径：其一，苏联派遣法学专家到我国讲授法学。这些苏联法学专家通过翻译人员讲授苏联法学，当时，我国教师当场记录，课后与翻译一起整理课堂笔记，再按笔记向学生讲授。这些学生成为苏联法学理论的再生产者。[①] 其二，翻译出版苏联以及其他东欧社会主义国家的法典和法律书籍。据不完全统计，这一时期，我国翻译出版的苏联的刑事诉讼法学著作多达 20 余种，其中，切里佐夫编著的《苏维埃刑事诉讼》对我国刑事诉讼法学教材的体系影响极大；维辛斯基的《苏维埃法律上的诉讼证据理论》则一度被奉为证据研究的经典之作，甚至达到“言必称维氏”的程度。其三，派遣留学生到苏联学习各种法律。苏联刑事诉讼法学理论的广泛传播，极大地影响了我国刑事诉讼法学的研究方法、研究内容和对若干问题的基本态度。

我国仿照当时苏联的法学模式建构了法学体系，并重点引入了阶级分析方法，阶级性成为其价值权衡的一个核心内容。其基本特征有：①在指导思想上，

① 方流芳：《中国法学教育观察》，载《比较法研究》1996 年第 2 期。

学术界坚持马克思主义辩证法的至上性，排斥西方其他法学方法；②在具体方法上，强调法学方法以党性、阶级性为标准来分析社会事实。[①] 切里佐夫教授在《苏维埃刑事诉讼》中明确提出“苏维埃刑事诉讼科学是一门具有党性的科学”。[②] 楚贡诺夫教授在《苏维埃刑事诉讼讲稿》中进一步指出：“苏维埃刑事诉讼科学的方法是唯一科学的认识方法——马克思主义辩证法。马克思主义的辩证法是苏维埃刑事诉讼科学的理论基础。苏维埃刑事诉讼科学也和马克思主义科学的任何部门一样，是一门党性的科学。”[③] 上述观点对新中国刑事诉讼法学产生了较大影响。中华人民共和国成立后30余年，中国法律文本以及法学论文中阶级意识强烈：①法律文本中概念和术语具有较多政治化术语；②法学论文论证套路简单，多在马克思主义法学范畴内引经据典，排斥非马克思主义法学等。

（3）建立中华人民共和国刑事诉讼法学的初步探索。批判和学习的最终目的是创立符合我国国情的刑事诉讼法学理论。因而，早在批判旧法统的时候，我国学者就已经开始总结、宣传新民主主义革命时期的司法工作经验了。其中，“依靠群众，走群众路线”的优良传统，如巡回审判、陪审制度、调解制度都受到了强调。在学习苏联刑事诉讼法学理论过程中，建立中华人民共和国刑事诉讼法学理论的探索一直在进行着。这一初步探索包括刑事诉讼法律制度的创建和刑事诉讼法学学科体系的建设两方面。积极推动刑事诉讼法的拟定工作是这一时期诉讼法制建设的重点。1955年，中央人民政府法制委员会草拟了中华人民共和国第一部刑事诉讼法草案——《中华人民共和国刑事诉讼条例（草稿）》。1956年，最高人民法院通过总结司法工作经验颁布了《刑、民事案件审判程序总结》。党的八大以后，为了响应“逐步完备法制”的号召，有关部门成立了专门的刑事诉讼法起草机构，并于1957年5月提交了《中华人民共和国刑事诉讼法草案（草稿）》。这些立法活动，为我国刑事诉讼法——刑事诉讼法学的主要研

---

① 正如列宁指出的：“人类史上的每一个大的时期（奴隶占有时期、农奴制时期和资本主义时期）都长达许多世纪，出现过各种各样政治形式、各种各样的政治学说、政治见解和政治革命，要认清这一切光怪陆离、异常繁杂的情况，特别是与资产阶级的学者和政治家的政治、哲学等学说有关的情况，就必须牢牢把握住社会划分为阶级的事实，阶级统治形式改变的事实，把它作为基本的指导线索，并用这个观点去分析一切社会问题，即经济、政治、精神和宗教等问题。”《列宁选集》（第4卷），人民出版社1995年版，第30页。

② ［苏联］M. A. 切里佐夫主编：《苏维埃刑事诉讼》，中国人民大学刑法教研室译，法律出版社1955年版，第40页。

③ ［苏联］B. E. 楚贡诺夫著：《苏维埃刑事诉讼讲稿》，北京政法学院1957年版，第9页。

究对象——的形成奠定了初步基础。

通过对苏联刑事诉讼理论的学习、消化，我国学者还积极地投身于创建我国刑事诉讼法学学科体系的工作。1956年7月，中国人民大学审判法教研室和北京政法学院（现中国政法大学）刑诉法教研室共同编著的《中华人民共和国刑事诉讼教学大纲》，经由高等学校法律专业教学大纲审定会讨论通过，同年12月由法律出版社出版。该《教学大纲》大体上勾画出了我国刑事诉讼法学的基本轮廓。后来，北京大学、中国人民大学和北京政法学院的学者根据这一教学大纲，联合编写了《中华人民共和国刑事诉讼教材》（未出版）。这些尝试，虽然还带有明显的模仿苏联刑事诉讼法学教材的痕迹，但是，对于我国刑事诉讼法学学科建设而言却具有深远的意义。另外，在“百花齐放、百家争鸣”的方针指导下，我国刑事诉讼法学者还就广泛的刑事诉讼基本理论问题，如司法组织及其原则、法院独立审判、辩护制度、被害人与被告人的诉讼地位等，以及证据问题，如刑事证据的概念、性质、分类，无罪推定原则，证明责任等进行了深入的专题研讨。

应当说，这段时期，中华人民共和国在废除“中华民国”时期《六法全书》的基础上，借鉴苏联刑事诉讼法律理念与制度，构建了可称为阶级斗争范式的刑事诉讼制度。其合理性在于，中华人民共和国成立初期，鉴于社会主义社会粗具雏形、内忧外患、百废待兴，为实现对社会秩序的重新整合，中国在刑事司法领域确立了强职权主义诉讼模式。但是，在阶级斗争范式下，刑事诉讼法具有国家本位性，刑事诉讼中的价值权衡具有阶级性，即刑事诉讼是打击敌人的一种工具；犯罪嫌疑人、被告人被置于与国家绝对对立的立场，认定其具有阶级敌人属性，疏于对其进行权利保障。①

2. 停滞时期：价值观虚无

20世纪50年代末，随着“反右派”斗争的扩大化，学术讨论成了政治问题，刑事诉讼法学的研究范围受到了极大的限制。有关刑事诉讼价值的讨论也处于停滞状态。法律本身处于虚无状态，刑事诉讼价值更无从谈起。在一些极端的

① 在证人作证资格上，也不乏政治考量。根据《最高人民检察院办公厅答葛德国同志关于“证人是否需要具备什么条件”的一封信》（1955年3月27日），当时的司法部门对证人是否“必须政治上进步可靠”意见不一。参见武延平、刘根菊著：《刑事诉讼法参考资料汇编》，北京大学出版社2005年版，第990页。

场合，刑事诉讼异化为打击异己的手段之一，其教训十分深刻。

在这一时期，不仅无罪推定原则、自由心证、检察机关垂直领导等理论问题成了右派言论，连宪法中明文确立的原则，如审判独立、辩护制度等也成了资本主义“黑货”，一旦有所论及，不但会遭受无情的批判，研究者还会被打成“右派”，无法继续从事教学和科研工作。与前述斗争哲学观密切相关，在中华人民共和国成立以后相当长一段时间内，对刑事诉讼价值的认识存在偏颇。由于意识形态方面的原因，无罪推定原则被看作西方资产阶级的产物，在很长一段时间内，我国不仅没有规定无罪推定原则，甚至在理论上讨论无罪推定原则都成为一个禁区。

1963年以后，“四清运动”和“文化大革命”相继开展，刑事诉讼法学的发展完全停滞下来。尤其是在“文化大革命”中，许多公、检、法机关被破坏，其刑事诉讼也处于停滞期间。在价值方面，政治意识形态超越法律，法律的价值受到极大的摧残，根本无法实现。这种阶级斗争范式的恶性发挥导致的恶果是：以“法律虚无主义”为特征，往往是以非规范的政治考量替代法律价值权衡；在追究犯罪时，注重互相检举揭发等方式，对社会信誉基础、人际关系状态等产生较大破坏，产生大量冤假错案。“文化大革命”之后，亦即中国刑事诉讼重新回到法制化进程，其突破口即是在之后的渐续改革中淡化、抛弃阶级斗争范式及其绝对的国家本位主义，强化体现人本主义的权利保障范式。

3. 复苏与发展时期：价值观转型

随着“文化大革命”的结束，尤其是党的十一届三中全会的召开，法制建设重新受到了党和社会各界的重视。刑事诉讼的价值观逐步复苏并转型。如果说，长期以来，“重实体、轻程序”，“程序虚无”的思想严重，而真正有条件实现转型的恰是在当代社会。程序的独立价值、内部价值日益获得重视。当然，司法实践是复杂的。在刑事诉讼中，刑讯逼供、超期羁押、剥夺辩护权、律师参与诉讼难等现象仍然不胜枚举，单一的工具主义法律观仍然具有一定市场。

（1）复苏期间价值观的偏向。从党的十一届三中全会提出“发展社会主义民主，健全社会主义法制”到党的十五大最终确立“进一步扩大社会主义民主、健全社会主义法制，依法治国，建设社会主义法治国家”的治国方略，法律制度以及法学理论在社会生活、政治生活中的作用和地位越来越重要了。但是，受斗争哲学观的影响，在复苏时期，刑事诉讼的价值还偏向打击犯罪，犯罪者仍被划入敌人的范畴。譬如，1979 年《刑法》第 1 条规定："中华人民共和国刑法，以马克思列宁主义毛泽东思想为指针，以宪法为根据，依照惩办与宽大相结合的政策，结合中国各族人民实行无产阶级领导的、工农联盟为基础的人民民主专政即无产阶级专政和进行社会主义革命、社会主义建设的具体经验及实际情况制定。"1979 年《刑事诉讼法》第 1 条规定："中华人民共和国刑事诉讼法，以马克思列宁主义毛泽东思想为指针，以宪法为根据，结合中国各族人民实行无产阶级领导的，工农联盟为基础的人民民主专政即无产阶级专政的具体经验和打击敌人、保护人民实际需要制定。"在当时，中国刑事诉讼价值权衡中有一种过渡性的思维定式：①国家与社会的命运在一定程度上依赖于对个体犯罪的控制效果，刑事诉讼具有政治工具性；②犯罪控制效果本身是体现人权保障程度的有效尺度；③在犯罪高发的转型社会时期，社会群体心态在因人权保障而放纵可能性犯罪的心理承受力差；④甚至可以说，国家主要职责在于控制犯罪的观念已深刻嵌入中国人关于刑事诉讼的精神结构中，而且这种渗透与政治生态中强调统治秩序的稳定性、合法性密切结合在一起。

（2）当代价值观的转型。随着我国社会主义民主和法制建设的不断发展，为了适应我国社会、经济领域的巨大变化，1996 年 3 月第八届全国人民代表大会第四次会议通过的《关于修改〈中华人民共和国刑事诉讼法〉的决定》对刑事诉讼法进行了较大幅度的修改和完善，进一步推进了我国刑事诉讼制度的民主化和科学化。这也是刑事诉讼价值观出现转型的一次重要标志。诚如前言，我国 1996 年《刑事诉讼法》的修改也包括了无罪推定原则、取消收容审查、废除免予起诉、辩护律师提前介入诉讼、庭审方式的改革、二审法院发回重审权等，这些都体现了刑事诉讼的内在价值。笔者参与了 1996 年的刑事诉讼法修订工作，作为起草《中华人民共和国刑事诉讼法修改建议稿》的主要成员之一，积极主张的"统一人民法院定罪原则"、"疑罪从无原则"以及改革刑事辩护制度、改革审判方式、增设简易程序、完善强制措施等方面的建议，均得到立法部门的重视或吸收。

在推动刑事诉讼价值转型上，自 1997 年至今，刑事诉讼法推行的 20 余年中，秉承刑事诉讼程序的正当化和价值论。笔者在 2000 年较早地通过《刑事诉讼法实施问题与对策研究》一书系统地对 1996 年刑事诉讼法施行过程中的问题进行了细致且务实的思考，并提出了有针对性的解决方案。此后，带领博士研究生们展开了专题性研究，出版了《刑事审前程序改革实证研究》、《刑事诉讼法修改专题研究报告》、《刑事诉讼法再修改理性思考》等书，其中的司法鉴定体制和程序的改革与重构、程序分流、不起诉裁量权、完善证人保护制度、侦查模式转型、死刑复核程序改革、审判监督程序完善、在未成年人案件办理中设立暂缓起诉制度、加强刑事司法国际合作等，现在都已经成为现实的司法举措。这些成果集中探讨了刑事诉讼法的基本概念（刑事诉讼的价值、目的、结构、职能、阶段、法律关系等）、外国刑事诉讼历史沿革、刑事证据的一般理论、侦查、起诉、审判的基本原理等内容，对于提高人权保障、司法公正特别是程序公正的意识，对于促进在刑事司法改革和刑事诉讼法修改中进一步合理改革诉讼构造都起到了一定的促进作用。有关程序本位、程序的内外价值等观念日益获得学术界和司法实务部门的认可；为了确保诉讼程序公正，学术界还进一步开展了对程序性违法、程序性裁判和程序性制裁等新课题的研究，从而推进了刑事诉讼价值以及正当程序理论的研究深度。在刑事诉讼法再修改的讨论中，有关刑事诉讼价值的很多见解得到了广泛的认同。譬如，构建有中国特色的，包括非法证据排除规则、传闻证据规则、自白规则、疑罪从无规则和推定规则等在内的刑事证据规则体系成为学术界共识；必须强化对犯罪嫌疑人、被告人辩护权的保障成为学术界共识，我国 1996 年《刑事诉讼法》修改以及 2007 年《律师法》修改中都对刑事辩护制度进行了一定程度的完善；刑事诉讼法学界开始反思不能动辄根据“国情论”排斥一些普世价值或全球价值的程序规则，联合国有关国际公约确立的刑事司法准则对于我国刑事诉讼制度的完善发挥了越来越大的作用；我国 2012 年《刑事诉讼法》的修改，可以视为刑事诉讼价值转型的里程碑，该法明确规定了尊重和保障人权、非法证据排除规则、不得强迫自证其罪等，将有关国际公约的精神予以吸收，在人权保障方面取得了极大的进步。

（3）现实转型的不足。当然，也得承认，我国当前正处于社会转型时期，尽管基本经济制度和政治制度为实现社会公平正义提供了根本条件，但随着经济高速发展，旧有的秩序不断被打破，新的秩序还在初创阶段，社会出现许多乱象，新秩序下的社会公平正义还没有塑造完成，社会存在不少的突出问题，需要寻求各种措施加以调整和解决。联系这些社会因素，就不难理解当前的刑事诉讼立法与司法中，许多具体价值的权衡仍然偏向控制犯罪，而非程序正义、人权保障。譬如，以客观真实为运用证据的基础，对证据能力方面的规则限制较少；侦查机关享有较大的自主权力，缺乏有效的权力制约；强调犯罪嫌疑人、被告人“如实供述”义务，否认其“沉默权”；在法律原则上和司法实践中未确立完整意义上的“无罪推定”原则；强调任何知道案件情况的人均有作证义务；再审程序中不排除加刑处置等。秩序及其稳定在司法实务部门还是一个最核心的价值目标。犯罪率的涨幅下降成为许多司法实务部门工作报告的首推要素，这一评价刑事诉讼法律效果的核心标准，在司法实务工作中无疑是一道“紧箍咒”。① 其直接表现，即中国于1983年、1996年、2001年陆续开展的一系列“严打”行动及各专项斗争。客观而论，它们在一定程度上暂时遏制了恶性犯罪的发展态势，但其背后的价值权衡受到诸多质疑：一是其中存在的冤及无辜、量刑畸重、广场化司法（如公开逮捕、公开处决）等现象与刑事法治主义具有一定冲突；二是“严打”无法解决社会结构性矛盾，在短期效应消失后，犯罪状况依旧恶化。刑事诉讼立法确定的职权主义模式，加上实务部门司法理性状况，共同促成了办案人员在价值权衡中的下列主导性思维：①追求案件的政治效果、社会效果和法律效果的统一；②在利益冲突时，遵循静态位阶处理方式，即国家利益、社会利益在总体上高于个人利益；③当案件本身的法律利益与自身部门利益、职业利益发生冲突时，往往赋予部门利益、职业利益优先地位；④在法律论证中，一般讳莫如深，对价值权衡不作明确、充分的说理。

三、对域外刑事诉讼价值论的研究

通过比较域外刑事诉讼，尤其是西方法治发达国家的正当法律程序革命，笔者感受到了程序的独立价值，专门组织对正当法律程序进行资料汇编出版。笔者认为，高度文明的国家将来要走向程序本位。这也是社会主义法制、依法治国的重要内容。重实体、轻程序观念，实体正义与程序正义并重的观念都将成为过去式。程序正义的理念和正当程序建设绝非权宜之计，更不是可有可无的，它是时代精神的体现，是人类历史发展不可逆转的客观规律，更是人类走向文明的必经之路。

（一）程序的四种法律观之争

在人类的历史上，对于刑事诉讼法的价值一直存在绝对工具主义、相对工具

---

① 犯罪率的上升和下降在中国当前各类政法机关的工作总结中居于重要地位，在许多地方成为评价刑事司法体系运行状况的重要标准。

主义、程序本位主义和经济效益主义四种法律观之争。

1. 绝对工具主义

所谓绝对工具主义，按边沁的说法，“程序法的唯一正当目的，则是最大限度地实现实体法”，“程序法的最终有用性取决于实体法的有用性……除非实体法能够实现社会的最大幸福，否则程序法就无法实现同一的目的”。[①] 这也就是说，刑事诉讼法的价值仅仅在于实现刑事实体法。

2. 相对工具主义

相对工具主义理论是由美国学者 R. 德沃金提出的。1985 年，德沃金在《原则、政策和程序》一文中对相对工具主义理论作了阐释。他认为，绝对工具主义理论强调了程序的工具性价值，但忽视了它的权利。事实上，任何一名无辜的公民都享有一种不受错误定罪的“道德权利”，对一名事实上无罪的公民予以定罪是一种内在的“道德错误”，它会带来一种“道德上的耗费”。这种“道德错误”和“道德耗费”能否减少到最低程度，是评价刑事审判程序正当与否的独立价值标准。为此，他提出一种相对工具主义理论，强调应当兼顾程序的两个独立价值目标：无辜者不受定罪的权利和被告人获得公正审判的权利。

3. 程序本位主义

程序本位主义又称非工具主义，认为评价刑事诉讼程序的唯一价值标准就是程序本身是否具备一些内在的品质，而不是程序作为实现某种外在目的的手段的有用性。这种理论主要盛行于英美法系国家，他们相信“正义先于真实”，即法院的审判只要依照公正的程序进行，就能够作出公正、合理的判决。正如英国大法官基尔穆尔认为：“必须遵守关于审判活动的程序，即使——在一些例外场合下——有损于事实真相，也在所不惜。”英国另一学者达夫在论述程序本位主义时指出，前两种工具主义理论均犯了一个致命的错误，即它们把审判程序与通过审判程序产生的裁判结果作了不适当的分离，同时也把刑事审判程序自身的公正性同程序所产生的裁判结果公正性作了不合理的割裂。如果仅仅从工具主义的角度对刑事审判程序进行评价，我们很可能会认为一名被告人即使在没有获得公正审判的情况下——例如，他没有获得律师的有效帮助，他没有机会在法院审判时到现场，他没有就控诉方提出的对他不利的证据作出评价和反驳，等等——也能

① 转引自陈瑞华著：《刑事审判理论》，北京大学出版社 1997 年版，第 28 页。

受到公正的定罪和判刑，同时，法庭即使遵循了一种不公正、不合理甚至不人道的审判程序，其也能作出公正的裁判。这样，公正裁判的结果就可以通过不公正的审判程序产生。但事实上，这一结果是不能成立的。①

4. 经济效益主义

经济效益主义是西方经济分析法学派提出的程序价值理论，兴起于20世纪70年代的美国，其主要代表人物是芝加哥大学教授波斯纳，他在《法律之经济分析》、《法律程序和司法活动的经济分析》等著作中指出，所有法律活动（包括立法、执法和诉讼等）和全部法律制度都以利用自然资源、最大限度地增加社会财富为目的，因此，“效益”是法律活动的重要宗旨，效益是一个公认的法律价值。从本质上讲，这一理论仍属于程序工具主义的一个分支，因为它所坚持的仍然是“审判程序不过是最大限度地实现某一外在价值的工具”的观点，只不过它的外在目标“是最大限度地提高经济效益，减少诉讼耗费”。这种理论问世以后，受到了一些学者的批评。有的学者说，经济效益主义无疑是贬低了人的生命、自由和人格尊严，因为它是不能用金钱来衡量和计算的。也有学者批评说，经济效益论者忽略了一个重要的价值目标——正义。但经济效益论者明确宣布，效益与正义是同义语，正义的第二种意义就是效益。

通过比较，笔者认为，人的生存需要安全、秩序、自由以及人格上的尊严。法律的价值就在于满足人的上述需求。作为法律重要组成部分的刑事诉讼法，其价值也在于满足人的上述需求，实现刑事实体法，这只是表面的或直接的价值，而不是其最终的价值。从这点来看，刑事诉讼法只不过是这样一种法律规范，其目的在于保证司法机关通过正当程序即在不侵害公民包括犯罪嫌疑人、被告人合法权益的情况下打击犯罪，维护社会秩序，从而满足所有人的安全、秩序、自由以及人格尊严的需要。显然它还具有自身独立的价值和效益诉求，是一种多元价值目标体系。在刑事诉讼法再修改时，必须将之从现有的一元化价值目标转变为多元化的价值目标。实现和完成上述转变，首先要解放思想，改变程序法的唯工具主义观点。长期以来，教科书也好，理论研究也好，实际工作也好，一直沿用“工具论”，一直片面地引用马克思的一段著名论述，即“实体法……具有本身特有的，重要的诉讼形式……审判程序和法二者之间的联系如此密切，就像植物

① 转引自陈瑞华著：《刑事审判理论》，北京大学出版社1997年版，第33~34页。

的外形和植物的联系，动物的外形和血肉的联系一样。审判程序和法律应该具有同样的精神，因为审判程序只是法律的生命形式，因而也是法律内部生命的表现。”其实，马克思在同一篇文章中也明确地指出：“如果审判程序只归结为一种毫无内容的形式，那么这种空洞的形式就没有任何独立的价值了。”[①] 由此可见，程序法不仅仅是用以实现实体法的工具、手段或形式，它还具有一种独立于实体结果的内在价值，刑事诉讼法不仅具有实现实体法的工具性价值，还具有本身独立的保障人权的价值以及诉讼效益的价值。

在对域外刑事诉讼价值的研究中，笔者认为，还要特别重视这些价值的本土化问题，如诉讼效益价值。相对而言，长期以来学术界偏重公正问题的讨论，但结合经济学、社会学等加以系统研究的并不多见，很难结合中国案多人少、经费机制等现实问题进行实证研究。刑事诉讼的进步，应当结合正当程序改革、证据立法改革、科技因素等积极论证诉讼效益价值的实现。笔者认为，诉讼效益虽然在层次上其重要性不能与实体公正和程序公正同日而语，只有在不损害公正的情况下兼顾诉讼效益，但它也并不是可有可无的。在刑事诉讼法的调整过程中，我们也应把诉讼经济效益价值观纳入关注的范围。这是因为，在社会主义市场经济条件下，刑事犯罪日渐增长，大案、要案不断增加，我们的人力、物力和司法人员的素质都有相当大的差距，2012 年刑事诉讼法的修改将简易程序同普通程序简易审进行了整合，设立了全新的“简易程序”，并且扩大了简易程序的适用范围；2018 年刑事诉讼法的修改将认罪认罚从宽制度、速裁程序正式纳入法典，但是从实践中的反馈来看，“当繁则繁、当简则简”的问题仍有待进一步研究。在司法实践中，公安司法机关的担子沉重，警察、检察官、法官都在超负荷运转。解决这些问题，最重要的途径就在于提高诉讼效益。具体来讲，一是结合刑事速裁程序，将简易程序的适用落到实处。二是将认罪认罚从宽法律化，从试点中总结经验与规律，以发挥该项制度的激励作用。法律的目的在于激励。为此，我们可以借鉴英国的做法，规定坦白后适用简易程序的，明确规定可以从轻判处刑罚，以确定性规定激励被告人选择简易程序。三是尽快确立庭前证据出示制度，以便在开庭前明确控辩双方对事实、证据争执的要点，以确定庭审重点，促使法庭审判效益的提高。四是明确证明的对象和标准，减少证据的收集、调查和

① 《马克思恩格斯全集》，人民出版社 1995 年版，第 78 页。

运用中的重复劳动。特别要转变侦查模式，改变传统的由供到证（先取口供后取证）的侦查模式，转换为由证到供，把侦查的重点放在实物证据的收集上，以防止“供了翻，翻了再供”，造成人力、物力的浪费。当然，这还要加大科技投入，科技强警、科技强检、科技强法是提高诉讼经济效益的必由之路。在将来的信息社会、科技社会，案件类型和信息化问题将更为严峻，复杂的专业性问题也越来越多，这对于诉讼效益价值的实现也是一个挑战。

（二）正当法律程序革命

随着法制现代化进程，中国刑事诉讼的程序独立价值应该得到实现，程序本位的道路是中国社会主义法制的发展方向。在这方面，合理借鉴西方法治国家在正当法律程序革命中的先进经验是必要的，是符合中国国情和司法实践需要的。

正当程序要求国家在剥夺或限制公民、法人的权利时，必须经过正当合理的法律程序，否则不得作出此类决定。在当代社会，“法律的正当程序”理念对越来越多国家的立法和司法产生影响。“法律的正当程序”包含立法和司法两个内容：一是立法方面，指“实体性的正当程序”（substantive due process），要求立法机关制定的程序具有正当性；二是司法方面，指“程序性的正当程序”，要求执行法律的机关必须严格地遵行具有实质正当性的法律或者符合程序正当的要求。

笔者在《正当法律程序研究——以刑事诉讼程序为视角》一书中通过对正当法律程序的起源和发展脉络的全面梳理，阐明了它的理论基础，即决定正当法律程序之正当性、程序性和法律性的正义论、程序论和法治论，认为正义论乃其正当性来源，程序论是其程序来源，而法治论则为其合法性来源。对于正当法律程序的价值，它主要体现在促进人类司法的理性化、文明化、民主化等方面。在上述分析的基础上，该书深入论证了正当法律程序与刑事诉讼的关系：一方面，刑事诉讼是正当法律程序的主要载体；另一方面，正当法律程序是刑事诉讼的灵魂。

通过《正当法律程序研究——以刑事诉讼程序为视角》一书我们看到，在美国刑事诉讼程序改革中，其价值权衡具有的特色性方法和结构。其中的价值权衡，不是一时一地体现出来，而是存在于一段历史时期的总体特性中。其直接表现是：第二次世界大战后，受席卷全球的平等运动和人权、民主思潮，美国联邦最高法院“厄尔·沃伦法庭”作出了一系列推动美国刑事诉讼变革的重要判决，被称为“正当程序革命”：从1961年的“马普诉俄亥俄州案”到1969年“本顿诉马里兰州案”，弹指八年间的十余判例将《权利法案》除了大陪审团审查起诉和禁止科以过重保释金外的所有有关被告人基本权利的保障性规定推行适用于各州；正当法律程序的内容也突破了原有联邦司法的水平。然而，这一“自由主义倾向”，在20世纪70年代，日益猖獗的刑事犯罪让人们反思到控制犯罪、维护法律与秩序的重要性时，被一种逆“正当程序”而动的“保守主义运动”影响了。在美国伯格法院时期（1969—1986年），即通过判例对“厄尔·沃伦法庭”确立的正当程序下的程序规则、证据规则在适用范围上施以程度不等的限制。譬如，米兰达规则是20世纪最著名和最具影响力的法律裁决之一，它引起了广泛的、政治的和学术的争论。它向全世界的人类播撒刑事司法保障人权的种子。与此同时，它也被看成是放纵真正罪犯的恶魔。这也正是它致命的弱点，以至于它一直生活在死亡的阴影下。在Miranda v. Arizona案判决中，持反对意见的美国联邦最高法院怀特大法官说：“在不计其数的案件中，本院的这一规则将使杀人犯、强奸犯或者其他罪犯重新回到街道或产生他的环境中，随时继续犯罪。因此，人的尊严不仅没有增加，反而损失了。真正值得担心的还不是这一新判决对于……刑法的灾难性后果，而在于它对那些依赖公共权力保护的人们的影响……”[①] 在2000年Dickerson v. UnitedStates案中，美国联邦最高法院伦奎斯特大法官重申警察对犯罪嫌疑人进行询问前必须提供“米兰达警告”，“诚然，米兰达规则的弊端是有可能使有罪的被告人逃避惩罚，但是经验告诉我们，国会1968年法案中提出的‘综合全部案情’的检验标准很难在执法和司法实践中被统一掌握和适用”。[②]

不难发现，美国刑事诉讼价值权衡的方法和结构的特殊性体现在：根据时代发展，刑事诉讼的价值取向在水平面上呈现“钟摆式”运动，即某一时期“倾向”某一方面，当这种运动达到一个法制允许的限度时，价值取向就产生“回荡”，如此规律性的反复，往来不断；观察“钟摆式”运动轨迹，或者其内部结

① Miranda v. Arizona, 384U. S. 467(1966).

② Dickerson v. U. S., 530U. S. 428(2000). 研究有关“米兰达规则”四十年的风雨历程，还可分析以下判例：Harris v. New York, 401U. S. 222(1971)；Harris v. New York, 401U. S. 222(1971)；New York v. Quarles, 467U. S. 649(1984)；Nix v. Williams, 467U. S. 431(1984)；Oregon v. Elstad, 470U. S. 298(1985)；Illinois v. Perkins, 496U. S. 292(1990)，等等。

构，不难发现，其整个刑事诉讼制度出现立体面上的“超越性”，愈发科学、合理、周密，或者说依据“否定之否定”规律，呈现“螺旋式”上升。[①] 类似的“螺旋式”上升还见于英国被害人权利改革运动等。依德国、法国等大陆法系传统，其在刑事诉讼上坚持成文法制主义；在法律发现上强调成文法至上主义；在法律解释上，普遍禁止扩张解释、类推适用，强调守法义务；在法律推理上，强调演绎推理和司法三段论；在价值权衡上，一般禁止法官任意裁量。在第二次世界大战后，两大法系刑事诉讼法发生深刻转型：譬如，刑事诉讼中的利益形态从封闭走向开放，其所“保护—干预”的人身性利益和财产性利益得到扩张；利益主体出现国家利益、公共利益、犯罪人利益、被害人利益、社区利益、全球利益或全人类利益等多元化倾向。笔者十分赞同北京大学储槐植教授在刑事法一体化上展开的研究。实际上，在两大法系，“刑事法一体化”得到强化，罪刑法定原则、程序法定原则均从绝对走向相对，并与证据裁判主义结合，共同规制刑事司法过程。程序相对法制化、权利必要克减原则等相继获得制度认可。刑事诉讼的上述现代化进程要求，在法律应用方法上进行变革，适应上述刑事诉讼利益观的转变，尤其是确立有利于被追诉人的法律方法。

当前，随着刑事诉讼法学方法论的讨论升温，两大法系在正当法律程序上的诉讼价值权衡问题日益获得重视，刑事诉讼价值权衡的一些基本原则也被提及。(1) 非极端化原则。在修正一国刑事诉讼中价值权衡失调的程序时，在进度和程度上加以限制，不采取休克疗法，或者过分保护某一种利益而牺牲另一种利益，以免造成社会动荡。(2) 静态位阶原则。在一国刑事诉讼个案裁判中，不同利益之间无法协调的，可确立其中的位阶关系；但是，这种位阶关系的设定必须符合刑事诉讼发展规律并与一国刑事诉讼基本国情相契合。(3) 动态衡平原则。一国刑事诉讼中价值权衡，无论立法还是司法，都需要因时、因势，进行价值取向的调整，根据利益形态变化和利益主体需求，实现利益“同向损益”和均衡化。(4) 正当程序原则。在一国刑事诉讼价值权衡中，应尊重利益的调查与发现、利益分析与筛选、利益的具体衡量与选择、结论的论证与修正等程序规制，尊重程序利益受损者的实质参与权，防范权衡者的任意、不法行为。

---

① “惯性政治”的运作遵循着一种“钟摆式”的轨迹，即“钟摆逻辑”。龙宗智著：《相对合理主义》，中国政法大学出版社 1999 年版，第 47 页。

四、对中国刑事诉讼价值论发展的研究

党的十六大报告多处提到“程序”问题，尤其强调完善诉讼程序的重要性。早在20世纪60年代美国兴起的程序革命，使人不得不想到“程序正义”这个概念在人类历史上的出现和演进。党的十六大报告反复强调程序问题，绝非偶然，它是中华民族实现社会公平和正义的政治宣言。

（一）学术界在刑事诉讼价值中的争议焦点

近年来，笔者坚持在刑事诉讼法的价值和功能上，要从单一的和从属的工具主义的法律观转变为多种价值和功能的法律观。这一思想与转型时期刑事诉讼法律观的整体转变问题密切联系。笔者的多篇学术著作和论文中从刑事诉讼活动的本质、价值、功能、证据的取向、国内法与国际法的关系等方面，比较深刻地论述了刑事诉讼法律观的转型问题。这是祛除立法和执法中存在的“重实体法轻程序法”倾向的关键所在。

应当说，在不同历史时期，受制时代思潮、经济体制、国民性、统治机构、文明水平、犯罪数量及是否存在政治刑法等维度，尤其是特定历史背景下的法文化、犯罪状况以及政治刑法状况这些最基本、最重要因素，决定了刑事诉讼的法价值观。[①] 中国刑事诉讼价值取向应该坚持怎样的定位？在学术界，传统的“重实体、轻程序”的主张在理论上已日渐弱化，但在公正与效率关系上存在“公正优先说”和“两者并重说”等争议，在程序公正与实体公正的关系上存在“两者并重”、“程序优先”、“程序本位”等争议。

1. 公正与效率关系

中国刑事诉讼价值取向，是刑事诉讼法学界持续关注的重要议题之一。在司法公正与诉讼效率的关系上，则形成了“公正优先说”和“两者并重说”等不同观点。在如何提高诉讼效率的问题上，学者们就刑事简易程序、辩诉交易、普通程序简化审等程序完善与建构问题进行了广泛探索。虽然在具体问题上观点不一，但通过讨论，当代刑事诉讼要重视效率价值的追求已经成为学界的共识。关于“诉讼效率”，多数观点认为诉讼效率是诉讼中投入的司法资源与所取得成果之间的比例，而有别于“诉讼效益”（包括对结果社会效益的追求）。

---

① 宋英辉著：《刑事诉讼目的论》，中国人民公安大学出版社1995年版，第19~29页。

2. 程序公正与实体公正关系

通过不断探索、反思、争鸣，过去“重实体、轻程序”的主张在理论上已不复存在，而代之以“两者并重”、“程序优先”、“程序本位”等不同学说。[①]“程序公正的价值不仅仅限于保障实体公正、为实体公正服务，同时还具有独立的价值”以及“根据我国的实际情况，应当在观念上更加重视程序公正”等观点，日益获得学界和实务界广泛认同。同时，为了确保诉讼程序公正，学界进一步开展了对程序性违法、程序性裁判和程序性制裁等新课题的研究，从而推进了正当程序理论的研究深度。

3. 价值权衡的四种方案

在国内，关于刑事诉讼价值权衡的走向，中国学术界基于目的论、价值论等研究，大致有4种类型化方案：（1）强调利益逻辑位阶。将利益形态划分为国家和社会利益、某一方面的总体利益和个别利益，并将三种利益置于三个不同的逻辑层面上形成梯次关系。在三种利益的关系与选择上，一般性标准即为后者服从前者，亦即国家和社会利益高于某一方面的总体利益，某一方面的总体利益高于个别利益。（2）强调价值目标选择。将刑事诉讼价值解析为自由与秩序、公正与效率等价值目标或者依据价值在手段和目的上的合理性，区分刑事诉讼内在价值、外在价值和经济效益价值。由此，在具体制度层面，以“应然”和“实然”进行孰高孰低的排列，用以解释实践中的冲突。（3）强调利益内部统一。将刑事诉讼中主要利益形态解析为国家和社会利益、被害人的利益以及被告人的利益三种；认为理想的刑事诉讼程序应该能够满足各种诉讼主体的利益，尽可能促成各种利益间的共生共长，尽可能减少利益间的同消同损；利益之间又存在一种此消彼长的逆向关系，因此利益之间的矛盾与冲突是不可避免的，其具体选择没有统一标准和固定要求，受制于各国特定时期的诉讼结构、历史传统、价值观念、犯罪形势、人权状况以及法律体系等。（4）强调利益综合平衡。在法律外部，强调法律正义与道德正义、经济效益、传统文化、宗教信仰和社会观念平衡；在法律内部，强调实体正义与程序正义、案件事实与纠纷解决、个体利益与社会利益的平衡。

① 陈光中、罗海敏：《改革开放30年的刑事诉讼法学》，载《现代法学》2009年第1期。

（二）应当倡导的刑事诉讼价值观

在诉讼法学界坚持程序本位，与实体法修改相适应，刑事诉讼法的价值有内在价值和外在价值之分，我们在强调刑事诉讼法的内在价值的同时，并不否定刑事诉讼法的外在价值。但是，需要意识到，实体不公正影响的是个案，程序不公正破坏的是整个机制。诉讼机制出了“毛病”，会导致无数个案间的实体不公正。当程序公正和个案的实体公正发生冲突时，应当牺牲个案的实体公正，维护程序公正。

刑事程序的逻辑结构与其体现的价值观念有着密切的联系，一定的价值观念决定着刑事程序的逻辑结构，而刑事程序逻辑结构又体现着一定的价值观念；事实问题不能在刑事程序之外找到判断的标准，而必须受制于刑事程序，在刑事程序中得以解决。要建设法治国家，在刑事司法领域内，必须首先尊重刑事程序及其价值，实现“正当程序统治”。实际上，以人权保障为核心的程序正义理论，主要探讨的是实现刑事程序价值即保障人权的途径和方法，即将价值体现在刑事程序原则之中，而刑事程序原则又体现在刑事程序规则之中，即将价值的实现与刑事程序的逻辑结构密切联系起来。应当倡导的刑事诉讼价值观主要由以下五个相互联系的部分组成。

1. 对目的价值观的反思

刑事诉讼价值，是指人们据以评价和判断一项刑事诉讼程序是否正当、合理的伦理标准，也是刑事诉讼程序在其具体运作过程中所要实现的伦理目标。在我国，关于刑事诉讼的价值，理论上一直存在目的价值观和过程价值观两种迥然对立的观念。笔者认为，目的价值论存在诸多问题。首先，应当承认，早期的诉讼价值理论渊源于一般法律价值理论，并力图与法律学界关于法律价值的已有研究成果保持一致。站在法哲学的角度，法的价值一般被认为是法律作为客体对于主体——人的意义，是法律作为客体对于人的需要的满足。在这一视角下，一些诉讼法学者按照法理学界的通识将诉讼的价值定义为，“诉讼活动通过满足社会及其成员的需要而对国家和社会所具有的效用和意义”。显然，这一定义是一般意义上的价值概念在诉讼领域的直接套用。

根据不同学者的归纳，秩序、安全、正义、自由和效益等价值纷纷被以不同的标准加以排列、组合，作为诉讼价值进入诉讼法学研究领域。有学者认为，刑事诉讼对国家、社会及其一般成员的功能、效用和意义以及后者对前者的需求，都是多层次、多方面的。与此相适应，国家、社会及其一般成员通过诉讼便形成了多层次、多方面的价值关系。概括而言，刑事诉讼的法律价值大体包括秩序、公正、效益诸项内容。该观点认为，尽管秩序、公正、效益这些内容也是其他法律的价值，但刑事诉讼满足国家、社会及其一般成员对秩序、公正、效益的需要，是通过处理刑事案件来实现的，这一点与其他法律价值是不同的。

也有学者将公正、效率与效益并列为刑事诉讼的三大价值目标，认为公正、效率与效益是当代统治阶级进行刑事诉讼应满足的需要，是刑事诉讼目的中惩罚犯罪与保障人权的具体体现。还有学者认为，自由与安全才是在刑事程序设计与操作中相互冲突的两项基本诉讼价值。正是对这两种价值的追求构成了整个现代刑事诉讼实践的基本内容。根据这种观点，公正、效率虽是刑事诉讼的价值目标，但是却是居于自由、安全之下的次级价值目标，公正是自由价值的内涵之一，而效率则是安全价值的必然要求。在民事诉讼领域，也有学者认为，公正、效率、效益是诉讼程序的三大价值目标，这三大价值目标具有各自特定的含义和要求，同时三者之间又具有密不可分的联系，三者互相包含，公正应当是讲究效率、追求效益的公正，效率应当是在公正的基础上符合效益原则的效率，效益应当是既有效率又符合公正的效益。也有学者认为，行政诉讼的价值构成包括效益、秩序、公正和自由。

上述观点的共同之处在于，都将诉讼所追求的社会理想和实体目的——不管是自由和安全，还是秩序、公正和效益——视为是诉讼的价值，由于这一观点主要是从诉讼制度欲实现的目的角度来认识诉讼的价值，因此，我们称之为目的价值观。目的价值观的理论优势在于，将自由、秩序、效益等作为诉讼的价值目标，揭示了诉讼制度的实体目的和社会理想，从而也揭示了诉讼制度存在的正当性和合法性根基，这是因为，从根本上讲，自由、秩序等是人类社会存续、发展的最基本需要，国家设立制度的最原始动机就是解决社会生活中的各种纠纷，维护社会的秩序与安全，进而确保公民的个人自由。因此，将自由、秩序等作为诉讼的价值目标充分体现了诉讼制度对人的这种基本需要的满足，揭示了诉讼制度存在的正当基础和终极目的就是保障自由、维护秩序；同时，自由、秩序等价值作为诉讼制度的理想，也为诉讼制度自身的发展提供了目标和导向，成为推动诉讼制度朝着这一终极目标发展、完善的不竭动力。

但是，人作为一种复杂的社会主体，其需求具有多样性，这就决定了诉讼的价值不可能表现为单一的目的价值，而是一个内涵丰富的多元价值系统，本身包括了不同层级的子系统。仅仅将诉讼的价值归纳为目的价值这一层面，对诉讼价值的认识显然是过于狭隘的。从主体需求的角度而言，人民对诉讼的期望不仅是获得最终的胜诉，更希望获得一个“满意”的判决，因此，诉讼的价值不仅体现在通过查明案件真相、发现实体真实，即满足人民自由和秩序的需要上，更重要的是从心理或行动上解决纠纷，而这就要求纠纷解决的过程必须保持一定程度的形式合理性，如刑事程序本身的组织结构必须具有中立性、平等性、公开性等。诉讼除了目的意义上的自由、秩序价值外，还必须具备一种形式价值，即诉讼程序本身必须具备形式理性，保持中立、平等、公开和参与性，这些形式价值实际上也是对人的需要的满足，因此也应当是构成诉讼价值系统的重要组成部分，诉讼的价值体系应当是一个由目的价值系统和形式价值系统共同构成的多元价值体系。而对此，目的价值观的理论阐释是无能为力的。

2. 对过程价值观的阐释

从理论谱系上看，过程价值观是在反思目的价值观的理论缺陷的基础上产生的，并逐渐成为我国诉讼理论界的通说。针对目的价值观的不足，我国有学者提出，从目的价值的角度界定诉讼的价值，容易导致程序对实体的从属和附庸，“那种将程序看作刑事实体的附庸的观点，没有看到程序是以实效性的权威决定着刑事实体的现实形态。程序不是刑事实体的影子，而是可以使刑事实体美化或丑化的独立的力量。从实效性的角度看，程序比刑事实体能更直接触动社会的神经，能更直接地体现刑事诉讼活动是公正、正义的，还是偏私、罪恶的。只有对程序达到具有独立人格的理解，对程序问题的讨论，才能有堂堂男儿的自信，刑事程序的理论才能在刑事实体理论面前抬起头来，寻求有历史感的独立意义。”① 这是我国学者关于诉讼目的价值理论的最早反思，是关注诉讼程序价值或曰过程价值的理论先声。

有学者在此基础上进一步挖掘了目的价值观的哲学认识论根源，认为将诉讼价值定位为自由和秩序等是因为没有对诉讼中的价值问题作出具体的和有针对性的探讨，而这是由于我国长期以来片面重视哲学认识论、忽视哲学伦理学的结果，这种将价值定位于认识论上的主体和客体之间关系的观念，只能推导出“价

① 袁红冰：《刑事程序的魅力》，载《中外法学》1990年第6期。

值就是有用性”的结论。而有用性又可以称为实用性、工具性或者功利性，以此为基础来分析法律价值问题，所得出的结论将永远不会摆脱功利主义、实用主义甚至工具主义的束缚。为此，该观点主张摆脱认识论束缚，从哲学伦理学即道德评价的角度来认识刑事诉讼的价值。

具体而言，从哲学伦理学的角度来看，价值也就是所谓“善”，是人们值得追求和向往的“善”。在伦理学上，“善”是一个最普通的褒义形容词，意为一种高尚的、至少是令人满意的品质的存在，它们或者本身是值得羡慕的，或者对于某种目的来说是有用的。显然，伦理学意义上的价值可以被区分为工具价值与固有价值两个方面，也就是“作为方法的善”和“作为目的的善”。据此，人们对诉讼程序的评价，也就与一般意义上的价值评价一样，可以有两项独立的价值标准：一是外在价值或者工具价值，也就是诉讼程序对于实现某一外在目标而言是否有用或者富有意义；二是内在价值或者固有价值，也就是该项程序本身是否具有独立的内在优秀品质。诉讼的价值应当是一种过程价值。作为一种过程价值，诉讼价值不是指什么抽象的安全、自由、秩序和正义价值，而包含着诉讼的内在价值（或公正价值）与功利价值（或工具价值）两个方面。为实现其内在价值，诉讼程序在设计上必须符合特定的伦理价值标准，具有特定的内在优秀品质。而为实现其功利价值或工具价值，诉讼程序在设计上还必须考虑如何对实体法的正确实施具有积极的效用和保障意义。

上述观点的共同之处在于，强调程序除了具有促成结果公正的工具性价值之外，程序过程本身也具有某种独立的内在优秀品质，因此，称之为过程价值。过程价值观的提出具有重要的理论意义，它突破了传统的目的价值观的窠臼，揭示了诉讼法作为一种程序性法律在价值追求上与实体性法律的区别与独特性。由于过程价值本质上属于一种形式价值，因此，过程价值观实际上是主张诉讼法作为一种程序法除了目的性价值的追求之外，本身的结构和组织也体现着一种形式性价值。这就为我们全面认识诉讼的价值体系提供了全新的视角。

3. 对程序本位价值观的阐释

在过程价值观的基础上，诉讼的目的价值与形式价值，也即是实体公正与程序公正之间，在解决纠纷这一前提下，具有功能一致性，两者都服务于解决纠纷这一目的，只是各自的着眼点不同（实体公正着眼于在行动层面解决纠纷，而程序公正立足于在心理层面解决纠纷），因此，追求实体公正与遵循程序公正，两者并不矛盾，且追求实体公正往往要以遵循程序公正为前提。但是，这并不意味着我们就是在主张一种“兼顾论”、“平衡论”或“并重论”，对于目的价值和形式价值，不作任何区分对待。实际上，由于目的价值与形式价值，也就是实体公正与程序公正之间内在规定性的不同以及资源的有限性，在两种价值实现过程中，难免产生冲突，出现难以兼顾的情况，那么，在这种情况下，就面临如何进行价值选择的问题。

后来，坚持“兼顾论”、“平衡论”或“并重论”的学者对自己的观点进行了一定的修正，认为就司法公正来说，程序正义和实体正义的关系，不能以程序正义至上或者实体正义加以定位；在某些案件中，程序正义和实体正义存在冲突不可兼得之时，因程序正义涉及人的尊严、根本自由和权利，为维护法律的正当程序，舍弃实体正义而实现程序正义；但在另外一些案件中，维护实体正义比维护程序正义更重要，则必须牺牲某些程序正义而取得实体正义；虽然就个案而言，程序正义和实体正义无法并存，取得平衡，但就司法整体而言，应当在动态的司法过程中实现程序正义和实体正义的平衡与并重。要解决这一矛盾和冲突，应当基于目的价值与形式价值、实体公正与程序公正两种价值各自的内在属性，在两者发生冲突的情况下，应当坚持程序优先的价值选择方案，即在无法兼顾实体公正与程序公正的前提下，程序公正的实现具有优先性，有限的资源配置应当首先致力于实现程序公正。这是因为，案件事实的复杂性、可塑性以及法律适用的不确定性，都决定了实体公正内涵的不确定性，而程序本身的自洽性、形式性、刚性和安定性能够最大限度地保证程序公正内涵的确定性。在通过程序公正能够实现实体公正，也就是两者不矛盾、不冲突的情形下，实体公正的不确定性因为程序公正的确定性而得以缩减、吸收，所以一般不致面临正当性质疑，但是，在两者发生分离、产生直接冲突的情况下，实体公正内涵不确定性的弊端，就充分暴露出来了，内涵不确定的实体公正对于司法或诉讼这一功能有限的社会纠纷解决机制来讲，就显得有些虚无缥缈、无法追寻；与之形成鲜明对比的是，内涵确定的程序公正却是真实的、触手可及的。在这种情况下，如果仍然放弃现实的程序公正的目标，而致力于虚无缥缈的实体公正的实现，不但会造成资源的浪费，而且会导致司法裁判的结果面临来自当事人以及社会公正的正当性质疑，这显然不符合诉讼机制解决纠纷这一根本目的。因此，在实体公正与程序公正发生冲突而难以兼顾的情况下，坚持程序优先，是唯一现实可行的价值选择方案。

4. 对形式合理价值观的阐释

在运用证据的价值选择上，主张要从客观真实的、实质合理的法律观转变为法律真实的、形式合理的法律观。形式合理价值与其过程价值、程序独立价值等观念是一脉相承、有机统一的。

长期以来，我国的立法和执法存在“重实体法轻程序法”的倾向，由于程序法体现的是一种形式上的合理，反映了立法者和执法者注重和青睐实质合理的法律。实际上，法的形式理性化要求：第一，法的表现形式理性化，即要求法律规范具有严密性、确定性以及法律规范的完整和谐性。第二，制定法要有权威性，即法律一旦确定就不得任意违反；如果违反，该行为就会在法律上引起消极的后果，如行为无效、行为人受到相应的制裁等。程序法被制定出来，无论其如何规范，但没有违法制裁，永远是纸面上的法、书本中的法，或者说，只不过是文字构筑的牌坊。程序法的价值也无法得到实现。旧刑法类推制度的设立，就是实质合理压倒形式合理的结果，而罪刑法定原则的确立，以对国家刑罚权加以限制的形式传达一种形式合理的法律观。我国刑事诉讼法关于“非经人民法院依法判决，任何人都不得确定有罪的原则”和“疑罪从无”原则的确立，表明形式合理的法律观正在形成。刑事案件是过去发生的，由于认识的复杂性，这种事后性的证明活动要追求客观真实，是难以实现的，甚至是一种幻想。按照马克思主义关于真理的绝对性和相对性辩证关系的原理，对一个刑事案件的证明要求，只能达到近似于真实，而不可能达到绝对的客观真实。相反，如果从法律真实出发，对于案件事实的认定，则只要求符合刑事实体法和程序法的规定。这对于立法人员来说，可以促使他们不断地完善立法；对执法人员来说，可以增强可操作性；对于诉讼参与人来说，可以充分保障他们的诉讼权利，从而最大限度地达到程序正义。

5. 21世纪中国刑事诉讼法律价值观

在《刑事诉讼法学五十年回顾》中，笔者系统展望了21世纪中国刑事诉讼价值观及其转变，提出了一个极具时代感和使命感的价值论观点。笔者认为，21世纪是一个时间概念，但对我国刑事诉讼法学而言，则意味着一个新的发展阶段。一方面，随着我国改革开放的深入开展，21世纪的中国将为刑事诉讼法学的繁荣发展及其价值观的成熟提供更为有利的社会环境：经济上，我国社会主义市场经济体制的形成与初步发展，为刑事诉讼法学进一步的发展奠定了坚实的社会经济基础；政治上，依法治国方略的确立则为刑事诉讼法学的开拓性研究提供了政治上的保障，并为其进一步发展提出了更高的要求。而且，随着市场经济的确立和依法治国方略的推行，平等观念、法治观念也将深入民心，从而引发社会观念的巨大转变。这些社会条件的变化，必然将刑事诉讼法学研究推向更高的发展阶段。而另一方面，从刑事诉讼法学自身来看，经过五十年的发展，我国刑事诉讼法学已经逐渐形成了自己的理论体系和研究方法，并为学科的长足发展培养、积累了大批科研人员，从而有能力胜任新的社会条件所赋予的历史重任。因此，21 世纪里，我国刑事诉讼法学必然会百尺竿头，更进一步，迈向更高的发展阶段。

所以，刑事诉讼法学在 21 世纪的发展是以现有学科发展水平为基础的。为了履行新世纪赋予的使命，刑事诉讼法学研究应当进一步解放思想，转变观念，推动刑事诉讼价值取向的转变。具体而言，刑事诉讼活动涉及公共利益和个人权利保障两个方面，因而，是以社会为本位，还是以个人为本位，抑或二者并重，不同的价值取向直接影响着诉讼程序的立法设计和司法状况。我国传统上缺乏对个人权利的重视，刑事诉讼的价值取向偏重于公共安全而忽视对公民权利的保障。在这种重打击、轻保护的价值观念的影响下，立法上缺乏对权利的制度保障，实践中，为了打击犯罪，突破法定的程序规定，侵害个人权利的事例时有发生，刑事诉讼程序几乎沦为打击犯罪的工具。近几年来，尤其是刑事诉讼法修正后，保障人权（包括被告人的人权）的观念在社会上逐渐得到广泛认同。但是，刑事诉讼基本价值究竟是以社会利益（或国家利益）为本位，还是以个人权益为本位，理论上缺乏清醒的认识。因而，随着我国社会经济条件、政治条件等客观因素的变化，从理论上讨论我国刑事诉讼应当立足于什么样的价值立场，即如何正确处理社会本位和个人本位两种冲突的价值观，理顺二者的关系，对于我国 21 世纪刑事诉讼法学的发展至关重要。随着法治观念、权利观念日渐深入民心，刑事诉讼的价值观念也必然会发生相应的变化。这一转变是一个渐进的过程，其基本方向是，从单方面强调社会利益、公共安全转向社会与个人并重的价值立场。因为，社会是一个集合概念，如果社会本位不立足于每个公民的个人权利基石之上，终将走向专制。价值观念的转变涉及立法和执法两个层面：在立法层面，诉讼制度的立法必须科学地协调打击犯罪与保障人权的矛盾，在公民权利和国家追诉权之间划定一个合理的界限，对二者的冲突根据不同的需要予以动态的平衡；在执法层面，必须严格执法观念，将立法目的、具体制度坚决地贯彻到诉讼实践中。目前，刑事诉讼价值观念的转变，重点在于加强对个人权利的尊重和保障。我们必须校正过去那种片面强调追惩犯罪的做法。这种做法虽然在短期内可能会有助于公共安全、社会秩序，但是，由于其在实际运作中极易发生滥用权力而侵害公民权利的现象，对于国家长期的稳定发展有害而无益。不过，加强对个人权利的重视，并不等于因此就转向个人权利本位的极端。西方一些国家的经验已经证明，过分地强调个人权利，不仅有损于社会公共利益，而且也最终要危及个人权利的实现。只有在公共安全和个人权利之间谋求一种兼容并蓄的动态平衡，才能够既有效地打击犯罪，又可以充分保障人权。①

在具体完善的道路上，根据我国目前民主与法治的进程，当前的重点在于加强对刑事诉讼法自身独立价值的认识和研究，并使之付诸实施。内在价值虽然是刑事诉讼程序本身应有的属性，但它在人类历史上被认识得比较晚，我国的诉讼发展史就是不断认识其内在价值的过程，尤其是《公民权利和政治权利国际公约》、《经济、社会及文化权利国际公约》、《禁止酷刑和其他残忍、不人道或有辱人格的待遇或处罚公约》、《囚犯待遇最低限度标准规则》等一系列文件，也对刑事诉讼程序的内在价值作了相应规定，明文规定了不少刑事诉讼的程序正义标准。我国 1996 年《刑事诉讼法》的修改也包括了无罪推定原则、取消收容审查、废除免予起诉、辩护律师提前介入诉讼、庭审方式的改革、二审法院发回重审权等，都体现了刑事诉讼的内在价值，但仍与刑事诉讼应有的内在价值目标有相当差距。2012 年《刑事诉讼法》的修改，明确规定“尊重和保障人权”为刑事诉讼法的任务，通过“五条八款”的规定明确了非法证据排除规则，确立了“不得强迫任何人证实自己有罪”，构建了遏制刑讯逼供的机制等，这些都说明，我国刑事诉讼法的内在价值发生了改变，并且受到越来越多的关注和重视。

五、刑事诉讼价值观的应用

刑事诉讼价值观的研究和运用，笔者认为不能只停留在纸面上或者口头上。徒法不足以自行，法律需要通过具体应用才能获得生命力；法学理论也是一样，只有通过实践的检验为真，才是切切实实的学问。这是一种负责的态度。

---

① 参见樊崇义、吴宏耀：《刑事诉讼法学五十年回顾》，载《人民检察》1999 年第 12 期。

回眸过去，在刑事诉讼法律观转变、刑事诉讼法再修改、刑事证据理论与立法、人本主义司法、侦查讯问“三项制度”实验、检察学建设、刑事和解改革、量刑程序改革等一系列项目中，对诉讼价值观的一一践行，完善其理论主张，检验其科学性和正当性，做到学术体系的传承、学术思维的统一，说与行的一致。

(一) 价值观在刑事诉讼法律观的转变中的应用

在2001年，笔者在《政法论坛》第2期发表了《论刑事诉讼法律观的转变》一文，比较早地提出了刑事诉讼法律观的转变问题。长期以来，笔者深入实际调查研究，适时地提出了在社会转型时期刑事诉讼领域中的“十大转变”：以斗争哲学为指导转向以和谐哲学为指导；由国家本位转向国家、社会与个人本位并重；由一元化价值观转向多元化价值观；由权力治人转向权利保障；由有罪推定转向无罪推定；由口供本位转向物证本位；由客观真实转向法律真实；从重实体轻程序转向两者并重，最终转向程序本位；由高压从重转向宽严相济；由国内优位转向国际优位。价值观的转型起到了核心作用。

刑事诉讼法律观在法律文化结构的体系中居于深层次或隐蔽的地位，但它却控制和影响着执法的效果和功能；不同的人、不同的刑事诉讼法律观，要受时代的制约并随时代的变化而变化。刑事诉讼法律观按照主体的不同可以分为立法者、执法者和社会公众（包括诉讼法学理论工作者）的刑事诉讼法律观。其中，执法者的刑事诉讼法律观直接关系到刑事诉讼法的贯彻执行，而法学家作为国家法治建设的大脑和灵魂，对于刑事诉讼法律观这样一种观念形态的理论研究意义重大而深远。作为核心观点，在刑事诉讼法的价值和功能上，要从单一的和从属的工具主义的法律观转变为多种价值和功能的法律观。长期以来，我国一直沿用和秉承工具主义的法律观，认为刑事诉讼法是实施刑法的工具。实现和完成刑事诉讼价值观的转变，要求我们在执法过程中，遵循多功能、多效应的价值目标。一要坚持刑事诉讼法的打击、惩罚和保护功能，使刑法得以实施，充分体现刑事诉讼法的工具价值（程序的外在价值）；二要特别重视刑事诉讼法自身的独立功能，即程序的公正性（程序的内在价值），严格依法办案；三是不能忽视诉讼经济、诉讼效益，以实现刑事诉讼法的经济效益价值。目前，加强对刑事诉讼法独立价值的认识和研究，具有十分重要的意义，独立的程序价值和品位，本身就是现代法治的要求。我国刑事诉讼法关于无罪推定原则的吸收，收容审查的取消、免予起诉的废除、劳教制度的废止、辩护律师提前介入诉讼、庭审方式的改革、违反法定程序的判决得以撤销等规定，充分体现了程序的独立价值。当然，司法实践中还相当程度地存在许多轻视程序的做法，说到底是法律工具主义的影响，没有认识到程序的内在品位和价值。因此，确立非法证据排除规则和不强迫犯罪嫌疑人自证其罪等原则非常必要。此外，还应把诉讼经济效益的价值观提上议事日程，如实行普通程序简易化、确立庭前证据开示制度、确立由证到供的侦查模式等。

此外，在刑事诉讼的本质、运用证据的价值选择、国内法与国际法关系等方面，都要秉承这样的价值取向：从程序工具到程序本位。在刑事诉讼法的本质上，要从国家本位一元化的法律观转变为国家本位、社会本位和个人本位并重的多元化的法律观。在对刑事诉讼法本质的认识方面，从 20 世纪 50 年代到 80 年代初期，由于受苏联的制度结构和法律观念的影响，刑事诉讼法从立法到执法，无不以国家本位为主宰，无限强调义务本位和权力本位，诉讼中的独立、平等和权利被忽视。在“以阶级斗争为纲”的时期，刑事诉讼法被定位为“打击敌人”、“镇压反革命”的工具；党的十一届三中全会以后，社会主义的民主与法制被提到了议事日程，立法开始注意把保障无罪的人不受刑事追究和诉讼中的权利保障，作为社会主义民主与法制的体现；党的十五大把“依法治国”确定为治国方略，这说明党和国家的法律观已经从一元化的国家主义转移到肯定和强调法的社会属性。但是，由于我国传统法律文化缺少对个人的自主地位和独立价值的重视，国家本位的价值观根深蒂固。在刑事诉讼领域里，特别是执法的环节中，重国家轻个人、重打击轻保护、重控告轻辩护、重实体轻程序等，由国家本位主义法律观控制下的习惯性做法一时还难以彻底扭转。为此，我们应当力求按照近现代刑事诉讼的规则和标准的要求，把一元化的国家本位的法律观转变为多元化的国家、社会、个人本位的法律观。刑事诉讼是由控诉、辩护、审判三种基本诉讼职能组成的，参与和决定刑事诉讼进程的主体，除了专门机关之外，还包括所有的诉讼参与人，在诉讼中剥夺或侵犯了他们的权利，或取消和削弱任何一种诉讼职能，都将直接影响诉讼效果。在社会主义市场经济培育过程中，市场的法律主体是独立、平等的，这就必然要求刑事诉讼法重视人权保障，以全面实现“依法治国”。在运用证据的价值选择上，要从客观真实的、实质合理的法律观转变为法律真实的、形式合理的法律观。在国际法和国内法的关系上，要逐步从国内优位的法律观转变为国际优位的法律观。世界已经步入一个国际优位的时代，即在法律适用上国际法优于国内法。国际优位的法律观，在我国的立法上已有所体现。贯彻和落实国际优位的法律观，当前在我国着重要解决的问题是，积极创造条件，促使我们已经参加、签署的国际公约批准生效；正确理解并实现联合国刑事司法准则中各国普遍采用的最低限度的刑事诉讼标准；在执法中确立人权保障观念。中央政法委领导高度重视以上“十大转变”的观点，并作出了“作为当前司法改革的参考”的批示。

（二）价值观在刑事诉讼法再修改中的应用

对和谐哲学观的认识并未止步云端，而是密切结合《刑事诉讼法》的再修改，将其刑事诉讼价值观作出具体勾勒。应当说，关于诉讼程序，我国已有三部比较完整的诉讼法，即《刑事诉讼法》、《民事诉讼法》和《行政诉讼法》，三部诉讼法分别于 1979 年、1991 年、1989 年颁布，其中《刑事诉讼法》于 1996 年、2012 年、2018 年分别修改。三大诉讼法的颁布和实施，对我国民主与法制建设的推进和变革起到了重大作用，所取得的成绩是举世瞩目的。但是，问题依旧很严重。价值问题即是其一。

需要强调的是，应对《刑事诉讼法》的价值、目标和功能等进行重新定位。我国目前的主要矛盾是大同下的小异，是局部利益矛盾、人民内部矛盾，应当使用和平的、正当的诉讼手段化解这些矛盾，因此，应对《刑事诉讼法》的价值、目标和功能等进行重新定位。在刑事诉讼制度的价值上，不仅要强调打击犯罪和保障人权的统一，更要将社会关系的恢复作为其最终目标。在刑事诉讼制度的目标上，要强调刑事司法的法律效果和社会效果的有机统一，在打击犯罪行为的同时弥补受损的社会关系，使社会秩序真正回到稳定和谐的状态中来。在刑事诉讼制度的功能上，应将刑事诉讼法从过去的专政工具转变为社会关系的调节器和社会矛盾的化解器。同时，在具体价值目标上，要在实现公正的基础上尽量提高诉讼效率，及时恢复被犯罪行为破坏的社会秩序。一般来说，矛盾解决越及时，社会秩序恢复越快，社会也就越和谐。因此，在刑事诉讼法再修改时，应当在公正的前提下兼顾诉讼效益，探索在诉讼各阶段建立诉讼分流程序，尤其是在审查起诉阶段建立附条件不起诉制度，在审判阶段扩大简易程序的适用范围，采取措施加快诉讼进程，及时化解不和谐因素。此外，为实现秩序的价值目标，可引入纠纷解决的合意因素，增设诉讼和解制度，通过和解方式化解社会矛盾，减少不和谐因素。根据我国传统观点，犯罪被认为是国家和犯罪行为人之间的冲突，在公诉案件中检察机关无权同犯罪嫌疑人、被告人就刑事责任进行和解。但在和谐政治哲学视野下，犯罪行为被视为人民内部矛盾，也有以和解方式解决的可能，尤其是在有被害人的公诉案件中，只要犯罪行为所造成的危害结果并不是很严重，应当也可以和解，这样既有利于节约司法资源，提高矛盾解决的效率，也有利于保护被害人的合法权益，使犯罪行为给被害人造成的损害得以及时恢复，消除犯罪行为所导致的不稳定因素。具体设计上，可以在侦查、起诉、审判和执行各个阶段都设立和解制度：在侦查终结后，对于一定范围内的刑事案件，如果犯罪嫌疑人和被害人达成和解协议并履行的，侦查机关可以撤销案件结案；在审查起诉阶段，对于一定范围内的刑事案件，如果犯罪行为人和被害人达成和解协议，检察机关可以附条件不起诉；在审判阶段，如果被告人认罪并与被害人达成和解协议，法院可以通过简易程序审判，并减轻对被告人的刑罚处罚或建议检察机关撤回起诉等。

（三）价值观在刑事证据理论与立法中的应用

刑事诉讼法的价值问题与刑事证据法的价值问题紧密相连。当前，我国的社会、经济、政治、思想、文化等各个领域都在发生重大的变化，社会正处于转型时期。由此引发的刑事犯罪的状况也与以前大不一样，在刑事诉讼领域中同刑事犯罪作斗争，程序、制度无论在立法还是执法的层面，都面临着许多新的情况和新的问题，尤其是定罪量刑的证据问题，无论从理论研究，还是立法，乃至如何运用等，都未能及时跟上时代的步伐。理论滞后，立法空洞、笼统、不便操作。其具体表现为案件审理质量滑坡，翻供率、翻证率急剧上升，上访、告状、申诉剧增，个别案件还酿成突发性事件，给社会稳定带来负面影响……这些问题的出现，笔者认为与刑事证据理论研究滞后不无关系。

在刑事证据的理论基础研究中，价值论的作用日益获得学术界认同。长期以来，对于刑事证据的理论基础问题，无论是刑事证据的教科书，还是理论界传统的认识，都是坚持一元化的观点，即马克思主义辩证唯物论的认识论。从 20 世纪 90 年代开始，由于社会的转型，特别是“依法治国，建设社会主义民主与法治”的治国方略确定以后，人们对马克思主义辩证唯物主义认识论作为刑事证据的唯一理论基础展开了深入的探讨。多数学者认为，按照“依法治国”方略的要求，根据社会主义市场经济体制的确立，在转型时期，为了适应变化了的形势，以利于同刑事犯罪作斗争，刑事证据的理论基础必须从僵化的一元化转向多元化，要从多种视角、多种思维中来研究证据法学。在这种背景下，出现了三元化理论基础，即马克思主义辩证唯物论的认识论，程序正义论和形式理性。笔者认为，这三大理论支柱的出现，正是刑事证据法学研究与时俱进的产物。特别是程序理性和形式理性在我国刑事证据领域里的诞生完全符合时代的要求，更具有现实意义，它是中华民族在证据法学研究进程中的必然产物。因为刑事证据制度，在刑事诉讼过程中，一定要走规范化、制度化和程序化之路。所以，有关程序正义的理论和形式理性科学根据的研究和深入开发，是摆在诉讼法学者面前的一项重要的任务。

在2001年由笔者主编的法律出版社出版的《证据法学》中，在证据法学的基础概念基础上，极富创造性地提出了证明的真理性和正当性原理，指出由于受到各种客观因素和人类主观因素的影响，证明结果的真理性只能达到一种相对的真实性，即证明的案件事实与实际发生的事实不可能完全吻合；但证明的可接受性还要依赖于诉讼证明过程的正当性实现。正当性是在伦理上的道德性，具体体现在当事人对证明的参与以及对当事人各项权利和利益的保护上。尊重公民的尊严和利益，正是法律价值或正当性的核心意义所在。另外，在诉讼证明的标准问题上，该书基本持法律真实说，但是又赋予法律真实说更为丰富的内容，即认为被证明的案件事实同时包含客观性、主观性和法律性三种性质。

（四）价值观在人本主义司法中的应用

长期以来，笔者极其重视人的价值，尤其是刑事诉讼程序中人的价值。当前刑事司法活动中对于人及其存在尊严的重视和尊重的程度仍远远落后于一个现代法治文明国家应达到的水平。法治的最高层次是一种信念，相信一切法律的基础，应该是对于人的价值的尊敬，应该以人为尺度。法律应实践出这样的人文理想：每一个人都应该受到尊重和关怀，无论他是谁，无论他做过些什么，无论种族、肤色、宗教、性别、收入、阶级、地位、职业或其他特点。法治的理想，就是去创造和维护一套原因、规例、程序和机构，以保障每个人的权益，防止它受到政府或其他人的侵犯，使每个人都有机会过一种合乎人的尊严的生活。中华民族是一个有着深厚人文传统的民族，法律本质上是社会生活的一种反映形式，我们的刑事诉讼法应当体现我们这种民族特色。但多年来，我国的法学研究总是把我们中华民族中非常优秀、有着深厚民众基础的某些人文传统当作封建糟粕而不予理会。长期以来，公、检、法机关也好，人民群众也好，都把“刑事诉讼”

定位为“专政”、“严打”、“高压”，甚至“刀把子”。有鉴于此，笔者于2002年在《检察日报》发表了《重塑刑事司法的人文精神》一文，提出把“以人为本”、“人文精神”、“人文关怀”引入刑事诉讼领域，并形成了相关学术成果。

许多基层公、检、法机关在这一理论的指导下，把人文精神运用到侦查、审判程序之中，构建了科学、文明的审讯、侦查程序。在正当程序和人格尊严的观念尚未在司法实践中取得支配地位时，珠海市人民检察院、周口市人民检察院、焦作市人民检察院等单位尝试将人文主义的精神注入刑事侦查实践，在刑事侦查中给予犯罪嫌疑人以人道主义的关怀，保障其各项诉讼权利，以诚感人，以情动人。譬如，珠海市人民检察院在搜查过程中，不仅做到法律手续完备，而且本着文明执法的要求，极力避免产生负面效应，如照顾到少年儿童和老人的心理，避免对他们的心理造成伤害，留下阴影。在医疗方面以对方的“身”为关怀对象，为生病的犯罪嫌疑人提供治疗其疾病的新药，并安排他做手术。又如，在饮食方面给予职务犯罪案件的嫌疑人特别关照，一位犯罪嫌疑人想吃酸辣汤，办案人员专门派人去做；还有一位犯罪嫌疑人想吃某一餐饮店的粥，侦查人员及时给他买来。在重大节假日，检察院安排侦查人员与犯罪嫌疑人谈心……对于犯罪嫌疑人的家属，检察机关也尽力做好工作，包括及时对家属做劝慰、解释、安抚工作，为家属的工作而进行说服工作，避免有的家属因下岗造成生活陷入困顿，等等，通过这些做法消除家属的对立情绪，并赢得人心。①

这些极具中国特性的人情化做法，无疑切准了中国人的脉搏，由此取得的成效是十分显著的，诚如一位犯罪嫌疑人所言：“这样办案，没有什么案子办不下来。”应该说，这种在法定的职权范围内从善如流、顺应司法文明的时代要求的做法，反映了刑事诉讼价值观的一种现实变迁和发展，是值得赞赏的。将这样的精神和做法发扬光大，无疑将促进我国诉讼文明程度的提高和司法环境的改善。

（五）价值观在侦查讯问“三项制度”中的应用

侦查讯问程序的改革是刑事诉讼法律制度改革中的关键性问题，它集中了刑事诉讼多项价值目标的权衡与选择。譬如，程序公正与实体公正在这一诉讼环节中的冲突尤其激烈。为此在笔者主持下的诉讼法学研究中心从2002年开始，就在全国范围内率先开展侦查讯问中的录音、录像和律师在场试验“三项制度”

① 樊崇义、张建伟：《重塑刑事司法的人文精神》，载《检察日报》2002年5月31日。

的侦查讯问程序的改革试验。作为第一个"吃螃蟹的人"，初始的艰难是可想而知的。第一个试点单位笔者曾拜访3个省中的5个城市，由于没有先例，实务部门都很犹豫。但是笔者最终以不懈的努力取得了广东省珠海市人民检察院的鼎力支持与配合，最初的讯问律师在场制度试验得以顺利展开，并取得了非常好的司法效果和社会效果。后又在这个试验项目的基础上，选取了北京海淀、河南焦作、甘肃白银分别作为东部、中部和西部的代表进行了"三项制度"试验。其研究结论是，对警察讯问的录音、录像可以把侦查讯问活动置于监督之下，从制度层面遏制刑讯逼供；可以促进侦查人员提高侦查讯问水平，逐步消除口供主义的影响；可以证明讯问过程的合法性，固定犯罪嫌疑人的供述，避免翻供。[①] 在回访时，参与实验的许多警察认为："三项制度"完整记录了讯问过程，证据力度提高；规范了办案秩序和执法行为；平时加强业务学习，迫使寻找口供以外的实物证据，提高办案水平；保护警察，避免遭受不白之冤。显然，这项实验的"录像"，对于刑讯逼供现象比较突出、之前缺乏监督警察权力多样化方式的中国而言，是一件新鲜事物，在其初步实验中，得出的肯定结论占据压倒性优势并不奇怪。

2006年3月，侦查讯问程序改革国际研讨会在北京举行。会上聚集了国内外的众多学者和实务界的专家，共同对侦查讯问制度改革试验进行总结和反思。研讨会取得了巨大的成功，国内外多家媒体对该会进行了报道，并对侦查讯问中的"三项制度"试验给予高度评价和首肯。大家认为，这项在侦查讯问程序中的改革试验不仅为遏制刑事诉讼的非法讯问行为提供了有效的思路，同时亦为保障被讯问人员的合法权益提供了选择路径，并开启了侦查程序适度公开的先河。其对于刑事司法制度改革的重大意义是不言而喻的，同时在该研究中所使用的实证研究方法亦吹响了刑事诉讼法学研究方法变革的号角，拉开了刑事诉讼法学研究方法转型的序幕。其论文《刑事诉讼法学研究方法的转型——兼论在刑事诉讼法学研究中使用实证研究方法的意义》对于在刑事诉讼法学使用实证研究方法的意义进行了系统的归纳和概括。作为中国刑事诉讼法学界大规模使用实证研究方法的第一家，有力地推动了法学研究中实证研究方法以及注重深入实际调查研究之风

---

① 樊崇义、顾永忠主编：《侦查讯问程序改革实证研究——侦查讯问中律师在场、录音、录像制度试验》，中国人民公安大学出版社2007年版，第437页。

的兴起。记录该研究方法使用细节和总结该研究成果的《侦查讯问程序改革实证研究：侦查讯问中律师在场、录音、录像制度试验》荣膺北京市第十届哲学社会科学优秀成果一等奖。2006 年《美国人权报告》中将讯问程序录音、录像试点作为中国司法“人权进展”成绩的两项内容之一。同年，联合国酷刑问题特别报告员对中方讯问程序试点实验亦大加赞赏和表扬，美国维拉研究所及哈佛大学也邀请我们做了专题交流。

（六）价值观在检察学建设中的应用

对检察学进行系统研究在当前学术界炙手可热。可以说，价值功能是其中检察官客观义务研究、检察学基本原理研究的立足点和根基。公正是客观义务的本质要求，追求事实真相和保障人权是客观义务的价值目标。具体来说，主要体现在四个方面：有利于查明案件事实真相；有利于刑事诉讼模式的改造；有利于强化检察机关的法律监督；有利于正确行使追诉职能。关于检察官客观义务的定性、定位问题，客观义务，是一个法律义务，还是非法律义务？是宏观的义务，还是微观的义务？是法律规定的职责，还是宏观理念下的东西？是刑事诉讼的价值目标，还是一个实践的标准？是检察官行为的基本原则，还是整个刑事诉讼的基本原则？是检察制度特有的规则，还是整个刑事诉讼都要遵从的准则？是一个原则，还是一个工作方法？这些问题都需要我们逐一认真研究。而且，这种研究要与强化法律监督结合起来。检察官客观义务与强化法律监督具有内在的一致性，其价值追求都是为了维护全社会的公平正义。

检察官客观义务既是一个诉讼的理念，也是宏观上的要求，更是一种法定的职权和义务。德国、日本、英国等国家都有检察官须遵守客观义务的要求和规定。对此，检察官客观义务是理念性与规范性的有机结合，光有理念性而无规范性的客观义务是空洞的，因而检察官客观义务应当成为检察官追求实体正义和实体真实的永恒理念和行为规范。检察官客观义务是对社会、对人类和对公众利益良性发展的一种信念，是一种良心、良知、良策、良法，每个公民都有自己的良心和良知，因此检察官更应当具有客观公正的良心和良知。

在 2006 年笔者承担了最高人民检察院的重大项目“中国特色社会主义检察制度的基本原理”。这涉及价值选择问题。笔者根据其对过程价值观的理解，最终总结了权力模式原理、权力制衡原理、公平正义原理、公共利益原理、法制统一原理、人权保障原理和正当程序原理等七个基本原理，概括出我国检察制度的国家性（公益性）、司法性、客观性、独立性、一体性、法律性、综合性、程序性的基本属性。如果将检察制度比喻成一个运动着的物体，权力模式原理与权力制衡原理揭示的是该物体的内部构造，正当程序反映的是该物体运行的轨道，而其他原理则是该物体运行所指向的目标。没有正当程序的规范，检察制度不可能实现上述各种功能；没有这些功能的指引，检察制度就会失去行动的方向；没有权力模式原理与权力制衡原理的支撑，检察制度既不能走向正当程序，也不会达到预定的目标。全面考虑这七个方面的内容，才能避免陷入理论的边陲化陷阱，才能建立一套具有中国特色的检察制度。

将公平正义原理、公共利益原理与法制统一原理归纳为检察制度的功能性原理，其功能往往是对某种需要的满足。根据公平正义原理，公平正义是社会制度首要价值目标，又是一套不断发展变化的有关行为和制度的道德评价标准。检察制度作为公平正义实现手段的领域是有一定范围的，只限于司法正义领域。司法正义包括适用的法律程序本身应是正义的，即程序正义；程序得出的结果是正义的，即实体正义；应当严格遵守法定程序和实体法律规范，即形式正义。我国检察制度对司法正义的实现具有一种有力的促进与保障作用。根据公共利益原理，公共利益的含义至今还没有定论，从程序法的角度来看，笔者认为公共利益应当包含以下几层含义：一是社会的安全与秩序。二是社会的经济利益、道德利益和可持续发展的利益。三是当事人的利益特别是犯罪嫌疑人的个人利益。我国检察机关是与公共利益紧密联系在一起的，公共利益的维护就是我国检察机关的最终目标。当然，也存在一些需要完善的地方，如强化检察机关客观和诉讼关照义务，赋予检察机关提起公益诉讼权力。根据法制统一原理，法制统一是指已有法律在一定区域内得到普遍而严格的适用和遵守，恪守法律效力至上和平等适用的精神。它包括两个方面的要求，一是所有法律在体系上必须是完整的，在逻辑上必须是自洽的，而不能有遗漏或相互冲突；二是法律在主权效力范围之内都应当得到普遍的执行，例外情形必须由法律加以规定。正如前面谈到的，我国的检察制度是建立在保障法制统一的监督理论基础上的，因此，我国检察机关至少在形式上是为法制统一而生、为法制统一而发展的。目前，由于人事、财政等方面附属于地方管理，检察机关独立性缺乏有效保障，以及检察机关现有的职权配置与其作为国家法律监督机关的宪法地位不相符合等，可能影响到法制统一的监督。

因此，这三个原理其实也就是我国检察制度所要实现的三个目标。其中，法制统一旨在公平正义与公共利益的实现，而公平正义与公共利益又是相互促进的，没有不要公共利益的公平正义，也没有能远离公平正义的公共利益。只有通过公平正义才能实现公共利益，只有包含公共利益，公平正义才是真正的公平与正义。此外，正当程序是检察机关的目标，检察机关通过法律监督促使国家机关在行使权力时遵守具有正当性的法律程序；程序正当也是对检察机关的要求，检察机关进行法律监督时必须遵守正当法律程序。正当程序原理则是检察制度诸多功能得以实现的途径，只有通过正当程序原理，公平正义、公共利益、人权保障以及法制统一才有可能得以实现。因此，正当程序原理也就是检察制度的运作性原理。

（七）价值观在刑事和解改革中的应用

刑事和解改革在我国刑事司法中已经蔚然成风。一方面，国外在恢复性司法理念的指引下构建的刑事和解制度在刑事司法领域内发挥着越来越重要的作用。而国外的刑事和解制度的社会背景、理念基础和我国并不能完全契合。尽管该制度有各种各样的优越性，但是盲目移植所带来的排异效应的危害是极其严重的。另一方面，中华民族几千年的文明所创造的精神财富，本身就蕴含着博大精深、璀璨夺目的传统文化，其优越性是不言而喻的。和谐社会理念所蕴含的和谐司法理念较之于恢复性司法理念，在内涵上更加全面和科学。如何在价值论上进行比较研究，拓展其理论基础，成为核心问题。

和合思想在一般层面上的含义包括：第一，关于人与大自然的关系主要体现在“天人合一”的思想。第二，关于人与人之间的关系强调“以和为贵”，追求“人和”。第三，在人与国家社会之间的关系方面主张“修身、齐家、治国、平天下”，强调“和谐协调”、“与人乐乐”、“上下同乐”。和合思想是一个以和谐为核心的综合性概念，是中国传统文化所认为的所有关系的最佳状态。和合思想还包括“和而不同”与“和变”思想。一般层面上的和合思想决定着建立中国特色刑事和解制度的必要性。哲学层面上的和合思想决定着建立刑事和解制度的可行性。和谐社会、和谐司法理念的核心和合思想是中华文化的精髓之一。在和合思想的指引下，借鉴国外刑事和解制度的合理内核，充分考虑具体国情，建立中国特色的刑事和解制度是本文的中心目的。根据中国情况并结合我国刑事司法制度的价值目标进行考察选择，包括社区调停模式、转处模式、替代模式、司法模式。

（八）价值观在量刑程序改革上的应用

量刑程序改革在这两年的司法实践中正如火如荼地进行着。依据怎样的价值论进行改革，是相对分离，还是绝对分离？这些程序选择都涉及价值权衡。量刑程序的价值，是指量刑程序对诉讼主体合理需要的积极满足或正面满足。讨论量刑程序的价值定位，就是诠释量刑程序应当包含和体现怎样的价值，以及出现价值冲突时应根据何种标准进行评价和取舍。量刑程序的价值应包括以下方面：

1. 量刑公正

公正是司法活动追求的首要目标，也是一切法律的价值所在。近现代的公正价值观念产生和完善于英国法，并为美国法所继承的“正当程序”思想而形成和展开。通常认为，公正所关注的是如何使群体秩序或社会制度适合于实现其基本目的的任务，满足人们的合理需要和要求，并同时促进生产进步和社会凝聚性的程度。就量刑程序而言，既包括实体意义上的公正，也包括程序意义上的公正。在公正的程序之下，法官站在裁决者的立场，让控辩双方针对量刑问题举证和陈述事实理由，让案件越辩越明，使裁判体现公正、合理的精神。从这个意义上说，量刑的公正与否直接决定了整个刑事司法活动的成败。量刑公正的要求包括如下方面：一是程序合法。在我国的刑事法律中，实体法为刑罚裁量提供了法律标准，程序法为刑罚裁量提供了操作规程。量刑程序的设计应严格遵守我国刑事法的规定，无论作出何种制度创新，都必须在法律的框架下进行。某些情况下，违反法定程序可能会得出公正的结果，但它损害了整个刑事诉讼的法治基础，因此必须严格予以禁止。二是程序合理。合理的程序是产生合理裁判的前提，量刑程序应当体现理性，以此限制法官的裁判恣意，保障法官作出理性的公正选择，使刑罚裁量中所要解决的问题能以思辨的形式处理。三是程序平等。在量刑程序中，控辩双方的诉讼地位应当平等，不能进行差别对待；诉讼当事人有平等的机会参与量刑活动，知悉关于量刑的信息；法官在作出裁决时，对控辩双方提出的证据和意见应予以同样考虑。四是广泛参与。量刑程序中，除了诉、辩、审三方，被害人以及其他主体也可以参与进来，如社会团体也可以向法庭就未成年人的个人情况提交量刑调查报告。如果法官能够尊重诉讼各方的法定权利，在广泛听取各方意见的基础之上作出裁决，那么，即便是受到刑事处罚的被告人，也会从心理上产生一种信服感，因为他已经得到了充分表达观点的机会。

2. 量刑公开

在人类审判史上，世界各国毫无例外都经历了一个从封闭、神秘走向公开、透明的曲折过程。进入现代社会以来，审判公开成为刑事诉讼中重要的诉讼原则之一，它不仅是刑事诉讼实体公正的必要保障，也是刑事诉讼程序公正的重要内容。根据我国刑事诉讼法的规定，人民法院审判案件，除涉及国家秘密、个人隐私以及未成年人犯罪案件外，所有案件均应当公开审理。由此可见，量刑公开既是我国宪法和法律的基本要求，也是司法公正的应有之义和必要保障，具有独立的程序价值。当前，法院内部对量刑活动的高度保密化，引发社会公众对法院的种种猜疑；个别案件中有“审而不议”甚至由个人意志决断的情况。据此，只有将量刑活动公开，才能使量刑活动纳入检察机关、诉讼当事人和社会的监督之中，有利于防范司法不公和司法腐败现象的产生，同时，量刑公开使诉讼当事人乃至社会公众看到裁决的真实过程，排除其因信息不对称而产生的怀疑心理，提高司法裁判的权威性和公信力。公开价值要求量刑过程要以特定的形式对检察机关、当事人及社会公众公开，主要体现在：一是形式公开。庭审的过程要依法向社会公开，除了特定的案件以外，公众都可以旁听，旁听的内容不仅包括定罪，也包括量刑，法院应为公民实现这一权利提供必要的便利。二是内容公开。要公开量刑程序的举证、质证以及法院对量刑事实的认定情况，避免“暗箱操作”的现象和人为因素的干扰。法院不得私下接受公诉人、当事人提交的证据，更不得未经公开质证而采信证据；公诉人发表的量刑建议，被告人、辩护人作出的量刑答辩也应当庭公开进行。三是判决公开。裁判文书必须公开宣告，在内容上应包括量刑证据、理由，以及是否采纳量刑建议等情况，增强量刑活动的说理性和透明度。当然，公开价值并不意味着量刑活动的全程都应公开，如合议庭的合议阶段不公开是为了保证参加合议的每一位法官都能够畅所欲言，从而有利于案件的公正审判。

3. 量刑效率

量刑程序中，效率价值是指通过程序对量刑活动进行控制和安排，在最少阻碍和最低资源浪费的情况下最大限度地实现诉讼目的。这是因为，效率低下的裁决在实体上已失去公正的意义，只有量刑程序达到公正、高效，才能够使当事人心甘情愿地接受判决，增强司法权威和公信力。当前，我国法院特别是基层法院普遍存在案多人少的矛盾，这就要求构建量刑程序不仅要关注公正，同时也要考虑效率，使有限的司法资源得到充分的利用。此外，刑事诉讼当事人在精神、经济上均承受了巨大压力，为使其免受诉讼之累，亦应避免出现量刑周期过长或烦琐化。规范的量刑程序能够促成被告人和被害人对裁判结果的认同，减少涉法上访、缠讼、累诉的情形，这对司法资源也是一种节约。据此，效率价值要求量刑程序具有较强的可操作性，能够有效地适用于各类刑事案件：一是及时迅速。量刑程序是整个庭审活动的一部分，应最大限度地节约庭审时间，在确保公正的前提下降低诉讼成本。二是简便易行。量刑程序应尽量简化，避免重复进行法庭调查、法庭辩论等，减少由此带来的人力、物力乃至精神损耗。三是优化配置。应区分不同的案件类型，将人力、物力、时间等资源进行优化配置。例如，对于被告人不认罪的案件，可采取定罪与量刑分离的模式，因为被告人在被依法确定有罪之前，没有必要也不宜关注被告人的量刑问题；对被告人认罪案件，由于被告人认罪的重要目的是为了获得相对较轻的刑罚，可采取定罪与量刑合一的模式，给被告人充分表达其意见的机会。

总体看来，公正、公开和效率是量刑程序的基本价值，三者有严格的科学内涵，相互影响又相互促进。公正是量刑程序的出发点和最终落脚点，公开是量刑程序的应有之义，效率是量刑程序的必然要求。当然，作为多项利益的调整器，量刑活动所追求的法律价值是多层次、多方面的，如果出现价值冲突的情形，如何选择、协调上述价值也是必须考虑的问题。通常而言，在量刑程序的多元价值目标中，公正、公开应是最高的价值，效率则处于次级的价值地位，不具有选择上的优先性。但我们可以在分析不同案件类型及其社会影响的基础上，对冲突的价值目标进行权衡和合理配置，用最小代价取得最大的收益。例如，在简易程序或被告人认罪的案件中，可在确保公平、公开的基础上，更多地考虑效率价值；在可能判处死刑的案件、被告人不认罪的案件中，则应更多地体现公平、公开价值，以此确保裁判结果的适当。

刑事诉讼的发展史是一部价值权衡的变迁史。笔者经历了中华人民共和国刑事诉讼法学的曲折发展。社会主义民主与法治不会从天上掉下来，对此一要有信心；二要坚持研究践行；三要与时俱进。钱钟书指出："大学问家的学问，跟他的整个性情陶冶为一片，不仅有丰富的数量，还添上个别的性质。每一个琐细的事实，都在他的心血里沉浸滋养，长了神经和脉络，是你所学不会、学不到的。”① 作为一名诉讼法学者对法的美感、经验性推理、艺术式体验，是潜藏在心中无以言传的一种东西，很难描述，也很难把握，是难以直接效仿的。通过价值论的变迁和发展的研究，我们发现，境由心生，它需要反复修炼、提升。凡中不俗的是，要坚持自己是一位人民教师，一位法学研究者；卓尔不群的是，如果说取得了一点成绩，应当归功于笔者所处的时代，所成长的国家。崇尚正义，回归理性，这是笔者的信仰。至于刑事诉讼价值，只是笔者研究领域中所倾心关注的一点——它更是刑诉哲理中的一个重要的基本范畴。

① 钱钟书语，转引自陈子谦著：《论钱钟书》，广西师范大学出版社 2005 年版，第 278 页。

第四章　诉讼人本论*

一、人本主义解读

人本主义，是指人是法律之本，如果没有人，任何法律都无存在的必要，也无存在的可能。法律源于人这一道理，不少学者的看法是一致的。台湾地区学者杨奕华教授说："法之生成与消亡，系于人，因于人，由于人，法律以人为本源。"① 西方学者也有同样的观点，金杰特教授指出："人对其生存的自觉，对其生活的关切，对未来的不确定性，对生与死、幸与不幸、权力与冲动等不安全感，使人创造了法律。"②

马克思不仅从哲学上，而且从人性、人的自由等各方面系统地论证了马克思主义"以人为本"的法律理念。首先，马克思主义法学历来就重视对"人性"的研究，并将人视为法律研究的核心问题。马克思公开主张国家应该合乎人性，他所讲的人性既不是霍布斯等人的"性本恶"论，也不是中国古代《三字经》中所讲的"性本善"，而是认为人是自然属性与社会属性的统一，是社会关系的总和，法律的存在应该是合乎人性的存在。人性不是天生的性本恶或性本善，而是受到它所处的物质生活条件和其他因素的制约。任何人在没有制度约束的前提下，都有违法犯罪的可能，这就是法律存在的原因之一。③ 马克思指出："只有当法律是人民意志的自觉表现，因而是同人民的意志一起产生并由人民意志所创

* 本章一部分内容由吴光生博士协助整理。

① 杨奕华著：《法律人本主义——法理学研究泛论》，台湾汉兴书局有限公司 1997 年版，第 100 页。

② 转引自杨奕华著：《法律人本主义——法理学研究泛论》，台湾汉兴书局有限公司 1997 年版，第 99 页。

③ 李龙著：《人本法律观研究》，中国社会科学出版社 2006 年版，第 16 页。

立的时候，才会有确实的把握，正确而毫无成见地确定某种伦理关系的存在已不再符合其本质的那些条件，做到既符合科学所达到的水平，又符合社会上已形成的观点。”①。这就是说，法律应合乎人性，体现社会利益。这样，人民意志既是法律的基础，又是法律成立的根据。

马克思早在一百多年前就已经提出：“任何一种解放都是把人的世界和人的关系还给人自己。”当“和平与发展”成为时代主题的时候，社会发展问题就成为全人类迫切需要解决的问题。而正如马克思所指出的那样，人类社会的最高和最终目标就是“人类解放”，就是“每个人自由发展是一切人自由发展的条件”。这种以人的发展为社会发展目标的发展观就是“人本主义”的体现，正是这种人本主义观念的确立，使得人的发展成为社会发展的立足点。同样也成为目前司法实践中如火如荼进行司法程序的改革，保障诉讼人权的立足点。

人本，在汉语里有两种含义，一是指诗书礼乐等文化形式，二是指人为的，常与“自然”、“天文”、“天运”对比。在西方，“人本”源于拉丁文 humanus，意大利 14—15 世纪的世俗异端文人用它来表示与正统经院神学研究对立的世俗人文研究。而在英文中，“人本”又称“人文”（下文又称“人文精神”），人文为“humanity”，有三个基本的含义：人道或仁慈；人性；人类。当 humanity 以复数形式出现时，它便指人文学科，即研究人类价值判断和精神追求的学科，以探求人生的价值、寻求人生的意义为研究目的，从而帮助人们树立正确的人生观、世界观和价值观，使社会人生更趋完美与和谐。

人文精神内在于人的实践活动中，并通过实践活动表现出来。人是一种自然存在物，更是 种实践存在物、社会存在物、文化存在物，在人的世界中，他要赋予自己的现实生活以价值和意义，将其纳入某种意义系统，建构一个文化的理想世界作为他的终极目标和人生意义，以此来确证人的主体性。人文精神正是指人类文化创造的价值和理想，是指向人的主体生命层面的终极关怀。它是对人自身命运的理解和把握，对人的生存价值意义的关注，是人之为人的一种理性意识、情感体验、生命追求、理论阐释、评价体系、价值观念和实践规范。人文精神具有自己的特点：

第一，时代性和历史性。人本精神是历史的产物，这种历史性也就是时代性

① 《马克思恩格斯全集》（第 1 卷），人民出版社 1995 年版，第 349 页。

人本精神的本质、内容、思想形式及特征，是受它产生的时代条件、历史条件所制约的，只有与一定时代、历史条件相应的人本精神，没有超时代、超历史的人本精神。人本精神总是特定时代社会文化生活的内在精神，体现了该时代的主体的精神品格，表达了该时代文化生活的价值趣味和理想。尽管不同时代的人本精神有着某些共性，但不存在脱离具体时代和历史的一般的、永恒的人文精神。因此，不能把人本精神与近代以来的西方的人文主义，或者中国传统的儒家精神简单等同。

第二，大众性。人本精神是面向整个大众文化生活的。而渗透于其中的价值理想作为人文精神之根源的文化实践活动体现在每一个主体的活动之中和社会生活的每一个方面，人文精神在现实的文化实践中把视野投向全体大众的整个社会生活，指向每一个普通人的生存状态和人生境遇。因此，人文精神不等于文人精神，它不应该也不是知识分子，尤其是人文知识分子才具有的精神。尽管人文知识分子对人文精神的价值更具有自觉的意识，对人文精神的话题有着更热情的关切，对弘扬人文精神也负有更重要的责任，但人文精神向世俗生活的渗透，深入每一个社会成员的意识领域，才是倡导人文精神的意义之所在。

第三，民族性。与整个文化一样，人文精神具有民族的特点，一个民族如果丧失了自己在精神上的主体性，就失去了独立存在的价值，就不可能自立于世界文明之林，就会成为别人的附庸。民族性不等于封闭性，任何民族精神的发展都有其特点，都有其独立存在的价值和根据，这同时又是各民族间建立相互吸引、相互发展的开放关系的客观基础。事实上，每个民族的优秀文化必然是这样或那样地具有开放性，否则就要衰落，不可能发展。

总而言之，人本主义强调了人在世界万物中的主导地位，中国人说人为万物之灵，西方人说人是万物的尺度，表达的都是同一个意思，即人文精神的实质是以人为本。以人为本包含了两个方面的含义：一是在人与自然的关系中，人类必须有自己的尊严，二是在人与社会的关系中，个人必须有个人的尊严，得到社会的认同。

（一）人文主义在西方的发展

正如西方人类社会文明的萌芽发生在古希腊罗马一样，人本主义的萌芽也出现在古希腊和罗马。古希腊的哲学家普鲁塔克早就提出：“人是万物的尺度。”这就充分说明了人是自然和社会的主体，人世间的万物的价值都由人来衡量。而古希腊的城邦文明也充分孕育了“以人为本”的思想，尽管柏拉图还在声称人类的法律源于神的赐予，但城邦的重大事务还是由城邦挑选出来的“议会”代表决定，对全体城邦的公民负责。更具有积极意义的是，“法律面前人人平等”这一妇孺皆知的法谚也出自那个时代，这种法治观充分体现了古希腊人对人的尊重，体现了“人本”思想。在法律发展史上具有重要地位的古罗马时期，甚至出现了体现人本思想的法律。不朽的名著《法学阶梯》开宗明义地写道：“法学是对神和人的事务的认识、关于正义和不正义的科学。”[①] 从而把神和人区分开。然而，人文精神并不是一开始就存在于法律当中的，人类社会的法律文明经历了以神为本的神法时代、以家为本的家法时代、以人为本的人法时代。其中以神为本的法律制度中，法律被认为是神的意志，因此，宗教的掌管者也是法律的掌管者，支持宗教仪式的祭师就成为法律的代言人。神法本位在西方存在了很长一段时间，最为典型的是中世纪的教会法。在那个时代，人类社会相对于自然界力量薄弱，使得人类总是把自己托庇于万能的神，从中获取力量和自信，因此，神成为时代的统治者。教会控制了社会生活的一切领域，从奥古斯丁的“教父哲学”的神学理论，到托马斯·阿奎那的“经院哲学”，宗教用哲学给神学披上了外衣，它通过创世说、三位一体说、原罪说、救赎说、天国报应说、天启说等一系列理论，论证了神的合法性，引导人们对宗教的信仰。应当说，在神法时代，人性被贬低，而神性得到了最大限度的发展。

神学在西方的统治权威一直持续到文艺复兴时代。16 世纪，德国神父马丁·路德领导了一场声势浩大的宗教改革运动。而在随后兴起的文艺复兴运动中，涌现出了一大批人文主义者，倡导“以人为本”的思想，并以此对抗神的绝对统治。以但丁、达·芬奇、莎士比亚等人为代表的人文主义者公开宣称：人活着不是为了“赎罪”，而是为了获取现世的幸福，人终于从上帝奴仆的地位上站了起来，尊严得到了前所未有的高扬。[②] 而他们也将这种人本思想融入艺术中，让人性的光辉得到了张扬。在这种思潮的影响下，诞生了人文主义的法学派，这一学派努力把法律和法学从神学的束缚下解放出来，不再强调法律是神的赐予，而主张法律是世俗生活的行为规范，从而把法学定位为人的学问。

---

① ［罗马］查士丁尼著：《法学总论——法学阶梯》，张企泰译，商务印书馆 1996 年版，第 5 页。

② 余党绪著：《人文探索》，上海教育出版社 2003 年版，第 45 页。

资产阶级的革命运动最终确立了法律在社会生活中的地位，确立了人本思想。从法国的人权宣言到美国的独立宣言，资产阶级将私权神圣的思想贯彻到了法律当中，宣告着个人作为社会的一分子享有的追求幸福与自由的权利。私权利的神圣不可侵犯，在充分尊重了人的本性的同时，也促进了社会的全面发展和进步。当然，私有制下资本的私人占有和绝对控制，引发了社会的不平衡和不平等。社会贫富差距加大、弱势群体增多、社会底层人员的权益受到严重侵犯而得不到保护等问题相继出现并严重化，这就在另一个方面违背了人文精神的精髓，使社会大多数人的权益受到了侵犯。于是，在西方，从 19 世纪末开始，各国通过立法加强对有产者绝对权利的限制，加强对社会弱势群体的关注和保护，从而使社会更大多数人获得法律的保护，而这无疑吻合了人文精神对大多数人的关怀的精神和要求。

（二）人文精神在刑事诉讼中确立的必要性

现在我们已经进入一个新时代，我们在继承和发扬“五四”以来的人文精神时，又赋予其新的内容，即创建具有中国特色的社会主义的人文精神。过去因为某些原因我们对马克思主义关于“人”的研究不够重视，事实上马克思主义关于人的思想是极为丰富的。他本人就一直把从事实践活动的人当作他全部理论的出发点，强调人的本质是一切社会关系的总和，人们的社会历史始终只是他们个体发展的历史，未来的理想目标是以每个人的全面而自由的发展为基本原则的。

江泽民同志在庆祝建党 80 周年大会上的讲话中说：“共产主义社会将是‘每个人自由而全面发展的社会’。我们建设有中国特色社会主义……既要着眼于人民现实的物质文化生活需要，同时又要着眼于促进人民素质的提高，也就是要努力促进人的全面发展。这是马克思主义关于建设社会主义新社会的本质要求。”既然如此，这也应是我们建设社会主义政治文明的本质要求。中国共产党的十六大已经旗帜鲜明地提出了弘扬人文精神、倡导人文关怀的思想。党的十六大报告通篇充满了“尊重人的价值、维护人的权利、关注人的生存、重视人的发展”的思想，真正把“以人为本”贯彻到了实处。

在法学领域，人文精神的重要内容，即保障人权，已经被提到由宪法规定的高度，中国共产党中央委员会提出关于修改中华人民共和国宪法部分内容的建议中，明确增加了一个条款：“国家尊重和保障人权。”2004 年 3 月 14 日，第十届全国人民代表大会第二次会议以宪法修正案的形式确认了这一条款。这是在我国法律史上第一次以法律的形式规定“保障人权”。诉讼作为维护公民基本权利的手段，正式成为人文精神关注的焦点。因为诉讼，尤其是刑事诉讼的对象具有特殊性，他们在法律中的地位使他们的权利极容易受到侵犯，他们的尊严极有可能受到执法者的不公正对待，因此，改革司法制度，加强诉讼中的人文关怀具有必要性。也正是因为刑事诉讼中人文关怀的重要性，2012 年《刑事诉讼法》修改的过程中，在第 2 条刑事诉讼法的任务中，明确规定了“尊重和保障人权”的内容。

刑事司法中的人本精神，含有这样的一种基本理念，就是在刑事司法中尊重个人的自由、权利和人格尊严，将人（特别是那些权利最易被抹杀的犯罪嫌疑人、被告人）以“人”相待，承认并尊重其主体地位和诉讼权利，给予其作为人应有的礼遇，反对将其物化、客体化、工具化。然而，刑事诉讼中的做法与人文精神的落实有一定的差距。从刑事案件的立案、侦查、起诉、审判甚至到执行，都存在这样那样的不尊重有关人员人权的问题。而之所以出现这些问题，归根结底在于刑事诉讼中司法者存在错误的认识，未能真正以人文精神为指导开展司法工作。具体而言，刑事诉讼中的思想误区主要有：

一是权力本位的思想。执法者的权力本位思想长期以来一直存在，从中国古代的“学而优则仕”，到目前社会普遍将“人民公仆”称为“父母官”，将优秀法官称为“包青天”的现象，充分地说明了在我们这样一个古老的国度，官本位的思想较“民本思想”而言更为根深蒂固。这种思想反映在刑事司法领域就表现为执法者的权力本位思想。笔者认为，权力本位的思想是指司法者在执法的过程中，占据主要思想地位的并不是涉案人员的权利保护，而是他们的权力行使，是作为社会“刀把子”的优越感的体现。出于这种想法，在刑事司法中，涉案人员（尤其是犯罪嫌疑人和被告人）的权利遭到了近乎随意的处理。然而，从人的本性来讲，犯罪嫌疑人、被告人同其他人一样有着与生俱来、不证自明的权利，他们同样渴望被尊重、渴望受到法律的保护。因此，对于他们的合法权利的限制或者剥夺，必须建立在必要的基础之上，不可随意为之，他们因被控告（有的确有违法犯罪行为）而产生权利受到限制和剥夺的必要性，然而哪些权利应当予以限制或者剥夺，均应由法律加以严格限定。在刑事诉讼中，这种权力本位的思想影响到了诉讼中追诉机关的执法观念的正确表达，尤其是不适当地利用手中的权力，“越位”使用权力，将许多刑事诉讼法没有规定的权力也在刑事诉讼法中广泛适用。例如，刑讯逼供早已为我国刑事诉讼法所禁止，但实践中刑讯逼供现象仍有所发生，有些由此导致的冤假错案更是令人惊讶。诚然，刑事诉讼法是以打击犯罪和保障人权为两大任务，但权力本位的思想使得诉讼中打击的职能被过分强调，而保护的环节则相对薄弱，从而使诉讼中犯罪嫌疑人和被告人的基本诉讼权利无法得到保障，诉讼中的人文精神无法得到落实。

诚如法理学者所主张的，法律的本性是“权利”本位，而非“权力”本位。目前，我们已经进入了权利的时代，对于权利的关注、信仰和保护几乎成为我们越来越占主导地位的法学思维方式。作为与诉讼权利紧密相关的刑事诉讼法学，我们也迫切需要从“权力”本位的思想转变为“权利”本位的思想，将诉讼中的人文精神以法律的形式固定下来，切实使涉诉人员，尤其是犯罪嫌疑人和被告人的权利得到尊重和保障。

二是义务本位的思想。“义务本位”的思想是与执法者的“权力本位”思想相对而言的。

刑事诉讼法中，权力本位思想误区的主体是司法者；而义务本位思想误区的主体是除了司法者以外的其他诉讼参与人，如被追诉者及其家属、证人等。为什么说“义务本位”是刑事诉讼中人文精神得到落实的一个思想误区呢？这与刑事诉讼的特点有关。刑事诉讼是国家为了追诉、惩罚犯罪和保障人权而制定的，涉及人的基本权利的行使和限制，尤其是当国家作为诉讼的追诉一方参与到诉讼中，与作为被追诉者的个人相比具有强大的优势和权力。追诉方在利用手中的权力追诉被追究者的刑事责任的时候，控辩双方已经处于一个不平等的地位，如果再在这个时候要求被追诉者以履行义务的形式配合控诉机关的追诉行为，无疑加剧了诉讼的不平衡，使理性的天平向追诉一方倾斜，这样就更不利于诉讼中人文精神的体现。因此，刑事诉讼中“义务本位”对于犯罪嫌疑人和被告人而言，剥夺了他们为自己充分辩护的权利，造成了追诉机关客观地将被追诉者以诉讼客体相待的不良后果。

义务本位的思想同样体现在证人身上。我们的法律规定，作证是公民的法定义务。诚然，为了追究犯罪，为社会营造一个安全、安定的环境，社会的每一分子都有义务去协助司法机关的执法行为。然而，在刑事诉讼中，由于证人保护制度不完善等原因，证人在作证过程中往往受到来自各个方面的恐吓和威胁，缺乏心理和生理上的安全感，从而出现证人拒证的情况。应当说，证人这种“趋利避害”的本性选择，是个人的自由，因为在一个人可能因为做某事而遭受某些不利后果的时候，大多数人的选择是“不作为”。而义务本位的思想，恰恰是与人的自然选择的精神相违背的，在证人作证问题上过分强调作证的义务观，并不能从根本上解决问题。笔者认为，正确的做法是遵循人文精神中“以人为本”的精髓，弱化诉讼中的义务本位观念，转而多关注他们的权利保护，为他们参与诉讼提供制度上的保障，从而使这些人自觉地参与到诉讼中来。

从根本上说，刑事诉讼法的“惩罚犯罪”与“保障人权”作为刑事诉讼的两个目的，应当在人文精神的贯彻中得到平衡和实现。现代司法不能只讲惩罚犯罪，还应当关注惩罚犯罪过程中遇到的人权保障问题，毕竟惩罚犯罪的最终目的是为了保护大多数人的利益和权利，是为了更好地实现中国文化中的“人文精神”，实现人类的全面和谐的发展。在此意义上，我们必须纠正错误观念，树立诉讼中“以人为本”的人文精神。

二、我国人本主义（或人文精神）的含义

在中国，据学者考证，人文思想最早可追溯到《易经》，“人文”一词也是来自《易经》。《易经》有关贲卦的彖辞云：“刚柔交错，天文也；文明以止，人文也。观乎天文，以察时变；观乎人文，以化成天下。”① 据此，一般认为，“人文”一词是与“天文”相对应的，天文指的是自然的运行规律，而人文则是指人间世界的条理与规范。万俊人教授认为，人文有两层含义：一指与自然天象相对的人类文明或文化；二指与自然物事定数相对的人事人理。② 我国现在讨论比较多的人文精神虽然与此“人文”有一定联系，但更多的是强调对人的生命与人的尊严、价值以及情感等方面的关注。张立文教授认为，所谓人文精神，是指对人的生命存在和人的尊严、价值、意义的理解和把握以及对价值理想或终极理想的执著追求；人文精神既是一种形而上的追求，也是形而下的思考。③ 李德顺教授也认为，人文精神的特点在于强调人的主体地位、人的需求和保障、人的情

① 《易经·贲卦·彖辞》。
② 万俊人：《儒学人文精神的传统本色与现代意义》，载《浙江社会科学》1998 年第 1 期，第 93 页。
③ 张立文：《儒学的人文精神》，载《光明日报》2000 年 2 月 22 日第 4 版。

感和意志等价值性内容。①

但是，以上学者所说的都只是人文精神所具有的一些特点，至于人文精神的具体内涵是什么，我国人文精神与西方的人文主义有何区别，则不无分歧而有待进一步探讨。对于前一个问题，季羡林先生也有所感触，他认为，虽然人们都在讨论人文精神，但却好像又都没有说清楚，人文精神是个模糊概念。在季先生看来，人文精神与“德”有着密切的关系，主要体现在三方面的关系处理中：一是大自然与人的关系，即天人关系；二是人与人的关系，即社会关系；三是“身、口、意”三者的关系，即修身关系（“身”即行动，“口”指语言，“意”为思想)，谁处理得好，谁的道德境界就高，就有人文精神。② 周来祥教授则认为，人文精神由低至高，依次分五个层次：第一，生命层次。人要珍视生命，热爱生命。没有生命，其他的一切都谈不上，因而这是最起码的层次。第二，生存状态层次。人应该作为真正的人来生活，而不是像动物那样活着。第三，求善层次。人不仅为自己而活着，也为他人而活着，这就进入善的层次。第四，求真层次。人不仅为别人活着，他更有一种献身精神，敢于为真理献身，敢于和强权抗争。第五，求美层次。一种和谐、自由的层次。假设人有终极关怀的话，应该是这个美的境界。它以善、真为基础，但又超越了善，超越了真。③

由于给人文精神下明确定义的困难性，不少学者认为，不能也不应该为其确定一个僵化的定义。我国学者张汝伦教授就认为，人文精神不是僵死固定的专名，而是一个内涵稳定、外延模糊、蕴涵极为深广的概念，给其下一个明确定义就会限制其发展的可能性。④ 另有学者也认为，对人文精神的任何一种僵化的定义都有可能潜含着误解。⑤ 对于人文精神与西方国家人文主义的区别，张汝伦教授认为，人文主义主要指的是人必须接受文明的熏陶，通过教养而脱离自然与野蛮的状态，并且能够自觉意识到与动物及野蛮人的区别，从而感觉到自己的人格与尊严，而人文精神不但包括了人文主义的所指，更包括了对于整个社会的一种

① 李德顺：《哲学和人文社会科学的定位》，载《光明日报》2000 年 4 月 25 日第 6 版。
② 刘京希：《“人文精神与现代化”学术研讨会综述》，载《文史哲》2001 年第 4 期，第 107 页。
③ 刘京希：《“人文精神与现代化”学术研讨会综述》，载《文史哲》2001 年第 4 期，第 107 页。
④ 张汝伦著：《激情的思想》，山东教育出版社 1999 年版，第 293 页。
⑤ 刘京希：《“人文精神与现代化”学术研讨会综述》，载《文史哲》2001 年第 4 期，第 107 页。

思想文明状态的描述和追求。① 还有一些学者则将这种区别概括为三点：一是对自然和宗教的态度不同，人文精神融自然与宗教于“人文”思想中，西方人文主义的自然、宗教互为对立面；二是对“人文”的把握不同，人文精神是“人”、“文”互动的，西方人文主义是“人”、“文”割裂的；三是对“人”的本质规定不同，人文精神是伦理型的，“人”是道德性、社会性的存在，西方人文主义是自然型的，“人”的本质在于感觉性、个体性存在。②

对于以上两个问题，从其产生的背景来认识与比较也许会有所启发。在我国，关于人文精神问题的讨论主要始于1993年，在1993—1996年曾有过比较集中的讨论，现在又逐渐热烈起来。人就是这样，很多东西只有在逐渐失去时才觉得可贵。我国人文精神的讨论其实也与很多人逐渐感到的人文精神的失落有关。在我国，由于农耕经济的影响，经济比较匮乏，为了避免出现由于资源匮乏导致的一种霍布斯所说的“人对人是狼对狼”的局面，维持社会的和谐，我国传统文化尤其是儒家文化比较关注的是现世的人与人之间的关系，而不是来世的问题或所谓的“天国”问题，注重伦理道德的建设，是一种“人文”文化。孔子就很注重对现世的人际关系的处理，不主张事鬼神：“未能事人，焉能事鬼”、“未知生，焉知死”、③“务民之义，敬鬼神而远之，可谓知也”。④ 儒家文化的核心在于“礼治”，而“礼治”的核心又在于各种强调“修身”的人伦规范。用梁漱溟的话来说，儒家文化其实是“以道德代宗教”。⑤ 不可否认，这些人伦道德规范具有很多压制人性的因素，因为这些规范是“通过不平等而不是平等的原则使人际关系概念化，并使之有序化”。⑥ 但毕竟是以人为核心而不是以神或自然为核心的，是一种“人文”的文化，只是有点畸形而已。

---

① 张汝伦著：《激情的思想》，山东教育出版社1999年版，第295~296页。

② 当然，从该作者的其他论述来看，如果没有理解错误的话，他实际是将西方的人文精神等同于人本主义。参见解丽霞：《中西人文精神的源起、演变与融合》，载《山西师大学报》（社会科学版）2006年第2期，第20页。

③ 《论语·先进》。

④ 《论语·雍也》。

⑤ 梁漱溟认为，中西文化的分水岭在于宗教问题，西方文化主要源于基督教，而中国三千年来的文化则不是以宗教作为中心的，中国自有孔子以来，便受其影响而走上以道德代宗教之路。梁漱溟著：《中国文化要义》，上海世纪出版集团2005年版，第94~98页。

⑥ ［美］文森特·奥斯特罗姆：《政治文明：东方与西方》，潜龙译，载刘军宁编：《公共论丛：经济民主与经济自由》，三联书店1997年版，第273页。

五四运动以来，我国虽然经过“打倒孔家店”、“破四旧”等全盘否定传统文化的运动，但传统文化的影响仍然存在，加上改革开放之前，国家对社会各方面的高度统制，人与人之间仍然具有比较紧密的关系，社会风气比较淳朴，但随着改革开放与社会主义市场经济的建立，这种原来比较紧密的人与人之间的关系逐渐松散，人们在逐利的过程中，虽然带来了物质生活水平的提高，但却没有带来精神文明的相应提高，相反，在一些现代人的心灵中，越来越暴露出许多丑恶的东西，金钱成了人们为满足物欲所追求的唯一目的，良心、美德、人伦、人格成为金钱的等价物，人的物化现象若隐若现。正如有的学者认为，在现代社会，当人类梦寐以求的社会高速发展时期到来的时候，当人们面对多彩而巨大的商品堆积从而有可能获得日新月异的享受的时候，人们突然发现，自己已经被拖入两种不寒而栗的可怕境地：或者，他必须投入这架高速运转的社会机器之中，成为一个零部件，运用各种手段，大把地赚钱，用以满足由社会鼓动起来的物欲追求；或者，他在激烈的竞争中被社会所抛弃，成为被社会救济的乞食者。①

正是在这种人文精神有所失落的情况下，为了构建人类的“精神家园”，社会举起了人文精神的旗号，以求提高我国各项建设的人文内涵。这与西方国家文艺复兴时期人文主义产生的背景明显不同，西方人文主义主要针对的是宗教与神学一统天下，压制与否定人性。要求以“人”而不是“神”作为思想文化中心，其目的是解决人与神的关系问题，将人从宗教的束缚中解放出来，是一个“人的发现”过程；而我国目前人文精神的提倡，一方面在于解决如何在市场经济中加强道德的建设，使人们在合理追求利益的同时，能兼顾他人的利益，使人与人之间和睦相处而不至于异化成为赤裸裸的利害关系；另一方面在于解决如何在现代化的进程中关注人的主体地位以及人的价值、需求与意义等，避免人因为现代化而物化或成为现代化进程的工具，避免人类“诗意地栖居”的精神家园随着现代化的推进而倒塌，是一个防止“人被湮没”的过程。从这一背景来看，可将我国目前的人文精神视为一种关注人，关注人的幸福、人的权利，关注人的生命、价值和意义，尊重人格独立和平等的文化精神。

① 刘京希：《“人文精神与现代化”学术研讨会综述》，载《文史哲》2001年第4期，第108页。

三、人本主义（或人文精神）与刑事诉讼

法治社会是我国现代化建设的一个重要目标，刑事司法领域是建设法治社会的一个重要环节。对于法治与人治，费孝通先生曾从社会学的角度进行过论述："普通常有以'人治'和'法治'相对称，而且认为西洋是法治的社会，我们是'人治'的社会。其实这个对称的说法并不是很清楚的。法治的意思并不是说法律本身能统治，能维持社会秩序，而是说社会上人和人的关系是根据法律来维持的。法律还得靠权力来支持，还得靠人来执行，法治其实是'人依法而治'，并非没有人的因素。"① 费孝通先生的这段话可说是"徒法不足以自行"这句谚语的一个中肯注解，用在刑事司法领域是最恰当不过的了。虽然有刑事实体法对有关犯罪行为的处罚规定，虽然这些规定对于受其管辖的人也有一定威慑力，但在刑事案件发生后，即使这些刑事实体法规定得趋于完善，它也不会自动将规定的刑罚适用于犯罪人，需要有人来发现这些犯罪人，还得有人将规定的刑罚付诸实施，这就是刑事诉讼活动。为了防止刑事诉讼活动的随意性，又得通过法律将此活动加以规范化，这就是刑事诉讼法。

由于刑事诉讼涉及的是司法人员如何处理有关人员的利益问题，是一个"人"与"人"的问题，对于刑事诉讼来说，它不仅应当是我国人文精神重点关注的领域，② 对人文精神的需求更是"双重性"的：第一层次的需求在于关注刑事诉讼法所规范的人，亦即刑事诉讼参与人。根据我国刑事诉讼法的规定，刑事诉讼参与人有二类，第一类为司法人员，包括公安人员、检察人员和审判人员等；第二类为当事人，包括犯罪嫌疑人、被告人、被害人以及附带民事诉讼的当事人等；第三类为其他诉讼参与人，包括辩护人、代理人、证人、鉴定人和翻译人员等。马克斯·韦伯曾将职业政治家即以政治为业的人分为两种："为"政治而生存的人与"靠"政治生存的人。这两种人虽然并不相互排斥，但却有所侧重。他认为，"'为'政治而生存的人，从内心里将政治作为他的生命"，这种人"或者因拥有他所行使的权力而得到享受，或者是因为他意识到服务一项'事

① 费孝通著：《乡土中国生育制度》，北京大学出版社 1998 年版，第 48 页。

② 关于人文精神在刑事诉讼法中的重要性，笔者曾著文论述过，本书不少观点是该文观点的延续。参见樊崇义：《人文精神与刑事诉讼法的修改》，载《政法论坛》2004 年第 3 期，第 15~17 页。

业’而使生命具有意义，从而滋生出一种内心的平衡和自我感觉”。相反，“靠”政治生存的人则是指“力求将政治作为固定收入来源者，是将政治作为职业，‘靠’它吃饭”的人。韦伯认为，在私有财产制度下，要想成为前者，就必须具备一些先决条件，即政治家必须很富有，或者在生活中必须具有某种提供足够收入的个人地位而不必在经济上依赖政治给他带来的收入。[①] 我国刑事诉讼的第一类参与人虽然不能完全纳入韦伯所说的职业政治家，但以其分析进路来分析我国刑事诉讼的第一类参与人员却并无不可。根据我国相关规定，第一类人员作为公务员是不能在职业外从事营利性活动的。2006 年 1 月实施的《中华人民共和国公务员法》第 53 条第 14 项就规定，公务员不得从事或者参与营利性活动，不得在企业或者其他营利性组织中兼任职务。为此，在一般情况下，我国刑事诉讼的第一类参与人员是属于韦伯所说的靠职业吃饭的人，虽然不能完全排除他们会从职业中获得某些荣誉感甚至将职业融入生命，但它们在这些人的观念中所占比重应当并不会太大。这样，这些人在刑事诉讼中并不是不食人间烟火而无欲无求之人，他们有自己的需求，也需要刑事诉讼法体现出对他们的人文关怀。否则，即使有各种各样的规定，他们也会利用手中权力寻找各种规范漏洞，甚至破坏法律规定，谋求自己需求的满足。这就如同大城市的主干道，如果在几千米之内都没有过街天桥或地下通道，即使在路中间设置再高的栅栏，即使投入再多的交警，总会有人伺机横穿甚至破坏栅栏。第二类人由于程序处理结果直接关系到他们的切身利益，他们应当是刑事诉讼法人文精神的核心体现点，这是没有疑问的。有问题的是第三类人的人文关怀。这类人尤其是证人，他们在刑事诉讼中并不是没有自己的需求，但由于他们在刑事诉讼中的利益不如当事人那样重要，他们不可能受到与当事人同等的关切；他们也没有第一类人手中的权力，可以通过寻找法律漏洞来满足自己的需求，他们是刑事诉讼的边缘人，他们也需要一种人文关怀。

第二层次的需求在于要求刑事诉讼的主导方必须对有关人员给予人文关怀。现实情况的复杂性与法律的有限性之间的矛盾是长期以来困扰法律人而又未能得以彻底解决的问题。这种问题可分为两个方面：一是法律不能穷尽现实可能发生的情况，不可能针对每一种情况规定相应的法律规范。柏拉图曾言：“法律绝不

---

① ［德］马克斯·韦伯著：《学术与政治》，冯克利译，三联书店 2005 年版，第 63~64 页。

能发布一种既约束所有人同时又对每个人都真正最有利的命令。法律在任何时候都不可能完全准确地给社会的每个成员作出何谓道德、何谓正当的规定。人之个性的差异、人之活动的多样性、人类事务无休止的变化，使得人们无论拥有什么技术都无法制定出在任何时候都可以绝对适用于各种问题的规则。”① 二是立法者不可能针对所有新情况加以规定。这两方面的问题都与立法者的有限理性有关。对于前者，一般是通过规定相应的执法幅度，给予司法人员相应的自由裁量权来解决，如刑法有关相对确定刑的规定，刑事诉讼法的相对不起诉权等。对于后者，刑事司法领域一般是做有利于犯罪嫌疑人、被告人的处理，即对于司法人员来说，法律没有规定的就不能实施，而对于当事人来说，法律没有禁止的就可以实施。但不管是前者还是后者，在司法实践中都需要刑事诉讼的主导者或权威者如侦查人员、检察人员或法官心存一种人文关怀，对其他参与人如当事人以及其他可能受程序影响的人的正当需求予以关注、尊重或满足，而不能像托尔斯泰笔下的伊凡·伊列区，只知道用一种冷漠的甚至近乎无情或残酷的专业手段处理案件，从不关心当事人的冤屈与苦衷。② 例如，在逮捕犯罪嫌疑人或被告人的时候，应当尽量避免被其年幼的子女察觉；在刑事诉讼中应当尽量尊重犯罪嫌疑人、被告人的尊严等。

但遗憾的是，从我国刑事诉讼法的有关规定以及司法实践来看，这两个层次的人文精神需求都没有得到应有的满足，具有“双重缺失性”。就第一个层次而言，主要表现在以下几个方面：首先是对犯罪嫌疑人、被告人的正当需求缺乏有效保障。目前讨论比较多的是犯罪嫌疑人、被告人的人权问题，尤其是犯罪嫌疑人在侦查程序中的人权保障问题。确实，犯罪嫌疑人、被告人的人权是人文精神最需要关注的内容，侦查程序也是犯罪嫌疑人的人权最容易受到侵害的诉讼阶段，没有理由不对之加以重点关照。但是，从目前的有关讨论来看，虽然人权内

① 转引自［美］E. 博登海默著：《法理学：法律哲学与法律方法》，邓正来译，中国政法大学出版社 1999 年版，第 9 页。

② 伊凡·伊列区是俄国文豪托尔斯泰的作品《伊凡·伊列区之死》中的主要人物。伊凡·伊列区是一个高等法院的检察长，由于他在日常生活中从来不曾关心过别人，在工作上只注重从专业角度把所有的案件冷漠而优雅地处理掉，冷漠到近乎无情与残酷，即使发现当事人有冤屈或不得已的苦衷，他还是铁石心肠依法办事，工作仅仅是他得以加官晋爵的工具与手段，以至于在他功成名就刚住进豪宅就摔成重伤之后，他的太太和女儿也没有真正关心过他，就像他从来没有真正关心过她们一样；他的医生也不在乎他的疼痛与忧虑，不把他当作一个有感觉有思想的人来对待，只是机械化地用专业手法来处理他的身体，就像他在法院对待案件当事人一样。

容应当包括财产权，财产权也是人权其他内容得以实现的重要保障，如美国著名政治家杰斐逊就曾言，只要权力没有节制，财产权得不到应有的尊重，人的思想、身体、才能以及其他所拥有的东西就都不会有保障。[①] 但大多数的关注点却是犯罪嫌疑人、被告人的人身权以及相关的诉讼权利，对于财产权的关注度却不够，如对侦查阶段涉案财物的扣押与处理程序问题就没有引起学界的应有重视，司法实践中涉案财物处理程序存在诸多问题。[②] 这不能不说是一种缺憾。其次，司法人员没有得到合理的关注。如前所述，我国刑事诉讼中的司法人员大多是“靠”职业生活的人，他们与普通人一样，也只有有限理性，他们也有一种人文关怀的需要，但我国立法者却没有认识到或承认这一点，或是将他们视为没有自己利益需求的“机器人”，或具有崇高道德的“道德人”，或是将他们视为“理性人”，没有对他们的合理需求予以关照，也缺少针对他们因为利益追求可能导致的失范行为预先加以防范，从而导致司法实践中司法腐败、刑讯逼供现象时有发生，刑事诉讼潜规则的存在，刑事诉讼法的一些规定被虚置、架空。例如，司法实践中逮捕、取保候审适用过多，而监视居住则很少适用的现象，就与此有很大关系。因为监视居住需要消耗有关办案机关的人力、财力资源，而逮捕、取保候审消耗的资源则相对要少，取保候审甚至还能为办案机关提供“财源”。最后，其他诉讼参与人的需求没有得到恰当关注而成为推进刑事诉讼的工具。这方面问题最明显的可能是目前讨论比较多的证人出庭作证问题。证人出庭作证有作证成本，应当得到合理补偿；证人出庭作证有可能面临犯罪嫌疑人、被告人及其家属的报复风险，应当得到恰当的解决。这些都是证人的合理需求，如果这些需求没有得到合理满足，没有在刑事诉讼法中得到充分体现，而是一味强制证人发扬自我牺牲精神作出利他行为，或是将作证作为证人的义务而强制其到庭，可以预言，这可能导致的结果就不仅仅是证人出庭作证率低的问题，而将是证人逃避作证而侦查机关取证难的问题。对此问题，有不少学者提出这样或那样的对策，其实关键还在于发扬人文精神，尊重证人的合理需求，避免将其作为刑事诉讼的一种工具。

就第二个层次而言，主要表现在刑事诉讼的主导者或权威者没有认识到其他

① Lynch v. Household Fin. Corp. 405 U. S. 538, 552(1972).

② 吴光升：《刑事涉案财物处理程序的正当化》，载《法律适用》2007 年第 10 期，第 61 页。

参与人的人性弱点，对他们提出过高的要求或没有在法律许可的范围内给予必要的人文关怀。例如，我国目前刑事司法中的“顽疾”——刑讯逼供现象，从原因上看，其实与一些负责人对办案人员的理性作过高估计，并以利益为杠杆要求他们“限期办案”、“命案必破”有很大关系。再如，司法实践中逮捕措施适用过多、对相对不起诉的限制使用，都是与对被追诉人的人文关怀要求背道而驰的。

为什么会出现这种人文精神的缺失，其原因是多方面的，直接原因可概括为三个方面：

一是立法方面的原因。确如有的学者所分析的，“良法”是防止法治进程中人文精神流失的首要补救措施，[①] 我国刑事诉讼中人文精神的“双重缺失”与刑事诉讼立法所存在的缺陷具有重大关系。如前分析，具体参与刑事诉讼而需要用刑事诉讼法加以规范的都是一些有自己需求的人，其具体表现是“部门立法”，各个部门参与立法，论证立法，不可避免地出现“屁股指挥脑袋”，为本部门的利益大喊大叫的现象。从这个角度来看，刑事诉讼法实际是一种利益冲突的“平衡物”，这种平衡既有公共利益与个人利益的平衡，也有个人利益之间尤其是办案人员与其他诉讼参与人员之间的利益平衡。刑事诉讼立法既然是利益冲突的“平衡物”，作为立法者在立法之前就必须对这些利益需求进行比较全面的了解与评价，然后作出相应的规定。也许是出于这种理解，边沁认为，“当一个立法者研究人心，当他通过例外、限制和缓和来为不同程度和不同种类的感受性制定规定，拥有权力者的这些做法使我们感到高兴，就像面对一种家长的俯就”，并将立法者的技术比作医生的技术，要求立法者也要像一个良医一样，对有关个人的具体状态进行密切关注。[②] 但我国刑事诉讼立法却并非如此。从有关立法规定来看，我国刑事诉讼法是按照一种“三化”模式进行立法的，即在刑事诉讼立法时，将参与刑事诉讼的人分成三种：第一种是包括侦查、检察、审判等司法人员；第二种是犯罪嫌疑人与被告人；第三种是其他的诉讼参与人。对于司法人员，刑事诉讼法是作为诉讼主体加以规定的，只是这种诉讼主体被假定为一种被

---

① 马长山：《法治进程中人文精神“流失”及其补救》，载林来梵主编：《法律与人文》，法律出版社 2007 年版，第 124 页。

② ［英］吉米·边沁著：《立法理论》，李贵方等译，中国人民公安大学出版社 2004 年版，第 61~62 页。

动地按照指令进行诉讼而没有自己需求的人，“是一个超然的‘神’，大公无私，没有自己的利益，只是‘以事实为根据，以法律为准绳’作出判决”,[①] 可称之为“机械化”。对于犯罪嫌疑人、被告人，刑事诉讼立法是将其作为客体而非主体加以规定的，他们只能作为司法人员的执法对象，可称之为“客体化”。对于其他诉讼参与人员，刑事诉讼立法则是将之作为司法人员的工具或手段加以规定，可称之为“工具化”。犯罪嫌疑人、被告人在某些情况下也被规定为一种以自己作为客体的工具，出现“工具化”与“客体化”重合的现象。由于这种“三化”模式的立法，司法人员尤其是当事人以及其他诉讼参与人员，他们都在一定程度上被“物化”了，被“物化”成一群没有也不能有自己合理需求的诉讼人，这样的刑事诉讼法也就不可能体现出多少人文精神。

二是刑事司法方面的原因。人不可能被动地、消极地接受社会结构的制约，这是现代社会理论少有的共识之一。吉登斯认为人类的行动中始终伴随着一种反思性的控制意识与合理化意识，前者在于不断调控个人与他人、个人与客观社会、自然因素之间的关系，并使之尽可能地朝着有利于实现本人行动的方向发展。[②] 为此，他虽然承认结构在整体上对作为个人存在的社会行动者具有某种强制性和某种意义上的不可选择性，但他不像涂尔干那样认为结构对社会行动具有决定性的制约作用，而是认为，社会结构是人类能动行为建构的，而且还是这种建构的媒介。[③] 布尔迪厄更是认为，行为是策略性的而不是对于规则或规范的遵从，行动者在日常实践中总是尝试沿着制约与机会进行曲径运动，是否遵循规范往往取决于他们的利益权衡。[④] 法律是社会结构的重要组成部分，由于个人的需求，刑事司法人员对于法律也不可能完全被动地、消极地遵从，而是多少带有一点策略性。为此，刑事司法人员在司法实践中实际上是按两种不同的态度来对待刑事诉讼法的，对于有关刑事司法人员的法律规定，他们往往是采取布尔迪厄所说规范态度来执行的，即一般以自己的利益作为标准来执行法律，对于不利于自己的法律规定，能规避的就规避，能寻找法律漏洞的就寻找法律漏洞。这也是司

① 张维迎著：《信息、信任与法律》，三联书店 2003 年版，第 53 页。

② 高宣扬著：《当代社会理论》（下），中国人民大学出版社 2005 年版，第 888~889 页。

③ ［英］安东尼·吉登斯著：《社会学方法的新规则——一种对解释社会学的建设性批判》，田佑中、刘江涛译，社会科学文献出版社 2003 年版，第 26、226 页。

④ 参见［美］戴维·斯沃茨著：《文化与权力——布尔迪厄的社会学》，陶东风译，上海译文出版社 2006 年版，第 114~115 页。

法实践中“潜规则”大量存在、司法腐败时有所闻的重要原因。对于那些将其他诉讼参与人“工具化”、“客体化”的法律规定，由于这些法律的执行一般是有利于刑事司法人员的，他们则往往以个人利益服从国家或社会利益、严格执法为由加以执行，没有动机“违法”地对刑事诉讼立法过程中所造成的人文精神的缺失问题进行矫正。

三是法学研究方面的原因。从我国目前来看，至少在刑事诉讼立法上，法学研究对刑事诉讼立法到底有多大作用与影响，是很不乐观的。但即使如此，对于我国刑事诉讼法人文精神的缺失，法学研究的薄弱或曰软弱无力不能不说是一个重要的方面。在刑事诉讼中，犯罪嫌疑人、被告人属于弱势群体，他们不仅处于公安司法机关的对立面，而且对他们的权利进行保障的重要性也并没有为一般民众所认识到，在这种情况下，作为有良知的法学研究者应当为他们的合法权利或正当需求摇旗呐喊。但问题是，这种呐喊应当建立在可使人信服的、比较科学的基础上，否则就显得软弱无力。从这点来看，目前有关刑事诉讼法的研究是很难让人满意的。对犯罪嫌疑人、被告人权利保障必要性的论证，目前主要是从价值与比较的角度进行，而价值是一个很难让人达成共识的东西，以其作为论证基础总有一点隔靴搔痒的感觉，而比较方法如果流于肤浅（目前也确实如此），就很容易被人用一句“这是中国而不是某某国家”干脆利落地驳回。最重要的是，对于目前的很多刑事诉讼法学研究者来说，他们研究的规范对象大多是一些抽象的人，是一些不分国界的人，有的学者虽然也注意到应当研究本土的人，但也仅仅止于此：研究刑事执法者，往往只看到这些执法者手中的权力，只知道应当分权与制约，而没有看到手握权力的人，没有了解这些人有什么需求以及他们基于此需求会在我国目前这种法制环境下作出什么样的规避法律的行为，从而制定比较有效的预防与制约措施；研究其他诉讼参与人，也只看到他们在刑事诉讼中处于不利的地位，却不知道他们在刑事诉讼到底有什么样的需求，这种需求与其他人的需求相比哪些更值得用法律加以保护。一句话，对于不少刑事诉讼法学研究者来说，他们看到的只是一群模糊不清的身影。没有看清规范对象，又如何能在其作为研究结果的立法建议或改革方案中真正地体现一种人文精神？

四、人性化是刑事诉讼法具有人文精神的前提

如何在刑事诉讼中真正体现一种人文精神，从以上原因分析来看，需要从三

个层面来解决：一是在观念层面上，必须实现两种观念的转变，即从犯罪控制转向权利保障与秩序整合和[①]从国家（社会）本位转向个人本位与国家（社会）本位并重。[②] 这两种观念改变未能成功，人文精神也就很难在刑事诉讼中得到真正体现，即使有相应的法律规定，有关诉讼参与人也很难得到真正的人文关怀。二是在制度层面上，必须根据我国现实情况，分析、评价包括公安司法人员在内的所有诉讼参与人在刑事诉讼中可能产生的需求，并对相互冲突的需求进行平衡与疏通，然后以法律形式加以确认、保护，另外就是对各种诉讼参与人员可能基于需求的满足而产生的不恰当行为进行预测与法律规制。三是在微观层面即司法实践中，除了以一种善意的方式根据体现人文精神的法律规定参与诉讼活动外，还应当以一种尊重、理解或同情的方式对待或处理其他诉讼参与人在具体情况中所产生的合理需求以及基于这些需求而引发的行为，在不违背法律规定的前提下尽量满足这些合理需求，妥善处理相关行为。

这三个层面中，制度层面处于中枢环节——观念的转变需要制度加以体现，微观层面的人文关怀需要由制度来引导与规制。第二层面的妥善解决关键在于对我国的各类诉讼参与人进行分析，分析他们在我国目前的特定条件下会有什么样的需求，这些需求又会引导他们作出什么样的行为，这些行为会产生什么样的影响，这既涉及他们的行为倾向与思维模式，也涉及他们的需求种类。“一切科学对于人性总是或多或少地有些关系，任何学科不论似乎与人性离多远，它们总是会通过这样或那样的途径回到人性。”[③] 人的需求，人的行为倾向以及人思维模式，其实都涉及一个人性的问题。“法律以人为依归是西方文艺复兴带来的法律本质的回归，该时期的人文主义者的一个重大的历史性的贡献就是找出和坚持了人是主体、人是目的的观念。实际上是对希腊人本主义所体现的‘人是万物的尺度’和‘认识你自己’等思想的承继和扩大。”[④] 因此，人文精神在刑事诉讼中的体现问题，其实主要是一个刑事诉讼程序的人性化问题。

---

① 参见樊崇义等著：《刑事诉讼法再修改理性思考》，中国人民公安大学出版社 2007 年版，第 20～23 页。

② 樊崇义等著：《刑事诉讼法再修改理性思考》，中国人民公安大学出版社 2007 年版，第 13～16 页。

③ ［英］大卫·休谟著：《人性论》（上册），关文运译，商务印书馆 1997 年版，第 6 页。

④ 李龙主编：《人本法律观研究》，中国社会科学出版社 2006 年版，第 88 页。

（一）人性的含义

1. 我国古代的人性理论

对刑事诉讼程序进行人性分析，首先需要对人性的含义进行界定。基于我国古代社会状况与社会生产方式，人性理论是中国古代哲学的一个重要问题，自孔孟以来就有很多思想家对人性问题进行了讨论，并形成了诸多不同的人性理论。这些不同的人性理论，参照我国著名哲学家张岱年的论述加以梳理，可由下图得以简要说明：①

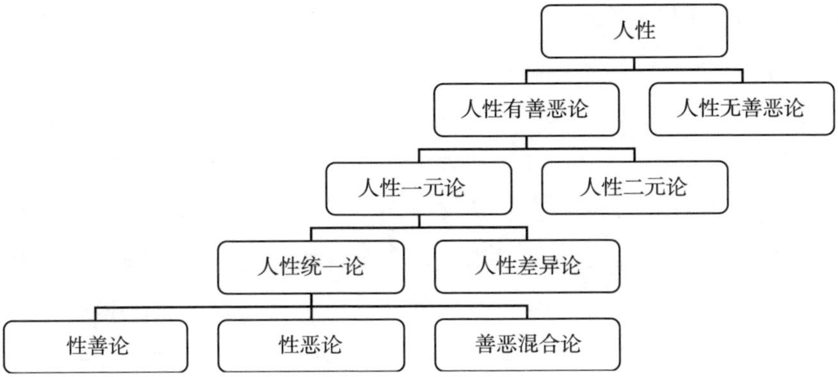

人性无善恶论是由与孟子同时代的告子提出来的，他认为，人性既非善亦非恶，人类表现出来的善恶都是后天形成的。告子说："生之谓性"，"性无善无不善也"。为了反驳人性善恶论，他甚至作如下比喻："性，犹杞柳也，义，犹桮棬也；以人性为仁义，犹以杞柳为桮棬"，"性犹湍水也，决诸东方则东流，决诸西方则西流。人性之无分于善不善也，犹水之无分于东西也。"② 后来主张人性无善恶的还有北宋的王安石、苏轼，以及清代的龚自珍等。③

人性有善恶论，这是我国古代大多数思想家的观点，大多数人性理论也是建立在此基础上的，有分歧的是人性是一元的还是二元的。人性二元论是北宋时期出现的一种人性理论。这种人性理论认为，人性由两部分组成：一是"天地之性"或"义理之性"，可称之为"性"；二是"气质之性"，可称之为"气质"。前者是至善的，后者则有善有恶。此说之集大成者为明代朱熹。朱熹认为，"人

① 参见张岱年著：《中国哲学大纲》，中国社会科学出版社 1982 年版，第 250 页。

② 《孟子·告子》（上）。

③ 张岱年著：《中国哲学大纲》，中国社会科学出版社 1982 年版，第 196~199 页。

之所以生，理与气合而已”，“论天地之性，则专指理言；论气质之性，则以理与气杂而言之”，[1] 意为人是由理与气所成，理为天地之性，气质之性则为理与气之组合。并认为，理是纯善的，气则清浊不齐，为此气质之性有善有恶，人之差别不在于理，而在于气。为此他认为修身需要“存天理，灭人欲”。“孔子所谓‘克己复礼’，中庸所谓‘致中和’，‘尊德性’，‘道问学’，大学所谓‘明明德’，书曰‘人心惟危，道心惟微，惟精惟一，允执厥中’，圣贤千言万语，只是教人明天理，灭人欲。”[2]

人性一元论与人性二元论不同，他们认为人性不存在分层之说，只是一个统一体。人性一元论可以分为人性差异论与人性统一论两种。人性差异论认为，各人的人性是不一样的，有的人生来就是善，有的人生来就是恶，并不是人人都是善，或者都是恶。据考证，这种人性理论在战国时期就已存在。《孟子》中就曾提到：“或曰：有性善有性不善，是故以尧为君而有象，以瞽瞍为父而有舜。”[3] 此说后来发展成人性三品论，即认为人性有善、恶、不善不恶三种，人为此也有上中下三等。王充认为，“人性有善有恶，犹人才有高有下也，高不可下，下不可高。谓性无善恶，是谓人才无高下也……余固以孟轲言人性善者，即中人以上也；孙卿言人性恶者，中人以下者也；扬雄言人性善恶者，中人也。”[4] 人性统一论不同于人性差异论，这种人性理论认为，所有人的人性都是一样的，并没有不同的人性，人之所以分为善人与恶人，并不在于人性之差别，而在于后天养成之差异。这是大多数人性理论的基础，前述人性无善恶论从某种角度来看，也可归之于此说。人性统一论又可细分为三种：性善论、性恶论、人性善恶混合论。

性善论认为，人性本善。性善论以孟子为代表，他认为，人性有仁、义、礼、智四端，这四端是人生而有之的，是人少有的区别于禽兽的特征。“人之所以异于禽兽者几希，庶民去之，君子存之”，[5] “恻隐之心，人皆有之；羞恶之心，人皆有之；恭敬之心，人皆有之；是非之心，人皆有之。恻隐之心，仁也；羞恶之心，义也；恭敬之心，礼也；是非之心，智也。仁义礼智，非由外铄我

---

① 朱熹：《朱子语类·性理》。
② 朱熹：《朱子语类·学六》。
③ 《孟子·告子》（上）。
④ 《论衡·本性》。
⑤ 《孟子·离娄》（下）。

也，我固有之也，弗思耳矣”。[①] 但是，在孟子看来，人性以上四种善仅仅为“端”，意为一种萌芽，是一种为善的可能，需要个人加以扩展或培育。君子与小人、好人与坏人在此四“端”上是相同的，“圣人，与我同类者”，[②] 区别就在于他们对这种“善端”的培育程度。“人之有是四端也，犹其有四体也。有是四端而自谓不能者，自贼者也；谓其君不能者，贼其君者也。凡有四端于我者，知皆扩而充之矣，若火之始然，泉之始达。苟能充之，足以保四海；苟不充之，不足以事父母。”[③] 培育的方法在于教化。“人之有道也。饱食、暖衣、逸居而无教，则近于禽兽。圣人有忧之，使契为司徒，教以人伦，父子有亲，君臣有义，夫妇有别，长幼有叙，朋友有信。”

与孟子相反，荀子主张一种性恶论，认为人性本恶，好利多欲，人之善行是后天习得的。“人之性恶，其善者伪也。今人之性，生而有好利焉，顺是故争夺生而辞让亡焉；生而有疾恶焉，顺是故残贼生而忠信亡焉；生而有耳目之欲，有好声色焉，顺是故淫乱生而礼义文理亡焉。然则从人之性，顺人之情，必出于争夺，合于犯分乱理而归于暴。”[④] 由于人性本恶，就需要用法律、道德等规范加以约束，方能治而不乱。“古者圣王以人之性恶，以为偏险而不正，悖乱而不治。是以为之起礼义，制法度，以矫饰人之情性而正之，以扰化人之情性而导之也，始皆出于治合于道者也。”[⑤] 当然，虽然与孟子一样都主张用外在规范来约束人，使其不为恶，但荀子的这种规范却比孟子的来得严厉。[⑥]

人性善恶混合论旨在于调和性善论与性恶论，认为人性兼有善与恶，发展其善性则为善人，发展其恶性则为恶人。此说始于战国时期。《孟子》中就曾提到：“或曰：性可以为善，可以为不善，是故文武兴则民好善，幽厉兴则民好暴。”[⑦]

2. 西方的人性理论

从以上可以看出，中国古代的人性理论虽然众说纷纭，但其主题却是单一

① 《孟子·告子》（上）。
② 《孟子·告子》（上）。
③ 《孟子·公孙丑》（上）。
④ 《荀子·性恶》。
⑤ 《荀子·性恶》。
⑥ Thomas F. Wall, On Human Nature: An Introduction to Philosophy, Thomson Wadsworth. 2005. p. 46.
⑦ 《孟子·告子》（上）。

的，即人的德行。这就好比在舞台上，演员虽然不少，却个个都是悲剧人物，场景未免过于单调。西方国家人性理论之舞台，却是一幅大为不同的景象，有的说人之德行，有的说人之知性，有的则说人之感性，场景虽然有点乱，却也使人对自己有了更全面的理解。概括起来，这些人性理论主要有以下几种：

（1）“智慧人”。在西方人性理论舞台上，最先登场的是“智慧人”之人性理论。① 这种人性理论是苏格拉底“认识你自己”这一命题所导致的西方思想主题重大转变的结果。这种人性理论总的一点就是认为，人的本质在于无形的灵魂或理智，而不在于有形的肉体。苏格拉底认为，人的本质是灵魂，而灵魂的特点就是精神和理性，是能够自我认识的理性；人不是感性的、个别的存在物，而是普遍的、不变的理性灵魂。② 柏拉图也认为世界是由两种元素组成的，人也是由两种元素组成的：肉体（body）与灵魂（soul）。肉体是物质性的、有形的，可因死亡而消失，而灵魂是非物质性的、无形的，并不因为人的死亡而消失，是永存的。灵魂是人最重要的因素，人之所以为人就在于灵魂。而人类灵魂是由三部分组成的，这三部分都有其内在倾向与需求。这三个部分就是理智（reason）、欲望（appetites）、情绪（spirit）。柏拉图为此将人的灵魂比喻成一辆由两匹马拉的车。理智是车夫，欲望与情绪是两匹马，情绪是一匹比较安静而容易控制的马，欲望则是一匹比较野蛮而难以控制的马。按柏拉图的说法，人之所以善恶不同，就在于不同的人，灵魂的三种成分的比例不同。其中一些人理智成分多一些，他们适宜做统治阶级；一些人情绪成分多一些，他们适宜做军人；一些人欲望成分多一些，他们则适宜做生产者。最好的社会就是这些人各得其所，并友好相处，③ 正义的标准也在于每个人都清楚地知道自己的适当位置。④ 柏拉图甚至提出了“哲学王”的统治方式，即最理想的社会是由哲学家来充当国王。⑤

（2）“宗教人”。自公元1世纪开始，随着基督教逐渐在西方国家取得统治地位，“宗教人”的人性理论也逐渐成为舞台的主角。这种人性理论认为，人类

---

① “智慧人”是赵敦华主编的《西方人学观念史》对古希腊人性理论的一种概括。这时的人性理论对人的认识类似于后来的“理性人”，但又具有重大区别，将其概括为“智慧人”还是比较恰当的。参见赵敦华主编：《西方人学观念史》，北京出版社2005年版，第36页。

② 赵敦华主编：《西方人学观念史》，北京出版社2005年版，第36~37页。

③ Thomas F. Wall, On Human Nature: An Introduction to Philosophy, Wadsworth, 2005. pp. 74-76.

④ ［美］阿拉斯代尔·麦金太尔著：《伦理学简史》，龚群译，商务印书馆2003年版，第72页。

⑤ Thomas F. Wall, On Human Nature: An Introduction to Philosophy, Wadsworth, 2005. p. 77.

本是由上帝按照自己的形象所造就的，人性是善的，人与上帝之间的关系是紧密的，但由于人类的祖先亚当和夏娃违背上帝命令而“偷吃”了伊甸园的智慧果，犯下了“原罪”，人神关系破裂。人神关系破裂的结果是亚当和夏娃的后代——人类便受到“原罪”的惩罚和束缚，生来就具有被欲望所支配而为恶的倾向。也就是说，人从此就具有两幅面孔：一半是天使，一半是野兽。前者来自人本身是上帝的制造物，这是人具有神性的一面；后者来自于亚当与夏娃对上帝命令的违反，是“原罪”的结果，这是人具有兽性的一面。人类的兽性使其终生因受物质占有欲、权力欲和性欲的折磨而痛苦万分。由于人类自出生起就受原罪的奴役，人类的一生就在于获得上帝的恩典而从原罪中得到救赎，得以新生，而社会只不过是一幕永久的灵魂拯救剧的背景而已。

（3）“性情人”。这是针对“宗教人”的禁欲主义而在文艺复兴时期出现的一种人性理论。其实，不管是“智慧人”还是“宗教人”，其人性理论都是从一种比较的角度来论述的：“智慧人”是将人与其他动物进行比较，而“宗教人”是将人与神进行比较。“宗教人”的目的在于通过强调人与神的区别，人因为经受不住诱惑而堕入欲望的深渊来要求人克制各种情欲之事，因为人如果不克制情欲就不可能得到上帝的恩典与救赎。简言之，“宗教人”的人性理论的目的在于要求人类禁欲。文艺复兴摧毁了上帝的光芒，将人重新作为“万物的尺度”，放在关注的中心点，作为此后出现的一种人性理论，“性情人”的人性理论首先就是将人从禁欲主义中解放出来，主张人是万物之灵，是宇宙的中心，并肯定人的食色欲望，提倡世俗的快乐。其次，“性情人”认为人有自我保存、自利自私的天性，如托马斯·霍布斯认为，“人类行为的动机不论是出自生命自保的冲动或是为了满足个人的荣誉感，归根结底，行为动机都发端于人的自私本性。人类的一切行为、美德，都起源于人的利己心，没有任何力量能够消灭人类的这种自私本性。”① 但是，人类各种欲望虽然具有正当性，但由于生存资源的有限性，如果不对这些欲望加以疏导、克制，就可能导致一种人与人的相互残杀，进而导致人类的毁灭。为了防止这种可怕局面的出现，“性情人”人性理论一般都主张通过达成社会契约，组成国家对人类过度的欲望进行抑制与疏导，如霍布斯的“利

① 转引自罗国杰、宋希仁编：《西方伦理思想史》（下卷），中国人民大学出版社 1988 年版，第 106 页。

维坦”。“斯宾诺莎与霍布斯看法一致，认为人类之所以需要国家，是因为所有的人都追求他们自己的利益和寻求扩张他们自己的权力。”①

（4）“理性人”。“性情人”其实是从人基于个人需求而与他人发生互动时所体现出来的行为倾向来认识人性的，如果从柏拉图的人性理论结构来看，这种理论仅仅是肯定了其中欲望的正当性，并根据这种欲望设计相应的社会制度，对于柏拉图人性理论中的车夫角色即理智却缺乏相应论述，而这则属于“理性人”人性理论的关注点。“理性人”其实就是吸取了“智慧人”的一定成分的一种人性理论，它的主题是强调人类的认知能力，认为人类具有认知外在世界的能力，也能认知“自我”，并能以认知结果控制自己的行为，从而达到人的真正生活目的。在“理性人”人性理论中，最主要的代表是笛卡儿与康德。前者提出的“我思故我在”的原则，这标志着人主体性的觉醒，也标志着人的主体性从此登上了历史舞台。后者则认为，人是理性的存在物，理性不仅是人得以区别于动物的标准，也是区别人是目的还是工具的标准。“人自身实在有个使他与万物有别，并且与他受外物影响那方面的自我有别的能力，这个能力就是理性。”②“假如是没有理性的，也只有工具所有的相对价值，因此，我们把它叫作‘东西’。反之，我们把有理性称为人，因为他的本性就证明他就是目的，不能只当作工具。”③

（5）“道德人”、“生物人”、“心理人”。“道德人”是针对“宗教人”的性恶说提出的一种人性理论。根据“宗教人”的“原罪”观点，由于亚当、夏娃对上帝命令的违背，作为其后代的人类天生就有一种“原罪”，人的一生只不过是在赎罪。而“道德人”认为，人性本善，只是他们并没有否认道德与宗教之间的关系，而是在宗教的范围内进行论说的。其代表人物有英国的道德哲学家塞缪尔·克拉克（Samuel Clarke）、沙夫茨伯利伯爵（Shaftesbury）等。前者认为人之德行是上帝所规定，必然是善的，这种德行是一种自明的理性；后者认为上帝赋予人类一种善良、合群的天性，人类完全可以依靠这种天性保证社会的良好秩序与个人的幸福生活。④

① ［美］阿拉斯代尔·麦金太尔著：《伦理学简史》，龚群译，商务印书馆 2003 年版，第 199 页。
② ［德］康德著：《道德形而上学探本》，唐钺译，上海人民出版社 1986 年版，第 65 页。
③ ［德］康德著：《实践理性批判》，韩水法译，商务印书馆 1999 年版，第 42~43、62 页。
④ 参见赵敦华主编：《西方人学观念史》，北京出版社 2005 年版，第 205~208 页。

“生物人”是受达尔文进化论影响而出现的一种人性理论。这种人性理论是从人对环境的不断适应这一视角来认识人性的。根据这种人性理论，人性就是人所共有的适宜人类生存的属性，如那些有利于加强人类生存与繁殖的属性，否则就属于后天习得的，不属于人性之内容。因为人性属于生物进化的结果，这种人性并不是一成不变的，而是随着人类的进化而发生改变的。① 生物学家康拉德·洛伦兹（Konrad Lorenz）就认为，人是由其他动物进化而来的，人与其他动物一样，也有一种对自己同类采取攻击行为的天生动力。②

现代西方国家的具有三大心理学派：精神分析学、行为主义心理学与人本主义心理学，这三种不同学派得出的人性理论并不是一致的。精神分析学主要是将人的行为视为受先天性本能驱使的结果。这种先天本能对于叔本华来说，就是生存意志，即求生存、求满足。人就是在这种生存意志的驱使下从事各种行为：吃饭、睡觉、争夺资源等。“人的全部本质就是意志，人自己就只是这种意志所显现的现象。”③ 对于尼采来说，这种本能却在于权力意志。尼采的权力意志虽然也是一种生存意志，却没有叔本华所想象的那么悲观，这种生存意志不仅仅是求生存，更是求发展、求超越。④ 而对于弗洛伊德来说，这种本能是“力比多”（libido）：人的性欲，“人性最根本的东西是基本本能，基本本能存在于任何人身上，其目的是满足某些基本需要”。⑤

行为主义心理学与精神分析学的分析对象不同，他们重视的是人的外显行为而不是内在意识活动，认为人是社会现实环境的产物，人的行为是受所处环境刺激的结果。如行为主义心理学的主要代表人物华生就将人类行为的基本构成要素化约为刺激与反应，即认为人类行为仅仅是对外界刺激的一种反应。“有机体从出生到死亡，无时无刻不受到来自体外的和体内的刺激的袭击。当有机体受到刺激的袭击时，它便从事某项事情：它反应，它运动。”⑥ 另一个行为主义心理学主要人物 B. F. 斯金纳（Skinner）也认为，人类一切行为都是环境变量发生作用

① Thomas F. Wall. On Human Nature: An Introduction to Philosophy, Wadsworth, 2005. pp. 393-394.

② ［英］莱斯利·史蒂文森著：《人性七论》，袁荣生、张蕖生译，商务印书馆 1994 年版，第 178~179 页。

③ ［德］叔本华著：《作为意志和表象的世界》，石冲白译，商务印书馆 1982 年版，第 396、482 页。

④ ［德］尼采著：《权力意志》，贺骥译，漓江出版社 2007 年版，第 30 页。

⑤ ［奥］弗洛伊德著：《论创造力和无意识》，孙恺祥译，中国展望出版社 1986 年版，第 212 页。

⑥ ［美］约翰·布鲁德斯·华生著：《行为主义》，李维译，浙江教育出版社 1998 年版，第 15 页。

的结果。“我们的‘独立变量’——引起行为的原因——是外部条件，行为是这些条件作用的结果。”①

人本主义心理学是在批判精神分析学与行为主义心理学的基础上发展起来的，它既反对前者的泛性欲主义倾向，也反对后者的客观决定论，主张从自我实现与自我创造的层面来探究人性的内容，将典型化和理想化的自我人格作为人性研究的尺度。该学派的代表人物马斯洛认为，人类需求是有层次的，他们总是在满足自己的基本需求之后，就会要求满足更高层次的需求。“人类动机生活组织的主要原理是基本需要按优势或力量的强弱排成等级”，“（食欲满足后）其他（更高级的）的需要会立即出现，这些需要（而不是生理上的饥饿）开始控制机体。当这些需要满足后，又有新的（更高级的）需要出现了，依次类推。”② 就是在这种需求不断满足的过程中，才可能满足人类的最高需求，即自我实现。

（二）人性概念的综合性：需求、知性与德行

人存在于行为之中，存在于需求满足行为之中。如果不是离群索居或像鲁宾逊一样独居孤岛，行为人的需求满足行为一般都会对他人的需求造成一定影响，这是人的社会性所决定的。这些影响有的是行为人刻意追求的，有的则是行为的客观结果。这些影响如属正面影响，即给他人带来了一种益处，这种行为就可能被认为是一种善；如属负面影响，即给他人带来了损害，就可能被认为是一种恶。从行为发生过程来看，行为人对行为是善还是恶的影响主要是通过两个方面进行的。一方面是行为人的需求，如果没有需求，也就不会在行为人身上产生一种紧张状态，从而推动行为人实施相关的行为。正因为如此，我国宋、明理学才提出“存天理、灭人欲”的主张，西方国家不少人性理论才将人性之恶归因于人的欲望。柏拉图就将人的欲望看作人的灵魂中最难驾驭的马，“宗教人”的人性理论更是主张禁绝欲望。需求满足行为，虽然在客观上有可能会给别人带来积极的正面影响，但这种满足行为的最后受益者主要还是行为人自己，因此可以说，需求满足行为是一种自利行为。从这一点来看，王海明教授将人性事实归结为自利性，是很中肯的。另一方面在于行为人对于社会制约条件以及原始欲望的

---

① 转引自［英］莱斯利·史蒂文森著：《人性七论》，袁荣生、张蕖生译，商务印书馆 1994 年版，第 157 页。

② ［美］A. H. 马斯洛著：《动机与人格》，许金声、程朝翔译，华夏出版社 1987 年版，第 43～69 页。

认识，则可称之为人的理性。如果行为人能够认识到所有存在的、影响原始欲望实现的制约条件，认识到所有可供行为人满足需求的行为方式，准确认识到自己的真正需要，行为人的不合理需求就会减少很多，行为人的满足需求行为可能给他人带来的负面影响就会减少很多，也不会出现“好心不得好报”等现象。因为有时行为人的需求是合理的，但由于没有对行为方式作出正确选择，也可能给他人造成损害而得到负面评价。

既然人存在于行为之中，人的属性也应当从其行为方面来把握。从人与动物的区别来概括人的属性，那是人类自大的表现；从人与神的差异来把握人的属性，那是人类自卑的体现。因此，从规范行为的角度来看，人应有的属性即人性，应当包括三个方面或三个维度：人之需求性、知性与德行。人性应当是一个综合性的概念，是一个多维度的概念。这与马克思所说的“社会人”也是相符合的，因为马克思的“社会人”虽然主张人的本质在于社会性，“是一切社会关系的总和”，但也强调了人的需求，甚至将人的需求作为人的本性。[①]

人之需求性，是指任何人都有需要满足的需求，人不可能没有需求。“个体的需求产生了行为动机，由此促动社会和文化的运作”，[②] 正是这种需求促使个人作出行为，进行生产工作、与他人交往，并进而产生各种各样的社会制度。正是因为人类需求的基础性，英国人类学家马林诺夫斯基（Bronislaw Malinowski）直接将人类的需求性定义为人性：“我们可以根据一个事实来定义人性：即无论居于何处及实践何种文明，人们都必须吃喝、呼吸、睡觉、生育，并且从机体排泄废物”，并认为这些人性需求又导致各种各样的衍生需求，法律、宗教等制度只不过是满足这些衍生需求的措施或手段。[③] 利益，虽然是一个与需求紧密相连的概念，但却不等同于需求。需求指的是一种状态，一种因为缺乏某种事物而引起的紧张状态，而利益则是一种可以满足或消除这种紧张状态的事物。对于需求来说，利益只是一种工具或手段。可以说，需求是利益的前提与基础，没有需求也就没有利益，而需求其实也就是一种利益的需求，也可称之为利益需求。

---

① 《马克思恩格斯选集》（第1卷），人民出版社1995年版，第56页；《马克思恩格斯全集》（第3卷），人民出版社1960年版，第514页。

② ［美］拉尔夫·林顿著：《人格的文化背景——文化、社会与个体关系之研究》，于闽梅、陈学晶译，广西师范大学出版社2007年版，第9页。

③ ［英］B. 马林诺夫斯基著：《科学的文化理论》，黄建波等译，中央民族大学出版社1999年版，第80、111页。

人的需求具有层次性，这是一个共识。马林诺夫斯基就将人的需求分为基本需求与衍生需求两个层次，[①] 美国人类学家拉尔夫·林顿（Ralph Linton）则将之分为生理需求与心理需求两个层次。[②] 当然，前述马斯洛的需求层次是比较有名的。我国有的学者则将需求分为六个层次，即生存需要、情感需要、服务需要、社会生活需要、享受需要和发展需要等。[③] 其实，人的需求还可以分为自然性需求与社会性需求两种。前者是人作为动物的一种所具有的需求，这相当于马林诺夫斯基所说的基本需求；后者是指人在与他人进行交往时所产生的需求，如获得他人认可、尊重等需求。需求层次的认识与划分具有重要意义，因为任何社会的资源都是有限的，人的需求之间可能会发生冲突。合理的社会应当优先保障人的基本需求，如人的生存需求和人之为人的需求，然后才是其他的需求。

另外，人类需求还有一种文化性，不同文化背景下，人类需求具有差异性。例如，费孝通先生就认为欲望并非生物事实，而是文化事实，其原因在于欲望或需求不仅包括“要”，还包括“要什么”，即“要”的对象，而后者是由文化决定的。[④] 正是这种需求的文化性，使得不同文化背景下的人具有不同的需求，从而使得人性具有不同的表现形式。

人之知性，是指行为人对所处各种社会制约条件及其本身进行认知的理性能力。如果从广义的角度来看，它还包括人在认知基础上满足自己需求的实现能力。不同的人，其知性是不同的。而且，同一个人在不同时期的知性也是不同的，即人之知性是可以发展、可以改变的。人不可能对外界一无所知，但也不可能对外界事物以及其本身做到全知。这也就是说，人的认知能力总是有限的，只具有有限理性。例如，诺贝尔经济学奖获得者赫伯特·西蒙（Herbert Simon）就认为：“理性的限度是从这样一个事实看出来的，即人脑不可能考虑一项决策的价值、知识及有关行为的所有方面……人类理性是在心理环境的限度之内起作用的。”[⑤] 由于这种有限理性，人的行为之中总是避免不了非理性的因素，只是有

---

① ［英］B. 马林诺夫斯基著：《科学的文化理论》，黄建波等译，中央民族大学出版社 1999 年版，第 90、111 页。

② ［美］拉尔夫·林顿著：《人格的文化背景——文化、社会与个体关系之研究》，于闽梅、陈学晶译，广西师范大学出版社 2007 年版，第 10 页。

③ 陈志尚主编：《人学原理》，北京出版社 2005 年版，第 204 页。

④ 费孝通著：《乡土社会　生育制度》，北京大学出版社 1998 年版，第 83 页。

⑤ 转引自徐国栋著：《人性论与市民法》，法律出版社 2006 年版，第 55 页。

程度差别而已。但是从规范的角度来看，对不同的人，知性的要求是不同的，作为执法者，知性的要求比较高，应当要求其在执法时尽量避免非理性的因素。

人之德行，是指行为人出于需求而表现出来的行为倾向，尤其是在意识到自己的需求与他人需求发生冲突时所表现出来的行为倾向。如前所述，只要不是出于物理强制的行为，人的行为大多是出于一种需求的满足，但这种满足自己需求的行为在客观上总会给他人带来一定的影响，这种影响有的是给他人带来好处，有的则损害他人的利益，尤其是通过损害他人而获得一种需求满足的行为。因此，人的行为一般都是自利的，人都具有一种自利性。但这种自利性中的“利”并不仅仅限于物质利益，还包括非物质利益，因而它只是一个中性概念，只是对于自己的需求满足而言的，对于他人的利益，则可能存在两种情况：一是人的行为在满足自己利益需求的同时，也满足了他人的利益需求，即“双赢”局面；二是人的行为在满足自己利益需求的同时却损害了他人的利益，即损人利己。当然，在第二次情况中，还可以根据利益合理与否进行细分：一是满足自己的合理需求而损害他人的合理利益；二是满足自己的不合理需求而损害他人的合理利益。说一个人是“恶”的，其实也主要是说他为了满足自己的不合理需求而损害他人的合理利益；而说一个人是“善”的，也主要是说他在满足自己合理需求的同时也给他人带来了好处。但无论如何，任何人都有一种自利性倾向，即其行为的一般目的都在于满足自己的利益需求，而不是在于满足他人，即使在客观上满足了他人，也只是自利行为带来的一种客观结果，或满足自己利益需求的过程或手段。

五、刑事诉讼法的人性化

刑事诉讼法如何才能体现一种人性，实际上也就是要求在设置刑事诉讼程序时，必须考虑人性的内容，即必须考虑刑事诉讼程序所规范的人的需求性和在知性方面的有限理性与在德行方面的自利性，认可与保障所规范之人的合理需求，否定这些人的不合理需求，并采取相应措施防止他们满足不合理需求的行为。针对我国刑事诉讼立法与司法实践中存在的问题，我们认为，要使刑事诉讼程序能体现一种人性，关键在于以下几个方面：

（一）树立正当法律程序理念，认可与保障犯罪嫌疑人、被告人的合理需求

一般认为，正当法律程序包括两方面的要求：一是形式的正当法律程序；二是

实质的正当法律程序。形式的正当法律程序，是指对公民生命、自由或财产等重要权利的剥夺或限制应当经过法律规定的程序；实质的正当法律程序，是指法律规定的程序本身必须是正当的，这种法律不能是一种侵害公民合法权益的“恶法”。

刑事诉讼活动为什么要遵守法律程序，即为什么需要形式的正当法律程序，一方面在于法律程序对参与刑事诉讼的所有人的自利行为具有一种规制与引导作用。参与刑事诉讼的各种人的利益并不完全是一致的，在很多情况下是冲突的，他们在通过行为追求自己利益的满足时，往往倾向于选择有利于自己利益的行为方式而不是相反。对于这种自利行为，依靠个人的内部控制是不可能得到有效抑制的，必须依靠一种外部控制。因为“如果人性具有对其天赋扩张性的足够控制，那么，正像哲学无政府主义者所希望的，我们就能够省去政府和法律的外部控制”了。[①] 法律程序就是这种外部控制之一。法律程序对参与诉讼的所有人的自利行为的规制与引导主要是通过激励理论中的激励相容（incentive compatibility）来实现的。从经济学的角度来看，现代社会的人类行为都有一种“外部性”。这种行为的“外部性”，是指当一个人作出某种行为时，不仅涉及他自己的个人成本与收益，而且还可能给自己以外的其他人施加一种成本或带来一种收益。其中，行为主体个人直接承担的成本称为“私人成本”（private costs），个人直接享受的收益称为“私人收益”（private benefit），而私人成本与施加于他人的外部成本之和为“社会成本”（social costs），私人收益与给他人带来的外部收益之和为“社会收益”（social benefit）。[②] 参与诉讼之人的大部分自利行为其实是一种将收益内在化而将成本外在化的行为。法律程序的目的就在于有选择地使参与诉讼之人的行为的外部性内部化（internalization of externality），即通过法律规则的强制作用，迫使产生外部性的参与诉讼之人将社会收益转化为内部收益，尤其是将社会成本转化为私人成本，如将给其他参与诉讼之人造成的损害转化成他自己应当承担的法律责任，使得他对自己的行为承担完全责任，从而促使他对诉讼活动采取一种最优选择，尽量避免损害其他参与诉讼之人的利益，实现一种社会优化。

另一方面，诉讼活动之所以需要法律程序，与参与诉讼之人的有限理性有关。参与诉讼之人作出某种诉讼行为，其实暗含了一种对其他人作出某种诉讼行

---

① ［美］罗斯科·庞德著：《通过法律的社会控制法律的任务》，沈宗灵等译，商务印书馆 1984 年版，第 87 页。

② 张维迎著：《信息、信任与法律》，三联书店 2003 年版，第 70~71 页。

为的信任心理。这种信任的获得需要足够的信息，而参与诉讼之人由于受各方面的限制，并不能完全获得形成信任所需要的信息，因而只具有一种有限理性。至于解决这种有限理性与信任之间存在的矛盾，最好的办法就是根据新制度经济学的思路，通过将诉讼程序以法律的形式规定下来，形成一种法定诉讼程序，从而建立一种美国哈佛大学社会学教授奥兰多·帕特森（Orlando Patterson）所说的"间接人际信任关系"，即以法律规定的诉讼程序为媒介，在参与诉讼之人之间建立一种信任关系。[①] 这是因为，上述矛盾的症结在于未来行为的不确定性或随意性，就是这种不确定性使处于互动关系中的参与诉讼之人处于一种两难境地：如果通过信息收集减少这种不确定性，其成本又过高；如果不减少这种不确定性又会带来某种风险，从而使其不能据之作出相应的行为选择。如果能够减少未来行为的不确定性，信息收集的成本和风险都会下降，诉讼中的互动行为就可能顺利进行。法律程序将各类参与诉讼之人在刑事诉讼中的基本行为方式确定下来，并规定违反这种行为方式的行为将会导致一定的不利后果，基于自利本能，他们往往会为此尽量抑制诉讼互动过程中的任意行为和机会主义行为。这也就是说，法定程序在无形中增加了参与诉讼之人未来行为的确定性，减少了他们的"远期无知"，从而在他们之间建立起一种信任，基于这种信任，他们信息收集的成本减少，互动的成本得到节省。可以说，刑事诉讼法律程序是对参与诉讼之人有限理性的一种弥补措施：在法律程序之下，原本杂乱的诉讼世界变得相对简单，理性有限的他们因为复杂的诉讼世界而产生的焦虑感得以减轻，更多的精力得以节省而被用于应付诉讼外的日常生活。

正当法律程序最初只是要求一种形式的正当法律程序，后来才强调一种实质的正当法律程序。例如，1878 年的戴维森诉新奥尔良（Davidson V. New Orleans）一案中，美国联邦最高法院大法官萨缪尔·米勒（Justice Samuel Miller）认为："很容易理解，约翰国王在英格兰伟大的贵族们以刀剑相逼的关头，被迫作出了除非按照王国的法律规定，他们的生命和财产不得被英国国王处置的让步。这里王国的法律就是指英国人古老的律法和习惯法或者由占据支配地位的贵族组成的英国议会颁布的法律。因而，保护他们自己免受英国议会颁布的法律之害不是他

① 参见［美］马克·E. 沃伦编：《民主与信任》，吴辉译，华夏出版社 2004 年版，第 145 页。

们心中所想。”① 这是因为，如果法律本身就不合理，没有对合理的利益加以保护，反而损害一些人的合理利益，这种法律的遵守就反而使一些人侵害另一些人的利益的行为获得一种合法的外衣。为此，正当法律程序从仅仅要求遵守法律的形式正当程序逐渐发展成为既要遵守法律，同时又强调所遵守的法律必须是正当的法律的实质正当程序。在刑事诉讼法中，这种实质正当程序其实也就是要求对诉讼参与人的合理利益需求予以认可与保障，并对国家权力予以必要的制约，防止其侵害诉讼参与人的合理利益。这既是出于对诉讼参与人的人性的考虑，即对其合理利益需求的认可与保障，也是出于对执法人员的人性的考虑，即对其自利性的考虑。

从我国刑事诉讼法以及司法实践来看，在形式正当与实质正当方面都存在一定的问题。在形式正当方面，主要表现在一些可能侵害犯罪嫌疑人合理利益的侦查措施没有完全纳入刑事诉讼法的规范范围，而是由侦查部门自行规定与使用。从人性的角度来看，这一方面是没有认可与保障犯罪嫌疑人的合理利益需求，另一方面是对侦查人员的德行估计过高，没有认识到侦查人员在刑事诉讼中也有自己的利益需求，没有认识到这种利益需求可能导致侦查人员产生一些损害犯罪嫌疑人的合理利益的自利性行为。在实质正当方面，主要表现在刑事诉讼法的一些规定不是很合理，没有对犯罪嫌疑人、被告人以及其他诉讼参与人的合理需求予以认可与保障，没有针对司法人员的自利性倾向预先制定相应的预防措施，从而导致在司法实践中损害诉讼参与人的利益，如强制措施与强制性措施的实施程序、庭前审查程序、律师阅卷制度、量刑程序等。

因此，为了使我国的刑事诉讼程序更人性化，我们应当在刑事诉讼法中确立一种正当法律程序理念，一方面认可与保障犯罪嫌疑人、被告人等诉讼参与人的合理利益需求，另一方面针对司法人员的自利性倾向与有限理性，制定相应的预防措施，防止其利用国家权力侵害诉讼参与人的利益，以牟取私利。

（二）合理调整刑事诉讼结构，尊重当事人的合理需求，正视司法人员的人性弱点

刑事诉讼结构是一种包含横向结构与纵向结构的立体性结构。刑事诉讼的横

① ［美］约翰·V. 奥尔特著：《正当法律程序简史》，杨明成、陈霜玲译，商务印书馆 2006 年版，第 7~8 页。

向结构，是指某个刑事诉讼阶段的不同诉讼主体之间的权利与义务关系，而刑事诉讼的纵向结构，是指不同诉讼阶段之间的不同诉讼主体之间的权利与义务关系。前者是一种共时性的分析，后者是一种历时性的分析。由于诉讼结构涉及的主要是各个诉讼主体之间的权利与义务关系，而权利与义务实际是诉讼主体合理需求的认可与保障。因此，一国的刑事诉讼程序是否人性化，最主要的体现就是其诉讼结构是否合理，是否符合诉讼规律。

在横向结构方面，从我国立法与诉讼实践来看，最需要加强人性化的是侦查程序的诉讼结构与执行程序的诉讼结构。

对于侦查程序的结构，根据我国《刑事诉讼法》的相关规定，我国刑事诉讼实行的是一种公、检、法的分工负责、互相配合、互相制约的原则，法院并不介入包括侦查程序的审前程序。我国刑事诉讼法体现出来的侦查程序结构是一种控诉方主导型的侦查程序，同时也是一种单方式侦查程序。这种侦查结构的人性化不足，一方面在于没有考虑犯罪嫌疑人避免合法权益遭受侦查机关侵害与有效辩护的合理需求；另一方面在于不能克服司法人员的有限理性的人性弱点。对于前者，主要是因为没有第三方的介入，侦查程序成为强大的侦查机关与弱小的犯罪嫌疑人之间的对抗，犯罪嫌疑人的合法权益难以保障；被追诉方没有调查取证权，没有充分的了解案件情况权，也就使其在起诉前不能针对指控进行有效辩护。对于后者，主要是指被追诉方没有调查取证权，一方面在审判模式改变，法官消极性增强的背景下，可能导致法院据以判决的信息基础可能只有控诉方提供的单方面证据，导致法官不能做到兼听则明，其有限理性问题更加严重；另一方面是使检察机关据以作出是否提起公诉的信息基础具有严重的偏向性，不能做到客观公正地提起公诉。因此，我们认为，我国侦查程序结构的人性化方向应当是认可、保障犯罪嫌疑人合理需求，赋予犯罪嫌疑人不得强迫自证其罪的特权、调查取证权以及侦查阶段聘请辩护律师的权利，提高犯罪嫌疑人在侦查阶段的法律地位，同时强化法院或检察机关对可能侵害犯罪嫌疑人合法权益的强制性侦查措施的审查与控制。这种侦查程序结构，可以说是一种三角结构，但更准确地讲，应当是一些学者所说的融合了三角结构的线形结构。

对于执行程序的结构，我国目前最成问题的是减刑、假释以及监外执行的程序在人性化方面存在严重不足。首先，是对作为决定者的司法人员的自利性倾向重视不够，权力缺乏应有的制约。决定程序既不向罪犯和被害人公开，也不向检察机关公开，更别说向社会公众公开了，完全由这些决定机关在审查有关材料的基础上作出决定，检察机关缺乏具体有效的途径进行监督制约。其次，是对司法人员的有限理性认识不足，仅仅针对执行机关提交的书面材料进行的书面审查方式不能保证准确适用减刑、假释以及监外执行等。最后，是忽视有关利害关系人的合理需求，影响相关利益的实现。因为根据有关规定，被害人及其近亲属、罪犯，以及相关社区的公众在减刑、假释及监外执行决定作出之前并不能充分地表达意见，不能富有意义地影响决定的作出。针对我国执行程序结构存在的上述不足，其完善的方向应当是按照以人为本的理念，将其进行一种人性化的改造，即重视司法人员的人性弱点，认可并保障利害关系人的合理需求：增加相关程序的透明度，将书面审查程序改造为听证程序；切实保障被害人、罪犯等利害关系人和社会公众的程序参与权，尊重他们的程序主体地位；设立专门机构行使有关决定的决定权和监管权。

在纵向结构方面，从人性的角度来看，我国目前存在的问题主要是起诉权与侦查权之间的关系、执行权与审判权之间的关系没有完全厘清，容易侵害当事人的合法权益。关于侦检关系问题，我国学界已经作了比较充分的讨论，在此主要讨论执行权与审判权关系的人性化问题。

根据我国刑事诉讼法的规定，法院除了对一些刑罚执行的变更进行裁决外，还负责罚金与没收财产的执行，只是在没收财产的执行时，如有必要，可以会同公安机关一起执行。从比较法的角度来看，法院具有刑罚执行权，这是比较少有的。例如，在法国，根据其刑事诉讼法典第 707-1 条的规定，征收罚金与没收财产是以检察官的名义执行。在日本，财产刑包括罚金、罚款、没收等，根据检察官的命令执行，该命令与民事执行法上强制执行债务具有同等效力。① 在丹麦，根据《丹麦刑事执行法》，罚金刑一般由警察局执行。② 我国之所以这样规定，主要是因为没有厘清审判权与执行权之间的关系，而从更深层次来看，则主要在于没有对法官的人性弱点形成清醒的认识，没有重视与保障被判刑人合理需求的意识，换言之，没有一种执行程序人性化的意识。我们认为，要想使执行程序更

① ［日］田口守一著：《刑事诉讼法》，刘迪、张凌等译，法律出版社 2000 年版，第 326~327 页。

② 易慧琳：《〈丹麦刑事执行法〉及其对我国立法的启示》，载《河南科技大学学报》（社会科学版）2008 年第 5 期，第 103 页。

为人性化，法院就不宜承担财产刑的执行。这一方面在于法官的自利性的人性弱点。因为在我国，虽然法律规定对于罚没财产，法院应当按照“收支两条线”的规定，及时上缴国库或财政部门，不得私用、调换及压价拍卖或变相私分。但在司法实践中，为了解决司法机关的办案经费问题，不少地方地财政对公、检、法机关的罚没款项，一般在其上缴国库后又按一定比例变相返还，有的地方还以此作为考核司法机关工作业绩的标准。在这种情况下，实际也就相当于法院可以“多劳多得”，上缴国库的罚没财物越多，法院获得的“返还”也就越多。任何人不能作为自己案件的法官，这是自然正义的基本要求。“如果决定人对结果享有个人利益或具有偏见，那么他们就缺乏无偏私。”[①] 由于根据相关规定，财产刑的执行是由原审法院执行，这意味着在有关判处财产刑的案件中，有关法院实际是在办理涉及自己利益的案件，或者说法院在案件中有自己的利益。这不仅有违程序正义原则，而且由于法官的自利性，容易刺激法院滥用罚金刑，以便进行“创收”的动机。另一方面在于对被判刑人合理需求的保障。由于法官的自利性，法官的“创收”需求可能导致另一种负面后果，即容易刺激法官在判决时“以罚代刑”，以被告人能否缴纳以及缴纳多少罚金作为量刑的情节，“有能力缴纳罚金就少判、不能缴纳罚金就多判”，这种情况在实践中并不少见。[②] 这种现象的存在，损害了刑法适用人人平等的原则，被判刑人可能会因为自己经济不宽裕而被不恰当地判处更重的刑罚。而且，在财产执行过程中，被判刑人可能因为情况发生变化而需要变更所判处的财产刑。我国《刑事诉讼法》第 271 条规定，如果出现特殊情况而缴纳罚金确实有困难的，可以裁定减少或者免除。也就是说，在财产刑执行过程中，有可能出现一些关于是否应当减免的争议。在由法院负责执行财产刑的情况下，由于法院对于财产刑的执行具有利害关系，再让该法院来裁定是否应当减免，这无异于让法院裁决自己的案件，让其减少“创收”的可能性。为此，法院能否在此争议中作出合理裁决，被判刑人减免罚金的合理需求能否得到满足与保障，不得不让人怀疑。因此，取消法院财产刑的刑罚执行权，将该执行权交由其他机构执行是比较恰当的。

---

① ［美］迈克尔·D. 贝勒斯著：《程序正义——向个人的分配》，邓海平译，高等教育出版社 2005 年版，第 25 页。

② 陈卫东主编：《刑事诉讼法实施问题对策研究》，中国方正出版社 2002 年版，第 352 页。

（三）建立或完善具体诉讼制度，认可与保障合理的利益需求，尽量减少司法人员人性弱点所造成的不良后果

由于立法者在制定刑事诉讼法时，一方面无视或忽视包括当事人在内的诉讼参与人员的一些合理利益需求，另一方面又将司法人员设想为一种没有自己利益需求、具有完全理性的、永远不会有自利行为的道德人，导致在很多具体制度的设置上，出现一些不是没有考虑诉讼参与人的合理需求，就是诉讼参与人的合理需求缺乏保障的人性化不足等问题。

这些具体制度，我们认为，目前最需要解决而又没有引起应有重视的主要有以下几个方面：

一是亲告罪的追诉机制问题。对于亲告罪，国外绝大部分国家并没有将其与自诉程序必然地联系起来，但我国刑事诉讼法却将亲告罪与自诉程序必然地联系在一起：虽然自诉案件不一定就是亲告罪案件，但亲告罪案件只能是自诉案件的一种，属于是一种自诉型亲告罪。① 将亲告罪案件作为自诉案件，这在1979年超职权主义诉讼模式之下，由于法官积极主动地调查取证，在追诉效率上甚至可能比将其作为公诉案件处理更有效率，但在我国逐渐吸收当事人主义诉讼模式的因素，法官积极主动性受到限制以后，亲告罪案件的追诉效率逐渐下降，无罪判决率逐渐上涨。1996年侮辱罪、诽谤罪的定罪率达90%，暴力干涉婚姻自由罪为70%，虐待罪为91%，而在2005年全国法院一审审结的683997件刑事案件中，被判决无罪的有2162件，其中自诉案件就占了1185件，几乎占所有无罪案件的55%。自诉案件与公诉案件相比，其绝对数量要少得多，自诉案件的无罪判决率因此明显要比公诉案件高得多。如果再结合刑事诉讼法第210条规定的自诉案件种类来看，甚至还可以推断出这些被判决无罪的案件大多是亲告罪案件。因为根据该条规定，可以提起自诉的，除了亲告罪外，就是被害人有证据证明的轻微刑

① 从理论上讲，我国也可通过公诉程序来追诉亲告罪。因为根据《刑法》第98条的规定，对于亲告罪，如果被害人因受强制、威吓无法告诉的，检察机关也可以告诉。而根据最高人民法院《关于执行〈中华人民共和国刑事诉讼法〉若干问题的解释》有关自诉案件的受理规定来看，法院只直接受理被害人及其法定代理人或近亲属提出的起诉，并不在自诉程序中接受检察机关提出的起诉，即检察机关在被害人受强制、威吓而无法告诉且没有近亲属代为告诉时所提出的起诉，并不在法院受理的自诉案件之列，这样应当只能通过公诉程序来追诉。当然，这种解释也可能是由最高人民法院上述司法解释存在漏洞所导致，因为根据《刑事诉讼法》第170条，亲告罪案件属于自诉案件，既然属于自诉案件，也就不可能通过公诉程序进行追诉。

事案件与被害人有证据证明应当追究被告人刑事责任而公安机关或检察机关不追究被告人刑事责任的案件。对于前者，根据1998年最高人民法院、最高人民检察院、公安部、国家安全部、司法部、全国人大常委会法制工作委员会联合发布的《关于刑事诉讼法实施中若干问题的规定》第4条的规定，法院经过审查认为证据不足的，应当移送公安机关立案侦查，而不是裁定驳回起诉或判决无罪，此类案件进入法庭审理后被判决无罪的所占比例应当很小，但2012年最高人民法院、最高人民检察院、公安部、国家安全部、司法部、全国人大常委会法制工作委员会联合发布的新的《关于刑事诉讼法实施中若干问题的规定》，取消了上述规定；对于后者，由于本属公诉案件，公安机关或检察机关一般已经过调查取证，自诉人提起诉讼之前可查阅这些机关收集的证据，经过庭审后被判决无罪的可能性应当小于亲告罪案件。之所以会出现这种问题，主要原因在于立法者在判断被害人是否有惩罚犯罪行为人的选择权的利益需求，并赋予其相应权利的同时，过高地估计了被害人的理性能力，即其实现权利的能力，从而没有采取相应的措施保障其权利实现。人性化的程序，不仅应当认可合理的利益需求，在有关利益主体实现权利的能力不足时，还应当提供相应的保障措施。因此，我们认为，在我国刑事诉讼模式逐渐转型，抗辩制因素不断增多的情况下，解决目前亲告罪追诉机制疲软困境的出路应当是一种公诉与自诉并行的追诉机制，即被害人及其他权利人对于亲告罪，不仅可以选择是否追诉，而且可以选择通过公诉程序还是自诉程序来追诉。这一方面可以尊重其选择不追诉的合理利益需求，另一方面又可以在其一旦选择追诉时，保障追诉的效率。

二是审判委员会案件讨论制度。对于该制度，目前有两种对立的观点，一种观点认为应当取消该制度，而另一种观点则认为应当保留该制度。我们认为，对于该制度，总体上应当保留，但也应当进行必要的限制与完善。为什么要保留，一方面在于审判委员会的案件讨论可以在一定程度上弥补承办法官的有限理性与抑制承办法官的自利性，促进裁判的公正性。因为案件判决并不是一个简单的对与错的问题，有时还涉及价值与利益的衡量问题，由于视角更多，经过充分讨论后，审判委员会得出的可选择方案明显多于合议庭，对相关利益的考虑也更全面，得出的判决也就更为合理。而且审判委员会在司法实践中还有一种促进审判人员认真办理重大、复杂、疑难案件，从而最大限度保证这些案件得以公正处理的潜在功能。对审判委员会案件讨论制度进行必要的限制与完善，主要是将案件讨论范围限制于法律适用问题，将案件讨论程序尤其是审判委员会成员发言的先后次序作相应的规定。对于前者，原因在于审判委员会的有限理性，即审判委员会据以作出决定的承办人汇报存在信息过滤或损失问题，如果要求审判委员会讨论认定案件事实，审判委员会据以作出案件事实认定的信息肯定比合议庭要少；由于信息量更少，审判委员会事实认定的出错率也就可能比合议庭更高，审判委员会在认定案件事实上不比合议更具有优势。对于后者，其原因在于审判委员会成员的自利性，即一方面，审判委员会成员之间上下级关系有可能导致一种规范性从众，级别高的成员所发表的意见即使不正确，级别低的成员也可能出于面子或其他利益而不提出反对，尤其是在我国这种面子文化气息很浓的国家里；另一方面，由于对相关案件的专业知识参差不齐，审判委员会的成员之间可能形成一种信息性从众，一些审判委员会成员由于缺乏相关知识，盲目听从其他某个成员的意见。解决此问题的方法是规定可能提供从众意见的审判委员会成员最先发表意见，而可能被从众的成员最后发表意见，并要求他们发表意见时必须说明具体理由，投票表决时使用无记名方式。

三是量刑程序问题。由于刑法规定的量刑幅度比较大，在司法实践中常常出现量刑不均，严重损害法律适用平等原则。导致这一问题的原因，一方面在于法官自利性的人性弱点，量刑时考虑了不该考虑的因素；另一方面在于法官的有限理性，在量刑时没有认识与考虑到应当考虑的因素。如何解决这一问题，除了在实体法上制定合理的量刑幅度外，还主要在于量刑程序的人性化，即量刑程序的设置必须考虑法官自利性与有限理性的人性弱点。具体来讲，首先是加强控辩双方对量刑的程序参与，即赋予检察机关以量刑建议权，然后由控辩双方针对量刑建议提出证据进行辩论，法官再在辩论的基础上进行量刑。这一方面有利于制约法官过大的量刑裁量权，预防其自利性行为，另一方面有利于弥补法官在量刑信息上的有限理性问题。其次是要求法官在判决中将量刑理由公开化。因为根据社会心理学所说的社会促进效应的基本原理，将法官的量刑理由予以公开，实际上也就是将法官据以量刑的事实依据和法律依据呈现在社会公众面前。以示诉讼透明、民主，增强体制的公正性和权威性。

六、刑事诉讼法与人权

（一）人权的含义及其内容

我国2012年《刑事诉讼法》修改的过程中，“尊重和保障人权”成为修改的一项重点内容，围绕人权保障的主题，构建了非法证据排除规则、不得强迫自证其罪等一系列新制度。此后，党的十八届三中、四中全会也将保障人权作为一项重要内容，出台了一系列有关刑事诉讼尊重和保障人权的新举措，应当说，近年来我国刑事诉讼领域在人权保障方面的不断进步，是一件十分鼓舞人心的事情。但是，从一些观点或论著来看，又有不少值得我们去关注与厘清的事项。因为加强人权保障，首先就必须弄清楚人权的含义，只有弄清楚人权的含义，才有可能在立法时清楚需要重点保障哪些权利，才有可能在利益发生冲突时，做好利益之平衡或作出恰当的取舍。但从目前不少论述来看，不少人并没有完全厘清人权的含义，而是把犯罪嫌疑人、被告人的所有权利都放入人权这个“袋子”里，不分主次地都作为人权内容来加以保障，结果适得其反。因此，在刑事诉讼中加强人权保障，首先一点就是要弄清楚人权的含义以及人权在我国所应当包含的内容。

在目前，较多的人没有将人权与权利这两个概念区分清楚。虽然对于人权的具体含义现在还没有一个统一的认识，但对人权稍有研究的人都知道，人权与权利是两个不同的概念。人权，一般认为，它是人作为一个人所应当享有的权利，具有基础性，是先于法律规定的且法律应当加以规定与保障的权利。“人权先于国家和法律而存在。”[①] 由于是先于法律规定的，因此，它是一种应然性的权利，一种道德性的权利。“人权的本义是一种应有权利。”[②] 而我们一般所说的权利，却是法律加以规定的权利，是一种法律权利。这种法律权利，可能是人权的法律体现，因而属于人权的内容，也可能是用以保障人权得以实现的其他权利。因此，从范围上看，权利的范围应当宽于人权的内容。

人权是人作为一个人所应当享有的权利。对此，一般没有疑义，有分歧的是：人权是普遍性的，还是特殊性或相对性的？这种普遍性是绝对的，还是相对

① 李步云、陈佑武：《论人权与其他权利的差异》，载《河南社会科学》2007年第1期，第112页。
② 李步云、陈佑武：《论人权与其他权利的差异》，载《河南社会科学》2007年第1期，第112页。

的？人权的内容应当包括哪些？这两个方面的问题是相互关联的。人权是普遍的，也是相对的，不同的理解会直接影响到对人权内容的界定。

1. 人权的普遍性和特殊性问题

对于这个问题，不仅学者间存在分歧，而且各国间也存在不同的理解。例如，第二次世界人权大会在起草《维也纳宣言和行动纲领》过程中，发达国家与发展中国家就曾对这个问题发生过激烈争论，前者强调人权普遍性的意义，而后者则强调要充分肯定人权的特殊性。[①] 当然，这里需要说明的是，人权是普遍性的，还是特殊性或相对性的，主要指的是人权主体与人权内容的普遍性和特殊性问题，而不是实现人权的措施问题。

对于这个问题，就学界而言，曾经有三种不同的回答，第一种回答是肯定性的，即人权只能是普遍性的。第二种回答则认为人权是特殊性的，没有普遍性的人权。第三种回答认为人权既有普遍性也有特殊性。目前，坚持第二种观点的人已经少有，为此，以下主要论述第一种观点和第三种观点。

第一种观点就是认为人权是普遍性的。根据这种观点，人权的普遍性包括两个方面，一是人权的主体是普遍的，即享有人权的主体是每一个人，不分种族、肤色、性别、语言、宗教、政治或其他见解、国籍或社会出身、财产、出生或其他身份等；二是人权的内容是相同的，即每个人享有的人权是相同的，并不是有些人享有的人权多一些，而有一些人的人权要少一些，或享有的是不同种类的权利。例如，英国学者 A. J. M. 米尔恩的低限人权理论中的人权就是一种普遍性的人权概念。在《人的权利与人的多样性——人权哲学》一书中，米尔恩对西方国家 18 世纪以来流行的人权概念进行了批判，认为这种人权概念只是一种理想的标准，而不是一种严格意义上的、具有普适性的人权，因为它体现的是自由主义民主工业社会的价值和制度，它在第三世界国家不具有普适性，而只能成一种乌托邦。米尔恩认为，人权概念不是一种理想概念，而是一种最低限度标准的概念，具体讲就是一种作为最低限度普遍道德权利的人权，即普遍道德标准要求人们承认的那些权利，[②] 这种人权概念源于社会共同体的共同道德。他认为，在每一个社会共同体中，有九项道德原则是必不可少的，它们是社会共同体普遍的最

① 李步云、杨松才：《论人权的普遍性与特殊性》，载《环球法律评论》2007 年第 6 期，第 7~8 页。

② 温静芳：《关于人权的探究——评〈人的权利与人的多样性——人权哲学〉》，载《河北法学》2007 年第 4 期，第 8~9 页。

低限度的道德标准，这种道德原则分为两组：第一组包括三项：行善、尊重人的生命和公正；第二组包括六项：伙伴关系、社会责任、不受专横干涉、诚实的行为、礼貌和儿童福利。这些共同道德标准中包含了七项最低限度标准的人权：第一组包含两项人权，即生命权和以公平待遇为形式的公正权；第二组原则包含的是进一步的人权：获得帮助权、在不受专横干涉这一消极意义上的自由权、诚实对待权、礼貌权以及儿童受照顾权等。既然是一种最低限度的权利标准，米尔恩的人权概念无疑是一种普遍性的人权理论。法国学者米海依尔·戴尔玛斯-马蒂的人权理论也属于一种普遍性的人权理论。在她的《世界法的三个挑战》一书中，她对各种四分五裂与霸权式或帝国主义式的人权进行反思的同时，又基于欧洲的实践提出一种欧洲式的普遍人权理论。①

在我国，也有的学者主张一种普遍性的人权观。例如，徐显明教授虽然也承认人权的特殊性，但从他的具体论述来看，实际上是主张一种普遍性的人权概念。他认为，人权的普遍性是人权的应然属性，是人权的本质属性。第一，从权利的角度来看，人权的普遍性意味着所有人的人权内容是同一的；第二，从主体的角度来看，人权的普遍性意味着所有人权的所属是同一的。具体来讲，人权的普遍性至少包括以下三个含义：一是人权要及于所有人，只有那些可以同时被所有人同等享有的权利才是人权；二是人权不需要附带任何外在条件地及于所有人；三是人权在任何情况下不受剥夺地及于所有人。而人权的特殊性，在徐显明教授看来，第一，特殊的人权主体的人权具有特殊性，即这些特殊人权主体的人权的实现需要特殊的保障；第二，不同国家和地区由于历史传统、文化、宗教、价值观念、资源和经济等因素的差别，在追求人权的充分实现的过程中，其使用的具体方法手段与模式可以是多种多样的。简言之，人权的特殊性只是人权保障层面的特殊性，而不是人权主体与人权具体内容的特殊性。②

人权既有普遍性，也有特殊性，这是目前学界比较主流的观点。虽然对于普遍性与特殊性的理解可能会有一些具体的差别，但一般认为，人权的普遍性包括三个方面的含义：一是指在人权内容上，存在一个各个国家都应当普遍尊重和遵守的人权的共同标准，即联合国宪章、世界人权宣言和其他一系列国际人权文书

① 转引自徐清飞：《全球化下的普遍人权批判：基于欧洲的视角——评 Global Law：A Triple Challenge》，载《河北法学》2007 年第 4 期，第 3~4 页。

② 徐显明：《对人权的普遍性与人权文化之解析》，载《法学评论》1999 年第 6 期，第 16~18 页。

所确认的保障基本人权与自由的原则等；二是指人权的主体是普遍的，即人人都应当享有人权，而不分种族、肤色、性别、语言、宗教、政治或其他见解、国籍或社会出身、财产、出生或其他身份等任何区别；三是指人权的义务主体是普遍的，即任何国家都毫无例外地承担着尊重与保障人权的主要责任。人权的特殊性则包括以下三方面：一是指人权的内容既有共同标准，也有不同标准，各国与地区对于那些具有共同标准的人权内容，在实现方式、方法与步骤上也会有所不同；二是指人权的权利主体是普遍的，但由于各国的具体国情不同，因而在性别、种族、宗教信仰、经济状况与文化程度等不同的人群之间，在立法上尤其是在实际生活中，能够享有权利的多少，会有很大差异；三是指各国在履行自己保护人权的责任时，享有充分的自主权，在确立人权政策、制定法律和采取行政措施等方面可以有很大的不同。①

人权是人之所以为人应当享有的权利。因此，人权是普遍性的还是特殊性的，或者既有普遍性也有特殊性，这还必须从人性的角度来分析。对此，已有很多学者注意到了这一点。李步云教授等认为，人权之所以具有普遍性，一个重要方面就在于人权源自人的本性，而人的本性是相通的。② 林喆教授也认为，人权理论的基础是人性论，人权的提出是基于这样一种认识：人与人之间在属性或本能上具有某种共同性，这种共同性决定了人们为实现其生存和发展目的，在其需要和行为之间具有某种相通性，使得对于诸如自由、平等、安全等权利的需要为每一个社会成员所具有，被视为人们能够在社会中生存和发展的应有条件。③ 还有的学者则更是把人性视为人权存在的前提，是人权证成的基础。“人人皆有人性，所以人人都应当享有人权”。④

当然，人性本身也是一个有争议且有待进一步厘清的概念。一般认为，人性是指人本身所具有的属性，这种属性包括人的自然属性和社会属性两个方面。我们认为，人性具体包括三个方面的内容：一是人的需求性；二是人的有限理性；三是人的自利性。人的需求性中，既包括人的自然需求，如生存的需求等，也包括人的社会需求，如得到他人的尊重等。人的有限理性，是指人对于外界与本身

---

① 李步云、杨松才：《论人权的普遍性与特殊性》，载《环球法律评论》2007 年第 6 期，第 5~9 页。
② 李步云、杨松才：《论人权的普遍性与特殊性》，载《环球法律评论》2007 年第 6 期，第 6 页。
③ 林喆：《人性论、人道主义与人权研究》，载《法学家》2006 年第 6 期，第 27~28 页。
④ 陈佑武：《论人权的人性基础》，载《求索》2007 年第 4 期，第 130 页。

的认识能力是有限的。人的自利性，是指人在与他人的交往中，目的总是在于满足自己的需求，只是这种需求满足行为有时可能会损害他人，而有时会在客观上给他人带来好处。

在人性的这三个方面之中，人的需求性是核心，人的所有有意识的行为都是围绕这一核心而展开的。由于用以满足需求的资源的有限性，人的需求之间常常会发生冲突，资源越是稀缺，人的需求之间越容易发生冲突。由于这种冲突的存在，就需要用法律通过强制力来调整人与人之间的需求的满足。法律所规定的各种权利，其实就是法律对人的合理需求进行认可与保障的结果。人权作为人之为人所应当享有的权利，其实也就是人之为人所应当满足的合理需求的权利化。

但是，人的需求之间不仅会发生冲突，而且人的需求正如马斯洛所说的，是有层次性的，有基本的需求，还有更高层次的需求，人总是在基本需求得到基本满足后，便会追求更高层次的需求。需求是一种不能得到满足的表现。虽然人人都有一些基本的需求，如生存的需求、爱的需求，但由于各国和地区的社会与经济发展水平不一样，这些国家与地区的人们所需要满足的需求是不一样的，有些国家的人们可能需要的是一种精神上的满足，而有的国家的人们可能需要的还只是一种生存安全。这种差别的存在，导致不同国家与地区的人们所认为的人之为人的合理需求是不同的。对这种合理需求的要求与理解不一样，得到的人权概念也就不一样。因为，正如徐显明教授所说的，人权是一项反抗的权利，因为某方面需求的缺乏或压制，才会产生某方面的人权。① 也正因为如此，才会出现这种现象："一个急需填饱肚子的人，在一块面包一张选票之间肯定会选择前者，对他来说，面包是他的人权的优先选择，如果有人指责他的这种选择，说他的选择没有道德意义，他肯定会对这种指责嗤之以鼻。"② "在一个大多数人不识字或不会写字的国家，强调出版自由是没有多大意义的。"③ 发展中国家为什么如此强烈地反对西方国家的人权标准，其原因也在于此。

当然，并不是说那些基本需求已经得到满足的国家与地区的人们就不再有这

---

① 徐显明：《对人权的普遍性与人权文化之解析》，载《法学评论》1999年第6期，第16页。

② 信春鹰：《多元的世界会有统一的人权观念吗》，载刘楠来等主编：《人权的普遍性和特殊性》，社会科学文献出版社1996年版，第32页。

③ ［荷兰］彼得·R. 比伊尔：《人权的普遍性》，载刘楠来等主编：《人权的普遍性和特殊性》，社会科学文献出版社1996年版，第46页。

方面的需求了，一旦这些基本需求的满足受到威胁，他们仍然会产生这方面的需求。也就是说，基本需求仍然是他们合理需求的一部分，只是在这些需求没有受到现实威胁时，他们没有意识到而已。

因此，我们认为，人权在内容上既具有普遍性，也具有特殊性。普遍性，是指各国与地区的人权在内容上有很多相同内容，其根据在于任何国家与地区的人们在人之为人的合理需求方面具有共同的内容，如生存的需求、自由的需求、人格尊严的需求等。人权内容的特殊性在于各国与地区的人权内容并不完全一致，其根据在于，不同国家与地区的人们，由于受经济与文化发展水平等因素的影响，他们对人之为人的合理需求的理解是不一样的，有些国家与地区的人们可能对人之为人的合理需求提出了更高层次的要求。

2. 人权的具体内容问题

人权的具体内容应当包括哪些？这是一个目前还没有达成共识的问题。因为人权是一种权利，但并不是所有的权利都是人权，人权只是权利范围的一部分，即人之为人所应当享有的权利。

德国著名公法学者艾理耐克（George Jelline）认为，人权可以分为自由权、参政权和受益权三大类。凯尔森（Hans Kelsen）则认为，人权除了有自由权、参政权和受益权外，还应当有一种社会权。日本学者小林直树则认为，人权可以分为四类：第一类包括人的受尊重权和人的生命权、健康权、生存权、幸福追求权、平等权；第二类包括人的精神自由权和人身自由权；第三类是经济方面的基本权，包括财产权、营业自由、居住自由、迁徙自由权，以及生存权的基本权，如狭义的生存权、劳动权、教育权、环境权等；第四类是参政权和请求权的基本权，包括参政权、请愿权、自治权以及赔偿请求、审判请求、受益请求等请求权。[①] 前述英国学者米尔恩认为，人权是源于最低限度的共同道德原则的一系列权利，它们包括生命权、公正权、获得帮助权、自由权、诚实对待权、礼貌权以及儿童受照顾权。[②]

在我国，有的学者认为，人权的内容十分广泛，基本上可以分为核心人权与

① 徐显明：《人权的体系与分类》，载《中国社会科学》2000 年第 6 期，第 100~101 页。

② 温静芳：《关于人权的探究——评〈人的权利与人的多样性——人权哲学〉》，载《河北法学》2007 年第 4 期，第 8 页。

一般的人权，其中核心人权包括人的尊严权、自由权、平等权、发展权等。[①] 还有的学者则认为，人权的基本内容应当包括生存权、发展权、自由权和平等权四个方面。[②] 而一般的学者认为，人权内容包括公民权利、政治权利、社会权利、经济权利和文化权利等方面。公民权利主要是指一国之内的公民所享有的人身、人格、财产等存在密切联系的各种权利，如身体权、健康权、生命权、人身安全权等；政治权利主要是指公民个人和各种群体等人权主体在政治上所享有的各种权利，如政治平等权、言论自由权等；经济权利主要是指人权主体在维持、保障其生存、发展所需要的物质上的权利，如财产权、劳动权等；社会权利主要是指人权主体在社会生活方面所享受的各种权利，如社会保障权利；文化权利主要是指人权主体参加科学文艺、科技活动所享受的文化方面的权利，如接受教育权。这种人权其实也是一些国际人权法所规定的人权内容。

探讨人权的内容，首先必须注意将人权从那些与人权有关的权利中区分出来。因为有些权利虽然与人权有关，但它们属于保障人权得以实现的权利，即一些人权的保障性权利，它们与人权本身是不一样的。从这点来看，以上有些学者所说的权利并不是人权本身，而只是一些保障人权得以实现的派生性权利，如小林直树所说的审判请求权就属于此类。因为审判请求权一般只是人权或其他权利受到侵害或发生纠纷后要求法院公正审判的权利，是人权的一种保障性权利，它并不是人权本身。我国一些学者所说的非核心的人权其实也主要是一些人权的保障性权利，并不是人权本身。

人权是人之所以为人应当享有的权利，而权利只不过是对人的合理需求的一种认可与保障。因此，人权应当包括哪些内容，也应当从人性的角度来分析，具体来讲，应当从人之为人的合理需求来分析。生存，这是人作为权利主体的前提条件，如果无法生存，权利也就没有意义了。因此，生存是人的最基本的需求，正因为如此，在马斯洛的需求层次之中，它是最基本的需求。为此，生存权是人权的基本内容，这是没有疑问的。《世界人权宣言》中所宣示的首项人权就是生存权，即生命与人身的安全权："人人有权享有生命、自由和人身安全。"

---

① 郑永流等：《中国宪法应如何设置人权》，载《政法论坛》2003 年第 6 期，第 70 页。

② 韩德强：《人权内容本义论》，载《广西政法管理干部学院学报》1999 年第 4 期，第 3~5 页。

生存权对人来说虽然很重要，甚至是最基础的，但是生存需求的满足并不能将人从动物中区分出来，如果人仅仅满足于生存，那与动物并没有太多的区别。因此，人作为人还必须有其他的需求，有其他的权利。自由的需求，即在不妨害他人利益的情况下的自由，就是人之为人的又一个合理需求。因为一个人如果没有应有的自由，而是处处受制于其他人，被他人任意处置，不仅会影响他的发展，影响他其他需求的满足，而且这实际也就是被区别于人，被剥夺了做人的资格。“缺乏自由，那只能是虚无和死亡。”[①] 法国哲学家皮埃尔·勒鲁在此所说的就是这个道理。例如，奴隶之所以被等同于牲畜，而不被当作人来看待，就在于他们没有自由权。因此，自由权也是人权的必备内容之一。所以，《世界人权宣言》将自由权与生命权、人身安全权等生存权并列为同等重要的人权。

人是社群性的，总要生活在社会交往之中。在这种社会生活之中，人总会将自己与其他人进行比较，总是会希望自己获得与其他人相同的处境，一旦发现自己处于一种比其他人更差的处境，就会产生一种低人一等的挫折感，或者一种被不公正对待的失望感。“不患贫而患不均”，就是这种被不公正对待的失望感。因此，作为生活在社会中的人，每个人都有一种被平等对待的合理需求，即平等权也是人权的重要内容。从人权发展史来看，可以说，人们对平等的要求和争取，是人权产生的直接动力和原因。

另外，每个人在与其他人交往的过程中，都有一种获得他人尊重的需求，尤其是获得他人人格尊重的需求。因为，如果不能得到他人的人格尊重，而是被其他人作为一种工具，一种实现某种利益的工具来对待，实际上就是对其作为人的资格的一种否定，即根本没有将其作为人来看待。因此，人格尊严权也是人权的重要内容，它虽然与平等权相关，但与平等权是两个内涵与外延都不一样的概念。

当然，人权作为人之为人所应当享有的权利，它是一个开放性的概念。因为人之为人应当满足哪些合理需求，有一个不断认识的过程，需求是一种不足的表现，只有在某种需求没有得到满足时，它才显现出来。我们没有认识到的，并不等于我们没有这方面的需求。正是基于这一点，徐显明教授才认为人权是一种反抗性的权利，是对不足或缺乏的反应。也正是因为这一点，第三世界国家特别强

---

① ［法］皮埃尔·勒鲁著：《论平等》，王允道译，商务印书馆1994年版，第12页。

调生存权是人权的重要组成部分，因为在这些国家，目前最需要满足的就是生存的需求。

人权也是一个发展的概念。因为人的需求如马斯洛所言，是不断发展的，在一些低层次需求满足之后，就会追求更高层次的需求，这些更高层次的需求就会成为人之为人的合理需求。这也是西方国家为什么比较强调政治权利在人权中的重要性的原因。因为在这些国家，生存权的问题已经基本上得到解决，政治权利作为一种更高层次的需求，又成为了衡量人之为人的合理需求的标准。人权是一个发展的概念，人权史的研究也证明了这一点。一般认为，人权自西方资产阶级革命至今，已经经历了自由权本位、生存权本位与发展权本位三个阶段，徐显明教授甚至提出人权发展已经进入了第四个阶段，即和谐权本位阶段。[①]

（二）刑事诉讼法加强人权保障的重要性

人权作为人之所以为人所应当享有的权利，它们不仅需要法律对这些权利进行认可，使它们从一种道德性权利上升为一种法律权利，而且还需要法律规定各种措施，保障人权的实现，使它们从一种法律权利转变为一种现实性的权利。在人权的实现过程中，尤其是在人权从一种法律权利转变为一种现实性权利的过程中，刑事诉讼法起着一种不可或缺的作用。有的学者将刑事诉讼法称为宪法的测震仪，实际上也就说明了刑事诉讼法在人权保障中的重要性。

刑事诉讼法在人权保障过程起一种不可或缺的作用，这是由刑事诉讼的特征所决定的。

首先，刑事诉讼的性质决定着被刑事追诉的公民的人权容易受到侵犯。刑事诉讼是解决犯罪行为人刑事责任的一系列诉讼活动。为了有效打击犯罪，维护社会秩序，现代国家刑事诉讼的一方，即控诉方一般是国家的代表机关，诉讼双方在实力上是不平等的。而且，由于诉讼结果可能会剥夺犯罪行为人的自由、财产甚至生命等重大利益，犯罪行为人往往会采取各种措施，如逃跑、伪造证据、威胁证人改变证言等，以对抗国家的追诉行为。为了排除这种对抗行为，现代国家一般都赋予控诉方在一定条件下采取各种排除措施的权力，如逮捕羁押权、搜查权、扣押冻结权、监视通信权等。这些权力如果行使不当，往往会侵害犯罪嫌疑人、被告人的自由、财产、人格尊严甚至生命权等人权。

---

① 徐显明：《和谐权：第四代人权》，载《人权》2006年第2期，第31页。

其次，刑事诉讼的后果可能侵害公民的人权。刑事诉讼是以解决犯罪行为人的刑事责任为目标的，被告人一旦被定罪判刑，就可能面临自由的丧失、财产被剥夺，甚至生命被剥夺的遭遇。因此，如果刑事诉讼程序设置不合理，如限制了犯罪嫌疑人、被告人的辩护权，采信了不该采信的证据等，就有可能将无辜的公民错误地定罪判刑，错误地剥夺公民的自由、财产甚至生命等。这实际也是对无辜公民人权的一种侵害。

再次，刑事诉讼的对抗性特点可能侵害被追诉人的平等权。平等权是人权的重要内容之一。这种平等权体现在刑事诉讼中，就是要求法律适用人人平等。但是刑事诉讼的对抗性特点，有可能使这种平等权得不到保障。因为，虽然各国都要求代表国家提出指控的检察机关要客观公正地追诉，有的国家甚至要求法官追求一种客观事实，根据客观事实来判决，但是在司法实践中，检察机关很难做到客观公正，偏向性的诉讼行为经常出现，法官的判决依据也并非客观事实，尤其是在法官消极裁判的当事人主义诉讼模式中。为此，被追诉方要想取得满意的结果，就必须依靠自己有效地行使辩护权。这种辩护权的有效行使，很大程度上依赖于所聘请的辩护律师，而辩护律师的辩护质量好坏又很大程度上取决于被追诉人的经济实力与社会地位等因素。这也就是说，如果刑事诉讼程序设置不合理，不能消除被追诉人在社会地位、经济能力上的结构性弱势，就有可能造成被追诉人在法律适用上的一种不平等现象。

最后，被追诉人的特殊地位有可能使其人格尊严受到侵害。在现代国家中，虽然大部分国家都禁止有罪推定，但是，控诉方一般只有在掌握比较确实充分的有罪证据的情况下才对被追诉人采取相关措施，并提起公诉，而且比较高的定罪率也说明了控诉方所指控的被追诉人一般都是有罪的。因此，被追诉人一旦被侦诉机关采取有关强制性措施，或者提起公诉，往往会被视为一种准犯罪行为人，遭受各种歧视。尤其是被追诉人一旦被定罪判刑，在社会公众痛恨犯罪行为的社会心理的影响下，被追诉人的人格尊严更是得不到尊重。

正是由于刑事诉讼法在人权保障中的重要性，不少国家不仅在刑事诉讼法中明确规定了犯罪嫌疑人、被告人应当享有的人权及其保障措施，而且还将犯罪嫌疑人、被告人在刑事诉讼中应当享有的人权明确规定在宪法之中，加强对犯罪嫌疑人、被告人的人权保障。例如，美国有很多条宪法修正案就涉及犯罪嫌疑人、被告人在刑事诉讼中的人权问题。联邦宪法第十四修正案就规定，未经正当法律程序，不得剥夺任何人的生命、自由或财产，也不得对任何在其管辖下的人拒绝给予平等的法律保护。在国际性人权法律文件中，有很多人权规定也主要涉及刑事诉讼中的人权问题。例如，《世界人权宣言》第5条、第9条、第10条、第11条都涉及刑事诉讼的人权问题："任何人不得加以酷刑，或施以残忍的、不人道的或侮辱性的待遇或刑罚"、"任何人不得加以任意逮捕、拘禁或放逐"、"人人完全平等地有权由一个独立而无偏倚的法庭进行公正的和公开的审讯，以确定他的权利和义务并判定对他提出的任何刑事指控"、"凡受刑事控告者，在未经获得辩护上所需的一切保证的公开审判而依法证实有罪以前，有权被视为无罪"。《公民权利和政治权利国际公约》更是对刑事诉讼中的人权保障问题作了更为具体的规定。

（三）我国刑事诉讼法人权保障制度的新发展

我国对于人权问题历来都比较重视。1997年3月，国务院新闻办公室发表的《1996年中国人权事业的进展》白皮书首次提到了"人权的司法保障"这一概念。1997年9月，党的十五大报告首次将"人权"概念写入党的全国代表大会主题报告。2002年11月，党的十六大再次在主题报告中将"尊重和保障人权"确定为新世纪新阶段党和国家发展的重要目标。2004年3月14日，宪法修正案在十届全国人大二次会议上高票通过。"国家尊重和保障人权"成为重要的宪法原则，开创了我国人权司法保障的新时代。2012年3月，十一届全国人大五次会议通过了关于修改《刑事诉讼法》的决定。"尊重和保障人权"作为刑事诉讼一项独立的任务载入我国刑事诉讼法典。同时，2012年刑事诉讼法改革完善了辩护制度，完善了证据制度，确立了"不得强迫自证其罪"原则、非法证据排除规则，完善了强制措施制度、侦查阶段讯问犯罪嫌疑人程序，建构了严禁刑讯逼供的机制，完善了以庭前会议为主要内容的第一审程序，扩大了适用简易程序案件的范围，完善了死刑复核程序、审判监督程序，增设了当事人和解的公诉案件诉讼程序等四大特别程序，等等。

2013年11月，党的十八届三中全会通过的《中共中央关于全面深化改革若干重大问题的决定》（以下简称《决定》）明确提出了"推进法治中国建设"的目标总要求。《决定》强调，要深化司法体制改革，加快建设公正高效权威的社会主义司法制度，维护人民群众权益，让人民群众在每一个司法案件中都感受到公平正义。《决定》关于"人权司法保障制度"的建构还提出了几项具体措施，

法改革项目试点。按照中央关于重大改革要先行试点的要求，中央政法委有关部门和地方，于2014年6月在上海、广东等7个省（市）启动第一批试点。一年多来，中央有关部门根据试点实践需要，及时出台关于司法责任制、法官检察官职务序列及配套工资制度、省以下地方法院检察院编制管理等方面改革意见，明确改革方向和政策导向。2015年6月，又在江苏、安徽等11省（区、市）启动第二批试点。2015年12月4日，北京、河北等14个省（区、市）作为第三批司法体制改革试点地区已向中央提交试点方案，即将开展司法体制改革试点工作。2014年以来，中央深改组审议通过了33个司法改革文件，其中2015年就有22个，中央政法委、中央政法单位出台的司法改革文件数量已经达到了157件。根据最高人民法院《关于全面深化人民法院改革的意见》，我国探索设立跨行政区划法院，在北京、上海组建跨行政区划中级法院，办理跨地区重大刑事、民事、行政案件；在北京、上海探索设立跨行政区划人民检察院，重点办理跨地区的行政诉讼监督案件、重大民商事监督案件、重大职务犯罪案件、重大环境资源保护和重大食品药品安全刑事案件，保证国家法律正确统一实施。司法改革试点为我国的司法改革积累了有益经验，也创造性地为我国人权司法保障制度的建构作出了重要贡献。

2017年4月18日，中央全面深化改革领导小组第三十四次会议审议通过《关于办理刑事案件严格排除非法证据若干问题的规定》（以下简称《严格排除非法证据规定》），“两高三部”于6月27日联合印发了该规定，分为“一般规定”“侦查”“审查逮捕、审查起诉”“辩护”“审判”五个部分，共42条。它细化了非法证据的范围和认定标准，明确了刑事诉讼各个阶段排除非法证据的职责和程序，对非法证据排除规则作了系统性规定，在完善非法证据排除制度方面迈出了新的步伐，是我国刑事司法改革的又一重大突破。

综上可以看出，人权是一项带有普世性的权利。尊重和保障人权是世界法治国家的正义追求，也是中国司法制度发展的目的和归宿。从20世纪末到21世纪初，我国人权事业有了重大发展和进步。中国的人权司法保障制度正在日益完善，如何充分地保障当事人尤其是被追诉人的诉讼权利正在成为我国法律制度设计的重要指标，也正是我国当前司法改革顶层设计和司法实践的结构内容。

（四）如何在我国刑事诉讼法中进一步加强人权保障

近年来，我国的人权司法保障事业在刑事诉讼领域的发展令人瞩目，在刑事诉讼中加强人权保障，这是刑事诉讼学界与实务界的共识，也是我国刑事诉讼法发展与完善的重点。随着我国司法改革的不断推进和法治水平的不断提升，我国的人权司法保障事业还会更上一层楼，目前的问题主要是如何进一步加强刑事诉讼法的人权保障作用。我们认为，在刑事诉讼中加强人权保障，需要从以下几个方面着手：

1. 重新合理定位刑事诉讼法的立法目的

我国目前的刑事诉讼法将立法目的定位于犯罪控制，而忽视人权保障，其不合理性及弊病已为众多学者所认识到，有分歧的是，刑事诉讼法的立法目的仅仅是人权保障，还是人权保障与犯罪控制兼顾？多数学者主张后者，但也有学者认为，刑事诉讼法的立法目的只能是人权保障，犯罪控制不能是刑事诉讼法的立法目的，将其作为刑事诉讼法的立法目的，是对刑事诉讼法目的理论的重大误解。其理由是：一是双重目的论严重脱离了现代法的价值目标体系，不符合法的一般原理；二是以双重目的论构建起来的刑事诉讼法律制度及其实践与民主法治社会的核心理念完全相悖，根本不利于社会主义法治国家战略目标的实现；三是双重目的论与宪政国家的基本理念相冲突，事实上会导致刑事诉讼法完全丧失自身独立存在的价值而只能沦为实体法的工具或附庸，必然会助长中国社会法律虚无主义和程序虚无主义泛滥，进而威胁国家宪政秩序；四是双重目的论明显违背刑事诉讼基本原理，必将引导整个国家的刑事诉讼立法、执法和司法实践深陷误区；五是双重目的论显然是有罪推定思想的延续和翻版，也是导致国家公共权力滥用及冤假错案不断滋生的罪魁祸首。①

在这个问题上，首先得分清刑事诉讼目的与刑事诉讼法目的是两个不同的概念，刑事诉讼目的是诉讼主体参与刑事诉讼所希望达到的目标，由于各个诉讼主体在刑事诉讼中的利益并不相同，统一的刑事诉讼目的是很难形成的，而刑事诉讼法的目的是立法者制定刑事诉讼法所希望达到的目标，这个目标并不是立法者作为个人所希望达到的目标，而是立法者调和或权衡各种相互冲突的利益的结果。

在刑事诉讼中，不仅存在社会公共利益，犯罪嫌疑人、被告人的利益，而且还存在司法人员的利益，以及其他诉讼参与人员的利益。在这些利益之中，既有

① 郝银忠：《刑事诉讼目的双重论之反思与重构》，载《法学》2005年第8期，第78~81页。

统一的一面，也有相互冲突的一面，尤其是司法人员的利益与确实有罪的犯罪嫌疑人、被告人之间的利益经常发生冲突。由于司法人员的合理利益一般来自于将确实有罪的犯罪行为绳之以法，而确实有罪之犯罪行为人出于一种自利性，总是希望能逃避刑事责任。刑事诉讼法作为一种行为规范，其目的在于为参与刑事诉讼活动的所有人，尤其是司法人员设置一种行为规范。这种行为规范应当如何设置，由于犯罪嫌疑人、被告人在刑事诉讼中的弱势地位，刑事诉讼法确实应当注重对犯罪嫌疑人、被告人的利益保护，即应当加强对他们的人权保障，保障措施在于两个方面：一是约束司法人员的权力行使；二是赋予保障犯罪嫌疑人、被告人相应的权利。但是，这种行为规范的设置不能仅仅考虑犯罪嫌疑人、被告人的人权保障，还必须兼顾国家与社会公共利益，还要兼顾司法人员、被害人的合理利益，也就是说，还必须兼顾有效追诉犯罪的利益。因为，如果只考虑犯罪嫌疑人、被告人的人权保障，司法人员在追诉与审判过程中，就不能针对犯罪嫌疑人、被告人采取任何强制措施，因为根据无罪推定原则，任何人在有罪判决之前都是无罪的，既然是无罪的，其自由、财产等人权就不能受到任何限制与剥夺。而这是不可想象的，也是不可能的，即使最注重刑事诉讼人权保障的英美法系国家也没有这么规定。其实，合理正当的刑事诉讼法应当是能保证司法人员通过正当的法律程序追究犯罪行为人的刑事责任，程序正当的目的主要在于保障犯罪嫌疑人、被告人的人权，但在衡量程序是否正当时，不能只考虑犯罪嫌疑人、被告人的利益，还应当考虑国家与社会公共利益、司法人员以及被害人等有效追诉犯罪的利益。因此，我们认为，上述学者认为刑事诉讼法的目的仅仅在于人权保障的观点过于偏激，合理的刑事诉讼法的目的应当是人权保障与犯罪控制兼顾，只是因为我国目前的刑事诉讼法目的过于强调犯罪控制，当前的重点应当在于突出人权保障，但也不能矫枉过正，不能摒弃犯罪控制的目的。

2. 在刑事诉讼法中确立与贯彻一种正当法律程序理念

对于正当法律程序，目前学者已经作了很多论述。一般来讲，完整的正当法律程序应当包括两个方面的要求：一是形式的正当法律程序；二是实质的正当法律程序。形式的正当法律程序，是指对公民生命、自由或财产等重要权利的剥夺或限制应当经过法律规定的程序。这一要求还可以分为两个方面：一方面是程序必须是既定的（established），不能事后立法，这种立法应当是由立法机构进行的，而不能是执法机构自己的规定；另一方面是诉讼行为必须遵守既定的程序，而不能有法不依。实质的正当法律程序，是指法律规定的程序本身必须是正当的，这种法律不能是一种侵害公民合法权益的“恶法”。

受德国法学家耶林利益法学的影响，[①] 美国学者庞德认为，法律的目的在于对各种互相冲突与重叠的利益进行衡量，然后加以调整、承认并加以保障，或加以否定，“重要的是法律权利背后的要求。如果没有一个在理性基础上受到承认的要求的话，那么就只有为了强力本身而任意行使的强力……”[②] 这也就是说，法律只不过是利益冲突的协调物。在刑事诉讼中实际也存在各种各样的利益，参与诉讼的人包括司法人员的利益并不是统一的，而是既有冲突也有统一，冲突多于统一的。刑事诉讼法作为一种调整刑事诉讼活动的法律，其任务其实也在于对刑事诉讼中的各种利益要求进行衡量、评价，对合理的利益要求予以承认或调整，并使之成为一种诉讼权利或权力，在必要的时候还对这些权利的实现加以保障；对不合理的利益要求则予以拒绝，必要的时候从反面将之设定为一种义务，并以庞德称之为“强力”的惩罚措施加以禁止。因此，要求刑事诉讼法符合程序正当理念，其实也就是要求刑事诉讼法必须对刑事诉讼中的各种利益要求进行合理评价与权衡，认可与保障合理的利益需求，拒绝与禁止不合理的利益需求。

在我国目前的刑事诉讼法中，人权保障之所以成为一个问题，主要原因在于过多地强调国家与社会公共利益，而对于犯罪嫌疑人、被告人以及其他诉讼参与人员，更多是强调承担义务，对这些人员的合理利益需求则缺少关注，没有对这些合理利益需求予以认可与保障。因此，在刑事诉讼法中加强人权保障，必须在刑事诉讼法中确立一种正当法律程序理念，认可并保障诉讼参与人员尤其是犯罪嫌疑人、被告人的合理利益需求。

3. 在微观上合理设置相关诉讼制度

对于这个问题，学界已经讨论了很多。针对前述的人权保障问题，我们认为，目前最需要解决的问题有以下几个方面：

（1）对侦查权进行必要的制约，防止因其失控而侵害人权。加强对侦查权的制约，保障人权，这是学界的共识，问题是如何进行制约。在侦查程序中，对

① 耶林认为，权利的基础是利益，法律的目的是平衡个人利益与社会利益，实现利己主义与利他主义的结合。参见张文显著：《二十世纪西方法哲学思潮研究》，法律出版社 1996 年版，第 129 页。

② ［美］罗斯科·庞德著：《通过法律的社会控制法律的任务》，沈宗灵等译，商务印书馆 1984 年版，第 52 页。

人权的侵害主要来自各种强制措施的滥用，因此，问题的关键在于如何对这些措施的使用进行制约。加强这些措施的外部审查是多数学者的共识，但应当由谁来进行审查，则不无分歧，有的认为应当由检察机关来审查，[①] 而有的则主张借鉴国外的令状主义，由法院来审查。[②] 侦查机关的目的是将犯罪行为人抓获归案，并给予相应的刑事惩罚，检察机关法律监督的目的之一也在于保证刑事实体法的实现，提起公诉的目的更是直接定位于使犯罪行为人被恰当地定罪判刑。这也就是说，即使不是自侦案件，在犯罪行为发生之后，检察机关与侦查机关在利益目标上也是一致的，而且都与企图逃避法律制裁的犯罪行为人相互对立。根据社会冲突理论，冲突可以使利益相同者联系在一起，结成联盟，或者使已有的联盟加强内部凝聚力，以对付共同的“敌人”。[③] 共同的“敌人”——犯罪行为人，也可能使侦查机关与检察机关结成一种打击犯罪的“同盟军”。这种联盟的存在，往往会使检察机关在审查侦查机关采取强制性措施的申请时，能从宽处理的就从宽处理，不能起到其应有的制约作用。从这点来看，主张司法介入的观点不无道理。

但将这种控制权交由法院来行使，对于我国来说，也存在一种风险。从主张司法介入的观点来看，大部分是主张由基层法院来制约，[④] 这且不说可能存在一个级别管辖错位的问题，如省、市级公安机关侦查的案件却需要由基层法院来审查，更重要的问题是我国大部分刑事案件的审理都是由基层法院承担，这样就可能产生一个法院既审查强制性措施的适用又对案件进行审理的问题。这个问题可能带来的后果是，如果法院在强制性措施的适用时作出了错误决定，逮捕了不应当逮捕的人，扣押了不该扣押的财产，在我国法官不具有豁免权的情况下，为了避免国家赔偿，法院可能会通过判决对审前程序的错误决定进行合理化，即将本来可判决无罪或可定罪免刑的被告人被判决有罪或判处徒刑，于是，本用以保障

---

① 当然，不少学者讨论的只是逮捕措施的监控问题，没有涉及其他强制性措施。参见朱孝清：《中国检察制度的几个问题》，载《中国法学》2007 年第 2 期，第 123 ~ 125 页；龙宗智：《评“检警一体化”——兼论我国的检警关系》，载《法学研究》2000 年第 2 期，第 61 页。

② 参见陈瑞华著：《刑事诉讼的前沿问题》，中国人民大学出版社 2000 年版，第 336 页；万毅：《转折与定位：侦查模式与中国侦查程序改革》，载《现代法学》2003 年第 2 期，第 32 ~ 33 页。

③ ［美］L. 科塞著：《社会冲突的功能》，孙立平等译，华夏出版社 1989 年版，第 124 页。

④ 万毅著：《程序正义的重心：底限正义视野下的侦查程序》，中国检察出版社 2006 年版，第 82 页。

犯罪嫌疑人合法权益的制度，到头来却反而有可能使犯罪嫌疑人陷于更不利之境地。因此有人就认为，由法院来批准逮捕可能损害法院的中立性，不利于错捕案件的纠正。①

而且，这里还存在一个法院审查的有效性问题，即法院审查是否真能纠正侦查机关强制性措施的滥用行为。因为强制性措施的适用只需要能证明存在可能性的证据，这一点根本难不倒侦查机关，没有犯罪嫌疑人从相反方面提出异议，法院很难否定这种可能性的存在。但侦查活动的特殊性，以及犯罪嫌疑人的受限制性决定着法院不可能在从容地听取侦查机关与犯罪嫌疑人正反两方面的意见后作出相关决定。而且对于我国来说，对强制性措施的审查主要是一种必要性审查，即在可能有罪的情况下，判断是否需要采取强制性措施。因为对于那些没有有罪证据的犯罪嫌疑人，迫于国家赔偿责任的压力，侦查机关一般不会对其采取强制性措施。为此，这种必要性审查对于审查者来说往往具有一种两难困境：审查过严，就有可能导致放纵罪犯；审查过松，即完全以有罪可能性进行审查，审查就没有实质意义，只不过是走形式。尤其在打击犯罪的社会压力之下，法官能不能承受社会有关妨碍打击犯罪的指责，真正发挥其控制强制性措施的作用，是很值得怀疑的。在这种情况下，法院势必会成为侦查机关采取强制性措施的“橡皮图章”。由检察机关对强制性措施进行控制，虽然有导致滥用强制性措施而损害犯罪嫌疑人合法权益的危险，但犯罪嫌疑人毕竟还可以通过国家赔偿得到救济，法院由于在其中没有利害关系，也还可能作出比较公正的决定。而由法院控制侦查机关的强制性措施，虽然有可能对强制性措施的滥用起到一定的抑制作用，但一旦出现错误决定，则不仅可能损害犯罪嫌疑人的程序利益，还可能损害犯罪嫌疑人的实体权益，即本来无罪或犯罪轻微却被判决为有罪或较重的犯罪。

因此，将这种强制性措施的监控权交由法院来行使，并无不可，但前提条件是必须确立法官豁免权制度，消除法院国家赔偿的顾虑。如果不能做到这一点，基于犯罪嫌疑人合理需求的长远考虑，同时考虑到我国检察机关的法律监督定位，将这种审查权交由检察机关行使可能比较恰当一些，即公安机关强制性措施，由同级检察机关来审查控制；对于检察机关的自侦案件，则由上级检察机关来审查控制。

① 朱孝清：《中国检察制度的几个问题》，载《中国法学》2007 年第 2 期，第 124 页。

（2）重新合理设置庭前审查程序。为了避免庭审法官预断、庭审形式化，1996年刑事诉讼法将1979年刑事诉讼法规定的庭前实体性审查改为程序性审查。[①] 根据1996年《刑事诉讼法》第150条的规定和司法实践，检察机关提起公诉后，受案法院在庭前审查中只对法院是否有管辖权，起诉书是否有明确的指控犯罪事实并且附有证据目录、证人名单和主要证据复印件或照片，诉讼文书是否齐全等问题进行审查，符合这些条件的就开庭审理，不再要求对案件事实是否清楚、证据是否确实充分等实体问题进行审查。这一改革在防止法院“先定后审”、庭审形式化上确实较旧刑事诉讼法有很大进步，因为属于一种程序性审查，审查法官所承担责任相对要小，法院的有关负责人没有必要参与其中的决定，这也使得庭前审查与庭审的联系比较薄弱，庭审法官受庭前审查的影响比较少。

1996年《刑事诉讼法》的修改虽然在一定程度上阻断了法官在开庭前对案件先入为主的判断，但同时也产生了新的问题，这些问题中最主要的是庭前审查缺乏过滤功能，不能有效地防止对不当起诉的案件进行法庭审理，在浪费司法资源、给被告人造成不必要负担的同时，也给当前法治环境下冤假错案的产生提供了条件，进而可能侵害被告人的人权。此外，这种“主要复印件移送”的制度在实施的过程中也经常出现法官由于未能全面了解案情而难以有效驾驭庭审的现象，因为在随后的1998年“六部委规定”[②] 又确立了“庭后移送案卷”制度，按照该规定，公诉人在庭审过程中出示、宣读的证据材料，应当当庭或在休庭后三日内移交至法院。这种“庭前部分移、庭后全部移”的案卷移送方式并不利于辩护律师阅卷权的实现，开庭前律师难以接触全部案卷信息，而庭后的“全部移送”也并不同时移送给律师，因而并不利于律师辩护工作的有效开展。

鉴于此，我国2012年《刑事诉讼法》的修改，重新确立了“全部案卷移送制度”，但有别于1979年《刑事诉讼法》中的案卷移送制度，这次修改并非是

---

① 有的人认为，根据1996年《刑事诉讼法》第150条的规定，这种庭前审查程序并不完全是程序性审查，因为如果完全是程序性审查的话就没有必要移送主要证据复印件、证人名单和证据目录等。但笔者认为，这不能根据移送的材料来判定是程序性审查还是实体性审查，而应当根据法庭审查后作的决定来确定。而根据最高人民法院《关于执行〈中华人民共和国刑事诉讼法〉若干问题的解释》第117条的规定，并没有因为实体审查后不符合条件而不决定开庭审判的。参见樊崇义主编：《刑事诉讼法实施问题与对策研究》，中国人民公安大学出版社2002年版，第444页。

② “六部委规定”是指1998年最高人民法院、最高人民检察院、公安部、国家安全部、司法部会同全国人大常委会法制工作委员会，制定实施的《关于刑事诉讼法实施中若干问题的规定》。

对第一部刑事诉讼法所规定的案卷移送制度的全面恢复，为防止案卷移送过程中出现法官“先入为主”的判断，2012 年《刑事诉讼法》并没有规定对于检察机关移送的案卷材料要进行庭前审查的程序，而是以“起诉书有明确的指控犯罪事实”为开庭的形式要件。从域外立法来看，庭前审查虽然具有为庭审作相关准备工作的功能，但其最主要的功能还是在于对公诉权进行制约，防止不必要或无根据起诉，节约司法资源，保护被告人的合法权益免受不当的侵害。因此，这些庭前审查主要是针对那些在检察机关作出起诉决定时没有受严格制约而可能产生不当起诉的案件。例如，美国的预审听证就主要是针对以检察官起诉书起诉的案件，而对于大陪审团审查起诉的案件就没有必要进行预审听证。在德国和英国之所以设有中间程序和预审程序，就是因为这两个国家的起诉决定都是由检察机关单独作出而没有受到其他机构的有效制约。根据我国刑事诉讼法的规定，虽然对于检察机关的不起诉行为由公安机关、被害人等进行制约，但对于检察机关决定提起公诉的行为很难形成有效制约。2012 年《刑事诉讼法》修改后，要求庭前审查以“起诉书有明确的指控犯罪事实”为开庭的形式要件，这也导致庭前审查程序一方面不能阻止庭审法官对案件的实体内容进行审查，庭审法官预断的现象并不能被完全杜绝，立法目的不能完全得到实现；另一方面，即使庭审查程序通过不可避免的审查实体内容并发现起诉不当后，也不能合法地驳回起诉，而只能通过庭审判决无罪的方式纠正不当起诉行为，也就是说，即使发现没有必要审判也不得不进行审判。

目前，我国刑事诉讼庭前程序性审查所具有的缺陷已逐渐引起学者们注意，有的学者为了解决庭前程序性审查的缺陷，建议建立一种预审程序，对提起公诉的案件进行实体与程序的审查后，再决定是否进入正式庭审程序。①

其实，这个问题的关键在于如何在坚持实体性审查，避免对不当起诉案件进行审理的同时，又能防止出现法官审前预断、正式法庭审理形式化的问题。对此问题，我们认为可结合大多数国家实行的证据开示制度，通过一种类似听证的庭前审查方式来解决，即规定在立案庭进行庭前审查时，除了检察机关必须派人参加外，辩护方也可以参加；检察机关在庭前审查时，除了向审查法庭宣读提起公

① 宋世杰、张佳华：《中国刑事预审制度科学构建概论》，载《社科纵横》2007 年第 10 期，第 64、67 页；潘金贵：《英国刑事预审程序及其借鉴意义》，载《学术交流》2008 年第 5 期，第 50 页。

诉的理由外，还须将在法庭审理时用以支持指控的证据以及收集到的有利于被告人的证据向审查法庭和辩护方出示。对此证据材料，辩护方可以提出异议，可以抄摘、复制。辩护方除了可以提出起诉不当的辩护意见外，如果有检察机关没有掌握的辩护证据，也应当在审查法庭上出示。审查法官只有通过听取双方的陈述以及审查双方提供的证据材料后，才能作出是否交付审判的裁定。当然，这种庭前审查不能与法庭审判一样，对有关证据与事实进行充分辩论，因为这是法庭审判的任务。实行这种审查方式，最大的优点是有利于在解决不当起诉进入法庭审理问题的同时，还解决了辩护律师阅卷难、诉讼效率不高的问题。当然，我们也没有必要对所有公诉案件都进行审查，一般情况下，只对被告人提出异议的案件进行审查，法院在必要时也可以决定进行审查，对于适用简易程序的案件和被告人在规定期间内没有提出异议的案件，不需要进行审查而可以直接进入庭审程序。

（3）完善量刑程序，确保法律适用的平等权。如果以帕克的眼光来看，我国刑法具有比较浓厚的“无政府主义”色彩。因为我国刑法的法定刑幅度比较大，赋予了法官很大的刑罚自由裁量权。有学者统计，法定最高刑和法定最低刑之间的差距在 5 年以上的，1979 年刑法为 70 个左右，1997 年刑法达到 270 个左右。[①] 贪污贿赂罪的法定刑幅度之大，尤其突出。根据《刑法》第 383 条的规定，个人贪污受贿数额在 5 万元以上不满 10 万元的，处 5 年以上有期徒刑，法定刑幅度达到 10 年。这种宽泛的法定刑幅度，为刑罚自由裁量权的不恰当使用提供了“温床”，导致在司法实践中出现很多基本类似的案件却被判处很悬殊的刑罚，严重侵害了相关人员的法律适用的平等权。

如何规范刑罚自由裁量权的行使，有两种进路：一种是程序性的，另一种是实体性的。实体性的进路也就是从刑法入手，缩小刑罚的量刑幅度。因为量刑幅度越大也就意味着自由裁量权越有可能被滥用。其具体方法一般有两种：一是在刑法中明确地规定刑罚的适用方法，并在刑法分则中尽可能减少同一罪名、同一情节下的可选择刑种，以及缩小同一刑种的刑罚幅度，以压缩量刑自由裁量的伸缩空间；二是制定统一的量刑基准或量刑指南，减少法官的自由裁量权。[②] 实体

① 李晓明：《刑事量刑自由裁量权及其规范》，载《人民检察》2008 年第 21 期，第 16 页。

② 李晓明：《刑事量刑自由裁量权及其规范》，载《人民检察》2008 年第 21 期，第 16~17 页。

性进路虽然有其积极意义，但也有其难以克服的缺陷。从人性的角度来看，最重要的问题是现实生活的复杂性使立法者的有限理性问题难以解决。尤其是我国地域广大，文化具有多样性，同样的犯罪行为在不同地区可能具有不同的社会危害性。因为犯罪具有一种文化性，是对主流价值观念的违反。“如果一种行为触犯了强烈而明确的集体意识，那么这种行为就是犯罪。”① 在不同的地区这种主流价值观念在某些方面可能具有差异性，导致对同样的犯罪行为可能具有不同的评价。另外，我国正处于社会转型时期，新的问题会不断产生，立法者不可能完全预测到将会出现什么问题，从实体法上限制刑罚自由裁量权，有可能产生不公正现象。因此，对于刑罚自由裁量权的规范，除了从实体方面进行制约外，还需要从程序上进行制约。这就是程序性进路，它是指从法官量刑程序的正当化防止法官恣意行使自由裁量权。具体措施主要有程序参与和法官量刑理由公开两个方面。

程序参与，也就是让诉讼双方与被害人都能够充分地参与量刑程序，对法官的量刑产生一种积极的影响作用。在这方面，目前最需要解决的是检察机关量刑建议问题。所谓量刑建议，也就是检察机关在提起公诉的时候，同时向法院提出刑罚适用的意见。这是目前讨论比较多的问题，域外不少国家也有明确规定。在我国，刑事诉讼法虽然规定检察机关可以在起诉书中说明被告人是否有从重或从轻情节，但并没有明确规定检察机关是否可以提出具体的刑罚适用意见。对此问题，我国理论界有肯定和否定两种对立的观点。② 其实，从理论上讲，检察机关具有量刑建议权，从刑事审判的辩论原则与刑事审判权的裁决权性质就足以证明。就前者而言，根据辩论原则，未经控辩双方充分辩论，法院不得进行裁判，要使量刑成为诉讼双方的辩论焦点，就必须先由检察机关向法庭提出一个比较具体的量刑建议。否则，就可能使诉讼双方的辩论无的放矢。就后者而言，现代审判权的本质是一种司法裁决权，无争议也就谈不上裁决。刑罚是裁决的内容之

① ［法］埃米尔·涂尔干著：《社会分工论》，渠东译，三联书店 2000 年版，第 43 页。

② 肯定的观点参见李和仁：《量刑建议：摸索中的理论与实践——量刑建议制度研讨会综述》，载《人民检察》2001 年第 11 期，第 26 页；龙宗智著：《刑事庭审制度研究》，中国政法大学出版社 2001 年版，第 345 页；谢鹏程：《论量刑建议制度的意义》，载《检察日报》2001 年 8 月 14 日第 3 版；冀祥德：《构建中国的量刑建议权制度》，载《法商研究》2005 年第 4 期，第 119～120 页。否定的观点参见曹振海、宋敏：《量刑建议制度应当缓行》，载《国家检察官学院学报》2002 年第 4 期，第 123 页；李和仁：《量刑建议：摸索中的理论与实践——量刑建议制度研讨会综述》，载《人民检察》2001 年第 11 期，第 25 页。

一，没有控诉方的量刑建议，也就不会有争议，即裁决对象。因此，我们认为，检察机关应当具有量刑建议权，这种量刑建议权有利于程序参与的充分性，有利于确保量刑的公正性。

量刑理由公开，这也就是要求法官将判刑的理由在判决书上予以详细的说明。将法官的量刑理由予以公开，实际上也就是将法官据以量刑的事实依据和法律依据以及各种依据与量刑结果之间的逻辑关系呈现在法官的同事、上级以及社会公众面前。这种呈现使得社会公众对法官的量刑工作能力进行评价成为了可能。在这些评价中，同事以及上级的评价往往会影响到法官的晋升，如果负面评价过多，甚至还会影响到法官的"饭碗"；社会公众的评价虽然不会直接影响法官的利益，但其负面评价也会间接地影响法官的利益。正是这种害怕得到负面评价的忧虑，促使法官积极地为量刑决定寻找合理的事实依据与法律依据。在根据已有事实与法律规定明显不能得到相应的量刑决定时，也就会迫使法官调整量刑决定，使之与已有依据相符合。这也就是说，量刑理由公开，在法官自利性的杠杆作用下，一方面可以促使法官的量刑决定建立在合理的事实根据之上，即促使法官在量刑过程中考虑应当考虑的因素，不考虑不应当考虑的因素；另一方面也促使法官的决定符合事实与法律依据。

另外，目前有些学者提出，为了保证量刑的公正性，应当使量刑程序与定罪程序相对分离，使量刑程序相对独立化。[①] 我们认为，就我国审判程序而言，将量刑程序予以相对独立化还是比较恰当的，一方面，它有利于弥补法官的有限理性，使量刑建立在比较充分的信息基础上；另一方面，将量刑程序相对独立化，可以使控辩双方能够集中力量对量刑问题进行论辩，使检察机关的量刑建议更具有针对性，从而可使法官的量刑裁决更加理性化。

---

① 林劲松：《论我国独立量刑程序的建构》，载《南都学坛》2008 年第 5 期，第 82~84 页；仇晓敏：《量刑公正之程序进路》，载《中国刑事法杂志》2007 年第 6 期，第 84~87 页。

第五章 实证方法论*

“范式”（paradigm）这一概念最早是由美国科学家托马斯·库恩提出来的，是库恩历史主义科学哲学的核心。库恩认为，科学界是由一个流行的范式所控制的，那个范式代表科学界的世界观，它指导和决定问题、数据和理论的选择——直到另一个范式将其取代。[①] 根据库恩提出的关于范式的用法和论述可以看出，“范式”是包括规律、理论、标准、方法等在内的一整套信念，是某一学科领域的世界观，它决定某一时期科学家观察世界、研究世界的方式。范式为一个时期的科学家集团所共有，持同一范式的科学家因其具有共同的信念、价值标准、理论背景和研究方法技术而组成了一个“科学共同体”。[②] 由此，在某种意义上，“范式”的要义包含了以下几个层面的内容：第一，认识论层面的内容。首先，范式是一种全新的理解系统，即有关对象的本体论、本质与规律的解释系统，“理论预设”、“合理性与可解释性的标准”。其次，范式是一种全新的理论框架，即构成该学术群体的研究基础、概念系统、基石范畴和核心理论。第二，方法论层面的内容。从根本上讲，对于范式的认识，更多的人认为范式是一种方法论和一套新颖的基本方法。而且从某种角度讲，范式提供的是一种在全新的理论背景下进行研究的路径，并且对这一路径的认同，在某种意义上标志着一门学科成为独立学科的“必要条件”或“成熟标志”。由此，研究范式的实质，事实上就是对科学研究中各种信念、认知成果、研究方法的整合和升华，而研究范式的转换

* 本章由博士生胡志风协助整理。

① 张文显著：《法哲学研究范畴》，中国政法大学出版社 2001 年版，第 369 页。

② “科学共同体”，是指由一门学科的从业者形成的一个封闭的专家集团，产生科学知识的单位，它类似于一个学派。

也就相应地成为一种提出一套全新的发现问题和解决问题的方法。①

“方法”一词来源于希腊语，具有“沿着”和“道路”的意思。语义学的解释是“按照（沿着）某种途径（道路）”。因此最粗浅的理解，方法是实现目的的手段和中介。而在学术研究的范式中，“方法”即沾染了形而上的价值判断，因此其语义似乎也变得不很确切了。在哲学中，方法是成为主观与客观之间沟通的桥梁，对方法的理解和甄别成为哲学流派区分的重要标志。对于研究者而言，研究方法的理解与选择是非常重要的，他必须了解可供选择的方法，并根据研究问题的特性和研究目的来决定采用何种方法以实现研究的有效性。而且每个研究者都需要在研究之前明确：任何研究方法都不是万能的，都具有一定的局限性和缺陷，因此需要通过研究方法的多元化来扬长避短。

在法学领域，学者们一般认为方法有两个层面的含义：方法论和研究时采用的具体的方法。方法论是“把某一领域分散的各种具体方法组织起来并给予理论上的说明”。② 而在其他学科研究中，他们认为方法有三个层次。③ 具体到研究方法而言，他们认为“研究方法是从事研究的计划、策略、手段、工具、步骤以及过程的总合，是研究的思维方式、行为方式以及程序和准则的集合。”研究方法有三个层面的表现：方法论层面，即指导研究的思想体系；研究方法或方式，即贯穿于研究之全过程的程序与操作方式；具体的技术和技巧，即在研究某一个阶段使用的具体工具、手段和技巧等。④ 很显然，“三层次说”的划分更加细致，其对实践的指导意义也更有针对性。笔者在这里讨论的刑事诉讼法学研究方法问题，原则上不涉及第一个比较抽象的层面，即方法论层面，而主要从研究范式转换的角度探讨具体研究方法转型的问题。

一、刑事诉讼法学研究方法的回顾

中国刑事诉讼法学研究作为中国法学研究的一个缩影，能够典型地映射出中国法学研究方法的发展轨迹。中华人民共和国成立以后，刑事诉讼法学的研究方

① 张文显著：《法哲学研究范畴》，中国政法大学出版社 2001 年版，第 370~371 页。

② 张文显主编：《法理学》，高等教育出版社、北京大学出版社 1999 年版，第 56 页。

③ 袁方主编：《社会研究方法教程》，北京大学出版社 1997 年版，第 24 页；陈向明著：《质的研究方法与社会科学研究》，教育科学出版社 2000 年版，第 5 页。

④ 陈向明著：《质的研究方法与社会科学研究》，教育科学出版社 2000 年版，第 5 页。

法主要经历了以下几个发展阶段：

(一) 研究方法意识形态化：阶级分析法的一元化

这是一个很长的时间跨度，中华人民共和国成立后的刑事诉讼法学经历了初创、停滞两个阶段，历时三十余年的时间。在这段时期，阶级分析方法是法学研究的核心方法。研究方法的同一性和整体性是这一时期的显著特征。法学研究的这种局面是将阶级分析方法绝对化、意识形态化的表现。在法学研究领域，阶级分析方法片面强调阶级意志论的法的本质观；把法的阶级性摆在压倒一切的地位上；把法单纯视为统治阶级进行专政的工具；具有“法学中的国家主义倾向”。①刑事诉讼法作为典型的“镇压犯罪”的法，当然必须时刻牢记阶级斗争，用阶级的方法分析问题。

而且，我国刑事诉讼法学初创时期的一项重要内容就是对苏联刑事诉讼法学理论的大规模移植。② 在继承了其理论衣钵的同时，也自然而然地接受了其分析和研究的方法。苏联刑事诉讼法学在研究方法上，强调刑事诉讼法学的党性（阶级性)，并认为马克思主义的辩证法是研究刑事诉讼法学的唯一的科学方法。对我国刑事诉讼法学影响极大的切里佐夫编著的《苏维埃刑事诉讼》中明确阐明“苏维埃刑事诉讼科学是一门具有党性的科学”。③ 楚贡诺夫在《苏维埃刑事诉讼讲稿》中也宣称：“苏维埃刑事诉讼科学的方法是唯一科学的认识方法——马克思辩证法。马克思主义的辩证法是苏维埃刑事诉讼科学的理论基础。苏维埃刑事诉讼科学也和马克思主义科学的任何部门一样，是一门党性的科学。”④ 我国20世纪50~60年代的刑事诉讼法学强调“中华人民共和国刑事诉讼法学的党性”是与苏联的观点和方法一脉相承的。此种方法应用的结果就是对“资产阶级国家刑事诉讼”和“国民党反动政府的刑事诉讼”持否定和批判的态度，而对“苏维埃刑事诉讼”和“人民民主国家的刑事诉讼”则持肯定的态度。在50年代后期的“反右”运动中，诉讼法学界将阶级分析方法运用到极致，把“审判独立”、“自由心证”等诉讼原则或制度，均当作“资产阶级旧法理论”而加以批

① 唐永春：《苏联法学对申困法学消极影响的深层原因—从马克思东方社会理论出发所作的分析》，载《法学研究》2002年第2期。

② 樊崇义、吴宏耀：《刑事诉讼法学五十年回顾》，载《人民检察》1999年第12期。

③ ［前苏联］切里佐夫编著：《苏维埃刑事诉讼》，法律出版社1955年版，第40页。

④ ［前苏联］B. E. 楚贡诺夫著：《苏维埃刑事诉讼讲稿》，北京政法学院1957年印，第9页。

判；坚持这些理论的学者有的还被定性为“右派”，受到政治上的歧视甚至人身迫害。①

客观而言，阶级分析方法有其独到之处，但是当一种研究方法被无限地上升为意识形态的价值判断标准，并将其普遍化为全能的研究方法时，这种方法就丧失了其作为研究方法本应具有的工具性和手段性，甚至成为一种研究领域中的“霸权”话语。当研究者已经没有可以针对不同问题选择不同研究方法的可能时，其作为研究方法本身的价值也就微乎其微了。阶级分析方法在刑事诉讼法学研究中的状况就真实地说明了这一点，阶级分析方法的一元化统治其实就意味着对刑事诉讼法学的研究没有真正的研究方法。

（二）个性化研究方法的初步探索：注释研究方法的普遍化

1979年我国第一部刑事诉讼法制定之后，刑事诉讼法学的研究开始复苏和发展，学者们意识到研究方法的重要性，提出了“研究刑事诉讼法学必须有科学的方法”② 的观点。学者们在普遍坚持马克思主义的世界观和方法论指导的基础上，开始提出刑事诉讼法学应当结合学科特点进行研究，并逐步探索适合于刑事诉讼法学的研究方法。张子培教授主编的《刑事诉讼法教程》是我国较早论及刑事诉讼法学研究方法的教材。其认为：“作为一门科学，要从文字上和逻辑上对法律条文本身作出正确的解释。刑事诉讼法学应当以研究我国现行法律为重点，总结立法和司法工作经验，从理论上分析和解决实践中提出的问题，为司法实践服务，为政治服务。同时，为了更好地研究我国刑事诉讼的理论和实践，还应当对历史上的和外国的刑事诉讼法律制度的理论和实践进行比较研究，从正反两方面批判地加以借鉴。”③ 结合其他论述，当时学者们认为注释、历史、比较、理论联系实际等方法比较适合刑事诉讼法学的研究，并提出了借鉴其他自然科学和社会科学研究方法的主张。④ 这些观点的提出标志着学者们对刑事诉讼法学个性化研究方法的初步探索的开始。

---

① 李贵连主编：《二十世纪中国法学》，北京大学出版社1998年版，第114页。

② 裴苍龄主编：《刑事诉讼法学概论》，兰州大学出版社1988年版，第19页。

③ 张子培主编：《刑事诉讼法教程》，群众出版社1982年版，第7页。

④ 张子培主编：《刑事诉讼法教程》，群众出版社1982年版，第7页；裴苍龄主编：《刑事诉讼法学概论》，兰州大学出版社1988年版，第19~21页；宫模义主编：《刑事诉讼法教程》，江苏人民出版社1989年版，第6~9页；李学宽主编：《刑事诉讼法学》，科学技术文献出版社1988年版，第31~33页；樊凤林主编：《刑事诉讼法学》，中国人民公安大学出版社1988年版，第6页。

研究方法理论探索伊始恰逢我国推行刑事诉讼法的起步阶段，为配合刑事诉讼法的贯彻执行，保证逐渐恢复的高等法学教育的需要，学者们编写出版了大量的刑事诉讼法教材、专著和普及读物，从学理上对刑事诉讼法确立的原则、制度和程序进行了解释。这种初始的需要深刻地影响了刑事诉讼法学的研究方法，由此带来了注释刑事诉讼法学的长期盛行。[①] 刑事诉讼的法律条文决定了刑事诉讼法学的研究内容、研究范式，甚至决定了研究的最后结果（往往是论证法律条文的正确性或者是正当性）。

注释式的研究方法使人们了解了刑事诉讼法，但是其肤浅性显而易见，它只是一种实然性研究，而那时对法律的科学的应然性研究较差，模糊了学理和法律本身的界限。人们在对此种研究方法有了客观、清醒的认识之后，提出了“刑事诉讼法学独立品格”的命题，[②] 指出了“必须把立法释义与学理研究加以区分，从注释法学走向理论法学”[③] 的刑事诉讼法学发展方向。

（三）比较研究方法的推广：研究方法多元化努力

比较研究方法是20世纪下半叶兴起的一种研究方法。它的优势在于拓展和借鉴。在90年代中期以后的法学教材和法学论著中，已经普遍地将比较方法列为刑事诉讼法学的研究方法。我国的刑事诉讼法学研究中大规模、普遍地应用比较方法是在1996年《刑事诉讼法》修改前后。笔者对刊载于《法学研究》和《中国法学》上的有关刑事诉讼法学方面的论文所使用的研究方法进行了调查，结果显示，1994年发表的文章中有20%使用了比较方法，1995年使用比例增加到50%，在随后的年份中，除了1997年使用该方法的比例比较低外，[④] 直到2005年，使用比较方法的比例基本上保持在40%以上，2001年甚至达到了77%。[⑤] 由此可见，比较研究方法在我国刑事诉讼法学研究中的推广速度之快、

---

① 陈瑞华著：《刑事诉讼的前沿问题研究》，中国人民大学出版社2000年版，第38页。

② 陈瑞华著：《刑事诉讼的前沿问题研究》，中国人民大学出版社2000年版，第61页。

③ 樊崇义主编：《诉讼原理》，法律出版社2003年版，第7页。

④ 该年度《法学研究》和《中国法学》杂志上发表的刑事诉讼法学方面的论文共7篇，其中一篇是会议综述，一篇是对1996年修改的刑事诉讼法的评论性文章，一般而言，这样的文章不属于纯粹意义上的研究性质的论文，因此其在研究方法上也就不会很注重，如果去除这两篇论文，那么比较研究方法在这一年度的使用比例就达到了40%，与以后其他年份比较方法的使用比例大体一致。

⑤ 笔者调查的1994—2005年在《法学研究》和《中国法学》上发表的刑事诉讼法学相关论文使用比较研究方法的具体数据：1994年20%，1995年50%，1996年43%，1997年29%，1998年62%，1999年44%，2000年47%，2001年77%，2002年47%，2003年40%，2004年67%，2005年54%。

普及程度之深。

比较研究方法盛行一方面源于学者们意图迅速打破“注释法学”的局面，另一方面则是由于刑事诉讼法修改时面临的理论严重缺位问题。为此，学者们都不约而同地将目光投向国外，从国外引进了一系列的范畴和概念，从而使得刑事诉讼法学的理论研究迅速地繁荣起来。但是“南桔北枳”的尴尬也接踵而至，刑事诉讼理论学说的本土化迅速成为刑事诉讼法学界必须面对的课题。

虽然比较研究方法被这一时期的较多研究者采用，但是学者们也开始有意识地探索和应用其他研究方法。例如，徐静村教授在《刑事诉讼法学》中就阐述了学习和研究刑事诉讼的方法，有理论联系实际与实证分析方法、阶级分析方法、价值分析方法、结构功能分析方法、比较研究方法、综合研究方法，① 还有一些学者提出了“要结合研究有关的部门法学和边缘学科”② 进行研究的主张，并且对于这些研究方法在实际的研究工作中进行了一定的尝试。③

上面对我国刑事诉讼法学研究方法发展历程的梳理仅具有分析的典型化特征，并不能够必然地推导出相应时期的刑事诉讼法学只使用一种研究方法的绝对化判断，只是某种研究方法在特定的历史时期使用得更广泛罢了。而且，笔者所作的分析也并不意味着各个时期的研究方法之间的界限鲜明得如同刀割斧砍一般。准确地说，作为一个体系的刑事诉讼法学研究方法是一个不断添加和扩展的过程，随着研究方法多元化格局的形成，某一种研究方法的“霸权”时代将逐渐逝去，代之以新型的自主选择研究方法的纪元的到来。

二、中国刑事诉讼法学研究范式的扩展——实证研究方法的应用

（一）实证研究方法的语义分析

所谓“实证”，在《汉语大词典》的解释中有两个意思：确实的证据；实际

① 徐静村主编：《刑事诉讼法学》，法律出版社 1999 年版，第 47~51 页。

② 杨连峰主编：《中国刑事诉讼法学》，武汉大学出版社 1994 年版，第 10~12 页。

③ 如应用经济分析的方法进行的研究，参见左卫民：《刑事诉讼的经济分析》，载《法学研究》2005 年第 4 期；应用实证研究方法进行的研究，参加王亚新、陈杭平：《证人出庭作证的一个分析框架—基于对若干法院民事诉讼程序的实证调查》，载《中国法学》2005 年第 1 期；白建军：《同案同判的宪政意义及其实证研究》，载《中国法学》2003 年第 3 期；汪建成、杨雄：《警察作证制度的理论推演与实证分析》，载《政法论坛》2003 年第 4 期，等等。

证明、实际印证。[①] 从语义学的角度分析，实证有名词和动词两个词性，而笔者所言的作为研究方法的“实证”其实正是其两种词性含义的结合，即用确实的证据来进行证明、验证假设的方法。

对于实证研究方法[②]目前还没有确切和统一的概念。有的学者认为其就是一种通过对经验事实的观察和分析来建立和检验各种理论命题的科学研究方法。[③] 另有学者从更为详尽的操作层面对实证研究方法进行了描述性的界定，认为法学研究中的实证方法“是指按照一定程序规范对一切可进行标准化处理的法律信息进行经验研究、量化分析的研究方法”。并且总结了实证研究方法的三个基本要素：程序、经验、量化。[④] 在笔者看来，第一个概念中将经验事实的获取过程单一化为观察，这是与该研究方法的实际不相符合的。第二个概念中隐含的理论预设是：只有可以标准化的信息或事实才能成为该种方法的研究对象。而实证研究方法强调的是对事实进行真切的描述，用描述的事实来进行证明，对经验事实的标准化处理只是对事实进行描述的一种方法，但不是唯一的方法。对于材料可标准化处理属性的强调，人为地缩小了实证研究方法的适用范围。因此，其将量化作为实证研究的必然要素的概括不免失之片面。

实证研究方法就是通过多种渠道和方式收集经验事实，并且按照既定步骤，采用特定方式对这些材料进行分析、推理以检验命题或者建立理论学说的科学方法。实证研究方法具有如下特征：

第一，实证研究方法是以经验事实为核心展开的研究方法。经验事实是用来检验和建构命题的基础，这是实证区别于其他研究方法的本质特征。实证研究方法的应用正是人们追求主观与客观相符合目标的具体体现。所谓经验事实是可以通过人们直接或间接观察而发现的确定性事实因素。[⑤] 以经验事实为基础的研究，使人们摆脱了空洞的思辨和以不确定的概念为基础进行研究的种种弊端。

第二，是以经验事实为基础进行分析和阐释的方法。描述经验事实本身并不是目的，经验事实只是作为材料和论据，其目的在于分析、证明和阐释命题。经

① 罗竹风主编：《汉语大词典》（第3卷），汉语大词典出版社1989年版，第1621页。
② 也有的学者称之为实证分析方法。
③ 李其瑞著：《法学研究与方法论》，山东人民出版社2005年版，第157页。
④ 白建军：《论法律实证分析》，载《中国法学》2000年第4期。
⑤ 李其瑞著：《法学研究与方法论》，山东人民出版社2005年版，第176页。

验事实是其建立和检验理论命题的中介，因此，分析和阐释是不可缺少的。否则，方法本身就成了目的。

第三，实证研究具体范式的多样性。在以经验事实为核心的基础上，实证研究可以是量的研究、质的研究，也可以是二者的结合。量的研究，也称为定量研究、量化研究，是一种对事物进行的测量和分析，以检验研究者某些理论假设的研究方法。而质的研究，则是通过研究者和被研究者之间的互动对事物进行深入、细致、长期的体验，然后对事物的“质”得到一个比较全面的解释性理解。二者的差异明显，[①] 各自也都具有局限性，因此二者的结合也就成为很多研究者的选择。[②] 而且，只有实证研究范式的多样性才能契合经验事实的复杂性特征，具体研究中实证研究范式的选择则根据研究课题的具体情况而定。

第四，实证研究方法的系统性。从研究范式来分，实证研究方法有定量研究、定性研究和混合式研究三种；从研究目的来分，实证研究方法又有描述性研究、解释性研究和探索性研究三种；从研究环节来分，实证研究方法又包括经验事实的收集方法、分析经验事实的方法以及其他技术手段的采用等。经验事实的收集方法又分为问卷法、访问法、观察法、实验法等。分析经验事实也可以采用统计、比较、类型归纳等多种手段。因此，实证研究方法是一个系统化的体系，彼此之间互相关联，共同达到以事实说明、以事实证明的目的。

第五，实证研究方法的程序性。实证研究方法中包含着比较严格的步骤，需要进行周密的计划，才能达到研究的目的。一般而言，实证研究方法包括以下步骤：课题的选择、研究设计的确定、具体研究方法和程序的制定、研究的实施、研究结果的分析、研究结果的总结与报告。首先，实证研究方法的程序性意味着各步骤之间遵循严格的顺序性，不能随意颠倒，不具有可逆性。其次，程序性还意味着程式化的操作，尤其是有关经验事实收集方面，相关材料按照怎样的标准、方式收集，其结果怎样等，都需要有显性的表述，如果是进行量化研究，这些方面必须统一，并具有可重复性。程式化要求使得实证研究过程能够清晰地被其他人所了解，从而增强实证研究本身的可信度。再次，程序性还意味着研究的

---

① 陈向明著：《质的研究方法与社会科学研究》，教育科学出版社 2000 年版，第 10~12 页。

② 量的研究方法和质的研究方法的结合方式包括整体式结合、分解式结合两种，每一个种类下面又包括若干种结合的亚种类。陈向明著：《质的研究方法与社会科学研究》，教育科学出版社 2000 年版，第 477~483 页。

规范性。按照严格的步骤进行，并遵守相应的程序本身就是一种规范性。最后，更为重要的是，应用研究实证方法进行研究就是使理性思辨建立在客观的实际情况之上，以此来规范理性思辨的任意性和空想性。

（二）与相关概念的比较

为了更好地理解实证研究方法，笔者对与之相关的几个概念进行了比较，以期进一步厘清实证研究方法的概念、使用的语境和适用的范围。

1. 实证研究方法与实证主义

客观而言，有时“实证”一词在使用时是指实证主义（positivism）。《哲学大辞典》中对于“实证”的解释之一就是“实证是西方哲学用语”。[①] 二者在理论和实践中容易发生混淆的主要原因在于，实证研究方法与实证主义都对经验事实情有独钟，都强调要从实际的材料出发进行考察和分析。但是，二者的差异也是显著的。实证主义是一个哲学范畴，是认识和研究问题的一种世界观和方法论。孔德认为，作为哲学范畴的“实证”有六个方面的含义：第一，指的是真实，与虚幻相反；第二，表示有用，而不是满足那些不切实际的好奇心；第三，表示肯定而不是无穷的疑惑和无尽的争论；第四，意味着精确而不是模糊；第五，表示否定的反义词，强调组织而不是破坏；第六，实证还强调相对而非（神学或形而上学的）绝对的必然倾向。[②] 实证主义在本体论上主张法现象与自然现象的同质性，坚信来自于经验的观察—描述或是记录事实才是确定的、真实的、有用的、精确的。其坚持了事实和价值的二分的理论假设，但却走向了规范主义的反面，实证主义排斥形而上学的考量和论证。

而作为研究方法的实证要比实证主义早得多，从某种意义上而言，实证主义还是得益于实证研究方法的应用。16 世纪以后，自然科学中首先强调观察和实验，并要求知识的“确定性”和“实证性”，当时有人称这样的自然科学为“实证科学”。到了 19 世纪，法国的圣西门第一次将“实证科学”一词演化为“实证主义”，并被后来的孔德所继承，开创了实证主义的哲学。[③] 而且作为研究方法的实证一直保持着自己的独立性，并没有被实证主义的某些理论预设所同化，

① 玛契主编：《哲学大辞典》，上海辞书出版社 1992 年版，第 1103 页。
② ［法］奥古斯特·孔德著：《论实证精神》，黄建华译，商务印书馆 1996 年版，第 29~31 页。
③ 冯契主编：《哲学大辞典》，上海辞书出版社 1992 年版，第 1103 页，实证词条。

"也不依附于实证主义哲学所信奉的某些理念"。① 一方面，作为一种研究方法，它只是人们认识现象、论证命题的工具和手段，是一种研究的进路和思考的视角。在价值上其并没有优于其他研究方法的特殊性。作为研究方法本身，它具有一定的局限性是在所难免的，但是这种缺憾是不能用激进或保守来评价的，这一点实证研究方法与实证主义也存在明显的差异。另一方面，实证主义哲学的滥觞，又极大地促进了实证研究方法的推广，特别是在社会科学研究领域的普及。

2. 实证研究方法与实验法、调查研究法

实验法和调查研究法是实证研究方法中常见的材料（经验事实）收集方法。就几个概念的逻辑关系而言，实证研究方法包含实验法和调查研究法。实证研究方法是种概念，实验法和调查研究法是属概念。

培根是最早提倡用实验的方法研究问题的学者。他认为科学必须是实验的，归纳的，一切真理都必须以大量确凿的事实为依据。因此，马克思称培根为"现代实验科学的真正始祖"。② 实验法主要用于定量的实证研究中。所谓实验法，就是在控制某些条件的情况下研究变量之间因果关系的方法。为了控制某些自变量可能对因变量产生的影响，实验法常常在实验中将被试者或实验对象分为两组：一组是实验组，另一组是控制组。通过对两组实验结果的比较，即可检验某些变量之间是否存在因果关系。③ 实验法是以理论假设为起点的，这个假设是一种因果关系的陈述，它假定某些自变量会导致某些因变量的变化，然后通过实验过程进行检验。"社会科学领域也有可能存在某种程度的实验。但这些实验不像自然科学领域中的实验那样具有绝对的权威。其结果，'公共的承认'（unanimous assent）在社会科学领域具有最高的权威。这就是社会科学停滞不前的原因。"④

人们在实践和表达时往往将试验与实验混同。如果进行细微的分析，二者之间还是存在一定的差别的。试验是"为了察看某事的结果或某物的性能而从事某

① 白建军：《论法律实证分析》，载《中国法学》2000年第4期。

② 《马克思恩格斯全集》（第2卷），第163页。

③ 朱景文主编：《法社会学》，中国人民大学出版社2005年版，第76页。

④ ［日］中村宗雄：《法学和自然科学方法论上的关联》，载樊崇义主编：《诉讼法学研究》（第6卷），中国检察出版社2003年版，第288页。

种活动”。[①] 其着重强调行为的尝试性，而实验则侧重于活动的实际开展，从研究方法的角度而言，实验是一种收集资料的方法，而试验则是实验方法中的一种具体实施形式。

调查研究法（survey research）是向研究对象系统询问社会背景、态度和行为，以发现社会现象和过程的原因或影响因素的方法。[②] 这种研究方法非常古老，在《圣经·旧约》中就已经提到。调查研究法需要在确定调查总体后，确定抽样的框架，然后进行问卷调查或者是访问式调查，并且需要运用统计的方法对资料进行分析。

作为收集经验事实的方法，实验法和调查研究法都在实证研究中经常使用。调查研究法的优势在于获取某些事实性材料和主观态度的信息，如犯罪嫌疑人的身份、背景等情况，对某些问题的看法等。实验法的优势是通过对某些因素的控制，搞清自变量和因变量之间的关系。在实践中，二者往往结合运用，以便能够更全面地收集资料。在中国政法大学诉讼法研究中心由笔者主持和进行的建立讯问犯罪嫌疑人律师在场及录音录像（试验）项目就很好地将两种方法进行了综合运用。他们将犯罪嫌疑人分三组进行试验，第一组为目标组，即选择采用律师在场或者录音录像方式进行讯问的犯罪嫌疑人，第二组为对比组 A，即选择了传统方式进行讯问的犯罪嫌疑人，第三组为对比组 B，即没有参加讯问方式试验的犯罪嫌疑人。试验结束后，还对参加试验的侦查人员、律师以及犯罪嫌疑人进行了问卷调查和访谈式调查，以了解他们对现行讯问方式的态度，以及改革现行讯问方式的认识程度及差异。[③]

3. 实证研究方法与理论联系实际

实证研究方法和理论联系实际都建立在应然（理论）和实然（实际）二元划分基础之上，并且都意识到了实际（经验事实）的重要性，将实际情况作为共同的落脚点。但是理论联系实际与实证研究方法是不同的。理论联系实际一方面要求认真学习理论，掌握正确认识和分析问题的立场、观点和方法；另一方面

---

① 中国社会科学院语言研究所词典编辑室编：《现代汉语词典》（修订本），商务印书馆 1996 年修订第三版，第 1155 页。

② 朱景文主编：《法社会学》，中国人民大学出版社 2005 年版，第 76 页。

③ 樊崇义、顾永忠：《建立讯问犯罪嫌疑人律师在场、录音、录像制度（试验）项目（总结报告）》，载《侦查讯问程序改革国际研讨会会议资料》2006 年 3 月。

要求从实际出发运用理论，不生搬硬套。理论联系实际从本质上讲是一种工作和学习的态度和作风问题，而不是研究方法。理论联系实际的目的在于防止理论与实际脱节，反对照抄照搬和僵化地学习和运用理论，强调在实践中发展理论，强调一切从实际出发，实事求是，在实践中检验和发展真理。因此，理论联系实际没有什么固定的模式，也没有制度化、规范化的要求，用理论联系实际的方法进行刑事诉讼法学的学习或者是研究，可以只是一般意义上的举例说明，也可以将理论结合特定的人或事提出解决的方案，还可以通过对刑事诉讼法的某一制度或者程序的实际情况进行深入细致的社会调查，掌握第一手统计数据、典型的案例和其他材料，然后经过分析研究，发现该制度和程序实际适用中的制约因素和条件，以及法律规定本身存在的问题，再有针对性地提出解决方案，等等。因此，理论联系实际比实证研究方法更为抽象和宏观，具有更大的包容性和概括性，而实证研究方法只是规范化、系统化、具体化了的理论联系实际的一种方式。

（三）应用实证研究方法推动中国刑事诉讼法学研究方法转型

实证研究方法是在社会科学研究中普遍使用的研究方法之一，作为社会科学组成部分的刑事诉讼法学使用该种研究方法理所当然。但是，笔者在此并非将实证研究方法与其他研究方法同样对待，而是认为，在目前的情况下，实证研究方法的应用和推广对中国刑事诉讼法学的研究具有特殊的重要意义，它是推动中国刑事诉讼法学研究方法转型的突破口，从这个意义上而言，实证研究方法的引入将是刑事诉讼法学研究方法的变革。

1. 实证研究方法的实践性、科学性、规范性将改变刑事诉讼法学思辨型的研究习惯定式

长期以来，我国刑事诉讼法学的研究方法虽然有所变化，并逐渐形成研究方法的多元化格局，但是总体而言，研究方法仍以思辨的研究方法为主，即注重应然研究，从规范的层面上进行抽象的概括和分析，虽然近几年比较方法使用得较多，但仍以理论比较、法律条文比较为主，实践性的内容依旧少见，使刑事诉讼法学的研究几乎成为高山仰止般高高在上的纯理论科学。这一方面说明了我们的研究方式已经形成了这种思辨型的习惯和定式，不知不觉将研究固化在书斋中；另一方面，虽然有些学者也不时地通过各种渠道和途径了解一些实际情况，但是这些都是很分散、零碎的，因此也只能用大概估计的办法来了解实际情况的状态。例如，对证人出庭作证的讨论虽然很多，但是对于证人出庭作证的具体情况

则很少有实证的根据，有的称不足10%，有的认为不到8%，有的则在5%甚至是3%以下，而且对于证人不出庭原因的分析一般也是想当然的，而没有实证作支撑。研究的结论和观点自然也不具有很强的说服力。

在相当长的一段时间里，存在将实证研究等同于感性认识的倾向。认为研究问题时举一些案例，将自己在社会生活中的某些经验描述一下，就是使用了实证方法。这是将实证研究方法简单化的具体表现。实证研究需要感性认识，但是感性认识并不等于实证研究。实证研究讲究科学性、规范性，需要用一定的方式将这一过程体现出来，能够被其他人所检验，这些都是感性认识所不具有的，或者说是在感性认识过程中不要求的。现在，已经有相当多的刑事诉讼法学研究者注意到体验、了解现实社会中的刑事诉讼法律规范实际发挥作用状况的重要性，实证研究方法的引入正是对这一过程的规范化校正，使之更符合学术研究的要求，更能体现研究本身的严谨性和科学精神。

2. 实证研究方法以经验事实为核心的特质与刑事诉讼法学的实践性契合

刑事诉讼法学的实践性是其突出的特征。刑事诉讼法学的研究对象都具有典型的实践属性，作为刑事诉讼法学主要研究对象的刑事诉讼法本身就是一部可操作性极强的法律规范，“研究刑事诉讼法学，归根到底，是为了指导中国的刑事诉讼实践，改善中国的刑事诉讼现状。因此，刑事诉讼实践应当是我们研究的出发点和落脚点，也是刑事诉讼法学理论的生长点。脱离实践的研究，是缺乏根基和说服力的”。[①] 美国大法官霍姆斯也曾断言：“法的生命不是逻辑，而是经验。”因此，为了发展出指导实践的理论，就必须了解实践，了解经验事实。“实然或事实是法的存在形态，而与其相对应的实证方法则是叙述这种事实的途径。”[②] 在刑事诉讼法的实际存在状态这一点上，实证研究方法与刑事诉讼法学的实践性相契合，并为刑事诉讼法学实现研究目的和价值提供了科学、系统的方法支撑。超脱于世俗的、社会性的刑事诉讼运行过程和发展实际、纯粹规范性的、不与实际情况发生一点牵连的刑事诉讼法学是没有任何意义的。

3. 实证研究方法是树立刑事诉讼法学独立品格不可或缺的中介

迪尔凯姆说：“一门科学只有在真正建立起自己的个性并真正独立于其他学

① 龙宗智、杨建广主编：《刑事诉讼法》，高等教育出版社2005年版，第16页。
② 李其瑞著：《法学研究与方法论》，山东人民出版社2005年版，第179页。

科时，才能成为一门真正的科学。”[①] 那么，刑事诉讼法学的独立个性是什么？关于这个问题，陈瑞华教授认为刑事诉讼法学的品格在于形成一个独立于立法、司法实践等世俗世界的学术空间。为此，刑事诉讼法学应当高于刑事诉讼法、刑事司法实践。因此，其认为独立的学术空间是刑事诉讼法学的独立品格的核心。[②] 笔者认为，刑事诉讼法学不应当成为刑事诉讼法规范和刑事诉讼实践亦步亦趋的仆从，而应当有自己独立的学术语境。同时笔者也认为，形成适合本学科研究的方法体系也是树立刑事诉讼法学独立品格不可或缺的部分。笔者欣喜地看到，刑事诉讼法学界对于研究方法的重视程度正日益提高，围绕这方面的讨论也正逐步成为学术话语中的一个组成部分，不仅社会科学的研究方法正逐渐地被引入和应用于刑事诉讼法学的研究当中，甚至自然科学的研究方法纳入刑事诉讼法学研究视野的进程也在进行中，[③] 多元化的刑事诉讼法学研究方法体系正在形成，但是诸种研究方法中必须要有一些研究方法能够使得刑事诉讼法学不脱离刑事诉讼的实践，独立于社会和实践之外的刑事诉讼法学即便是形成了自己的独立品格，也没有任何意义。实证研究方法正是这个搭建沟通世俗的现实世界和“独立的学术空间”的桥梁和中介，它开通了研究者就经验场域和先验场域进行直接对话的话语系统。

三、实证研究方法在刑事诉讼法学研究中的具体运用

逐渐走出注释法学樊篱的诉讼法学研究，呈现出百花齐放的发展态势，学者们对许多重要的基础理论问题和制度问题都展开了热烈讨论。现有的刑事诉讼研究范式由传统的注释法学、比较法学转向理论法学与实证法学相结合的研究范式，对于这种研究范式的转换，在一定层面上标志着法学研究层次的提升，诉讼法学研究的哲理化氛围正在形成。为了进一步地深化刑事诉讼理论研究，并尽可能地避免理论脱离实际，实证精神成为防止理论和实际脱节的必要品质。法学研究应当实现知行合一，这是法学研究中应当始终坚持的一个理念，实证研究对于理论研究层次的提升有着特殊的意义。刑事诉讼法学的研究不仅要在理论上倡导

① ［法］埃米尔·迪尔凯姆著：《社会学方法的规则》，胡伟译，华夏出版社 1999 年版，第 120 页。

② 陈瑞华著：《刑事诉讼的前沿问题》，中国人民大学出版社 2000 年版，第 42 页。

③ 日本学者中村宗雄撰写的《法学和自然科学方法论上的关联》一文，对于将自然科学中的研究范式应用于诉讼法的研究进行了说明，并且提出了一些颇有新意的观点。

实证研究方法的应用，而且要在研究中积极地践行这一方法以提升理论研究对实践指导的有效性。实证研究在刑事诉讼法学中的运用正在经历着这样这一个过程：以哲理的思维和理论与实际相结合作指导，充分发挥实证研究这种方法的功能和作用，解决刑事司法领域内亟待解决的问题，同时深化对刑事诉讼理论与规律的认识，以期适应发展中的中国社会对刑事诉讼法学的要求。

（一）以哲理之思维指导实证研究——实现刑事诉讼法学研究目的的一个选择

实证研究要在辩证唯物主义法律观的指导下进行。哲学既立足于现实，又面向未来，引导着我们从现在走向未来。哲学不仅可以把握人与世界关系的发展趋势，而且它具有宏观整体性、综合性、概括性的特点。从哲学的角度讲，人的认识方法决定着人的认识实践，而人的实践决定着人的认识结果，因此，人的认识方法又影响着人的认识实践和结果。人的认识方法就是人的认识论。因此，从最根本上来说，认识方法问题对于最终认识的形成具有全局性的影响作用。我们以哲理之思维进行方法论研究有利于使实证研究水平得到强化和提升。

1. 实证研究要因地制宜解决问题

实证研究要因地制宜解决问题体现了矛盾特殊性原理的要求，同时也是辩证唯物主义世界观和方法论的基本要求。

因地制宜事实上就是讲矛盾的特殊性。所谓矛盾的特殊性，是指具体事物所包含的矛盾及每一矛盾的各个方面都各有其特点，反映事物特点的这种特殊的矛盾，是一事物区别于他事物的特殊的本质，是世界上诸种事物之所以千差万别的内在原因。矛盾的特殊性在方法上要求具体问题具体分析，而具体问题具体分析是马克思主义的活的灵魂。在实证研究中要因地制宜，就是要根据具体的研究对象选择研究方法，根据要解决的具体问题，设计研究方案。实证研究是一种具有较强的综合性的研究方法，适用于具体问题的研究中可以呈现不同的样态。实证研究没有固定的形式可以效仿，也没有可以作为模板嵌套在每一个具体问题的研究中适用的形式，世界上没有万能型的实证研究模式，因为每一个矛盾着的事物及其每一个侧面各有其特点，这些个性要求研究者做到因地制宜。适合西方其他国家的实证研究模式不见得在中国也能发挥同样的功效，即便是对同一个问题的研究，在美国实用有效，在中国未必就能解决问题。正如在美国许多学者都十分注重量化研究、定量研究，不可否认，定量研究具有准确性描述的特点和优势。

但是，在我国的刑事司法领域进行实证研究仅仅依靠量化研究或者实现精准的定量研究是有一定难度的。在我国，更多的法学研究者在实证研究中采用定量研究与定性研究相结合的方式，而其中的定量研究也并非精准的全方位型的量化研究。实践证明，这些研究取得了很好的社会效果。实证研究讲求因地制宜，从宏观上讲，在研究中要立足于中国的法制实际，立足于中国当前的政治、经济、文化的发展现状，设计研究方案，从微观上讲，需根据要解决的具体问题选择相应的研究方法。

以实证研究中的历史研究方法、实验研究方法和调查研究方法为例。根据一般性的理解，历史研究、调查研究和实验研究这三种方式都包含于实证研究。不过，无论历史研究还是实验研究，都可以理解为调查研究。历史研究也可以理解为历史的调查研究。实验研究可以理解为“介入”的调查研究。事实上，从实践论的观点看实验研究，不过是调查研究的变形，当实地的自然状态的、非介入的调查研究太费时间或者无法令人满意地验证研究的假设时，就可以人为地控制、改变对象的成分，安插实验因子。实验研究离调查研究很近，当研究的对象和现场可以通过调查研究的方式轻易地获得研究结果时，就可以将研究做成调查研究。如果研究的对象和现场无法通过调查研究的方式获得研究结果，或者，当调查研究比较费时费力时，可以安排实验因子。在特定的历史时期开展法学实证研究，不仅要对当时社会的法制运行环境给予关注，而且具体研究措施的选取与实施也要结合具体研究对象的情况加以确定，进行多方面综合考量后决定实证研究的具体方案。总之，在法学实证研究这种特殊实践中对主观与客观具体的历史的统一具有更为积极的意义。

在刑事诉讼法学研究中运用实证研究首先要有问题意识，带着问题进行调查研究，明确问题的来路和根源，在对研究对象有深刻了解的基础上，再作具有前瞻性的对策性研究。在实证研究过程中，可以根据研究对象以及研究目标的需要运用不同的研究方法，对某些问题可以仅作定量分析，或仅作定性分析，亦可以既有定量分析也有定性分析。研究方法的选择没有固定划一的标准，只要方法的适用符合项目实证研究进展的需求，能够有效推进研究向纵深拓展，有助于提高实证研究结果的效度就可以。毕竟实证研究的最终目的是要以更准确地发现问题为前提，在调查基础上深入研究，使收集的材料与待证问题相匹配，提出能够真正有效解决现实中存在的问题的对策，以最终达成实证研究的目标为基准。因此，从根本上讲，一个设计良好的法律实证研究项目必然是突出了法律研究对象的实践特色，并且准确、深入地把握了研究对象之真实的法律现状，在此前提下进一步深入研究提出解决问题的方案，为理论与实务部门的沟通搭建起桥梁，并且拓宽相关理论的研究，使之有更广阔的天地和应用前景。

2. 实证研究要力求做到有的放矢、解决问题

在实证研究中力求做到有的放矢、解决问题，就是要明确我们通过实证研究所要解决的问题究竟是什么，开展实证研究要有目标性、目的性，即通过实证研究要解决的问题是什么，解决问题的关键是什么，在目标明确的前提下，开展实证研究，不能盲目地进行研究。从哲学的角度讲，实证研究要做到有的放矢，是主要矛盾与次要矛盾的辩证关系所要求的。主要矛盾和次要矛盾的辩证关系表明，主要矛盾在事物发展过程中处于支配地位，对事物发展起决定作用。次要矛盾处于从属地位，对事物发展不起决定作用。主次矛盾相互依赖、相互影响，并在一定条件下相互转化。在实证研究中，明确研究目标，就是要抓主要矛盾，抓住在整个研究对象中处于支配地位，对于研究对象的即成性及其发展起决定作用的问题进行有针对性的研究，为从根本上解决问题奠定坚实的基础。以“三项制度”（在侦查讯问程序中实行全程同步录音、录像、律师在场这三项制度）的实证研究为例：其一，明确目标——研究的价值目标是力图实现社会的公平正义；其二，解决问题的关键——从解决问题方法的角度讲，解决刑讯逼供的根本途径是在程序上、制度上创设一种机制来抑制各种形式的刑讯逼供的发生；其三，解决问题中主次矛盾的转化——从制度和程序的设计上讲，就是要创制一种制度来保证程序的合法性。综合来讲，在实证研究中做到有的放矢，要坚持矛盾分析法这种唯物辩证法的根本方法，抓住主要问题和矛盾进行实验，在实验实证分析之基础上，找出对策，以论证“三项制度”的合理性和科学性。与此同时，它既保证了口供这种证据的质量，即遏制不断发生的翻供现象；又制止了个别犯罪嫌疑人诬告侦查人员，栽赃陷害侦查人员使用刑讯逼供手段收集口供的问题。这两个矛盾和问题同时得到了解决。

3. 在“以人为本”的理念指导下开展法律实证研究

一个社会如果漠视个人的基本权利，那么就不可能做到以人为本，个人对于社会整体来说，具有前提性的意义。“对于各个个人来说，出发点总是他们自己，

当然是在一定历史条件和关系中的个人，而不是思想家们所理解的‘纯粹的’个人。”① 个体人的基本特征在于“自我意识”的具备和基本权利的拥有。个体人的自我意识主要表现在独立的自我选择意识和自我的责任能力方面，个体人的基本权利则表现在平等的公民权等多个方面。诚然，每一个社会成员对于社会也是有义务的，只不过这种义务与权利应当是对称的，而不是单方面的。② 国家和集体之所以有存在的价值，就在于它能够对每一个社会成员的平等权利和合理利益提供必要的保护，即尊重与保障每一个社会成员的基本权利。否则，国家和集体便没有了意义，其存在的正当性理由便会受到损害。显然，如果忽略这一问题，那么，以人为本的理念就难以同形形色色的平均主义真正地区分开来。

法律实证研究与自然科学实证研究的本质不同在于“人”在研究中发挥的作用，所以我们的实证研究最终也应回到“以人为本”的理念当中，才能促使其更加完善、更加科学。而“以人为本”的直接解释是以人为“根本”，重视人的需要，以实现人的全面发展为目标，从人民群众的根本利益出发谋和谐、促发展，不断满足人民群众日益增长的物质文化需要，切实保障人民群众的经济、政治和文化权益，让发展的成果惠及全体人民。“近代以前的司法，绝大多数都是为专制政府和王权服务，以维护统治阶级的统治秩序为核心的统治工具。在近代宪法和宪政的产生和运行过程中，司法的权力定位和功能、目的都发生了根本性的变化。从形式上讲，司法监控其他国家权力、正确适用和守护法律，使最终保障公民权利的职能和价值取向得以张扬。实行宪政的资本主义国家起码从制度设计上承认保护公民权利是司法的第一要务，而保护社会、经济和文化秩序等一切其他职（功）能都是以此为基点展开的。马克思主义法学产生后，以人为本的司法理论观和实践运动构成了司法权的本质特征、实施的根本保证和评价司法活动优劣的准则，成为完善我国司法制度，推进司法改革的根本指针。”③ 2004 年 3 月 14 日，第十届全国人大第二次会议通过的宪法修正案明确规定：“国家尊重和保障人权。”2012 年《刑事诉讼法》修改的过程中，在第二条刑事诉讼法的任务中，明确规定了“尊重和保障人权”，人权保障成为刑事诉讼中的基本原则。但

① 《马克思恩格斯全集》（第 3 卷），商务印书馆 1994 年版，第 86 页。

② 《以人为本的三层含义缺一不可》，载《中国经济时报》，http://finance.sina.com.cn/roll/20071221/01041876838.shtml。

③ 李龙主编：《人本法律观研究》，中国社会科学出版社 2006 年版，第 140 页。

是，在我国侦查程序无论是立法还是实务工作中，人权保障，尤其是诉讼权的保障都存在严重的缺陷，诉讼中刑讯逼供屡屡发生，导致冤假错案时有出现。针对这一严重问题，刑事诉讼制度的改革，特别是为完善诉讼制度而进行的实证研究，从确定选题到研究内容和实施方法，都必须坚持人本主义法律观，把以人为本作为实证研究的要义指导思想和理论基础。

（二）对实证研究方法的探索从教学开始——模拟法庭教学法

法律是理论与实践的统一。理论的学习指导着实践的进行，而实践又总是反过来作用于理论。倘若切身体验法律程序的真实运用，必将在该领域理论研究水平上有着一定程度的提升。更何况，现实的法律总是更多地凸显了其实践性，可以这样说，它对实践性的要求在某种意义上远胜于理论性之上，以至于人们常常称法学是一门实践性学科。20 世纪 90 年代，笔者在给学生讲授刑事诉讼法学和证据法学的过程中发现，学生对于法律程序及制度设计本身的理解和认识存在一定的困难，为此笔者组织学生去法院旁听，以期让学生更多地了解法律程序在实践中的样态。但却发现实际取得的效果和学生们所需求的仍有一定的距离。简单的法院旁听不能从根本上解决学生对于相关法律知识与制度设计缘由的理解和掌握，充其量只能是作为一种辅助性的手段帮助学生理解相关的法律常识。如何才能让学生很好地理解、认识和掌握刑事诉讼法学这一学科呢？对于这个问题，笔者作了深入的思考，并进行了相关的研究，也由此开启了笔者对于实证研究这种研究方法的探索之路。这一探索收到了较好的效果，由笔者主持的“模拟法庭教学法”获全国优秀教学成果奖，并获司法部优秀教学成果一等奖。这一探索的具体做法有以下几点：

1. 明确开展模拟法庭教学的目的

我们在教学中一贯坚持理论联系实际的原则，也就是在教学中必须坚持理论与实际的结合，用理论分析实际，用实际验证理论，使学生从理论和实际的结合中理解和掌握知识，培养学生运用知识解决实际问题的能力。理论联系实际原则所反映和要解决的矛盾，主要是保证学生所学知识与其来源——社会实践不致脱节，学生掌握的知识能够运用或回到实践中去。从哲学的角度讲，学生对于法律制度本身的认识过程充分体现了理论与实践的辩证关系。我们知道，对于理论的认识不能简单地从“解释世界”的视阈把它理解和表述为“各种知识体系”，而应该从“改变世界”的视阈把它理解和表述为“规范人们思想和行为的概念系统”。因此，推进实践发展和实现理论创新都迫切需要重新探讨理论及其与实践的辩证关系。[①] 而探讨这种辩证关系则需要通过实证研究的方式来实现。换句话说，要使学生对于法律制度本身有充分的认识，并实现在实践中能够运用所学法律的目的，那么就应当以让更多的学生参与到法学实践中，以在实践中学习成长为宗旨进行刑事诉讼法学的教育。毕竟，作为法学研究对象的刑事法律，不是几个简单的条文，而是包括立法、司法、执法、法律监督、法律实施以及所产生的社会背景与社会效应等一系列与社会现实密切联系的法律现象。而且，法学教学在很大程度上是为了培养一大批掌握基本的法律专业理论知识，有较熟练运用法律知识分析和解决实际问题能力、较强的适应社会能力、应变能力的法律应用型人才。传统的法学教学是很难满足现实需要的，而模拟法庭教学可以满足我们培养法律人才的需要。模拟法庭教学能够为学生提供一个集中的模拟法律实践的场所和机会，让学生走出其原已熟悉的格式化法律条文和理论知识圈，理论联系实际，在模拟的诉讼环境中熟悉、掌握具体的审判过程，较直接地面对法律实践问题的考验，促进理论化、体系化的书本知识转化为具有可感性、实用性、可操作性的知识，让书本中的理论在实践工作中得到检验。

为了让学生能够熟练掌握和运用法律知识分析和解决问题，缩短法学教学与法律工作实践的距离，笔者带领教研室的同仁在力所能及的范围内，尽可能地发掘并利用现有条件组织实施模拟法庭，通过对当代中国法庭审判的真实演绎，发动更多的同学参与到法学的实践中来，力求在为学生的法学学习提供更为良好的氛围中，深化他们对刑事诉讼制度的认识。

2. 模拟法庭教学的开展

所谓的模拟法庭教学，就是以模拟法院开庭审理的方式，通过学生亲身参与，将课堂中所学到的法学理论知识、司法基本技能等综合运用于模拟实践，活学活用，以达到理论和实践相统一的教育目的的一种教学模式。模拟法庭是在特定场所内再现真实法庭场景，并对法庭审理过程进行模拟。在教师指导下，学生通过角色分配参与模拟法庭审理，将实体法知识与程序法知识运用于具体案件，经过诉讼的每个环节，解决案件审理中的具体问题，从而使学生了解和掌握处理案件的方法和技巧，锻炼他们的理论知识应用能力、创造性思维能力、事实认证

① 孙正聿：《理论及其与实践的辩证关系》，载《光明日报》2009年11月30日。

辨析能力、案例分析能力、应变能力、语言表达能力、协作应变能力、现代化办公设施操作能力、社会交际能力等。[①] 随着中国的法学教育由注重传统的课堂讲授的理论教育到与实践教育相结合的转变，模拟法庭教学模式作为一种实践性教学方式，逐渐为人们所接受，并被广泛应用于现代法学教学中。模拟法庭实训教学的具体开展本着以下几个方面的基本理念：

第一，充分发挥学生的主观能动性，强化其主体意识。模拟法庭的教学使学生对于法学的学习从被动接受转变为主动参与，学生成为学习的真正主体。"模拟法庭"既是"说法"，又是"演法"，不仅有效避免了教师在教学中单纯说"法"带来的枯燥和乏味，而且满足了学生好奇心强的特点，有效地激发了学生的求知欲望，促使其积极参与其中实践其所学的法律知识。模拟法庭教学不仅实现了充分调动教师与学生两大教学主体的积极性、主动性和参与性的目的，尤其是最大限度地调动了学生的主体意识，而且通过这个互动的过程，很切实地变"要我学"为"我要学"，激发了学生学习的兴趣和热情，促使学生最大限度地发挥聪明才智和个性潜能，使其具有主体意识并成为学习的真正主体。

第二，从理论联系实际的原则出发，深化学生对书本知识的理解。在模拟法庭的实践活动中，学生能够全面介入模拟诉讼活动，扮演各种诉讼角色，体现实际动手能力的综合演习。我国传统的教学模式是以听教师在课堂上讲授书本知识为主，法律教学尤其如此。而对学生的学习活动的考核在很大程度上依赖测验、考试进行。而模拟法庭则会给学生提供一个模拟的场所，学生在模拟法庭中体验法官、检察官、律师、原告、被告等角色的活动过程。更重要的是，学生在模拟法庭中必须从零散的案件材料入手，进行分析、归纳、筛选，从而整理出向法庭陈述的事实。在此基础上，找出有关的法律要点，寻找适用的法律规范，形成自己的辩护或代理意见，参与案件审理。在此过程中，学生将理论联系实际，不仅能将书本上所学的知识运用到庭审中，而且还能够进一步加深对书本知识的理解。与此同时，模拟法庭使学生熟悉了法庭审判的程序，掌握了举证、质证、辩论的技巧，从而不仅大大增强了其动手能力，而且还在一定程度上提升了法学教

---

① 赵海涛：《模拟法庭教学在高校教学中的运用》，载"高等教育"，http://www.studa.net/gaodeng/080604/17012662.html。

育对于社会法制发展的潜在影响。

第三，确立新观念，开拓新境界，培养学生的法学素养。模拟法庭的实践活动，对于培养学生的创造性思维具有积极作用，教师以此为平台，抓住契机进一步培养学生的综合能力，使其具备基本的法学素养。模拟法庭教学法将静态的、枯燥的法律条文以动态的、形象的方式展现给学生，在展现过程中让他们自己去鉴别，去粗取精、去伪存真，学会如何在庭审前形成法律意见，如何在庭审时进行法庭陈述和辩论，并找出法律要素之间的冲突，这一过程能够有效地启发学生的创造意识，促使他们进行创造性思考，培养学生在意志层面冲破常规思维的阻碍，顶住习惯势力的压力，坚持正确见解，具备法律人应有的基本法学素养。

法学教育是高等教育的重要组成部分，传授法律知识、训练法律思维、培养合格的法律专业人才是其教育活动的内容。模拟法庭教学法是法学教育教学方法改革中的一条重要路径。引进模拟法庭教学法，并非要把这种教学模式与传统的法学教育模式完全对立起来，进而完全取消或取代传统的法学教学模式，而是要在传统法学教学模式的基础上对其进行改造和完善，使二者相辅相成，相得益彰，以更好地达到法学教育的目的。

事实上，在教学中开展模拟法庭教学就是用一种实证研究的方法和态度来研究如何实现教学的目的。首先，在模拟法庭教学中运用了实证研究中实验的研究方法。我们知道实验的研究方法可以对某一议题进行可控性的改革实验，同时可以检验针对议题所提出的对策在现实中是否具有可行性的特点。事实上，模拟法庭教学就是通过模拟法庭审判的全过程——一个实验的过程，通过扮演角色，来达到使学生熟悉诉讼程序的规则，学会运用诉讼技巧，提升学生巧妙应对诉讼或主动参与诉讼的能力的目的，并且这个实验的效果很快就能得到检验。其次，实验的研究方法在模拟法庭教学中的运行在一定程度上促进了法学教学目的的实现。在教学中运用实验的方法，不仅可以有效地发现在法学教学中存在的真正问题及其原因，而且还可以通过提升学生的法学综合素养，在一定程度上促进法学教学目的的实现。最后，实验的研究方法在模拟法庭教学中的运用有助于规范学生的法律行为，并对学生的法律价值目标具有潜在的影响。

法庭模拟教学收到了良好的效果，由此也使笔者对刑事诉讼法学的研究有了更多的思考。事实上，从历史的传承性以及联系和发展的角度看，法学教育属于法学研究的有机组成部分，而法学教学中模拟法庭教学的成功适用说明法学研究方法从整体上在向前推进，法学研究也可以超越现有的研究方法进入到更高层次的方法领域进行有针对性的研究，这事实上是另一种法律文化的现实性表达。实际上，20 世纪 90 年代，实证研究方法在西方社会已经成功运用了很多年，不仅运用于法学研究中，而且在其他社会科学研究中也得到了广泛适用，其产生于经济学、社会学、人类学等学科。虽然方法上相似，但是研究的对象却是不同的，换句话说，就是由于研究对象各具独特性，这种独特性就相应地引起研究方法适用的变异，对于实证研究方法来说尤其如此。正如当前我们看到的，实证研究运用于特定的学科就会有其特定的方法，运用于研究特定的问题就会产生特定认识。而我们的刑事诉讼法学研究应当立足于对中国目前刑事司法的运行现状及其存在的问题和司法改革政策的实证研究分析之上，实现理论界与实务界的良好沟通，为推进中国刑事法治化进程作出应有的贡献。对一件事情的认可，最好的表达方式就是将这件事情做到极致，而法学研究工作者对实证研究这种研究方法的认同，最好的表达就是在刑事司法改革研究中通过运用实证研究这种综合性的研究方法来彰显其价值和功能，并在我国实现全方位的刑事法治化。

（三）实证研究方法在刑事司法改革研究中的运用——实证研究的价值与功能的彰显

研究方法的有效与否是通过其具体适用后取得的研究成果来检验的，即所谓实践是检验真理的唯一标准，而实证研究的价值和功能则是通过刑事司法改革的具体研究得到彰显的。

1. 从经验方法的角度认识问题——发现解决问题路径的一个进路

有学者曾指出，在适用法律上，经验法则不仅具有选择功能，还具有借助其合理的选择功能，并基于其合理的判断功能而产生识别、发现具体法律规范的功能。[①] 从

① 毕玉谦：《论民事诉讼中的经验法则》，载《中国法学》2000 年第 6 期。

经验方法的角度讲，“俯卧撑”、[①]“躲猫猫”、[②]“喝开水死”、[③]“做梦死”、[④]“上厕所死”[⑤] 等一系列事件的不断发生，刑讯逼供屡禁不止，表明要解决发生在侦查讯问程序中的刑讯逼供问题不能仅仅依靠说教，我党从延安整风一直到中华人民共和国成立以后，历来主张严禁刑讯逼供，但是仍然屡禁不止。反思过去使我们认识到，必须从法律程序与制度上创设一种机制来抑制形形色色的刑讯逼供的发生。换句话说，要从根本上解决当前侦查程序中存在的问题，就要从程序上和制度上作改革性的规范。而这些改革性的规范则需要通过经验方法的适用来探索出经验性的东西，即充分借助经验方法所具有的选择功能形成合理的判断，并由此产生发现具体法律规范的功能。

1996 年 3 月，中国刑事诉讼法的修改在保障犯罪嫌疑人、被告人的诉讼权利，推进诉讼文明、维护司法公正等方面都有明显的进步或突破，因而受到国内社会各界的广泛欢迎，也受到国际社会的积极评价。但是，作为一个在宪法上确立了“依法治国”方略不久并正在走向法治的国家，不可能通过对刑事诉讼法的一次修改，就解决了所有问题。在刑事诉讼的侦查讯问中，刑讯逼供已成为屡禁不止的顽症，从几年前轰动全国的云南杜培武案到接连暴露出来的湖北佘祥林案、河北的李久明案、河南的胥敬祥案，再到看守所里接连发生的“躲猫猫”事件、“喝开水死”事件、“做梦死”事件、“上厕所死”事件等，都在不同程度

---

① 发生在瓮安的一起事件，源于贵州省公安厅发言人王兴正关于李树芬之死的介绍（“俯卧撑事件”），载 http://news.qq.com/a/20080709/000139.htm。

② 《云南男子看守所身亡，民警称其因玩躲猫猫撞墙》，载 http://news.sohu.com/20090216/n262267297.shtml。2008 年 12 月 8 日，25 岁的玉溪青年李荞明在跟狱友玩躲猫猫时引发争端，被同监室的普永华拳打脚踢，最终导致头部撞到墙壁与门框受伤。4 天后的 12 月 12 日凌晨，李荞明因“重度颅脑损伤”医治无效死亡。昆明晋宁警方称，李荞明是在晋宁县看守所在押期间，与在押人员擅自进行娱乐游戏时，发生的一起意外事件。

③ 《河南“喝开水死亡事件”当事民警涉嫌刑讯逼供》，载 http://bbs.city.tianya.cn/new/TianyaCity/content.asp? idWriter=0&Key=0&idItem=59&idArticle=584522。2010 年 2 月 21 日晚，平顶山市鲁山县公安局刑侦大队民警在办理一起涉嫌盗窃的案件时，犯罪嫌疑人王亚辉在讯问期间死亡。事发后，民警称王亚辉是在受审时“喝开水死的”，但死者家属称，死者身上有多处伤痕，乳头被割。

④ 《面对“做梦死”，看守所如何自证清白》，载 http://news.hexun.com/2009-04-03/116342419.html。2009 年 3 月 27 日，江西九江看守所在押人员李文彦猝死。据看守所称，李文彦在后半夜做噩梦喊不醒，后又被发现脉搏微弱，送医院抢救无效死亡。而李文彦的家人发现死者额头上有几处青紫伤痕；要求看监控录像，又被以电脑故障、部分录像无法查看为由婉拒。

⑤ 2010 年 2 月 16 日，江西九江市修水县看守所在押的犯罪嫌疑人陈绪金突然死亡。警方先是称其系上厕所时摔倒猝死，后医院诊断死于心肌梗死，尸检报告又鉴定其死于多种慢性病导致的“心、肺等多器官系统功能衰竭”，而家属怀疑他是被打死的。载 http://news.qq.com/a/20100317/001800.htm。

上反映了侦查讯问程序中存在的问题。就侦查讯问程序而言，也同时代的发展产生了矛盾和冲突，即侦查人员讯问犯罪嫌疑人完全在封闭的状态下进行，既没有律师到场，也没有录音、录像的记录和再现，以致产生了两个突出的问题：问题一，相当多的犯罪嫌疑人在被移送检察机关审查起诉或提起公诉以后，往往推翻其在原侦查讯问中所作的有罪供述。据相关研究统计，在职务犯罪案件审查起诉或审判阶段，犯罪嫌疑人、被告人的翻供率达到43%。[①] 问题二，提出翻供的犯罪嫌疑人、被告人基本上都把翻供的原因归咎于侦查阶段侦查人员对他们的违法讯问上，有的甚至明确提出，是由于侦查人员对他们进行刑讯逼供他才作出有罪供述。这两个问题，一方面破坏了司法公正、影响了诉讼效率，因为案件质量存在问题，造成司法失信于民，社会公平、正义无法实现；另一方面，由于没有令人信服的有效手段证明侦查人员对犯罪嫌疑人的讯问是在合法、文明的状态下进行的，使得侦查机关和侦查人员的执法行为的有效性无法得到应有的保障与证明。现实告诉我们，对于这一问题已经不再是单纯的开会说教能够解决的。痛苦的教训，使我们认识到，侦查讯问程序的改革必须要全程同步录音、录像或律师在场，创设“三项制度”势在必行，由此促使我们作出开展这一实证研究的决定。

刑事诉讼中侦查讯问程序改革实证研究和实验项目已经历时9年，我校诉讼法学中心自2002年2月至2004年9月在北京市海淀区公安局及广东省珠海市人民检察院的支持下，对244名犯罪嫌疑人开展了第一次讯问时律师在场的实验活动，并将这次实验的情况、结项报告和主要成果汇集在《刑事审前程序实证研究》一书中。在这一基础上，我中心于2005年4月至2005年12月，又分别对北京市海淀区、河南省焦作市、甘肃省白银市的382名犯罪嫌疑人开展了“侦查讯问全过程的律师在场、录音、录像”的试验活动。并于2006年3月在北京召开了侦查讯问程序改革国际研讨会，在这次会议中，我们向代表们展示了试验结果，其实，这也是实证研究的一个重要环节，即对试验活动进

① 据新华社天津2004年2月16日电，天津市红桥区人民法院的一项调查显示，在审判过程中，职务犯罪案件被告人当庭“翻供”现象突出。在近5年中，红桥区人民法院共受理职务犯罪案件98件，其中出现被告人当庭“翻供”的就有42件，占到总数的43%，造成案件审期延长。对此，红桥区人民法院尝试实行庭前证据提交制度和强制性的证人出庭制度，以客观分析和从容应对被告人的当庭“翻供”，并通过当庭对质增加案件的客观公正性。

行总结、汇报和观摩，以研讨和证实在我国刑事侦查讯问程序中构建律师在场和录音、录像制度的可行性和必要性。这一阶段的研究成果汇编成《侦查讯问程序改革实证研究》于2007年3月出版，并于2008年获北京市哲学社会科学研究成果一等奖。从2008年开始，该项目的实证研究进入了第三阶段，即向全国侦查部门推广项目成果。目前，检察机关的职务犯罪侦查已全部适用侦查讯问全程录音、录像，公安机关普通刑事案件侦讯中的适用、发展不平衡。下一阶段重点是总结先进典型的经验，用典型带动一般，经过努力力争把这一成果在全国范围推广开来，使我国刑事侦查讯问程序更加科学、更加民主，以促进刑事诉讼中的人权保障。

这一实证研究从命题的选择和确立，到实验成果的推广，从诉讼法哲学的角度来分析，它是采用经验的方法，一方面，从我国刑讯逼供屡禁不止的惨痛教训中进行反思，确定侦讯过程中“三项制度”的命题；另一方面，用试验和经验的方法验证“三项制度”的科学性、正当性以及可行性。由此可见，经验方法（包括试验方法）是实证研究方法的有机组成部分。

2. 侦查讯问程序改革实证研究价值目标的确立——立足于社会公平正义的实现

公平和正义是现代社会中具有支撑意义的理念。公平与正义是既相互联系又有区别的两个概念。两者之间的联系表现为：正义的核心是公平，公平归属于正义；正义是比公平更高一个层次的概念，正义主要体现在理性与价值层面上，而公平则主要体现在可操作的制度层面——这种可操作的制度层面在刑事法学中可以具体化为刑事诉讼程序这种看得见的制度形式。公平与正义的主要区别表现在以下两个方面：一方面，两者的功能定位不同。社会正义重在探求一个社会应该确立的目标价值，而社会公平则始终在探求为实现社会正义而采用的正确措施的问题。这是正义和公平的最为重要的区别。另一方面，正义的基本价值取向决定着公平的正向意义。由于公平本身并不带有明显的价值取向，而是强调客观性，带有明显的中性和工具性色彩。因此，在某种意义上正义是社会的一种基本价值观念与准则，它与一定的社会基本制度相连，并以此为基准，规定着社会成员具体的基本权利和义务，规定着资源与利益在社会群体之间、社会成员之间的适当安排和合理分配。① 因此，从哲学的角度讲，我们所追求的公平和正义就是权利与义务合理处置的一种机制。在刑事司法领域建立一种合理的权利与义务和权力与制约的处置机制是我们实现司法公平正义的关键。

党的十六大报告提出，“社会主义司法制度必须保障在全社会实现公平和正义”。作为一种要求依法公平公正维护社会成员权利与义务的司法理念和追求目标，“公平正义”从此成为法律人熟知的热门词汇，“强化法律监督，维护公平正义”还成为检察机关近年来的工作主题。5 年后，在党的十七大报告中，“公平正义”不仅出现频率骤增，而且语境和内涵也多有丰富，在民主政治和依法治国的提法中随处可见。但是尽管指导思想如此，在执法环节中还是出现了不尽如人意的地方。“俯卧撑”、“躲猫猫”、“喝开水死”、“做梦死”、“上厕所死”等一系列事件的不断发生表明了在侦查中，尤其是侦查讯问中存在的侵犯犯罪嫌疑人人身权利的现实。事实上，刑讯逼供不是中国独有的司法现象，而是世界各国都存在的现象。以动辄讲求民主的美国为例，据美国的相关研究表明，在美国将近 25%的错误定罪与虚假陈述或错误的控告陈述密切相关，② 因而遏制刑讯逼供，保障确实的言词证据的合法获得是世界刑事司法界共同关注和有待深入研究的课题，而在我国尤其如此。

鉴于现实中存在的问题，我们认为有必要在侦查人员讯问犯罪嫌疑人的过程中，建立一种监督、证明机制，从制度层面遏制刑讯逼供的发生，保证口供的质量，以解决刑事案件的质量问题。为此我们针对侦查讯问中存在的问题进行了侦查讯问程序改革的实证研究。此项实证研究立足于在刑事司法中公平正义这一价值目标的最终实现，提出具体的对策解决侦查讯问中刑讯逼供屡禁不止的问题。这一实证研究从 2002 年开始到 2010 年，历经近 8 年的时间，在循序渐进中分三个阶段逐步深入展开。从第一阶段的“侦查讯问程序中第一次讯问录音、录像和律师在场”的试验，到第二阶段的“侦查讯问中律师在场、全程录音、录像制度”的试验，再到现在正在进行的第三阶段“三项制度”（全程录音、录像和律

① 田翠翠：《公平正义的内涵和历史演变》，载湖南社会学网，http://www.hnshx.com/Article_Show.asp? ArticleID=1231。

② 美国维拉研究所（VERA INSTITUTE OF JUSTICE）研究的项目“The program of wrongful conviction”（一个关于刑事错案的研究项目，这一项目旨在发现刑事错，纠正刑事错案，不仅研究刑事错案发生的原因，还研究如何遏制或减少刑事错案发生的概率）。

师在场）的全面推广，该项目走过了一条这样的道路：发现实然①→回归分析②→制度设计→展开试验→确立样本→全面推广。在整个实证研究过程中，立足于在侦查讯问中的实现公平正义的价值目标，实现有效遏制刑讯逼供，规范收集言词证据的执法行为，从保障犯罪嫌疑人、被告人的人身权利以及执法人员的执法形象两个方向推进项目的进行，即一方面把侦查讯问活动置于现场监督之下，使侦查讯问活动合法、文明地进行；另一方面一旦侦查讯问活动形成的供述笔录在事后就其产生的合法性发生争议，就可以通过讯问过程中获取的相关证据加以证明，解决争议。

3. 侦查讯问程序改革实证研究的开展——以循序渐进为原则全方位、多角度、深层次地进行项目设计

在侦查讯问程序改革的实证研究中，根据中国的实际情况，参照其他国家和地区的相关做法，遵循循序渐进的原则，在不同的研究阶段确定若干不同的地区进行全方位、多角度的研究，以确保研究成果的客观性和可适用性。

之所以遵循循序渐进的原则，从根本上讲，循序渐进对于一项法律制度的改革是一个较为妥善而可行的方法。推进任何一项刑事司法改革都是相当困难的，而任何一项刑事司法改革只有成功地克服各种阻力才能使改革成为现实，使新的制度得到落实，我们所进行的侦查讯问程序改革尤其如此。一项新的法律制度，无论是对于执法者而言还是对于被执法者来说，接受、消化和适应都需要一个过程。“不怨天，不尤人，下学而上达，知我者其天乎？”③ 朱熹注：“此但自言其反己自修，循序渐进耳。”对于司法改革更是如此，我们不能指望一蹴而就，而要从根本上改善执法环境，改变人们的思维，在此前提下方能实现改革的最终目标。从哲学的角度讲，这符合认识论的一般规律：首先，这是

① 法律中有应然与实然之分，法律中的应然就是指理想、预期、目标或者未然性，而法律中的实然就是指这些理想、预期和目标的实现程度、实际效果、已然的状态。在法律实践中两者之间没有实现完全的重合之现象是比较普遍的，而我们大部分的法律实践都是为了缩小二者之间不重合的部分。白建军著：《法律实证研究方法》，北京大学出版社 2008 年版。我们所进行的刑事审前程序改革实证研究，首先是发现侦查讯问程序法律规范的预期与侦查讯问的法律实践中不重合的事实基础，或者简单地说就是对侦查讯问中存在的问题有一个相对全面的了解和掌握。

② 在这里的“回归分析”与社会统计分析方法中的“logistic 回归分析”不是一个概念。笔者这里的“回归分析”是在对侦查讯问的法律实践现实掌握之后再回归到对相关法律制度的分析研究中。

③ 《论语·宪问》。

人们认识事物的规律所要求的，即人们对客观事物的认识，有一个由简到繁，由低级到高级，由直观到抽象的循“序”过程，人们对任何事物都不可能一步就达到对其本质的认识；其次，这是人对事物的适应性规律所要求的，即人对事物认识水平的提升是一个渐进的过程，对新事物的适应性也需要经历一个渐进的过程。因而，对于侦查讯问程序改革的实证研究来说，坚持循序渐进的原则具有强烈的现实性。

鉴于我国的法律文化具有谦抑性的特点，政治、经济、文化等方面的发展具有明显不均衡性的现实，对于侦查讯问程序改革实证研究要进行全方位、多角度、深层次的项目设计，用发展的眼光推进实证研究，做到对在侦查讯问中实行全程同步录音、录像的全方位理解，多角度剖析。随着侦查讯问程序改革研究的不断深入，在不同的研究阶段，根据具体的研究情境，在总的指导思想下进行具体的项目进展设计。以该项目的第二阶段（2005—2007 年）为例。在第二阶段中，“三项制度”在讯问犯罪嫌疑人的程序中全面展开，而且，此时“三项制度”的相关理论研究以及具体实施策略已经相对成熟。在这个阶段，确定了在三个地区同时开展，四种讯问方式并存，以犯罪嫌疑人自愿选择，后续追踪等方法进行实验，实现了在地域选择上的典型性全方位，在实现方式上的多角度，在实现效果考量上的深层次，从本质上满足了有效实证研究的基本要求。

4. 侦查讯问程序改革研究成果的适用——实证研究价值与功能的彰显

考量一项实证研究取得成效大小的一个最为直接的标准就是研究成果是否为社会所认同，而这种认同会以各种形式表示出来，或者以立法的形式确定下来，或者以被执法者所认同等形式表现出来。侦查讯问程序改革中，在侦查讯问实行全程同步录音、录像的制度得到社会广泛认同的同时也彰显了实证研究的价值和功能。

在 2005 年，最高人民检察院下发了《人民检察院讯问职务犯罪嫌疑人实行全程同步录音、录像的规定（试行）》，明确规定，于 2006 年 3 月 1 日起，在检察机关逐步推行讯问职务犯罪嫌疑人全程同步录音录像制度。在 2009 年 3 月 10 日，最高人民检察院检察长曹建明在第十一届全国人民代表大会第二次会议上所作的《最高人民检察院工作报告》中明确提出，增强正人先正己、监督者必须接受监督的观念，不断完善内、外部监督制约机制，保障检察机关执法办案活动严格依法进行，并特别提出完善讯问职务犯罪嫌疑人全程同步录音录像制度的要求。[①] 2012 年《刑事诉讼法》第 121 条规定："侦查人员在讯问犯罪嫌疑人的时候，可以对讯问过程进行录音或者录像；对于可能判处无期徒刑、死刑的案件或者其他重大犯罪案件，应当对讯问过程进行录音或者录像。录音或者录像应当全程进行，保持完整性。"法律规范或制度在一定程度上是社会某种需求的现实反映，上述这些规范性的规定和要求从不同的角度反映了司法实务部门对于侦查讯问程序改革实证研究成果的认可，以及社会公众对研究成果的认同。

与此同时，调查表明在侦查讯问中适用"三项制度"使得刑讯逼供现象大幅度减少，"三项制度"的适用不仅能够帮助犯罪嫌疑人正确地面对讯问，而且也相应减少了犯罪嫌疑人或被告人在法庭上翻供的概率。研究表明，在侦查中适用全程同步录音、录像具有"双向性"的特点，即从犯罪嫌疑人、被告人的角度讲，在讯问中适用全程同步录音、录像能够保护犯罪嫌疑人、被告人的合法权益不受侵害，同时帮助其在讯问过程中作出理性选择；对于执法人员来说，由于意识到监督的存在，办案人员也会克制其在讯问中进行刑讯逼供的想法。通过实证研究发现的这种"双向性"使问题的根本解决成为可能，同时为具体法律制度和程序的设计提供了可依循和借鉴的范本，这在一定程度上有效地彰显了实证研究在刑事诉讼法学研究中的价值与功能。

---

① 曹建明：《完善对讯问职务犯罪嫌疑人全程录音录像制度》，载凤凰网，http://news.ifeng.com/mainland/special/2009lianghui/news/200903/0310_5755_1054484.shtml。

第六章　诉讼原理研究

从20世纪90年代开始的诉讼原理研究，其过程和成果集中体现在普通高等教育学校人文、社会、科学重点研究基地重大科研项目“诉讼原理”的申报、批准、研究活动和研究成果上。其最终成果是：《诉讼原理》、《刑事诉讼原理》、《民事诉讼原理》、《行政诉讼原理》。笔者亲自主持了《诉讼原理》的撰稿和编写工作。该成果于2003年4月由法律出版社出版，并由教育部指定为高等法学研究生通用教材。

教育部关于全国高等院校社会科学重点研究基地的“十五”科研规划要求是，“十五”期间的科学研究必须在理论创新和方法创新上下工夫，特别要加强基础理论研究。根据这一精神，中国政法大学诉讼法学研究中心，经过评审专家提议和诉讼法学领域专家、学者论证，学术委员会决定，把“诉讼原理研究”作为本次“十五”科研规划的开门课题。专家、学者一致认为，根据我国当前诉讼法学的现状和发展趋势，只有深入研究诉讼原理，才能推进诉讼法学的发展，才能使本学科适应社会主义市场经济发展的需要，才能在依法治国的方略中充分发挥本学科的作用和功能。

一、推进诉讼法学的发展，必须研究诉讼原理

诉讼原理研究是我国诉讼法学发展的必然和需要。回顾和反思我国近一个世纪以来诉讼法学的产生和发展过程，我们清晰地看到，加强诉讼法原理的研究是诉讼法学历史演进的必然。现代诉讼法学产生于清朝末期的“改制”和大规模的修律运动当中。1903年，清廷修订法律馆建立，以沈家本为首的开明人士认为，外国之所以富强，中国之所以遭列强欺凌，主要是因为外国“事事皆有政治

法律也”。因此，沈家本克服重重困难开始引进西方法律制度，筹建修订法律馆，并首先翻译了西方一些国家的诉讼法典。沈家本说：“参酌各国法律，首重翻译”，“欲明西法之宗旨，必研西人之学，尤必编译西人之书。”① 在沈家本的主持下，到清朝覆灭为止，共译出几十种外国的法律法规和法学著作。其中与诉讼法有关的是：《德国民事诉讼法》、《德意志裁判法》、《日本刑事诉讼法》、《日本裁判所构成法》、《美国刑事诉讼法》以及德、日等国修订的刑、民事诉讼法，还有日本民事诉讼法注解和论纲、奥国民事诉讼法律等。在翻译外国法律的同时，沈家本还聘请了外国法学家，如日本的冈田朝太朗、松岗义正等作为法律顾问，并着手仿照大陆法系的立法架构制定刑事、民事诉讼法。关于这方面的活动主要有：于1906年奏进的《刑事民事诉讼法》，由于部院督抚大臣的反对，未实施；1909年颁行了《法院编制法》；1910年奏进的《刑事诉讼法草案》和《民事诉讼法草案》；1911年1月24日完成了《大清刑事诉讼律草案》；1911年1月27日完成了《大清民事诉讼律草案》，并提交审议。尽管这些法律的制定，受到封建势力以“与中国情况不符”为借口而被搁置，且最终由于清廷的覆灭，均未实施，但是，它对现代诉讼法学的产生具有积极意义。首先，这是中国历史上第一次开始区分实体法和程序法；其次，这也是第一次在民事诉讼中引进当事人主义模式，实行公开、辩论、辩护、陪审、回避等各种先进的诉讼原则和制度；最后，这些法律的形成，均为民国时期刑事、民事诉讼法的制定提供了蓝本，具有极高的学术和立法参考价值，尤其是当沈家本在1910年《刑事诉讼律草案》起草完毕，而奏请清廷的奏折中提出的关于实体法与程序法的关系，特别是程序法的价值和作用的论述，关于陪审、律师制度、审判公开、刑事追诉方式和证据运用规则等一系列问题的阐发，可以说为现代诉讼法学的产生、发展奠定了基础。

沈家本在奏折中说：……查诸律中，以刑事诉讼律尤为切要。西人有言曰：“刑律不善不足以害良民，刑事诉讼法律不备，即良民亦罹其害。”盖刑律为体，而刑讼为用，二者相为维系，故不容偏废也。中国第有刑律，而刑事诉讼律向无专名，然其规程律文中不少概见。李悝法经有囚法、捕法；唐律疏义谓囚法即断

① 《寄文存》之《新译法规大全序》。

狱律，捕法即捕亡律，此即刑诉之权兴。汉魏以将，篇目迭更亦暨。宋明代有修改，其中如告劾、传覆、系囚、鞫狱、讨捕、斗讼诸律规定綦详。我朝钦定大清律例亦列诉讼、断狱、捕亡等目，是中国未尝无刑事诉讼律，特散见于刑律之中，未特设专律耳。臣等受命以来，昕夕督率馆员或司译述或事编撰，兹拟定刑事诉讼律六编，都五百一十五条，谨将修订大旨为我皇上缕晰陈之。

一曰诉讼用告劾程式……

二曰检察提起公诉……

三曰摘发真实……

四曰原被待遇同等……

五曰审判公开……

六曰当事人无处分权……

七曰用干涉主义（当事人无处分权，审判官因断定其罪之有无）……

八曰三审制度……

以上数端均系各国通例，足以补我之所未备，孜谨甄择分列各章。①

清朝末年至民国时期，在引进和制定刑、民诉讼法律的同时，刑事诉讼法、民事诉讼法已分别成为高等学堂法律的专门课程。从20世纪20年代到40年代，已开始出现刑事、民事诉讼法纲要、要义、释义、通义等教科书或著作，对诉讼法的渊源、效力、基本程序和制度以及涉及诉讼的一些基本理论，如诉讼的主体、客体、行为、法律关系等，均有初步研究和论述，为诉讼法学科学体系的形成奠定了基础。

1949年2月，中共中央发布了《关于废除国民党的〈六法全书〉与确定解放区的司法原则的指示》，对国民党政府以《六法全书》为核心的法律制度作出了全盘否定的评价。中华人民共和国成立之初，一场反对“旧法”观点、司法作风和改造司法机构的改革运动得以深入发展。在这场改革斗争中，我国的诉讼法学也进行了脱胎换骨的改造。随之兴起的是引进、学习苏联的诉讼法学理论。在20世纪50年代初期，我国诉讼法学的改造是通过“学习苏联”的大规模运动而进行的。

① 转引自陈瑞华著：《刑事诉讼的前沿问题》，中国人民大学出版社2000年版，第65~67页。

首先，翻译出版了一大批苏联和东欧各人民民主国家的法典、教科书和专著：包括《苏联和各加盟共和国的刑事诉讼纲要》，《苏联和各加盟共和国民事诉讼纲要》、苏联各加盟共和国和东欧各人民共和国的《刑事诉讼法》、《民事诉讼法典》、《苏维埃刑事诉讼》（切里佐夫和蒂里切夫两个版本）、《苏维埃刑事诉讼教学大纲》（莫斯科罗蒙诺索夫大学）、《苏维埃法律上的证据理论》（维辛斯基著）、《苏维埃民事诉讼》（克列曼和阿布拉莫夫著）、《苏联和匈牙利刑事诉讼中的证据来源》，等等。

其次，进行法学人才交流，苏联派法学专家到中国讲授苏联的诉讼法学理论和法律制度，中国也派学生到苏联进修，学习苏联的法律学理论和法律制度。

最后，在引进和派出学习过程中，借鉴苏联的诉讼法学理论和法律制度，确立我国的诉讼法学理论体系。例如，我国人民检察院的性质、地位，由国家宪法确定为“中华人民共和国的法律监督机关”，以及在刑事诉讼法中的公诉职能与法律监督职能，都源于苏联的检察制度。1956 年 7 月经高等学校法律专业教学大纲审定会议讨论，由中国人民大学审判法教研室和北京政法学院刑事法教研室共同起草并于同年 12 月出版的《中华人民共和国刑事诉讼法教学大纲》以及后来编写的教材（未出版），基本上沿用了苏联的大纲和教材体系，直到今天，一些内容和理论观点，在刑事诉讼法学理论体系中仍占据着主要地位。学习和借鉴苏联的诉讼法学，加上总结我们自己的经验，同旧中国的旧法观点相比，我们认为诉讼法学的研究，确立了以马克思列宁主义关于国家和法的理论作为指导思想，在诉讼法学领域，加强党对司法工作的领导，倡导依靠群众、调查研究的工作作风，在当时新旧交替的转型时期，确实发挥了重要的作用。在教材建设方面，虽然中国尚未颁布三大诉讼法，苏联诉讼法教材的框架，即切里佐夫编著的《苏维埃刑事诉讼》和克列曼、阿布拉莫夫编著的《苏维埃民事诉讼》，对我国刑、民事诉讼的教学产生了深刻影响。反思我们学习苏联诉讼法学理论，苏联把国家和无产阶级专政的理论，即阶级性和党性的研究方法传到我国，而且很快为我国诉讼法学者所接受，并一直禁锢了思想近 30 年。这种禁锢最显著的例子就是，在 1957 年的“反右派”斗争中，持不同看法者，无一例外地全部被打成右派。在“以阶级斗争为纲”的研究方法中，“司法独立”、“无罪推定”、“疑案从无”、“有利被告”、“辩护制度”、“自由心证”等一系列诉讼原则，都被列为禁区，诉讼原理的研究根本无法提及。由此可见，就我国司法制度的完善和发展，司法体制的改革，尤其是诉讼法原理的研究而言，认真反思和澄清苏联诉讼法学的影响非常重要。

从1957年的“反右”运动到20世纪60年代中期开始的“文化大革命”，诉讼法学研究长期停滞，到20世纪70年代中后期，具有历史意义的党的十一届三中全会的召开，社会主义民主与法治重新得到重视，诉讼法学的研究才得以“复苏”。

20世纪后期，从1978年到2000年，诉讼法学经历了一个由“复苏”到“发展”时期，人们把这个阶段称为“法律的春天”。首先，在党的领导下确立了“依法治国”的方略，加快了国家的立法步伐，以宪法为核心的社会主义法制框架已经形成。1979年7月1日第五届全国人民代表大会第二次会议通过了《中华人民共和国刑事诉讼法》，1996年3月17日第八届全国人民代表大会第四次会议又通过了《关于修改〈中华人民共和国刑事诉讼法〉的决定》，新的刑事诉讼法于1997年1月1日起施行；1982年3月8日第六届全国人民代表大会常委会第22次会议通过《中华人民共和国民事诉讼法（试行）》，1991年4月9日第七届全国人民代表会议第四次会议正式通过并颁行《中华人民共和国民事诉讼法》；《中华人民共和国行政诉讼法》于1989年4月4日由第七届全国人民代表大会第二次会议通过，自1990年10月1日起施行。其次，随着三大诉讼法的颁布、实施和修改，诉讼法的教材、专著、论文如雨后春笋，成果显著。就全国规划教材而言，历经四代，虽各具特色，但基本特点都是以法典为框架，以注释为方法，阐释立法精神，结合实施中的问题而展开。再次，诉讼法学研究开始由浅入深，逐步缩小“禁区”，已经初步形成了宽松、争鸣和发展的学术趋势。例如，关于“无罪推定原则”、“诉讼中的人权保障”、“沉默权”、“三大诉讼法的性质与任务”、“民告官”、“刑事司法国际标准”、“外国诉讼程序的移植”等问题的研究，已经冲破了“禁区”的束缚，开始出现“百花齐放、百家争鸣”的生动局面。最后，在诉讼法学研究的方法上，开始从法条注释式步入学科体系研究，探索诉讼法学的独立品格，一些诉讼原理的范畴、概念于20世纪90年代显现于诉讼法学的论坛之上。诉讼法学的教材中出现了诉讼的目的、价值、职能、模式、阶段、法律关系等基本理论范畴的阐释。

总之，近一个世纪以来，诉讼法学的发展经历了一个“萌生、停滞、复苏、发展”的曲折过程，复苏以后的发展呈现出良好态势，已经开始步入由浅入深，由表及里，探索诉讼的发展规律，摸索诉讼法学深层次问题的新领域。但是，作为一门独立的学科，其科学体系是什么，决定其独立发展的基本原理又是什么，仍处于朦胧之中。其集中表现在：基础理论薄弱，没有形成一套完整、系统的基本原理，即对立法、执法乃至教科书的编写，发挥指导作用的原理性研究刚刚开始；整个诉讼法学研究基本上还有急功近利的心态，出现什么问题，就解决什么问题，东来东挡，西来西挡，堵不完的漏洞，治不完的硬伤和软伤。例如，刑事诉讼中辩护职能的确立，辩护律师介入诉讼的时间和权利保障，1979 年刑事诉讼法规定开庭前 7 天律师才能介入诉讼；1996 年刑事诉讼法修改决定，把介入的时间提前到审查起诉阶段，律师在侦查阶段只能为犯罪嫌疑人提供法律帮助；2012 年刑事诉讼法规定，犯罪嫌疑人自被侦查机关第一次讯问或者采取强制措施之日起，有权委托辩护人。按照近现代刑事司法的国际准则和司法现代化的标准，一个完整和健康的刑事诉讼是由三大基本诉讼职能构成的，在刑事诉讼法学的科学体系中，辩护职能是不可削弱，更是不能空缺的基本职能。但是，我国的刑事诉讼立法关于辩护制度的确立与完善，仍有许多不足。无论从辩护律师介入诉讼的时间，还是从介入诉讼后的权利保障，都存在相当多的问题，律师辩护中的“老三难”问题破解刚有起色，实践中“新三难”的问题又悄然出现。① 就辩护制度的贯彻落实而言，60%～70%的刑事案件请不到律师，即便出席法庭的辩护律师的诉讼权利保护也成为一大难题。许多案件仍然是你辩你的，我判我的，多数律师感到诉讼中维权难。立法不完善，执法有困难，究其原因还是刑事辩护在诉讼原理中的地位和科学体系没有得到真正的确立，没有把它作为近现代刑事司法的重要标志之一，对诉讼中的人权保障理论，即人权观缺乏应有的认识。由此可见，立法也好，执法也好，没有正确的理论做指导，特别是缺乏诉讼原理作为基础，不可避免地会出现漏洞或冲突，从而导致诉讼秩序的混乱。也就是说，没有一套切合实际，并反映诉讼规律的基础理论作为程序的支持和支柱，程序的科学性和民主性是很难实现的！诉讼程序也是很难理顺的！因此，加强诉讼原理研究是我国近一个世纪以来历史发展的必然要求，更是巩固和发展诉讼秩序和诉讼法学研究成果的需要。

---

① 律师辩护“新三难”的说法参见樊崇义等：《河北检察机关新刑诉法实施调研报告》，载《国家检察官学院学报》2014 年第 3 期。

诉讼法学发展的现状，亟待加强诉讼法原理的研究。党的十一届三中全会以后，诉讼法学的发展经历了一个“立法—释法”发展过程，个别的教科书和学术论文开始涉及一些诉讼法学范畴研究，如诉讼价值的研究、诉讼人权保障的研究、诉讼法律关系的研究、诉讼认识的研究、诉讼法律观的研究等。但是，这些研究不仅仅是刚刚开始，而且是刚刚涉及名词、概念的阐释，对其丰富内涵的揭示还处于起步阶段。

必须走出注释法学。我们回到20世纪八九十年代，我国的三大诉讼法的面世与实施，应当说注释法学对法律的注释和阐解发挥了极大的作用。经过二十多年的普法教育和法律的实施，三大诉讼法规定的条文和内容已深入人心，特别是公、检、法、律师界对于三大诉讼法的适用。凡遇到诉讼程序问题，人人都学会对照法典找依据，抠住法条找理由。但是，司法实务也告诉我们，为什么三大诉讼法的贯彻实施不甚理想，为什么各项诉讼制度还不被人们理解，为什么“重实体、轻程序”的观念还有深厚的土壤，特别是刑事诉讼的辩护制度、证据制度、庭审制度等很难落到实处，超期羁押、诉讼权利保障，违反诉讼程序的情况和问题，还大量存在。三大诉讼法执行中存在的问题使我们看到，注释法学还不能真正地把法律变成人们手中的武器，人们还不能自觉用法律来维护国家、社会和个人的合法权益。作为法学工作者，必须要把诉讼法学的原理，教给执法者、教给人民群众，把诉讼法律观变成人们学法、用法的指导思想，把握诉讼法的立法实质。只有从法哲学原理的高度解决人们的价值观和世界观问题，法律武器才能发挥作用。

怎样才能走出注释法学的樊篱？

首先，要注意诉讼法学理论研究与诉讼法的区别与联系，尤其是两者的区别。诉讼法学是诉讼理论本身的内在规律的研究，诉讼法主要着眼于对司法活动的规定和指导，诉讼法学理论体系和诉讼法的架构与体系是不同的。当前我国的诉讼法学研究仍然受现行三大诉讼立法的局限，不能完全摆脱注释法学的束缚，诉讼法的教材、教程和论文，乃至一些专著、课题的立项和选择，只是对现行立法和司法机关的司法解释作释义性的讲解与论证，我们必须把立法释义与学理研究加以区分，从注释法学走向理论法学。

其次，要把握诉讼法学理论研究的规律和方法，在新的形势下，一定要有所突破和创新。笔者认为，在市场经济培育和发展的过程中，在我国社会的转型时期，按照诉讼法学研究的规律和方法，要突破与创新的问题主要有以下几个方面：

一是制度改革的创新和突破。目前，我国司法制度、诉讼制度的改革与创新，已经处于攻坚阶段。例如，怎样科学地创建和完善诉讼中的监督制约机制；如何改变诉讼中的分工配合机制，创建以审判为中心，树立审判权威，强化审判制度的改革；结合我国实际情况，如何创建符合我国实际的证据制度；针对公、检、法三个机关人员构成存在的问题，如何整顿和组建逐步走向现代法治的警官队伍、检察官队伍和法官队伍，即警官、检察官、法官制度的改革与创新。现存的侦查模式、公诉制度、审判制度、辩护制度等，都存在大量陈旧落后的妨碍现代化法治的体制和程序方面的问题。在正确理论指导下的司法改革，势在必行。

二是突破诉讼法学的体系，创建具有独立品格的诉讼法学科学体系，编制具有新意的教材和教科书。诉讼法学既然是一门独立的部门法学，必然要有自己独立的科学体系，必然有自己的科学规律可循。所以，要从近 20 年来诉讼法教材所恪守的以法为主体，以基本知识、基本概念、基本程序为内容的框架中解放出来，以基本原理为主线，以诉讼活动的规律、人类诉讼文化的发展为思路，结合诉讼法的内容，构建诉讼法学教材和教科书，从而做到理论先行，发挥理论对立法和司法实务的指导和推动作用。例如，关于刑事诉讼法学教科书的编撰，近日的一次专家研讨会上，许多刑事诉讼法学者都提出，新一代的刑事诉讼法学教科书，应加强诉讼理论的内容。他们的具体意见是，把传统的刑事诉讼法学教材的结构从三论（总论、证据论、程序论）改为四篇，即原理篇、通则篇、证据篇、程序篇，而且要在各个诉讼阶段的第一节，冠以本阶段特有的诉讼原理，如侦查原理、公诉原理、审判原理、执行原理等。笔者认为这一建设和思路是值得吸收的。这种思路不仅改变了以法典为框架编写教材的诠释方式，而且突出了理论的指导作用，更重要的是它能使人们从世界观和方法论上理解诉讼法的本质，引导人们学习之后，自觉和灵活地加以运用。当然，教材的编写思路和框架可以多种多样，但要在理论的高度说明问题，更要反映诉讼程序的科学性、民主性。对于立法、执法、守法中的一些深层次的问题，诸如观念形态的转变问题、诉讼法哲学问题、诉讼原理问题等，必须加以阐释和说明。对此，诉讼法学界的前辈夏勤教授早在 20 世纪 20~40 年代所编撰的《刑事诉讼法要论》的框架就值得一读。时任朝阳大学、北京大学、中国大学法学教授的夏勤先生，并不是局限于一个刑事诉讼法的架构而设计教材，他经过高度的概括和抽象，按照法哲学范畴的科学结构，编写了《刑事诉讼法要论》。该书包括绪论、本论两大部分。其中，在绪论部分分12章，阐述了刑事诉讼渊源、地位、效力、种类、阶段、法律关系、刑事诉讼的条件、形式和刑事诉讼之主义等；本论着重阐述了诉讼的主体、行为、客体及各个程序。笔者认为，该教科书以刑事诉讼法哲学为主线来阐释诉讼程序问题，读后使学生掌握了一门实实在在的工具和武器，使大家从哲学的高度来认识诉讼程序问题，其科学性一目了然。当然，时代在前进，科学在发展，面对21世纪，科学技术的现代化，我们所处的电子信息时代，信息论、控制论在制约着人们的世界观方法论，我们如何运用时代赋予我们的认识方法，改造诉讼法学教材，是摆在我们面前的又一重要课题。

三是按照诉讼法学知识架构层次向更深更高的理论研究进军，挖掘诉讼原理，研究诉讼原理，实现理论创新。从党的十届三中全会以来，即1979年刑事诉讼法的制定与颁布，到1996年刑事诉讼法的修改，再到2012年刑事诉讼法的修改，从总结我们自己人民司法工作的经验、教训到诉讼法的产生，再到移植国外先进的做法，结合我国国情对法的修订，这一发展过程是中华民族民主与法制前进的过程。但是，每前进一步，特别是诉讼法的贯彻执行，大家都感到是那么的艰难。其“难”不仅表现在立法上，立法后又表现在执法上，人们把它概括为立法难、执法更难。例如，刑事诉讼法中关于无罪推定原则的确立问题，关于疑罪从无的确认和执行问题，作为无罪推定原则应有之义的沉默权等一系列与人权保障有关的诉讼原则和程序的确立问题，立法难，执行就更难。以“疑罪从无”的适用为例，我国《刑事诉讼法》第200条第3项，虽然作了比较明确的规定，但据许多省市的调查，多数法院不能适用这一方法，都用“留有余地”、“疑罪从轻”的办法取而代之。定罪要靠证据，达不到证明标准，证据不确实、不充分，为什么还要定罪？“留有余地”和“疑罪从轻”的做法仍然是“有罪推定”的变种，至于赋予犯罪嫌疑人、被告人沉默权的问题，直到今天还被人们以“中国特色”为借口拒之门外。出现这一窘境，笔者认为除了人们观念形态上的原因外，另一个重要的原因是诉讼法学理论研究上，关于诉讼中的人权保障原理，人们还了解甚少。我们在人权理论的研究上不深不透，甚至直到今天个别同志还将它还视为盲区或禁区。其实，诉讼中的人权原理已经成为全人类不容回避并给予高度重视的问题。因为它本身就是诉讼法知识架框中的一个重要的内容，诉讼的进行无论从定罪量刑的刑事诉讼，还是从解决权利义务关系的行政或民事诉讼来看，每一个诉讼阶段、每一个诉讼程序、每一个行为都涉及行为的主体与客体，其中都和有关的人打交道，它是人与人的法律关系、法律行为，一涉及人，就有一个人权问题。诉讼中的人权包括基本人权和诉讼人权两个部分，所谓基本人权，是人固有的（或曰天赋的）权利，包括生命权（或生存权），自由权和平等权。因此，《世界人权宣言》第1条就开宗明义："人人生而自由，在尊严和权利上一律平等。"《世界人权宪章》还规定："人人有固有的生命权。"诉讼人权的含义就是一旦发生诉讼，在三大诉讼中人人还享有诉讼权利，这些权利在刑事、民事、行政三大诉讼法中均作了明确规定。因此，就诉讼中的人权保障原理而言，要求诉讼的进行必须从两个层面上给予保障。刑事诉讼中无罪推定原则的确立，就是从这两个层面上完整地要求对人权加以保障，只有这样才能完成诉讼的任务，达到诉讼的目的。当前，个别侦查人员虐待犯罪嫌疑人，形形色色的刑讯逼供、骗供、诱供；对疑案的处理，不是疑罪从无，而是疑罪从轻，留有余地，留一尾巴等，显然有悖于人权保障原理。由此可见，关于诉讼原理的研究，仅仅停留在诠释法律上还远远不够，对当事人各项权利的理解和运用，必须上升到人权保障原理的高度，才能说明问题。当然，就人权而言，我们也知之甚少，有关人权理论知识研究，在我国也是刚刚起步。研究诉讼人权必须了解人权理论，有关人权理论的起源、产生、演变、内涵、标准、适用以及如何普及和教育等，都是我们必须从头学起的。

我国诉讼法学理论研究的现状不容乐观。由于我国步入民主与法治的时间较晚，诉讼法学研究起步的时间不长。因此，我们应该清楚地认识到对许多诉讼理论问题的研究，与发达国家的水平还没法相比，与依法治国的要求差距还很大，还不能满足人民群众的要求。仅就严格执法、公正司法而言，不仅执法人员存在的问题多多，而且在三大诉讼中如何实现"公正与效率"的理论研究也刚刚开始。如果没有先进的理论做指导，很难要求司法人员有正确的执法行为，诸如此类的问题，还有很多。例如，诉讼理念研究、程序正义（或曰正当程序）研究、诉讼文化研究、行政与民主关系研究、程序与实体的关系研究、诉讼认识论的研究、诉讼机制研究、诉讼利益观研究、诉讼的主体、客体研究、实质真实与形式理性研究、证据制度的理论基础研究等。诉讼基本理论与诉讼原理，诉讼法学研究还没涉及或涉及得很少、很浅。总之，在依法治国的进程中，有关诉讼原理的研究是摆在诉讼法学界面前一项亟待解决的问题，是每一个诉讼法学者必须承担的历史任务。

二、诉讼原理见解

研究诉讼原理之始，首先遇到的一个问题就是什么叫“原理”？我们带着这个问题查找各类词典和辞海。按照《现代汉语词典》的解释：“原理”是“带有普遍性的、最基本的、可以作为其他规律的基础的规律；具有普遍意义的道理。”[①]《辞海》对“原理”的解释为“通常指某一领域、部门或科学中具有普遍意义的基本规律。科学原理以大量的实践为基础，故其正确性为实践所检验与确定。从科学的原理出发可以推演出各种具体的定理、命题等，从而对进一步实践起指导作用。”[②] 根据对“原理”的解释和理解，作为一个部门法学的原理，应具备三个基本要素：一是带有普遍性，即对本学科具有普遍的指导意义；二是最基本的规律，亦即是本学科领域中的定理、规则、原则、命题的依据，根据这一原理，能够推演出各种原则和命题；三是能够指导实践，它是实务工作的灵魂和理念，只有在它指导下的行为才是科学的、正确的行为，脱离了它的指导，行为必然偏离方向或出现瑕疵。

根据“原理”的定义和构成要素，究竟什么是“诉讼原理”？目前，我国诉讼法学界说法种种，尚无一致意见。由陈光中教授、徐静村教授主编，司法部法学教材编辑部审定的《刑事诉讼法学》，把刑事诉讼理论的基本范畴概括为六点：一是刑事诉讼目的；二是刑事诉讼结构；三是刑事诉讼职能；四是刑事诉讼价值；五是刑事诉讼主体；六是刑事诉讼客体。[③] 陈光中教授主编的全国高等学校法学专业核心课程教材《刑事诉讼法学》，将刑事诉讼的基本理念概括为四点：一是惩罚犯罪与保障人权相结合；二是程序公正与实体公正并重；三是控审分离、控辩对抗和审判中立；四是诉讼效率。[④] 陈瑞华教授所著的《刑事诉讼的前沿问题》一书中，把刑事诉讼的基本理论范畴归纳为九点：一是刑事诉讼价值；二是刑事诉讼目的；三是刑事诉讼构造；四是刑事诉讼阶段；五是刑事诉讼

① 《现代汉语词典》，商务印书馆出版社 1998 年版，第 1548 页。

② 《辞海》（上卷），上海辞书出版社 1979 年版，第 345 页。

③ 陈光中、徐静村主编：《刑事诉讼法学》，中国政法大学出版社 1999 年版，第 47~61 页。

④ 陈光中主编：《刑事诉讼法学》，北京大学出版社、高等教育出版社 2002 年版，第 10~13 页。

法律关系；六是刑事诉讼主体；七是刑事诉讼职能；八是刑事诉讼客体；九是刑事诉讼行为。[①] 由笔者主编的高等院校法学教材《刑事诉讼法学》把刑事诉讼基本理论范畴概括为六点，即刑事诉讼的价值、目的、结构、职能、阶段、法律关系等。[②] 江伟教授主编的《民事诉讼法学原理》对民事诉讼的基本理论与民事诉讼的基本原则和制度加以区分，对民诉基本理论作了专编论述，包括民事诉讼目的论、民事诉讼程序价值论、民事诉讼模式论、民事诉讼法律关系论、诉权论、诉讼标的论、诉讼行为论、既判力论等。[③]

从这些著作和论述中可以看出，从 20 世纪末起，诉讼法学界开始对诉讼的基本范畴、基本理论、基本理念、基本原理开始探讨，法学教材和论著开始走出注释法学的樊篱，这些探讨和概括虽然名称各异，但其所涉及的内容都是和诉讼原理相关联的。可是，我们也应该承认，由于诉讼原理研究起步较晚，人们对原理的理解标准也不一致，因此，所涉内容是比较浮浅的。笔者认为，对诉讼原理的研究，必须解决以下几个问题：

第一，不能把诉讼原则和制度混同为诉讼原理。诉讼原理同诉讼原则、制度是两个不同层面的问题。如前所述，诉讼原理是诉讼法学科中具有普遍意义的基本规律。而诉讼原则和制度是以诉讼原理为依据而衍生出来的法则或标准，正如《现代汉语词典》对何谓原则的诠释，“原则” 是指 “说话或行事所依据的法则和标准”。我国刑事、民事、行政三大诉讼法都分别规定了诉讼的基本原则和制度，但诉讼原理研究的对象并非诉讼的基本原则，它是研究三大诉讼基本原则所依据的基本原理，亦即比基本原则更高更深层面的问题。因此，诉讼法学界的许多著作从这两个层面出发，已经对诉讼的基本原理和基本原则加以区分。如上所述，江伟教授主编的《民事诉讼法学原理》一书，就把此两层面分为两编加以阐述，将民事诉讼的基本理论归纳为八论（见前述），民事诉讼的基本原则和制度归纳为六大基本原则和四个基本制度，即诉讼权利平等原则、法院调解原则、辩论原则、处分原则、检察监督原则、同等与对等原则以及合议制、回避制、公开审判制、两审终审制等。再如，谢佑平教授在《刑事诉讼法学论点要揽》一书中，把刑事诉讼的基本范畴归纳为刑事诉讼目

① 陈瑞华著：《刑事诉讼的前沿问题》，中国人民大学出版社 2000 年版，第 74～191 页。
② 樊崇义主编：《刑事诉讼法学》，中国政法大学出版社 2002 年版，第 23～24 页。
③ 江伟主编：《民事诉讼法学原理》，中国人民大学出版社 1999 年版，第 125～303 页。

的、犯罪控制、人权保障、刑事诉权、诉讼结构、职能、价值、法律关系、主体客体、诉讼形式等，把刑事诉讼的基本原则归纳为十四个原则，即程序法制，司法独立，不告不理，无罪推定，诉讼及时，平等对抗，禁止重复追究，辩护，职权，依靠群众，以事实为根据、以法律为准绳，适用法律一律平等，分工配合制度，检察监督等。对于每一个原理、范畴或原则、制度概括的正确与否，这里不去探讨。其可贵之处在于，他们把原理和原则（制度）加以区分，这对深入开拓和研究诉讼法学具有深远意义。

第二，按照“概念、范畴、原理”的逻辑思维，构建诉讼法学科体系。哲学是最高的智慧，是智慧的源泉；哲学是科学的科学，它处于科学体质的最顶端；哲学是科学的总括，是解释事物的最高根据和最高理由。哲学也是一种思维方式，这种思维方式本质上是一种概括的思维方式，它是思维规律的科学。因此，我们必须按哲学和法哲学的思维规律和思维方式，对三大诉讼法法学的概念、范畴、原理加以概括和厘定。

关于何为概念？何为范畴？何为原理？三者的内在联系和区别，在本书第一章中已经做过论述。摆在我们面前的任务是按照“概念—范畴—原理”这一哲学思维，在三大诉讼法现有概念的基础上，认真总结和归纳出三大诉讼的基本范畴，再以基本范畴为依据，找出三大诉讼法学的原理，以此为据，建构诉讼法学的科学体系。例如，我们可以从“犯罪嫌疑人”、“被告人”、“被害人”、“当事人”、“诉讼参与人”、“代理人”、“辩护人”、“诉讼权利和义务”、“代理权”、“辩护权”等概念中概括出“诉讼主体”、“诉讼客体”、“诉讼行为”、“诉讼权利”、“诉讼义务”等基本范畴，从而引申出“诉讼人权”、“人权保障”的“诉讼原理”。

第三，按照共性和个性的关系，区分三大诉讼的共同原理和每一诉讼的特有原理。对于诉讼原理的研究，必须分别从刑事、民事、行政每个诉讼法学着手，从每一诉讼的概念、范畴中进行理性思考，归纳出每一个诉讼法学原理，然后再从三大诉讼的原理中抽象出共同原理。这一研究过程就是按照从个别到一般、从个性到共性这一逻辑思维方式进行的。因此，由笔者主持的关于诉讼原理的研究成果将分为四卷。第一卷为三大诉讼共同原理；第二卷为刑事诉讼原理；第三卷为民事诉讼原理；第四卷为行政诉讼原理。

第四，按照原理构成的三个要素，把那些带有普遍性的最基本的规律，而且与诉讼活动制约关系最紧密的原理，抽象和挖掘出来，把诉讼法学研究不断引向深入。诉讼原理研究的第一卷（共同原理），就是根据这一构成要素和思路，抽象和演绎出十一个命题，即诉讼本质、诉讼价值、程序正义、诉讼文化、诉讼认识、诉讼人权、诉讼透明、诉讼系统、司法独立、诉讼行为、法律移植。当然，这十一个命题作为三大诉讼的基本原理是否准确、合适，以及所涉范围的宽窄，都是值得研究的。作者的初衷是力争把注释诉讼法学转向理论诉讼法学，这一转变也仅仅是一个尝试。尝试就意味着学术上的冒险，这一冒险行为同样也反映着理论上的幼稚，甚至会被人们称为无知。正如英国哲学家罗素的至理名言："最终证明是正确的和重要的理论，最初是由于它们的发现者有一些不切实际的、荒谬的考虑而想出来的。由于最初人们不可能知道一个新的学说是否正确。因此，在提出新真理的自由中必然包含着相等的犯错误的自由。"①

第五，研究诉讼原理的一项基础性工作，就是必须建构诉讼法学范畴体系。关于范畴体系的建构，是一个艰苦复杂的哲理思维过程，人类历史上许多先辈已为我们做过各种不同的尝试，尤其是马克思在这一方给全人类提供的经验，堪称典范。马克思在《资本论》中建构范畴体系的经验，以及在建构范畴体系时所遵循的基本原则，为世人研究社会科学树立了典范。按照马克思的做法，对每一学科范畴体系的构建，一要坚持历史、逻辑、理论三统一原则；二要坚持范畴体系与客观辩证法相一致的原则；三要遵循由现象到本质，由初级本质到深层的本质，由简单到复杂，由抽象到具体的原则。根据先人和大师们的科学经验，著者认为对诉讼法学的原理研究，必须从研究诉讼法学范畴体系入手，再从范畴体系中抽象归纳出制约和指导三大诉讼的基本原理。

诉讼法学范畴体系同整个法学范畴体系一样，其范畴类型包括本体论范畴、运行论范畴、主体论范畴、客体论范畴、行为论范畴、价值论范畴六大类范畴。现仅以刑事诉讼法学为例，加以说明：

本体论范畴。所谓本体论范畴是对刑事诉讼法的存在及其本质的认识和概括，反映刑事诉讼法是什么，不是什么，刑事诉讼法的构成要素和结构形式。刑事诉讼法的本体论范畴包括：刑事诉讼法的概念、结构、体系、效力、价值，以及刑事诉讼法的原则、制度、程序等。其具体内容如下：

---

① 转引自陈兴良著：《刑法哲学》，中国政法大学出版社 1992 年版，第 1 页。

第一章　刑事诉讼法概说

第一节　刑事诉讼法概念

一、诉讼

二、刑事诉讼

三、刑事诉讼法

第二节　刑事诉讼法的结构、体系和特征

一、宗旨—任务—原则—制度—程序结构（或曰总则—分则结构）

二、刑事诉讼法体系——编、章、节、条、款、项、目

三、刑事诉讼法特征

1. 公法的特征

2. 基本法的特征

3. 刑事法的特征

4. 刑事诉讼法的特征

5. 强制性的特征

第三节　刑事诉讼法的分类、界定和解释

一、刑事诉讼法的分类

1. 狭义刑事诉讼法与广义刑事诉讼法

2. 普通刑事诉讼法与特别刑事诉讼法

3. 国内刑事诉讼法与国际刑事诉讼法

二、刑事诉讼法的界定

1. 刑事诉讼法与宪法

2. 刑事诉讼法与刑法

3. 刑事诉讼法与民事诉讼法

4. 刑事诉讼法与行政诉讼法

5. 刑事诉讼法与人民法院组织法、人民检察院组织法

6. 刑事诉讼法与警察法、检察官法、法官法、律师法

7. 刑事诉讼法与治安管理处罚法

8. 刑事诉讼法与监狱法

三、刑事诉讼法与司法解释

1. 刑事诉讼法解释的原则

第四节　无罪推定原则

一、我国刑事诉讼法的立法机理

二、无罪推定原则的产生及价值内涵

三、无罪推定原则的司法运作及现实考察

第五节　人权保障原则

一、人权保障与诉讼权利

二、人权保障原则立法体现

三、人权保障原则的司法运作及现实考察

第六节　法定原则

一、起诉法定

二、起诉便宜

三、法定情形不予追究

第七节　辩护原则

一、辩护权

二、辩护职能

三、辩护制度

四、辩护原则的价值内容

五、辩护原则的司法运作及现实考察

第八节　平等对抗原则

一、平等对抗原则的价值内容

二、平等对抗原则的立法体现

三、平等对抗原则的司法运作及现实考察

第九节　诉讼公开原则

一、诉讼公开的价值内涵

二、公开审判（程序公开、证据公开、裁判公开）

三、审判公开例外情形

四、诉讼公开的司法运作及现实考察

第四章　诉讼制度

第一节　刑事辩护与代理

一、刑事辩护职能

二、刑事附带民事诉讼的启动条件和当事人的确定

三、刑事附带民事诉讼的程序

第五章　诉讼程序

第一节　程序概述

一、诉讼阶段及区分标准

二、普通程序

三、特殊程序

第二节　庭审前程序

一、立案

二、侦查

1. 侦查原则

2. 侦查职能

3. 侦查行为

4. 侦查终结

三、起诉（公诉、自诉）

1. 公诉制度

2. 提起公诉

3. 不起诉

第三节　审判程序

一、第一审程序

1. 审判模式及发展趋势：弹劾式、纠问式、审判辩论式、职权主义、当事人主义

2. 审理原则：调查原则、直接原则、言词原则、辩论原则

3. 审判组织：独任、合议、审判委员会

4. 庭审程序：开庭、法庭调查、交叉询问、法庭辩论、最后陈述

5. 判决、裁定、决定

6. 自诉案件及其审判程序

二、第二审程序

1. 第二审程序的职能

2. 第二审程序的价值内涵

3. 第二审程序的审判程序

4. 全面审理

5. 上诉不加刑

6. 原判诉讼程序错误的价值选择

第四节 执行程序

一、生效的判决裁定

二、执行的价值内涵

三、各种判决、裁定的执行程序

四、执行中的诉讼问题

第五节 特殊程序

一、死刑复核程序

二、生效裁判的再审程序

三、未成年人刑事诉讼程序

四、涉外案件刑事诉讼程序

五、单位犯罪案件刑事诉讼程序

六、刑事赔偿程序

七、强制性医疗程序

主体论范畴。所谓主体论范畴是对刑事诉讼法的实践主体及其相互关系的认识和概括，既反映谁在从事刑事诉讼法律活动，又说明谁是刑事诉讼法律调整的受益者。刑事诉讼主体主要包括诉讼中的专门机关和诉讼参与人。其具体内容如下：

第一章 主体论概说

一、主体界定（诉讼主体与诉讼关系人）

二、刑事诉讼法律主体

三、刑事诉讼行为主体

四、刑事诉讼主体范围和分类

五、研究刑事诉讼主体价值

第二章 法院

第一节 刑事审判权

二、被害人的地位

三、被害人的能力

四、被害人的权利义务

第三节　自诉人

一、自诉人的界定

二、自诉案件及特点

三、自诉人的地位

第四节　辩护人与刑事代理人

一、辩护人的范围

二、辩护人的职责与地位

三、辩护人的权利义务

四、刑事代理人的地位、权利、义务

第五节　其他诉讼参与人

一、证人

二、鉴定人

三、法定代理人

客体论范畴。刑事诉讼法学中的客体论范畴，是指刑事诉讼法调整的对象，以及对权利义务指向、影响、作用的对象的认识和反映，反映其法律属性和价值意义。其具体内容如下：

第一章　刑事诉讼客体概念

一、客体的界定和形成

二、客体的价值分析

第二章　客体的构成

一、刑事实体关系

二、刑事案件在诉讼过程中的分类

三、刑事案件之构成

1. 犯罪嫌疑人和被告人

2. 犯罪事实

第三章　客体特征

一、刑事诉讼客体的单一性

二、刑事诉讼客体的同一性

第四章 实体的形成

一、实体形成的性质

二、实体形成的分类（请求、主张、举证）

第五章 诉讼条件

一、诉讼条件概念

二、诉讼条件内涵

三、诉讼条件的效果

行为论范畴。刑事诉讼行为是刑事诉讼法律关系主体在刑事诉讼过程中有意识实施的能够产生刑事诉讼上效力的行为。它是刑事诉讼法律规范的主要调整对象，是刑事诉讼法律关系产生、发展、变化和消灭的主要原因，也是刑事诉讼程序的主要构成要素。刑事诉讼行为论范畴包括诉讼行为概念、各诉讼主体的诉讼行为、诉讼行为的要素、诉讼行为的效力、诉讼行为的程序等。其具体内容如下：

第一章 诉讼行为的概念

一、诉讼行为概念界定

二、诉讼行为的特征（专属性、时空性、法律性、关联性、程序性）

三、研究诉讼行为的价值分析

第二章 刑事诉讼行为分类

一、职权诉讼行为与非职权诉讼行为

二、实体形成行为和程序形成行为

三、合法诉讼行为与不合法诉讼行为

四、作为诉讼行为与不作为诉讼行为

第三章 刑事诉讼行为的要素及效力

一、刑事诉讼行为的要素（一般要素、特别要素、要素分类）

二、刑事诉讼行为的解释与评价

三、刑事诉讼行为的效力

第四章 刑事诉讼行为程式

一、刑事诉讼行为含义

二、刑事诉讼行为分类

三、刑事诉讼行为时间

四、刑事诉讼行为的文书（文书分类、制作的共同程式、各种文书的个别程式、文书送达等）

运行论范畴。刑事诉讼法运行的范畴，是指各诉讼主体对刑事诉讼的运行和操作（从刑事诉讼法的制定、修改到实施）各个环节的认识和概括。反映法律制定者的立法政策，制约法律的效力，影响法律实行和实现的因素，刑事诉讼法运行的操作过程中的主要环节和基本机制。刑事诉讼法学关于运行论的主要范畴包括：刑事诉讼法制定、修改和实施的基本理念和指导思想；立法和执法的刑事政策；实施刑事诉讼法的制约机制和法律救济手段。其具体内容如下：

第一章 刑事诉讼法运行理念

一、依法治国

二、程序与实体并重

三、程序正义

四、诉讼人权

五、无罪推定

六、证据裁判

七、惩罚与保护

八、程序与人文

九、教育与犯罪预防

第二章 刑事政策

一、专门机关与依靠群众相结合

二、惩办与宽大相结合

三、坦白从宽、抗拒从严

四、区别对待、分化瓦解、教育多数、孤立少数

五、少捕少杀（可捕可不捕的不捕，可杀可不杀的不杀）

六、依法从重从快

七、有法可依，有法必依，执法必严，违法必究

三、诉讼原理与法哲学

笔者仅以刑事诉讼法学为例，从法哲学的视角，把刑事诉讼法学的基本范畴体系作以上概括。当然，这些概括和认识仅仅是初步的，也是不成熟的。但是，这种思考问题的方法和模式，其用意和目的，如前所述，还是为了走向理论法学，为了推进诉讼原理的研究。因为只有把这些基本范畴抽象出来，深入研究之后，在范畴的背面，基本原理也就比较容易演绎出来。本卷诸原理的命题与论证，就是这样产生的。这一逻辑思维方法，正是本课题组近两年来关于诉讼原理的研究过程，也就是一个科研项目的理性总结。就诉讼本体论而言，我们认为，任何一种诉讼，其本体都是由这个民族、这个国家的诉讼文化、诉讼本质所决定的，而且它所体现的诉讼价值，亦即诉讼的价值选择，更能体现其诉讼本体特征。鉴于此，我们在研究诉讼本体论的基本范畴的基础上，总结和抽象出诉讼文化、诉讼本质和诉讼价值三大命题作为诉讼原理的内容之一。我们通过诉讼主体论、诉讼客体论和诉讼行为论的基本范畴研究，认为制约和影响诉讼主体、客体、行为最基本的理论，就是诉讼认识的正确与否，诉讼人权的保障程度，诉讼行为的规范性问题。因此，我们又把诉讼认识论、诉讼行为论、诉讼人权论作为诉讼的基本原理加以阐述，以求诉讼主体有一个科学的世界观和方法论，反映在诉讼行为上就是执法必严，违法必究，而且大力倡导行为规范，对行为失范无效、严重违法行为要进行程序制裁和救济。同时，联系我国的实际，刑事诉讼如何面对“尊重和保障人权”问题，是我国诉讼法制必须解决的关键问题。我们在研究诉讼主体、客体、行为三个重大法律关系时，凸显了诉讼人权原理，这是实现诉讼现代化的一个重要标志。因此，我们把诉讼人权作为三大诉讼的一项重要的诉讼原理；通过诉讼运行论基本范畴的研究，如何保障三大诉讼的科学性和民主性，使其健康合理地运转，在运行机制上，不仅要有一个科学的运行体系和机制，还要有一整套保障机制。因此，结合我国国情，我们要坚持司法独立，司法透明，以及正确处理诉讼法律移植，坚持“既要有一个世界眼光，又要着眼于我国的实际”，解决我国的实际问题，逐步实现诉讼法制现代化。因此，关于诉讼体系、司法独立、司法透明和法律移植等命题，也应列为诉讼运行论的基本原理。以上就是笔者和我们的研究团队对《诉讼原理》的研究的思辨，也就是从概念、范畴迈向原理的理性思维。

《诉讼原理》的体例结构宏大，除导论部分外，共分上、中、下三篇，篇下分章，共十一章。导论部分对开展诉讼原理研究的意义和价值进行了阐述，对如何突破传统诉讼法学体系以及对诉讼原理研究的方法论进行了探讨，并以刑事诉讼法学为例，概括和抽象出刑事诉讼法学的范畴，并从范畴走向理性的序列化、体系化，从法哲学的视角构建出独立的诉讼法学科学体系和风格。该书上篇是诉讼文化、诉讼价值与人权。这一部分以五章的篇幅对诉讼文化、诉讼仪式与诉讼本质、诉讼价值、程序正义以及诉讼人权进行了阐释。中篇两章为诉讼认识和诉讼行为，分别从认识论角度深入分析了诉讼认识活动的特殊规律和诉讼证明标准，并系统论述诉讼行为的概念、构成要件、类型。下篇以司法独立、司法透明、诉讼体系和诉讼法律移植四章对司法运行机制和法律移植进行了详细论述、分析。《诉讼原理》在理论上有以下创新：一为体系新，在国内首次推出了三大诉讼共同原理，突破了国内诉讼法学界在以前的研究中三大诉讼各自为政的割裂局面，弥补了法学研究体系分散化的不足，有利于学科的整合；二为方法新，该书在研究过程中运用了系统论、认识论、历史哲学、功能比较、思辨等方法，力图从法哲学的角度阐述诉讼活动基本原理；三为内容新，该书在吸收国内外最新研究成果，在收集了翔实资料的基础上，运用新的研究方法提出和构建了一系列富有创见性的理论体系、理论范畴和学术观点，提出并论证了诉讼文化、诉讼人权、诉讼认识论、诉讼透明等属于“原理”层面的新范畴的问题。《诉讼原理》有其独特的价值，对于突破诉讼法学传统体系，创建具有独立品格的诉讼法学科学体系，编制具有新意的教材具有深远意义。这本书中提出的一套完整、系统的诉讼法学的基础理论、基本原理，为我国司法制度的完善、发展和改革提供了理论支撑。在评价“诉讼原理研究”这一项目成果体现的价值时，我国诉讼法学会副会长左卫民教授认为，该项成果具有体系新、方法新、内容新的特点，也是我国刑事、民事、行政三大诉讼法学的研究从注释法学转向理论法学的一部标志性著作。

第七章　检察制度原理研究

具有中国特色的检察制度原理研究，是2006年笔者承担的最高人民检察院的一个重大项目。该项目历时3年，最终形成《检察制度原理》一书，2009年11月由法律出版社出版。该成果反映出了笔者从制度到原理的哲理思维方式。思路简介如下：

一、研究检察制度原理的必要性

同研究诉讼原理一样，对于什么是原理，为什么要研究检察制度原理，在原理研究的基础上又进行了梳理和研究，这是研究中国特色检察制度原理所要首先解决的一个问题。

"原理"一词，可以说是各个专业的理论研究中经常使用到的词语。有作为研究题目一部分使用的，有作为论文关键词使用的，有的甚至将"原理"作为最便捷的论证依据，如用"根据某某原理"、"从某某原理来讲"之语，将所要用于论证主题的理论一笔带过。但对"原理"的具体内涵是什么，有些作者并没有一个清晰的图景。从这些作者运用"原理"一词的上下文来看，真正从原理的本义来使用的并不多，大多数作者是将"原理"等同于"理论"来使用的。其实，虽然在古汉语中有关"原"字的词语并不少，但我们常使用的"原理"一词却并不是本土语，而是外来语，其来源是日本语中的genri，而该词又是英语theory、principle的意译，汉语的意思就是"具有普遍意义的道理"。① 商务印书馆的《古今汉语词典》对该词的含义解释基本上是这样的："具有普遍意义的

① 刘正谈等编：《汉语外来词词典》，上海辞书出版社1984年版，第398页。

可作为其他规律的基础的规律；也指具有普遍意义的道理”。[①] 这样解释虽然略显简单，但也体现出作为原理的一些基本属性。一是作为原理，它必须是具有普遍意义的，具有广泛的适用范围，即具有普遍性。当然，这种普遍性是相对而言的，并不是说可以适用于任何事物、任何领域。要知道，真理再向前一步就是谬误。二是作为原理，它的内容必须具有基础性。这是原理具有普遍性的必然要求与逻辑结果，越是基础的事物才越具有普遍性。这也是原理不同于理论体系之处，原理只是理论体系中最核心、最基础的部分。因此，我们认为，所谓原理，也就是关于事物或自然现象产生或运作的基本规则或法则，而作为一种制度的原理，也就是该制度的基本构成要素以及该制度功能得以产生的机制，它是该制度理论的核心部分，包括该制度的理论基础、制度的构成要件、运作方式与制度功能等。其中，制度的理论基础是制度原理的基石，它总是建立在一些有关人与社会之本质的基本假设之上的；制度的构成要件是制度原理的“硬件”，是制度原理得以存在的基本条件；制度的运作方式其实也就是制度构成要件的组合方式，它既是制度的形式要件，也是制度的实质要件；制度功能是制度产生的目标，是制度存在的意义所在。

作为一种制度存在，检察制度有其理论体系，既有自己的理论体系，也相应地有其制度原理。为什么要研究检察制度原理？这涉及理论在社会制度生成中的作用问题。而理论是人类理性的产物，因此，该问题归根结底涉及人类理性在社会制度的生成中的作用问题。

对于社会制度是如何生成的，向来有进化主义与建构主义之争。这种争论实际来源于它们的哲学基础经验主义与理性主义的对立。经验主义与理性主义的划分有两种方式。一种是经典的划分方式，在这种划分方式中，理性主义指的是以笛卡儿、斯宾诺莎、莱布尼茨等为代表的大陆理性主义，而经验主义指的是以洛克、贝克莱、休谟等为代表的英国经验主义。另一种划分方式是“补充的”划分方式，它指的是英国哲学中经验主义和理性主义两种倾向的对立和区分。这种划分方式之所以是补充的，是因为它与前一种经典方式相比较而言，它是次要的、支流的、有所差别的。[②] 现在所说的经验主义与理性主义的对立与划分，一

① 《古今汉语词典》，商务印书馆 2000 年版，第 1803 页。

② 周晓亮：《西方近代认识论论纲：理性主义与经验主义》，载《哲学研究》2003 年第 10 期。

般指的是第一种划分方式。作为两种在认识论领域的不同观点，理性主义与经验主义的对立，一般认为，主要是围绕知识的来源以及如何获得知识的问题而展开的，它们涉及以下几个方面：一是人类知识的根本源泉是感觉经验还是先天观念；二是哪一种知识具有无疑的确实性和真理性，是经验的知识还是理性的知识；三是知识的获得是通过经验的归纳法还是理性的演绎法；四是人的认识能力是否是至上的，它是否囿于一定的范围和界限。[①] 在知识的来源上，理性主义与经验主义的对立是绝对的。理性主义认为，普遍知识起源于心中固有的或与生俱来的天赋观念，这些观念是自明的、无误的，通过对它们进行理性推演就可以形成普遍知识的体系；而经验主义认为，人心只是一块“白板”，并无所谓的天赋观念，因此，人类一切知识都来源于经验，普遍知识只有在经验的基础上才有可能获得。由于知识来源不同，这也就带出它们各自知识判断标准的对立性。经验主义认为，知识确实性与有效性的判断标准在于感觉经验，有感觉经验来源的知识才是科学知识，没有感觉经验来源的知识都不是科学知识。而理性主义认为，判断标准在于知识本身是否“清楚明白”，而不在于是否有经验的支持。但在其他方面，理性主义与经验主义的对立似乎并不是绝对的，而只是一种倾向，即理性主义倾向于认为理性的知识才具有确实性与真理性，知识主要是通过理性演绎所得的，人类理性是至上的，而经验主义则是相反的倾向。

理性主义与经验主义的对立体现在社会科学研究中就是建构主义与进化主义的分野。建构主义是建立在理性主义哲学基础之上的，这种观点的一个总体特征就是相信人类理性的力量，相信仅凭人类的理性就能够设计出一套完美无缺、运行良好的社会制度。这种思想其实并不是在近代才出现的，在古希腊就已有萌芽，当时新生的自然法观念实际上就是这种制度建构主义传统的先河。例如，柏拉图就认为“理性的命令就是法律”，人定法是理念法的摹本。亚里士多德也认为，法律是不受主观愿望影响的理性。[②] 古罗马人也继承了这种理性主义精神，把法分为永恒的自然法和制定法。西塞罗就指出，自然法的本质就是正确的理性，它存在和发展于人类心灵中，指导着人们应当做什么而不应当做什么。[③] 而

① 周晓亮：《西方近代认识论论纲：理性主义与经验主义》，载《哲学研究》2003 年第 10 期。

② ［古希腊］亚里士多德著：《政治学》，吴寿彭译，商务印书馆 1981 年版，第 163 页。

③ 张乃根著：《西方法哲学史纲》，中国政法大学出版社 1993 年版，第 60 页。

托马斯·阿奎那则认为，理性的规则就是自然法。[①] 经过文艺复兴时代的洗礼之后，人类理性从神学的压制下解放出来，西方自然科学取得了长足的发展，由此带来的结果是，人类的理性替代神而成为人类膜拜的对象。表现在社会科学的研究上就是制度建构主义得到了前所未有的支持。例如，霍布斯就认为："约法对于每一个臣民来说就是国家以语言、文字或其他充分的意志表示命令他用来区别是非的法规；也就是用来区别哪些事情与法规相符、哪些事情与法规相违的法规。"[②] 从制度的产生来看，罗尔斯的公平正义理论也可归入建构主义之列。因为从罗尔斯的《正义论》来看，他实际上吸收了康德的先验理性方法，其所指称的两个正义原则是人的合理慎思的结果，是理性人在原初状态中进行反思平衡的结果，也是公民运用公共理性达成的重叠共识，是人在理性多元化的文化背景中对政治价值的共享性理解。[③]

与建构主义相反，进化主义似乎对人类理性能设计出一套完美无缺的社会制度持一种怀疑态度，持进化主义立场的人一般认为，制度的源头不在于构建与设计，而是与生物的进化一样，在于通过成功竞争且存续下来的传统与习惯，立法可以发现并记载一切，但却不能凭空制造一切，那种希望脱离实践而通过人类理性构建一个合理制度，从而创制出一个崭新秩序的诉求是不符合现实的。其代表人物除前述经验主义人物洛克、休谟等人外，还有历史法学派之代表人萨维尼、英国法史学家梅因、纯粹法学创立者凯尔森、现实主义法学家卡尔·鲁维林以及哈耶克等人。萨维尼认为每个民族都有自己的传统和习惯，法律规则就是由这些传统与习惯逐步发展形成的。梅因也通过研究大量的古代法资料发现，法律是沿着神观念时代到"习惯法"时代再到"法典"时代的历史线索演化和发展的。凯尔森则完全摒弃了传统法理学把自然、理性和正义列入法学概念的做法，认为事实上能为每个人提供幸福的、合乎"正义"的秩序根本不存在，因为每个人的幸福观都是主观的、相对的，正义的价值观念因人而异，正义只不过是人类不能认识的理想，如果正义的社会秩序可以通过自然、理性或神的意志加以认识，

---

① 田成有：《理性主义与经验主义之争的法律视角》，载《甘肃政法学院学报》2002 年第 4 期。

② ［英］霍布斯著：《利维坦》，黎思复、黎廷弼译，商务印书馆 1985 年版，第 206 页。

③ 贾中海：《哈耶克进化论理性主义对罗尔斯理性建构主义的批判》，载《学习与探索》2006 年第 4 期。

“那么国家立法者的活动，就如在煊赫的阳光底下点灯一样无聊”。[①] 卡尔·鲁维林也认为，法律制度是十分复杂的，它不仅是由许多原则、概念组成的规范体系，更包括许多精心设计的技术手段，如先例方法等，而后者往往是由一批法律如何执行的经验组成的，而所有这一切都受控于“法律人”的实践活动。[②] 在这些制度进化主义的支持者之中，也许哈耶克的“自生自发秩序”理论最具体系性，且对制度建构主义最具有震撼力。出于对人类理性有限性的认识，哈耶克首先从他最擅长的经济学入手，通过批判具有严重理性建构主义倾向的计划经济和国家干预主义是个人自由的最大敌人，从而建立一个以保障个人自由为目标的涵盖经济、政治与法律等各方面的制度生成理论体系。哈耶克认为，人的智识是有限的，世界上没有全知全能式的人物，即使那些所谓最有知识的人，也只是掌握了全部知识中的一小部分，因此，仅凭一人或一个团体就能设计一个合理的社会制度，那是人类理性的“致命的自负”。“正是对理性的力量的高估，才致使人们反对服从抽象的规则。建构论唯理主义之所以拒不承认需要对理性进行规诫，实是因为它自欺欺人地认为理性能够把握所有的特定细节。”[③] 这种“致命的自负”的结果只能使个人自由遭受践踏，从而走向被奴役之路。合理的制度应当是如何形成的？哈耶克为此将秩序分为内部秩序与外部秩序，内部秩序是指“人之行动而非人之设计”的自生自发的秩序，而外部秩序是内部秩序演化的结果或规则安排，即通过立法者之手而形成的各种制度。因此，在哈耶克看来，制度安排虽然要借助于立法者之手，但制度并不是立法者理性设计的结果，而是立法者发现并固定内部秩序即自生自发秩序的结果，先有自生自发之秩序而后才有各种制度。这也就是说，人之理性在制度形成过程中的作用在于感悟已有的内部秩序并将之转化成各种有形制度，而不在于凭空设计未有的制度。至于自生自发的秩序如何成为可能，哈耶克认为，这是自由的个人长期互动与博弈过程的结果，此过程既是人们不断试错的过程，也是人们不断相互调适的过程。在此过程中，遵守传统是一个不可缺少的因素，正因为传统的这种重要作用，哈耶克认为，“一个成功的自由社会，在很大程度上，将永远是一个与传统紧密相连的并受传统制约

---

① 刘全德著：《西方法律思想史》，中国政法大学出版社 1996 年版，第 234 页。

② 田成有：《理性主义与经验主义之争的法律视角》，载《甘肃政法学院学报》2002 年第 4 期。

③ ［英］哈耶克著：《法律、立法与自由》（第 1 卷），邓正来等译，中国大百科全书出版社 2000 年版，第 38 页。

的社会”。[①] 作为这种制度形成过程的生动体现，哈耶克认为最典型的是英美普通法的形成过程。

如何评价上述两种不同的制度生成观点，我们认为还得从其所依赖的哲学基础来看。极端的理性主义即唯理论将理论与经验完全割裂开来，正如诸多哲人所批判的，它完全是错误的，因为在人类心灵中根本就不存在任何不依赖经验知识的先验的知识，某个特定时空的人也许会拥有一些没有经过自己经验检验的知识，这些知识表面上看起来是先验的，但它实际上依然是来源于经验知识，来源于前人的经验知识。相应地，建基于唯理论哲学基础上的，仅凭人类理性设计出一整套社会制度的极端建构主义也是不足取的。因为社会制度作为特定时空的人类文化的组成部分，也是此特定时空之下人们的一种生活方式，是这种生活方式的常规化或制度化。而作为一种生活方式，它必定是人们与所处环境进行互动的结果。在这种互动过程中，虽然不能排除人类在理性指导下的能动作用，但也不能脱离人类通过感官与外界相接触的经验。而且，社会制度是否符合社会发展的需要，还离不开经验性的实践检验。换言之，也就是传统与经验在社会制度的生成过程中并不是可有可无的因素，社会制度往往就是在一种不断实践与修正的过程中向前发展的。

经验主义反对唯理论的先验理论，认为知识的最终来源是经验，这是应当肯定的。但其怀疑人类的理性，贬低理论的作用，认为只有可形成经验的东西才是科学知识，却是走向了另一个极端。因为经验的积累离不开理论，理论对经验具有一种指导作用。首先，不仅理论的增殖可以促进经验的增殖，而且有时候理论的会聚和收敛同样可以促进经验的增殖。例如，某种理论获得接受后就往往可以使各种科学实验朝特定方向进行深化与扩展，从而产生更加精确的经验。其次，理论对经验有一种共时建构作用，即在人的知觉层次上，观察渗透着理论，对于相同的感官刺激，主体背景信念不同，可以产生完全不同的知觉模式；在经验的表达上，理论为描述经验提供了基本的语言框架，不同的理论表述会形成完全不同的认知经验。最后，理论会影响经验的事后解释，同样的经验，在不同理论的解读下，意义也会完全不同，从而导致经验的认识价值也不同。[②] 经验价值的实

① ［英］哈耶克著：《自由秩序原理》（上），邓正来译，三联书店 1997 年版，第 76 页。

② 蒋劲松：《理论对于经验的主导作用与整体主义》，载《自然辩证法研究》2003 年第 11 期。

现离不开理论的指导，与此相应，那种怀疑理性，拒绝理性构建作用的制度进化主义也是不足取的。尊重传统，这是制度进化主义的特点。确实，我们不能无视传统因素在制度生成过程中的作用，但是，如果我们将传统的地位推崇到极端就难免会染上保守主义的习气。虽然，制度进化主义拒不承认自己的保守性，但由于其将传统因素置于备受膜拜的地位，保守性还是像鬼魂附身一样让其难以摆脱。因为过于推崇传统，往往会使进化主义只看到已经存在的制度因素，使其迷恋于眼前已有的制度而不能自拔。也正因为传统因素在制度进化主义中的核心地位，制度进化主义者的眼光总是向后看的，而不是向前看的，只知从已有的传统中寻找制度因素，而不知利用自己的理性作必要的构建。传统其实也就是一种习惯，而习惯只有通过多次的重复才能得以形成，是一种时间的积淀。这样也就意味着进化主义者的制度往往只能解决已存在许久的老问题，而不能解决即将来临或刚刚出现的新问题。这也就注定进化主义者构建的社会只能频繁地在失范和有序之间来回摆动。而且，这种制度进化主义在实践中也是难以行得通的。且不说哈耶克的自生自发秩序理论体系所推崇的英美普通法的形成正如有的学者所批评的，它们并不完全是通过个体长期互动而自生自发地形成的，其中也掺杂了诸多的理性构建因素。[①] 最重要的是这种进化主义尤其是哈耶克的自生自发秩序理论是以西方社会为模板的，论述的是西方社会制度的形成过程，虽然其带有很大的理想成分，但这对于像中国这样的非西方国家的制度形成有多大的启示是很值得怀疑的。这是因为，西方法治社会的各种制度中有不少确实是经过长期发展而形成的，传统因素确实在其中充当了重要的角色，但对于非西方国家来说，由于本身并没有法治社会的那种传统因素，如果不通过借鉴西方社会经验，不通过一种理性的构建，而只是按进化主义所要求的那样，一味地从传统中寻找制度生成的因素，其法治社会的形成虽说不是不可能，但至少也要像西方社会那样历经上百年才能形成，这显然不是非西方社会所愿意看到的。哈耶克认为，人类理性是有限的，制度的构建往往压制个人的自由。其实，从哈耶克的分析来看，这种压制个人自由现象的出现并不是因为制度构建的理性因素，而是因为制度构建过程中的不理性，是因为制度构建者打着理性的旗号，将自己的欲求强制地或理所当然地作为全体公民的欲求而上升为制度，这种阴影其实在哈耶克内部秩序形成的过

① 刘磊：《自生自发的秩序——哈耶克自由理路的迷思》，载《法制与社会发展》2006年第2期。

程中也不能完全摆脱。其实通过在程序上利用哈贝马斯的理性沟通予以制约，使产生的制度能最大限度地反映每个个体的需求，这种问题虽然不能完全避免，但也可压制到最小限度。

因此，我们认为，社会制度的生成并不完全是理性建构的，极端的理性构建主义是对人类理性的一种“致命自负”；社会制度也不完全是经由传统进化而成的，制度进化主义是对人类理性的一种悲观主义。制度的生成中既有理性构建的因素，也不能完全摆脱传统因素的影响，在不同的时空中可能是理性构建占优势，也可能是传统占优势。这并不是我们好中庸之道，而是基于理论与经验在人类认识过程中相互依存、相互补充、相互渗透、相互转化而共同构成的认识活动整体的认识。我国是一个缺少法治传统的非西方国家，已有的传统并不能让我们逐步走向法治社会。因此，在我国建设法治社会虽然不能忽视传统的因素，但更重要的是要利用我们理性的力量构建新制度，即制度的构建是我国目前走向法治社会不可回避的过程。制度构建需要理论的指导，而原理是一个制度理论中的核心部分，只有把握了制度原理才能对制度作整体性的认识，才能准确认识制度的过去、现在与未来。检察制度也是一样。但遗憾的是，我国目前有关检察制度的理论研究中，受对策性研究的制约，较多的是对检察制度理论的某些枝节问题进行论述，对检察制度理论的深层原理问题缺少研究，更别说对检察制度的原理问题进行系统研究了。受此影响，我国检察制度不仅在理论上，而且在实践中也存在诸多悬而未决的争议，在近年司法改革的语境下，这种问题尤其明显。制度要改革，理论必先行；理论要深化，原理为中心。这也是本课题选择检察制度原理作为主题进行研究的一个初衷。

二、具有中国特色的检察制度

检察制度自法国大革命正式产生以来，在西方社会已存续了二百多年。任何制度都有一个不断完善的过程，而这种完善过程是以有关该制度理论的深化与完善为前提的。因此，在此二百多年间，西方社会理论界对检察制度也已形成了一个完整的理论体系。我国检察制度总体上讲是一个舶来品，既然西方理论就检察制度已有一个完整的理论体系，我们为什么不在引入检察制度的同时，也将其理论体系引入，而要对中国检察制度的原理进行研究呢？这是我们研究具有中国特色检察制度原理所要首先解决的另一个问题。

我们认为，之所以要研究中国检察制度的原理而不是直接借用西方检察制度的原理，这是实现检察制度与理论的本土化，避免我国检察制度与理论边陲化的需要。

所谓边陲化，在这里也就是指由于西方发达资本主义国家在文化上具有一种优越的生机控制性，① 导致非西方的后工业国家对其在制度与理论上都具有一种依赖性，制度上以西方发达国家制度为圭臬，并以移植后者为目标；在学术理论上习惯于西方的思考与理解模式，奉西方国家建构的知识体系为正朔，并产生亦步亦趋的移植现象。在社会科学方面，一般的边陲化指的是理论的边陲化，但由于社会理论是以社会制度为研究对象且以社会制度的构建与完善为取向的，社会理论的边陲化往往会导致社会制度的边陲化。因此，就社会科学而言，边陲化包括理论边陲化与制度边陲化两方面。就其消极后果而言，制度的边陲化比理论的边陲化更甚，因此，制度的边陲化更应当避免。

边陲化的出现是以中心化的出现为前提，而以不同社会的相互交往与互动为条件的。在欧洲尤其是西欧社会，在文艺复兴之后，随着宗教思想的逐渐退隐，人类理性的逐渐解放，以及个人价值的逐渐回归，作为人类对自己所处外部世界的认识成果的科学技术得到了迅速发展，这种科学技术的发展反过来又带动了西欧社会各方面的快速发展。西欧社会为此逐渐在实质上取得了世界文化格局的中心地位，只是由于西欧社会与亚非拉等国家的交往并不多，这种依赖性还没有显现出来。19 世纪开始的西欧各国在世界各地进行的殖民运动其实不仅仅是一种经济掠夺行为，也是一种文化征服行为。在这种血腥的文化交锋中，西方国家以科学技术为主导的文明占尽优势，致使这些非西方国家不仅在政治与经济上受到西方国家的压迫与牵制，而且整个社会结构、文化形态、价值、信仰以及认知体系也都因受到严厉的冲击而发生改变。19 世纪末到 20 世纪初的亚非拉民族解放运动虽然使这些非西方国家取得了独立，但西方国家依靠优势文化而取得的对非西方国家的统治并没有结束，而是在非西方国家求强盛谋发展的心理驱使下，又像一只无形的手一样悄悄地继续隐存于学术文化与经济层面，并以此影响其他的

① 这是指一个个体或社群所具备的保证自身或其成员足以控制外在环境，以谋维持独立生存的机会或保证人格发展的有利条件的程度。参见叶启政著：《社会理论的本土化构建》，北京大学出版社 2006 年版，第 35 页。

制度构建。[①] 通过这种不平等的交往，非西方国家这种对西方国家制度与理论具有明显依赖性格的边陲化特征也逐渐形成。

边陲化既有学术理论上的，也有制度上的。为此，边陲化所带来的负面后果也可以分为学术与制度两个层面。在学术层面上，一方面，容易使边陲社会的学术丧失自立自主的性格。这是因为，面对西方国家的优势文化，边陲社会的知识分子往往是以一种缺乏反省与批判意识的膜拜心态来对待和研究学术的。这种状况由来已久，不仅会使非西方国家社会普遍产生一种边陲性的自卑心态，往往会以西方国家的中心文化作为界定一个行动之正当性的权威依据，而且也会使边陲社会的知识分子乃至整个边陲社会的学术以学习中心文化为己任而丧失了自立自主的学术风格。另一方面，在边陲化过程中，旧有文化传统逐渐萎缩而沦为边陲，西方国家优势文化则成为一种文化的中心，作为这种过程的结果，边陲社会旧有文化传统的优势因子也会逐渐从边陲社会的学术视野中消失。其原因在于面对劣势文化时，优势文化具有一种扩散性，即“当一个文化中的某些基素占优势时，则此优势地位有扩散至其他基素的趋势。”[②] “爱屋及乌”，此成语用在此处也许不是很贴切，但也足以说明问题。这种优势文化的扩散性，往往会加大劣势文化采纳优势文化的范围，使优势文化中本不占优势的部分也成为劣势文化学习的内容，劣势文化中本具有优势因子的部分反而像婴儿连同洗澡水被一起倒掉那样遭弃。作为上述两个方面的结果，就是使得知识构建作为边陲化学术的结果很难具有一种“本土的契合性”，即构建的知识体系很难引起所在社会成员感知上的共鸣和满足他们在认识上的需求，让他们感到这些知识是与他们的生活经验无关且无用的。这是因为，“任何一个社会的文化传统因子多少都会产生一定的磁滞作用”，劣势文化既有的一些文化传统与行为模式是无法完全被淘汰掉的，在人们的日常生活世界里，旧有的结构与实际可操作的路径仍然有着一定承启作用。[③] 在制度层面上，由于其相对于学术理论的滞后性，在边陲化特征的体现上也许没有学术边陲化来得明显，但其带来的负面结果却要比学术边陲化严重，这种严重结果就是使得边陲的社会制度难以适应所在社会的需求，在制度上形成显

① 叶启政著：《社会理论的本土化构建》，北京大学出版社 2006 年版，第 34 页。
② 叶启政著：《社会理论的本土化构建》，北京大学出版社 2006 年版，第 37 页。
③ 叶启政著：《社会理论的本土化构建》，北京大学出版社 2006 年版，第 78 页。

性制度与隐性制度之分，破坏制度的权威性与有效性。这是因为，制度作为一种文化，它是人们与所处世界进行互动的生活方式的常规化，而作为一种生活方式，它必须与所处环境相契合，这种环境既有自然的环境，也有社会的环境。边陲化的制度，虽然在中心社会中可能会游刃有余，在边陲社会中也会经过立法成为一种显性制度，但是，“本土传统文化也会因长期的累积与渗透，往往稳固地沉淀于人们的象征认知与感受的底部，持续地形塑着人们的身心状态与支配着行为模式”,[①] 从而形成一种与边陲化制度这种显性制度相异但实际却支配着人们行为的隐性制度。

科学知识可分为社会科学知识与自然科学知识。应当说上述所说的学术边陲化问题主要存在于社会科学知识中，自然科学知识是以寻找普遍规律为目标，这种普遍规律应当具有很强的普适性，不管对中心社会还是边陲社会都是有效的，它虽然也存在一个相对于政治的内向性边陲化问题，但并不存在我们上文所述的那种外向性边陲化问题。再者，制度的边陲化很大程度上源于学术的边陲化，为此，下文所探讨的边陲化如何得以形成的问题，主要关注的是学术理论边陲化的形成问题。社会理论的学术边陲化是如何形成的，这虽然有中心社会优势文化“一美遮百丑”的因素在内，但最重要的原因还是在于边陲社会的社会理论研究者缺乏一种批判性意识，误入了一种“自然科学模式”的研究套路，将社会科学知识等同于自然科学知识，认为社会科学知识也与自然科学知识一样，具有一种放之四海而皆准的普遍性。在这些研究者看来，一是自然科学与社会科学都是在同一条原则上发展的，自然科学的方法也可直接适用于社会科学，如有不同，也只是研究方法的发展成熟与否问题；二是社会科学与自然科学的研究目的是相同的，都是为了寻找一种普遍性的规律；三是社会科学与自然科学一样，都具有一种技术性格，可以是价值中立的。[②] 由于受这种“自然科学模式”的影响，这些研究者往往认为，既然西方中心社会已经就相关社会科学领域作了相当多的研究，而且中心社会的实践经验证明其是行之有效的，边陲社会可以进行移植而没有必要另起炉灶。在这些观念的指导下，研究者往往是以西方中心社会的学术体系作为标准，向其靠齐，以西方中心社会的思维模式来思考所处社会出现的问

① 叶启政著：《社会理论的本土化构建》，北京大学出版社 2006 年版，第 69 页。
② 叶启政著：《社会理论的本土化构建》，北京大学出版社 2006 年版，第 14 页。

题。这种状况持续已久，导致在无形中形成了中心社会学术理论对边陲社会学术理论的统治，学术边陲化由此逐渐形成。

在我国，边陲化的现象也不容乐观。自清末以来，伴随着传教士与西方帝国主义势力渐入中土，近代西方国家以科技为主导的文化也对我国的制度与文化提出了巨大的挑战。鸦片战争、甲午中日战争、八国联军入侵，帝国主义列强对中国的侵吞急剧地从英美式的商业扩张升级为日俄式领土攘夺，并大有瓜分中国之势。西方帝国主义国家对中国的这些殖民活动，不仅打破了当时国人的天朝大国之梦，也使中国从政治、经济到文化等各方面成为西方列强以科技为主导的文化的统治对象。面对西方国家的优势文化，当时中国社会各阶层打出了救亡图存的旗号。也正是在这种救亡图存的群体意识下，中国知识分子忍受牺牲民族自尊与对文化传统的深厚情感，而大幅度地学习和模仿西方国家优势文化与制度。① 在中西文化交锋之初，由于中国传统文化是一种具有浓厚道德伦理色彩的、注重个人修养的内向性知识，而西方国家的文化是一种以科学为核心、意在控制外在事物的外向性知识，这两种知识从表面上看有一种功能互补的作用，此时的学习主要是以学习西方国家的科技知识为主，即张之洞等洋务派所主张的"中学为体，西学为用"、"师夷长技以制夷"等。但此后的实践尤其是甲午中日战争的失败证明，仅靠学习西方国家的"长技"并不能让中国摆脱民族危机，要想救亡图存，还得学习西方国家的制度。19 世纪末的维新变法就是在这种背景下进行的一种制度学习与模仿运动。此次变法虽然遭到失败，但其后由于国家权力对学术的功利性干预，如派遣大量学生出国留学，建立西式学校，传授西方知识等，西方知识与制度逐渐在中国扎下根来，并形成一个崭新而逐渐庞大的学术传统，中国学术与制度的边陲化特征逐渐显现。中华人民共和国成立后，由于意识形态的差别和国家权力的介入，边陲化特征一度被弱化。但自 20 世纪 80 年代后，由于改革开放政策的实施，中国社会的逐渐转型，西方国家各种学术思想在中国的传播，更重要的是经济发展的差距，边陲化现象再度出现。有些学者总是习惯用西方国家的思维模式、理论架构和西方国家的制度为模板来评价我国的现有制度，不符合者就大肆加以挞伐。由于对西方国家制度推崇有加，这些学者对我国相关制度的构建往往奉西

① 叶启政著：《社会理论的本土化构建》，北京大学出版社 2006 年版，第 6 页。

方国家现有制度为标准，以其作为论证依据，但对这些引证的制度背景不加深究。再者，就是在学术研究过程中，不管研究的主题是什么，往往言必称欧美，且以引用西方国家文献资料的多少作为评价学术作品的重要标准，而对中国文化传统却论述较少。这些边陲化现象目前虽然还主要体现在学术研究层面上，但理论往往是实践的先行者，是为新的制度实践造势的，如不及时扭转这种学术风气而任其发展，制度的边陲化也就为时不远了。

体现在检察制度的研究上，这种学术边陲化现象最主要的有这么几点：一是在我国检察制度所处的权力框架上，虽然还没有学者明确主张三权分立，但从有些学者的论述来看，对三权分立的推崇之心已溢于言表；二是因推崇西方国家的三权分立，在我国检察权的定位上，有些学者往往不顾我国的实际情况，而是总以西方国家三权分立的思维模式来理解我国检察权的性质，认为检察权的性质是一种行政权，应当取消检察机关的法律监督权，有的甚至主张取消检察机关的建制；三是在我国的检法关系上，有些学者往往以西方国家的检法关系模式作为正朔，认为我国检察制度不应当有对法院的司法监督权，不应当凌驾于法院之上（其实我国检察机关并没有凌驾于法院之上，只是论者的一种理论推演的结果），因而应当取消检察机关的审判监督权。

制度与人一样，仅从本身来看是很难真正发现自己所存在的问题的，只有与其他制度进行批判性的比较后才能真正发现症结所在。而且，根据“有限变异原则”，针对同一种问题，解决的办法总会有相似性，或在基本原理上是一样的。因此，我们并不反对学习西方国家的制度与理论，甚至也不反对在必要的时候移植西方国家的一些制度与理论。就检察制度而言，我们反对的是那种只知其形不知其意，只知制度的现在而不知制度的过去，只知欧美而不知本土的不加批判的，具有边陲化倾向的拿来主义，而主张一种检察制度和理论的本土化研究。制度与理论的本土化，从本质上讲是一种制度与理论的反中心的多元化主张，其意图在于反省隐藏于西方制度与理论背后的深层哲学基础，以摆脱、修饰或超越西方国家制度与理论体系几近全盘垄断的局面，并进而运用本土所累积、形塑的文化认知历史经验，树立另一个具有独特性的制度与理论体系。① 因此，我们主张检察制度与理论的本土化，其实也就是主张我国检察制度的制度构建与理论研究

① 叶启政著：《社会理论的本土化构建》，北京大学出版社2006年版，第58页。

要有中国特色，而不是对西方国家的检察制度与理论亦步亦趋地模仿与学习。如果说，我们反对制度进化主义在于肯定人类理性的构建能力，那么我们主张检察制度与理论的本土化或中国特色化则是在一定程度上肯定本土传统文化对检察制度生成的制约作用。

首先，中国检察制度生成与发展的社会土壤有别于西方国家的检察制度。这种社会土壤其实也就是不同社会的成员与其所处环境长期互动而形成的文化模式或体系。组成这些文化模式或体系的成分中，既有显性的，如各种规章制度；也有隐性的，如社会成员共享的各种价值理念。在这些文化模式或体系中，对检察制度的生成与发展有重大影响的是后者，即隐性文化，这也就是法国社会学家布迪厄所说的习性。这种隐性文化有些可能会随着社会的变迁而不断更新，有些则可能随着社会成员的代代相传和长期浸透而在社会成员的深层意识中潜伏下来，向社会成员“提供‘游戏感’或‘实践感’，允许人们提出无数的策略以成功地应付无数的处境”，[①] 却未能被社会成员有意识地觉察到。如果要为这种因不同社会而产生的不同的隐性文化或习性贴上一个标签，“国民性格”也许是适宜的。西方国家，由于长期以来受基督教的影响，正如梁漱溟先生所指出的，在人与人之间的关系、个人与家庭的关系上，与中国传统文化有极大差异。因为根据基督教的要求，所有人都是上帝的子民，世俗的父子、上下级关系在上帝面前是不存在的，家与国的观念也不是基督教所提倡的。《新约》里有一段记载，耶稣说：“假若任何人到我这里，而不憎恶他的父母妻子儿女兄弟姊妹，甚至一己的生命，他就不能做我的门徒”，“我来并不是使世界安宁的，而是使它纷扰的；因为我来了将使儿子与他父亲不和，女儿与她母亲不和，媳妇与她婆婆不和。”[②] 为此，在西方人观念中，家庭观念是很淡薄的，上帝成了维系人与人之间关系的纽带。也正是因为如此，在上帝退隐之后，为了不致使人与人之间成为一盘散沙而造成社会秩序混乱，法成为上帝的替代物，法成为维系人与人之间正常关系的纽带，法在西方人眼中并不是一种约束而是一种需求，守法也因此成为西方人的一种习性。而在中国却如费孝通先生所指出的，由于受儒家观念的影响，长期以来，家庭在中国人的观念中占据核心地位，人与人之间的关系也就像水的波纹一

---

① ［英］帕特里克·贝尔特著：《二十世纪的社会理论》，瞿铁鹏译，上海译文出版社 2005 年版，第 26 页。

② 梁漱溟著：《中国文化要义》，上海世纪出版集团 2005 年版，第 67~68 页。

样，是从家庭这个核心一层一层地推演出去而形成一种“差序格局”，人情关系的远近不是法成为人际关系交往的标准，“在西洋社会里争的是权利，而在我们却是攀关系、讲交情”。[①] 这种人情关系不仅代替法成为社会互动的标准，还会对法的规范效力产生一种消解作用。也正是因为中国人的这种习性，虽然中国法律并不少，但其实际效力却并不尽如人意，与人情关系相关的各种潜规则在各行各业都存在。这是因为，法律作为社会结构的一个重要组成部分，虽然能够对身处其中的社会成员进行规范制约，但社会成员并不是被动地受这种规范约束的，不仅如英国社会学家吉登斯所说的参与了社会结构的形成，而且还往往将这些规范作为一种行动的策略，需要突破这些规范时就会千方百计地予以突破。制度是用来规范人的行为的，正是由于中国人这种不同于西方人的性格，决定了我们在构建中国检察制度时必须反省西方检察制度的人类学基础，而不能盲目地照搬西方的检察制度。

其次，中国检察制度产生与发展过程有别于西方国家检察制度。作为一种制度，检察制度也是功能性的，是为了满足某种社会需求而产生的，不同的产生与发展过程决定了中国检察制度不可能与西方检察制度完全相同。在西方检察制度的产生与发展过程中，我们认为有两方面对西方检察制度的形塑具有决定性的作用。一方面是西方检察制度萌芽时的司法割据局面。一般认为，现代检察制度起源于13世纪的英国与法国。此时的英国与法国的一个共同特征就是都处于一种封建割据状态。与此社会状况相应的是，在司法管辖上并不是统一的，除了王室法院外，还有领主法院、庄园法院、教会法院等，分别对领地居民行使司法权，王室法院只能管辖王室领地内的案件。后虽经一系列旨在强化王室权威的司法改革，如司法令状、陪审制度等，将一些重大案件的管辖权专属于王室法院，但仍有部分案件由其他法院或者与王室法院享有平行管辖权。也就由于这种司法的不统一，导致国王为了维护自己的利益不得不借鉴产生于罗马法的代理人制度，向各种法院派驻代理人以提起危害国王利益的诉讼，加强各种税收的征收，监督赎金和各种罚没的执行。这是因为，司法管辖往往是王室收入的一个重要来源。例

① 费孝通著：《乡土中国生育制度》，北京大学出版社1998年版，第26~27页。

如，在当时的英国，根据当时由诺曼人传入英格兰的重罪处罚规定，在重罪[①]诉讼中，如果被告败诉，他立即被处以绞刑或者肢体刑，他的土地占有权首先由国王剥夺，国王有权取得土地上的一切财产，然后再把土地本身作为可继承的地产交还领主。[②] 在所谓的“王权诉讼”中，王室也能取得一种财产罚没的利益。[③]“罚金和没收财产成为新的财源”。[④] 在法国也有同样的现象，如在腓力二世时，王室可以从邑吏主持审判的案件中获得各种收入，包括从诉讼人获得的实际诉讼费和向与该审判有关的社区征收的税务。[⑤] 这些代理人也就是现代检察官的起源。另一方面是西方国家三权分立宪政制度形成时社会对检察制度的可欲性。三权分立作为一种通过权力分立来限制权力的政治法律思想，并不是从来就有的，“政府有立法、行政和司法三种职能，这一现代观点是在许多世纪间慢慢衍化而来的”。[⑥] 最早对政府职能进行区分的是古希腊人亚里士多德，他认为每一个政府都具有深思性要素、管理性要素和司法性要素，其中深思性要素既与现代立法职能有关，也与司法、行政职能有关。[⑦] 但一般认为，对三权分立制度的形成作出最重要贡献的还是洛克与孟德斯鸠。洛克在其名著《政府论》（下篇）中出于效率和限制权力的目的，将政府权力分为立法权和执行权，分由国会和国王行使。“如果同一些人有权制定法律，手中又握有执行法律的权力，这对人们容易想攫取权力的弱点是一个极大的诱惑，因此，他们也许会免除自己服从自己制定的法律的义务，并在法律的制定和执行中使法律适应自己的私人利益”。[⑧] 1748

---

① 这里的“重罪”和我们一般理解意义上的重罪不一样，它是一个带有封建性内涵的概念，本意为一个违反了对其领主所负的基本的忠诚义务。对于这种犯罪，不仅受害人男性亲属有起诉权，而且领主或者封臣也有权起诉。参见［英］S. F. C. 密尔松著：《普通法的历史基础》，李显冬等译，中国大百科全书出版社 1999 年版，第 463 页；［美］哈罗德·J. 伯尔曼著：《法律与革命——西方法律传统的形成》，贺卫方等译，中国大百科全书出版社 1993 年版，第 552 页。

② ［英］S. F. C. 密尔松著：《普通法的历史基础》，李显冬等译，中国大百科全书出版社 1999 年版，第 464 页。

③ ［英］S. F. C. 密尔松著：《普通法的历史基础》，李显冬等译，中国大百科全书出版社 1999 年版，第 462 页。

④ ［德］K. 茨威格特、H. 克茨著：《比较法总论》，潘汉典、米健等译，法律出版社 2003 年版，第 275 页。

⑤ ［美］哈罗德·J. 伯尔曼著：《法律与革命——西方法律传统的形成》，贺卫方等译，中国大百科全书出版社 1993 年版，第 572 页。

⑥ ［英］M. J. C. 维尔著：《宪政与分权》，苏力译，三联书店 1997 年版，第 20 页。

⑦ ［英］M. J. C. 维尔著：《宪政与分权》，苏力译，三联书店 1997 年版，第 21 页。

⑧ ［英］洛克著：《政府论下篇》，叶启芳译，商务印书馆 1983 年版，第 54 页。

年，孟德斯鸠在其名著《论法的精神》中提出了现代意义上的政府职能三重划分的观点。他主张政府权力可以分三个职能：立法、行政、司法，这三种权力应当由立法机关、执行机关、司法机关分别行使。[①] 至此，现代意义上的三权分立思想最终确立起来。随着资产阶级革命的胜利，三权分立思想也就被付诸实践，成为各国组织国家权力体系的重要理论基础之一。而在此时，英法等国的检察权却没有取得与立法权、行政权、司法权相抗衡的重要地位。在法国，14 世纪中叶，法国在刑事诉讼中设置国王检察官，其职责在于代表国王对各地封建主是否遵守国王法令实行监督；以国家公诉人的身份对犯罪提起诉讼并参加审判；在涉及王室利益的民事诉讼中，出庭维护国王利益。[②] 但是，由于从中世纪末期始，法国刑事诉讼从控告式变为纠问式诉讼，“任何法官都是检察官”，在检察官没有提出起诉的情况下，法官也可依据控告权而主动发动公诉，并且仅仅需要将诉讼的进展情况告知检察官，[③] 检察官已有的权力如公诉权被转移到法官手中。由于检察官应有的作用没有得到发挥，此时的检察机关甚至成为一种可有可无的机构。这种状况一直持续到资产阶级革命胜利、纠问式诉讼被废除时为止。纠问式诉讼被废除后，取代它的是一种混合式诉讼：审前程序实行纠问式诉讼，审判程序实行控告式诉讼。在这种诉讼程序中，法官的追诉权力包括侦查权、公诉权又逐渐回到检察机关的手中，检察机关的重要性也日益显现。1808 年的《重罪审理法典》规定由检察院提起公诉，追诉职权原则上属于检察机关。[④] 英国检察权的崛起比法国更晚。1461 年，作为国王代理人的律师更名为总检察长，同时另设国王辩护人。1515 年，国王辩护人更名为副总检察长，英国检察制度正式建立。但是，此时作为检察制度主要代表的总检察长的主要职责不在于诉讼，而是为政府提供各种法律服务，如作为王室的诉讼代理人出席涉及王室利益的案件，作为政府法律顾问和成员，为政府各部门起草法案时提供法律意见，在议会中代表政府答复有关法律方面的质询。在 1895 年以前，他甚至还可以作为私人律师

① ［法］孟德斯鸠著：《论法的精神》（上册），张雁深译，商务印书馆 1963 年版，第 185~186 页。

② 曾宪义主编：《检察制度史略》，中国检察出版社 1992 年版，第 310~311 页。

③ ［法］卡斯东·斯东法尼等著：《法国刑事诉讼法精义》（上册），罗结珍译，中国政法大学出版社 1999 年版，第 79 页。

④ ［法］卡斯东·斯东法尼等著：《法国刑事诉讼法精义》（上册），罗结珍译，中国政法大学出版社 1999 年版，第 89~90 页。

工作。[①] 在控告式诉讼下，总检察长在刑事方面的职权也仅限于对重大刑事案件的起诉和支持公诉，大部分刑事案件是由公民个人或者大陪审团提起诉讼的。在1829 年英国设立近代式警察后，刑事起诉的重任又落在警察的身上。虽然根据1879 年通过的《犯罪追诉法》，在伦敦建立了一个叫公诉处的国家检察机关，并在伯明翰和利物浦两地设立分处，在总检察长的直接领导下开展刑事追诉工作，但只有严重的犯罪案件才由公诉处进行起诉，其他大部分案件还是由警察自行决定是否起诉和聘用律师来起诉。直到 1985 年颁布《犯罪起诉法》，在英格兰和威尔士设立了一套垂直领导的独立、统一的检察机构——皇家检察署，并扩大检察官检察职权时为止，英国检察机关的地位才开始显出重要性。从以上西方国家检察制度与三权分立制度产生与发展过程我们可以得出两点结论：一是检察制度在西方国家的出现，其初始目的主要在于维护国王的利益，只是后来随着王权的削弱和资产革命的胜利才适应控辩式诉讼的要求而取得越来越重要的地位；二是造成西方国家检察权在国家权力格局中的这种状况，更多的是出于历史的无奈，即检察制度的起源虽然要早于三权分立思想的形成，但在三权分立思想产生到付诸实践之时，检察权由于其在各个国家中所起的作用微弱，根本无法与立法权、行政权和司法权抗衡，因而也就不可能在权力分立体制中得以体现。这是因为，一个社会需求要想在某个法律制度中得到体现，就必须在该法律思想上升为法律制度之前出现，并有在该法律中加以规定的必要。如果是在其后出现，即使很有必要加以规定，也由于法律稳定性的需要，会遇到重重阻力。由于事关国家权力分配的重大利益，作为宪政基础的三权分立制度更是如此。但是，由于检察权既具有司法权的属性，又具有行政权的属性，在这种无奈中也透露出诸多的反抗，自近代以来西方国家就检察权的属性长期争议而又悬而未决就是这种反抗的体现。

而中国的检察制度走的却是另一条发展道路。对于我国的检察制度，虽然在与我国古代监察御史制度的关系上有些争议，如有的学者认为监察御史制度就是古代的检察制度，但对于我国现代的检察制度属于舶来品却争议不大。其实，同属于舶来品，但中华人民共和国成立前后的检察制度却有不同的来源：清末后出现的检察制度学的是欧美国家，而新中国的检察制度却是伴随其他政治制度配套来自于苏联。也就是说，从一种客观的立场来看，我国检察制度的产生与发展过

① 曾宪义主编：《检察制度史略》，中国检察出版社 1992 年版，第 344 页。

程中间有一个历史的断裂。因此，要说清楚我国现有检察制度的来龙去脉，还得从苏联检察制度的产生与发展说起。虽然在沙俄时期尤其是1864年的沙俄司法改革后就已建立了比较成熟的检察制度，但苏联的检察制度却主要是根据列宁的监督理论建立起来的。1920年以后，卫国战争的胜利拉开了苏联法制建设的序幕，也就是在此过程中，苏联的检察制度逐渐建立起来。如何建立苏维埃的检察制度，苏联在检察制度建立之初曾经就检察机关的领导关系与职权问题有过重大争议。但列宁针对当时多数人的意见指出，为了保持法制的统一，只能实行垂直领导而不能实行双重领导。他认为，在农业、工业、行政或管理机关方面，虽然各省有不同之处，"但是法制应当是统一的。我国全部生活中和一切不文明现象中的主要症结是放任半野蛮人的旧俄观点和习惯，他们总希望保持卡卢加的法制，使之与喀山的法制有所不同"，① "我们无疑是生活在违法乱纪的汪洋大海里；地方影响对于建立法制和文明制度是最严重的障碍之一，甚至是唯一的最严重的障碍"，② 为此"检察长的唯一职权和必须做的事情只有一件：监视整个共和国对法制有真正一致的了解，不管任何地方的差别，不受任何地方的影响。"③虽然在双重领导与垂直领导问题上后来有过反复，但列宁的监督法制统一理论对苏联检察制度的建立产生了巨大影响，苏联的检察制度也主要就是在此监督法制统一理论上建立起来的。例如，1922年的《检察监督条例》就规定检察机关的任务在于"为了监督是否遵守法律和正确进行同犯罪所作的斗争"，检察机关的职权除了有公诉权、司法监督权外，还有一般监督权。虽然我国的国情与苏联建国初期的情况有所不同，但这种以监督法制统一为目的的检察制度在中国新民主主义革命时期就被引入当时的革命根据地，这其中应当有划清革命阵营的政治意识形态的因素，也有制度配套与契合的因素。例如，1946年的《陕甘宁边区政府命令》就规定，检察机关的任务和职权是对于一切破坏民主政权、侵犯人民权利的违法行为，各级公务员触犯行政法规的行为和违反边区政策的行为进行检察。关东行署颁布的《关东各级司法机关暂行组织条例草案》也规定："关东所有各机关各社团工作人员或一般公民，对于法律是否遵守之最高检察权，均由检察官行使之。"新中国成立后，这些监督法制统一的理论也逐渐随着检察制度的

① 《列宁全集》(第33卷)，人民出版社1957年版，第326页。
② 《列宁全集》(第33卷)，人民出版社1957年版，第327~328页。
③ 《列宁全集》(第33卷)，人民出版社1957年版，第326页。

正式建立而在有关检察制度的法律文件中得到了体现。中华人民共和国成立之初的《中央人民政府组织法》第 28 条规定："最高人民检察署对政府机关、公务人员和全国国民之严格遵守法律，负最高的检察责任。"1949 年 11 月 2 日，最高人民检察署第二次检察委员会会议通过了《中央人民政府最高人民检察署试行组织条例》。根据该条例，检察机关的职责之一就是检察全国各级政府机关及公务人员和全国国民是否严格遵守人民政协共同纲领及人民政府政策方针与法律、法令。此后，虽然检察机关的职权有所调整，但检察机关的法律监督目的却没有改变，我国宪法也明确将检察机关定位为法律监督机关。

从以上论述可以看出，虽然我国检察机关与西方国家检察机关在具体职权上多有重合之处，但由于产生的历史环境不一样，它们的初衷或目的是不一样的，所赖以建立的理论基础也是不一样的。西方国家检察机关建立之初衷在于维护王室利益，随后才因社会的发展、诉讼模式的转变而演变为维护公共利益，其理论基础在于三权分立与权力制衡。而我国检察机关的建立，其目的在于监督法律的统一实施，其理论基础在于人民主权与列宁的法律监督理论。制度目的在某些程度上能决定制度的功能与构建，由于这些不同，也就决定了在我国检察制度的构建与研究过程中，不能盲目模仿西方国家的检察制度，不能唯西方国家检察理论是从。

最后，也正是由于赖以存在的社会土壤存在差异、经历不同的产生与发展过程，我国检察制度具有不同于西方国家检察制度的内容，体现出不同于西方检察制度的中国特色。在内容上，其实不仅我国检察制度与西方国家检察制度有差异，西方国家内部即大陆法系国家与英美法系国家由于历史传统的不同，也体现出较大的差异性。例如，在大陆法系国家检察机关有较多侦查权，警察在理论上是检察机关的辅助机构；而在英美法系国家，检察机关与警察机构相互独立，检察机关的侦查权只是一种例外。这也从另一个角度说明检察制度并没有放之四海的普适标准。就我国与西方国家检察制度的内容来说，在检察机关的具体职能上，有相同的地方，如公诉权、侦查权，与大陆法系国家相比还都有侦查的监督权，但这些只是形同而意不同；更明显的是差异，如我国检察机关具有司法监督权，可以监督审判机关的刑事、民事、行政裁判行为，而西方国家检察机关则很少有或几乎没有这些权力。造成这些差别的原因主要在于前面所述的检察制度的宗旨或目的不同，我国检察制度的目的在于法律监督，虽然也有公共利益维护的功能，但这是法律监督目的的衍生功能，是法律监督的逻辑结果；而西方国家检察制度的目的在于公共利益的维护，虽然也有法律监督的意义，如大陆法系国家的检察官就被视为“法律的守护人”，但这些都是维护公共利益的要求。也正因为目的不同，虽然检察机关都有公诉权、侦查权，但其出发点是不一样的，我国在于法律监督，西方国家在于维护公共利益，形同而意不同。

在特点上，我国检察制度与西方国家检察制度相比，主要有以下特色：一是检察机关的法律监督性。宪法和有关法律明确将我国检察机关定性为法律监督机关，即检察机关的任务在于通过诉讼方式督促和纠正有关法律执行、实施中的严重违法行为，这是我国检察制度最为重要的特征。检察机关的所有职能都是围绕这一点而设置的。这与其他国家检察机关作为行政机关一部分的公诉机关定位相比，法律监督机关这一定位具有明显的优势，解决了西方检察机关因既具有司法性又具有行政性而难以准确定位的难题，从而为我国检察机关充分发挥作用解除了理论上的束缚。二是检察机关的外部制约性。检察机关作为监督者本身也需要予以监督。在我国，检察机关并不是没有监督者，因为根据我国政治制度，共产党作为执政党是社会主义事业的领导核心，检察机关必须在党的领导下履行各项职责；而且，人民代表大会作为我国根本政治制度，统一行使国家权力，在整个国家机构中居于主导地位，检察机关由它产生、对它负责、受它监督。但这种制约与西方国家检察机关受行政首长制约是不同的，它只是一种宏观的制约，而不是具体的制约，这样也就保证了检察机关具有相对独立性，以充分有效地行使监督职能。三是检察机关的整体独立性。在我国，检察机关具有相对独立性，但这种独立性与西方国家检察一体原则下检察官个人独立是不同的，它只是检察机关作为一个整体独立于行政机关、社会团体或个人而依法行使监督职能，而不是检察官个人独立行使职能，检察官只能代表国家以检察院名义进行各种履行职权的活动，实行“检察院独立”而不是“检察官独立”。四是检察机关的双重领导。我国检察机关实行上级领导下级，同时又接受同级人大监督的领导体制。只是这种上下级的领导主要体现为业务工作上的指导关系，人员任免、经费保障主要由同级党委、人大、政府负责、管理和监督。五是检察机关职权的广泛性。由于我国检察机关是一种法律监督机关，以法律监督职能为核心，因此享有较为广泛的职权。在刑事诉讼中，我国检察机关有侦查权、公诉权、诉讼监督权和判决执行监督权等职权，在民事与行政诉讼领域具有诉讼监督权等。而西方国家的检察机关，由于定位的限制，并不具有诉讼监督权这样的职权。六是检察机关侦查权的有限性。在我国，检察机关在侦查管辖方面与公安、安全等机关具有明确的分工，检察机关只有职务犯罪侦查权，其他犯罪的侦查权由公安、安全等机关行使。这既不同于大陆法系国家检察机关理论上的广泛侦查权，也不同于英美法系国家检察官极其有限的侦查权。应当说，这是有一定优势的，既考虑了检察机关力量的有限性，也考虑了公诉权与侦查权的紧密关系，只是还需要从理论上加以厘清。七是检察机关设置的行政区域性。由于我国检察机关由同级人大产生，因此是按县级以上行政区域设置的。这与其他国家按司法区域设置有较大的不同。它的优点在于整齐划一，问题是易受地方、部门保护主义的影响，使检察机关独立行使职权缺乏相应体制上的保障。八是检察机关的民主集中性。在职权的运作方式上，我国检察机关实行的是在检察长领导下的民主集中制原则，即检察长领导检察院的工作，设立检察委员会讨论决定重要事项和疑难复杂案件，检察官一般没有相对独立的办案权，侦查、审查逮捕、审查起诉等基本上按照行政模式加以管理。应当说，这种运作方式具有一定的优点，但也存在与诉讼规律不完全符合的缺点，还需要进一步完善。九是检察机关的内部制约性。在我国，检察机关内部组织机构是按主要职权进行设置的，各内设机构（侦查、批捕、起诉、诉讼监督）形成了在检察长统一领导下的分工合作、互相制约关系，这有利于保证检察权的正确行使。

总之，社会制度作为特定时空下的人类的一种文化或生活方式，并没有跨越时空的具有普适性的制度存在。作为以制度为研究对象的社会科学研究必须避免陷入边陲化的陷阱，而应当进行一种本土化的研究。中国检察制度由于不同的深层哲学基础与产生、发展过程，具有不同于西方国家检察制度的中国特色。就是这种中国特色决定了中国检察制度的理论研究不能以西方国家检察制度理论为模板，更不能在制度构建上对西方国家检察制度亦步亦趋。

三、具有中国特色的检察制度原理

社会的变迁必定会带来制度的变迁。中国社会目前正处于一种重大转型过程之中，这种转型必定会影响到检察制度的变化。理性的立法需要一种理性的研究，如何把握这种变化而使其有序地、稳妥地进行，由于前述的原因，关键在于作必要的本土化研究。这种本土化研究如何达成？由于对于学术研究来说，本土化实质上是“一种始于对‘意义’的理解、诠释与建构体系进行革命性的塑造与回转”，“是对既有的优势知识论述体系进行典范的回转”。[①] 因此，检察制度的本土化研究并不只停留在方法论的改变，或使用具有本土传统色调的概念、数据对于本土的问题进行研究，也不在于关闭学术的大门而就本土的问题、数据进行分析研究，更不在于不加批判地打着“全球化”旗号进行检察理论的移植或靠拢，而是在于走入西方国家检察制度与我国检察制度的传统，对检察制度赖以存在的哲学基础进行比较分析，对有关检察制度的重要概念、思想进行历史性的理解，从而厘清不同检察制度得以产生、发展与运作的基本进程，然后在此基础上回到我国的现实状况，以实证研究的方法对我国有关检察制度方面的社会需求或问题进行分析，提出解决对策。从方法论上讲，前部分是一种宏观性的研究，一种原理性的研究，而后部分则是一种微观性的研究，一种经验性的研究。由于前述的理论对经验的主导作用，可以说，前部分是一种基础性的研究，后部分是一种应用性的研究。没有坚实的基础也就不可能有稳固的知识大厦，检察理论研究亦然。因此，本课题选择了中国特色检察制度原理作为研究对象，并将其按制度基础到制度功能，再到制度程序或制度运作的逻辑结构概括成七大原理进行研究。以下对这七大原理作简要的论述。

（一）权力结构模式

有人群的地方必然会存在权力关系，权力是社会秩序得以维持的不可缺少的条件之一，但由于权力在本质上是一种动态的强制关系，且极具扩张性，若不对其进行必要的控制与监督，必然会导致腐败，现代国家一般在承认权力正当性的同时又按一定逻辑将权力予以分解，交由不同的组织或机构行使。也就是在现代国家这种普遍化的分权体制下，检察权作为国家权力的一部分，必然会处于一种权力结构之中，与国家权力的其他组成部分发生各种各样的关系，从而构成一种体现检察权不同地位与作用的国家权力架构形式，即权力模式。

在不同的权力结构中，检察权的地位与作用是不同的。从现代各国的权力架构来看，可以分为以下几种权力结构模式：

一是以美国为代表的平面结构模式。这种权力结构模式可以说是洛克和孟德

---

① 叶启政著：《社会理论的本土化建构》，北京大学出版社 2006 年版，第 91 页。

斯鸠等人的分权制衡理论的典型实践。这种分权理论认为，国家权力应当分为三种权力：立法权、行政权和司法权，并应该分别由不同的人或不同的机关掌握，否则公民的自由便没有保障。在这种权力结构模式下，这三种权力是不分层级而平行的，在同一个权力平台上，不同的权力主体各自行使法律规定的权力，在各自的领域内具有最终的权威，同时各种权力主体之间形成法律上的牵制关系，消灭独尊的、绝对的权力。这种权力结构的特点在于依据权力在规范运作中的作用将权力予以分割，但这种权力分割又不是绝对的，在每一种权力都有一个中心的同时，规定其他权力的适当介入以防止在一个领域中出现一个独裁式的权力，另外就是辅之以复杂的制约平衡技术，使各种权力之间形成互相牵制的平衡关系，防止一种权力占有压倒性的优势，以阻止权力的集中。① 这种权力结构的典型是美国。在美国，根据宪法规定，一方面，以总统为首的行政权与立法权相互制约，被总统否决的法案不能以2/3的多数在国会两院重新获得通过的，该法案就会被取消。另外，总统还拥有立法建议权，可以通过对国会的劝告施加立法影响，可以取得委托立法权，总统的行政命令甚至与法律具有同等效力。另一方面，总统任命的高级军、法、政官员，均须经过参议院的同意；参议院可以对总统的违法行为进行弹劾；总统与外国缔结条约，要经过参议院的批准；众议院对行政机关的最大威慑是它掌握着财政大权，即所谓“国会掌管钱袋”。行政权与司法权也相互制约，一方面，最高法院的法官要由总统任命；另一方面，联邦最高法院法官终生任职，有相对独立性，可以利用自己作为美国宪法最终解释者的特殊地位，以宣布总统法令违宪的方式牵制行政机关的权力。立法权和司法权也是相互制约的，联邦最高法院的法官由总统提名，但必须经过参议院的批准才能由总统任命；参议院对高级官员的弹劾权，施及于法官。而联邦最高法院可以通过违宪审查权宣布国会通过的法律因违宪而无效。

二是以英国与法国为代表的半平面化权力结构模式。这种半平面化的概括其实主要是为了强调它们在权力结构上既有类似于美国平面化权力结构模式的地方，也有不同于后者的地方，在这种模式内部英国与法国并不是完全相同的。在英国，虽然也实行三权分立，也强调立法权、行政权和司法权的相互分立与制约，但这种分权是在形式上维护代议制机关的最高权威的基础上实行的分权。也

① 周永坤：《权力结构模式与宪政》，载《中国法学》2005年第6期。

就是说，在权力平台上，各种权力并不完全处在同一个平面上，立法权高于其他权力，只是立法权在运作时又参与到同其他权力的制约中来，因此与美国权力结构模式相比，只能称之为半平面化的权力结构模式。具体来讲，英国议会的立法权代表国家最高的权力，不受任何其他权力的控制，但可形成对行政权和司法权的权力制约。首先，内阁和首相虽然都具有强大的施政权力，但下议院可通过质询、辩论、批准条约、立法和倒阁等手段对内阁进行制约，下议院若通过对内阁的不信任案或否决政府的重要法案，内阁必须集体辞职。如果内阁不愿意辞职，就由首相提请英王宣布解散议会并进行重新选举，新当选的议会下议院决定原内阁的去留。其次，法院可以通过对于控告行政当局的案件进行救济的方式对行政权进行制约。另外，英国上议院掌握国家最高司法权，又制约着司法权的行使。在法国，根据1958年制定的法兰西宪法，国家权力分为立法权、行政权、司法权等权力，但是，行使这些权力的主体都可以同时行使其中两项或两项以上的权力，特别是行政权表现得十分强大，行政权优位表现明显。在法国，一方面，总统的产生和权限类似于美国总统，但权力更大，他有解散议会的特殊权力，以及提请再议议会提出的法律的权力。但政府要对议会负责，议会通过信任投票、弹劾等方式监督政府。当议会通过对内阁的不信任投票案、否决政府的总政策声明和施政纲领时，总理必须向总统提出政府总辞职或提请总统解散议会，进行大选。另一方面，法院可以通过司法审查权来平衡、制约议会的立法权和政府的行政权，以防止立法权和行政权的膨胀、扩张或滥用。前者是由宪法法院来实施的，而后者则是由行政法院来实现的。当然，法国总统也有一定的司法制约权，总统可以通过其所担任主席的最高司法会议对高等法院法官的任命及上诉法院首席法官的任命提出建议，对法官的纪律进行检查。

三是以苏联以及我国为代表的层级化权力结构模式。在这种模式中，国家权力机关处于核心地位，国家行政、审判、检察机关都由它产生，它们的组成和活动必须服从于权力机关的决定，并对它负责，受它监督。这也就是说，在国家权力平台上会产生一个以上的权力层级，而且最高权力一般不参与第二层级的权力制约，监督具有单向性和绝对性特征。这种权力结构模式的目的在于使分权理论与人民主权理论相协调，在维护代议制机关最高权威的同时实行分权，从而维护人民的意志。在我国，全国人民代表大会既是立法机关，又是最高国家权力机关，由它产生政府、法院和检察院，这些国家机关必须向它负责，受它监督。立法机关拥有国家立法权、任免权、批准决定权和对法律实施的监督权、重大事项决定权；国务院和各级地方人民政府行使行政权，包括行政立法权；各级法院行使审判权；检察院行使法律监督权。

不管是美国的平面化权力结构模式，还是英国和法国的半平面化权力结构模式，都是三权分立体制的不同表现，可统称为三权分立的权力结构，而苏联及我国的则可称为一元分立的权力结构。虽然不同权力结构的分权目的都在于对国家权力予以有效制约，防止其成为危害社会成员的祸源，但不同的权力结构下产生了不同的法律监督需求，从而出现了不同的检察权。监督者，监视与督促也。法律监督其实也就是通过一定的程序监视法律的遵守情况并促使相关人员遵守法律。如果说中国古代的监督权即监察权已经包含了一种实体处理权，那么在现代以防止权力过度集中的分权体制下，监督权已只是一种程序性的权力，因为监督权作为一种权力，也有滥用的可能。从这点来看，不管是我国的还是西方国家的检察权都是一种监督权，只是在不同的权力结构下，权力范围有大有小而已。在三权分立的权力结构之下，出于人性恶的伦理假设，认为任何不受制约的权力都有可能被滥用，最好的办法就是将权力分割成相互制约的立法权、行政权和司法权并交由不同的机构来行使，通过权力的相互制约来防止权力滥用。由于监督的目的在于对权力实施制约，既然通过这种权力分立已经对国家权力形成了很大制约，或者说，权力监督的需求已经通过这种权力分立得到了基本的满足，另外设置专门的法律监督机关已没有必要，有必要的只是在这三种权力之下设立一些有监督性的机构。在国家权力之中，对公民最具现实威胁性的是国家的惩罚权，也正是为了制约这种惩罚权，西方国家通过诉讼模式改革，将掌握在法官手中的惩罚权分成裁判权与控告权，并将后者交由属于行政机关的检察机关来行使，从而形成行政权对司法权的制约。为此，在西方国家三权分立权力结构模式下，检察机关只是一种公诉机关，行使的只是一种具有控告性质的公诉权，检察机关的其他权力都是在此权力基础上衍生的一些附属权力。但是，由于公诉权作为一种控告权是从惩罚权中分立出来的，具有一种不同于行政权的司法性质，从而导致后来就检察权性质长期不休的争论。从某种程度上看，这种争论其实是一种权力制约与权力性质相矛盾的体现，即一方面需要对司法权进行制约，另一方面公诉权本质上又不同于行政权，导致这种矛盾的根源还在于三权分立权力架构没有检察权应有位置的有限容纳性，是检察权本身要求与立法权、行政权、司法权相并立的体现，只要这种权力结构没有改变，这种矛盾也就不可能得到真正解决。

其实，在一元分立的权力结构之下，在权力运行的基本逻辑起点上与三权分立结构一样，都是以权力与规范间的关系为依据所作的划分，即制定规范的权力是立法权，执行法律的权力是行政权，对行为的合法与非法作出规范性判断的权力是司法权。不同的是，在马克思主义人民主权的国家学说之下，人民是国家权力的拥有者，代表人民行使国家权力的人民代表大会在理论上拥有所有的国家权力，但由于执行法律的行政权与对行为合法与否进行规范性判断的审判权是一种经常性的权力，而人民代表大会只是一种定期性的机构，为了解决这种矛盾，只能由代表人民行使国家权力的人民代表大会产生行政机关与审判机关来行使行政权与审判权，而人民代表大会本身只行使不具有经常性的立法权。在此种情况下，权力机关人民代表大会虽然是行政权与审判权的来源，行政机关与审判机关要对权力机关负责和受它监督，但由于人民代表大会作为一个定期性的议事机构，很难对经常性的、大量的行政活动与审判活动进行动态的、有效的监督与制约。为了弥补这种监督与制约的不足，就需要由人民代表大会在行政权与审判权之外设置一个经常性的法律监督权，以使之与人民代表大会的定期性监督权构成一个对行政与审判活动的监督与制约网络。而且，虽然对公民违法行为的监督在理论上可通过行政执法与审判机关的审判活动而达到，但因为审判机关的被动性和行政机关难以避免的、较强的地方性，在实践中很难保证法律得以统一执行，这也需要一个独立于行政机关和审判机关的法律监督机关来保证法律的统一性。因此，可以说，在行政权与审判权之外另设专门的法律监督权，这是一元分立权力架构下对权力运行和制约的必然选择，没有这种法律监督权的存在，一元分立的权力架构就必然难以维持。

权力存在的目的在于社会秩序的整合，权力结构的探索在于谋求一个有效规范与制约权力而不致使其背离权力存在目的的方式或方法。三权分立体制也许符合这种权力结构，但它并不是终极的、具有普适性的真理，社会制度并没有终极性的真理，三权分立体制下的平面化权力结构与半平面化权力结构的存在也证明了这一点。我国采取的人民代表大会制这种一元分立的权力结构虽然可能不是最好的，但几十年来的实践经验证明是符合我国国情的。制度的好坏不在于其本身是否符合逻辑，而在于其是否与所处的整体制度构架和社会环境相契合。我国的检察制度虽然有些方面还有待完善，但总体上是与我国权力结构相适合的，我们既然选择了目前的国家权力结构，也就必然要选择我国目前这种定位于法律监督权的检察制度。目前，有不少人认为，检察机关的法律监督权定位过高，有凌驾于审判权之上而损害司法权威的嫌疑，应当将检察权定位于一种行政权，将检察机关定位于一种从属行政机关的公诉机关。且不说这种观点因为缺乏对西方国家检察制度与我国检察制度的一种历史理解，缺乏对西方制度的批判性解读而陷入一种制度与理论的边陲化陷阱，单从国家权力结构模式来看也是不恰当的。从前面的论述可以看出，西方国家检察权之所以被定位为一种公诉权而从属于行政权，从权力结构来看，主要在于通过立法权、行政权与司法权三种权力的动态的分权与制约已基本上满足了对行政权与司法权予以监督与制约的需求，不需要另外设立一种独立于行政权与司法权的法律监督权，因而检察权萎缩为行政权的一部分。用一个不是很恰当的比喻，这种权力结构就好像是行政权、立法权与司法权三只脚支撑起一个隐形的大脑——人民主权。由于三个支点是最稳固的，自然也就不需要第四个支点了。但是，检察权在本质上并不是与行政权同质的，它们之间总存在一种张力。这也就是西方国家就检察权的性质有长期不休争议的缘故，这也是英美国家检察权不断扩大而出现独立检察官等的原因。而在我国一元多立权力结构下，由于行使立法权的权力机关缺乏一种对行政机关与审判机关进行动态监督与制约的机制，就必须有一种独立于行政权与审判权的法律监督权来进行制约与监督，检察权只能定位为一种法律监督权。如果按上述论者所主张的，将法律监督权萎缩为行政权的一部分，虽然不一定就会因此缺少对审判权的制约，但必然会导致对行政权监督与制约的弱化。这就相当于将支撑人民主权的三个支点拔掉其中一个，国家权力构架因此难免会崩溃。因此，虽然我国检察制度还有需要完善的地方，但这种完善绝对不能是砍掉法律监督权这一个支点，而只能是根据社会需要调整法律监督权这个支点与其他两个支点的关系，调整这个支点与作为人民主权的代表权力机关之间的关系。

（二）权力制衡

权力作为一种社会关系，它是一种有目的地支配他人的力量，这种支配往往能给权力拥有者带来物质的或精神的利益。“人们追逐权力不仅仅是因为权力能够满足个人的利益、价值和社会观念，而且还有权力自身的缘故，因为精神的和物质的报酬存在于权力的所有和使用之中。”① 正因为如此，权力不仅容易成为人们追逐的对象，“爱好权力，犹如好色，是一种强烈的动机，对于大多数人的行为所发生的影响远远超出他们自己的想象”，② 而且也往往容易被滥用而成为权力拥有者谋取私利的工具。因此，只要有权力存在，就必须有权力制约。如何对权力进行制约，在不同的国家、不同的历史时期，权力制约表现为不同的形式。这些不同的权力制约形式根据制约主体可以分为两大类，一是权利对权力的制约，二是权力对权力的制约。以权利制约权力，也就是公民、社会组织或法人通过合法的权利对抗非法的公共权力达到制约的目的。而以权力制约权力则既包括权力的纵向制约，即上位权力与下位权力之间的制约，又包括横向制约，即同级权力之间的制约。横向制约也称为权力制衡，它主要指在国家权力行使过程中，一种国家权力依法与另外一种或几种相对具有独立性的国家权力的相互制约，在相互之间形成一种法定的强制性限制和约束关系。这种权力制约措施与其他权力措施比较起来，具有这么几个特点：一是公权力性，即制约主体国家机关依据的是本身所拥有的公权力，采取的制约手段往往具有一种强制性；二是法定专属性，即制约权属于特定的国家机关，而且这种制约权是不可让渡的；三是相互对等性，即对权力制衡中，制约主体与被制约主体在法律地位上是平等而相对独立的，而且这种制约是相互进行的，制约主体也是被制约者，被制约者也是一种制约主体；四是结构交融性，即制约者与被制约者的权力范围往往有交叉。从这点来看，前面所述的不管是三权分立权力结构模式，还是一元分立权力结构模式，分权并不是它们的目的，通过分权后达到的权力制衡才是各种权力架构的目的。分权是制衡的手段，制衡是分权的目的。也正因为如此，西方国家三权分立的政治理念往往是与权力制衡联系在一起而不可分的。

权力制衡是对权力制约的一种重要措施，社会秩序的稳定也是每个理性的统治者所追求的。因此，不管是古代社会，还是现代社会；也不管是西方国家，还是中国，权力制衡措施是一直存在的，差别在权力制衡的范围大小以及权力制衡措施的科学与否。如古罗马把政府分为人民大会、元老院和执政官三部分，其实就是出于权力制衡的需要。我国古代监察御史制度也是一种权力制衡措施。只是

① ［美］约翰·肯尼思·加尔布雷思著：《权力的分析》，陶远华、苏世军译，河北人民出版社 1988 年版，第 7~8 页。

② ［英］伯特兰·罗素著：《权力论》，吴友三译，商务印书馆 1998 年版，第 189 页。

现代社会中，由于社会分工的逐渐细化，权力制衡措施更复杂，也更精致。

从检察制度的发展过程来看，可以说检察制度是为权力制衡而生的，在司法领域，权力制衡措施的完善也是检察制度逐渐完善的结果。在 12 世纪的英法两国，由于封建割据，司法不统一，除了王室法院外，还有领主法院、教会法院、城市法院等，为了维护自己的利益，对封建领主、教会的权力有所制约，国王向这些法院派出自己的代理人，以行使监督制约之职。现代的检察官也就是从这些国王代理人发展而来的。在中世纪的欧洲，由于实行纠问式诉讼，法官集侦查、控诉与审判于一身，这种司法权力的过度集中，导致司法擅断现象丛生，被追诉人的权利得不到任何保障。为了改变这一现象，资产阶级革命胜利后，将纠问式诉讼改为一种控辩式诉讼，将侦查与控诉之权力交由检察官行使，从而形成对法官司法权的一种制衡。可以说，正是由于检察制度的制衡作用，才有现代各国的司法文明。

当然，检察制度在现代各国中的制衡作用是不一样的。在西方国家，由于检察权被定位为一种行政权，检察权产生的制衡范围总体上是有限的，虽然有些国家可能在民事领域有一定的制衡作用，但主要还是限于刑事司法领域，即一方面作为行政权的代表，通过行使公诉权对司法权进行制衡；另一方面在行政机关内部，通过公诉权对侦查权形成制衡。但在具体细节上，大陆法系国家与英美法系国家又有所不同。在对司法权的制衡上，虽然两大法系国家都主要通过诉审分离与不告不理的原则，由检察机关行使公诉权而防止司法权独断专横，但检察机关公诉权的范围是不一样的，大陆法系检察机关的公诉权除了包括审判启动权与在法庭支持控诉权以外，还包括对法院未生效判决与已生效判决的抗诉权，而不管是否有利于被告人。而英美法系国家的公诉权主要就是审判启动权与支持控诉权，对于法院未生效判决、无罪判决一般不能上诉，而对于生效判决，检察机关不能提出再审申请。因此，相比较而言，大陆法系国家检察权对司法权的制衡力度要强于英美法系国家。在对侦查权的制衡上，大陆法系国家的制衡力度也要强于英美法系国家。在大陆法系国家公诉权与侦查权的关系上，一般认为侦查权从属于公诉权，侦查只是公诉的准备阶段，创设检察官的根本目的之一就是“以一个严格受法律训练及拘束的公正客观官署，控制警察活动的合法性，避免法治国沦为警察国"。[1] 因此，检察权对侦查权具有很强的制衡作用，如德国，警察人员虽然在组织上隶属于各邦的内政部，而不是隶属于检察机关，但在功能上法律是将其列于检察机关之下，属于检察院辅助机构。[2] 警察人员在侦查程序的活动一般要按检察机关的指示进行，这种指示如果是对一般警察人员适用则称为"嘱托"，而如果只对作为检察机关辅助人员的警察人员适用则称为"委托"。侦查的指挥权一般属于检察官，只有在检察机关委托侦查的情况下，警察机关才有侦查的指挥权。[3] 而在英美法系国家，由于检察机关与从事侦查的警察机关是相互独立的，检察机关一般只能通过不起诉这一消极的措施来对侦查权进行制衡，对侦查权制衡主要是通过司法权进行，如在英国，检察官与警察也只是一种建议与合作的关系，虽然 1985 年的《犯罪起诉法》第 3 条规定，检察长在认为适当的范围内，可以就所有与刑事犯罪有关的事宜向警察提出建议。但是这种建议并不具有当然的法律效力，如果检察官认为警察移送的案件证据不足，可以要求警察补充侦查，但警察没有服从的义务，检察官唯一的制裁手段就是对案件作不起诉处理。造成这种差异的原因，有传统的因素，也有诉讼模式的因素。

在我国，由于检察权被定位为一种独立于行政权与审判权的法律监督权，检察权对审判权与侦查权具有较西方国家更广泛的制衡作用，尤其对审判权的制衡上，不仅仅限于刑事司法领域，还包括民事与行政诉讼领域。在对审判权的制衡上，根据我国相关法律的规定，一是通过公诉权中的审判启动权，防止法院主动追诉和无诉而判；二是通过起诉书而限制法院的审判范围，防止法院扩大审判范围；三是通过对有错误的未生效判决、裁定提出抗诉来防止法院枉法裁判；四是通过对有错误的生效判决提出抗诉来保证法院依法裁判；五是通过审判监督权来防止法院审判程序违法；六是通过判决执行监督权来保证法院依法进行刑罚的减免与假释。在对侦查权的制衡上，目前主要通过两方面进行制衡：一方面是通过侦查监督权（包括批捕权），促使侦查机关依法立案与遵守侦查程序；另一方面通过行使起诉与不起诉权，促使侦查机关依法办案。另外，根据我国《监狱法》的规定，检察机关还可以通过刑事判决执行权制衡司法行政机关的行政执法权。

应当说，虽然在如何划定我国检察机关的制衡范围与程序上还有不少需要厘

---

① 林钰雄著：《刑事诉讼法》（上册　总论篇），中国人民大学出版社 2005 年版，第 120 页。
② ［德］克劳思·罗科信著：《刑事诉讼法》，吴丽琪译，法律出版社 2003 年版，第 69~70 页。
③ ［德］克劳思·罗科信著：《刑事诉讼法》，吴丽琪译，法律出版社 2003 年版，第 79~80 页。

清与完善之处，如检察机关是否应当有量刑建议权、检察机关是否应当有机动的侦查权、侦查机关强制措施的审查权是否应当属于检察机关等，但从总体上讲，我国检察权的这种制衡作用是与我国检察权的定位，与我国的权力结构相适应的。在我国检察权的制衡范围上，有的观点认为，应当取消我国检察机关的审判监督权。其理由有：控辩平等的需要、避免检察官角色冲突的需要、损害判决权威性等。我们认为，这种观点在我国这种具体的语境下是站不住脚的。首先，这是我国目前这种权力结构下实现对审判权进行制衡的需要。审判权作为一种纠纷的裁判权，相当于社会正义的最后一道防线，其被滥用的恶果远远胜过其他权力被滥用所导致的恶果。因此，加强对审判权的制衡尤为必要。而在我国这种一元分立的权力结构下，如前所述，权力机关并不能对审判权形成一种动态的制约，行政权虽然可以起到一定制约作用，但行政权由于权力覆盖范围广而杂，有不少纠纷本身就涉及其利益，要想使其发挥有效制约作用往往很难，在这种情况下，就必须有一个独立于行政权与审判权的法律监督权来对审判权进行制衡。而审判权最需要制衡的不仅仅是审判结果，更重要的是其审判过程中的行为。检察机关如果没有这种针对具体审判行为的审判监督权，也就不可能对审判权形成一种有效制衡。其次，审判监督权只是一种程序性权力，并不会侵害法院的审判权，也不会影响判决的既判力。从检察机关审判监督权的行使来看，其对审判行为的监督只是一种要求审判机关对其审判行为重新进行审查的行为，并不是代替审判机关改变审判行为的结果，是否改变还取决于审判机关重新审查后得出的结论。这只是一种程序性的制衡权力，并不会危害审判机关的实体处理权，也不会影响审判机关的权威。最后，检察机关的审判监督权并不会导致控辩双方诉讼地位的失衡。其实，在诉讼中导致控辩双方诉讼地位失衡的情况主要有两种：一是检察机关的权力范围过大；二是辩护方的权利受到太多限制。如果属于前者，确实需要对检察机关的权力进行限制，如果属于后者，解决办法则在于扩大辩护方权利而不是限制检察机关的权力。从我国目前的情况来看，导致控辩双方失衡的原因在于后者而不是前者，我国检察机关目前已有的权力都是法律监督目的得以实现所必需的，但辩护方所有的权利却并不能满足其有效行使辩护权的需要。因此，我国解决控辩平衡的出路在于扩大并保障被告人的诉讼权利，如律师的刑事辩护要到位，具体到辩护律师的阅卷权、会见权、调查权等需要贯彻落实到位，还有非法证据排除权等，而不在于取消检察机关的审判监督权等权力。

（三）公平正义

在现代社会中，社会制度都是以社会秩序的整合为目标的，而社会秩序的整合关键在于社会成员间的利益互惠性，利益互惠性越高，社会秩序的整合也就越可能取得成功。而利益的互惠性涉及的是在社会成员之间如何合理分配资源与机会的问题，这是一个社会公平正义的问题。因此，从这个角度来看，任何社会制度都是社会公平正义得以实现的一种手段。“正义是社会制度的首要价值，正像真理是思想体系的首要价值一样。一种理论，无论它多么精致和简洁，只要它不真实，就必须加以拒绝或修正；同样，某些法律和制度，不管它们如何有效率和有条理，只要它们不正义，就必须加以改造或废除。”① 作为社会制度一个组成部分，检察制度也不例外。

虽然公平正义是社会制度首要价值目标，自古希腊以来，各个时代的思想家尤其是哲学家、伦理学家、政治学家、法学家都对这个问题提出了各种各样的观点，但对于何为公平正义却没有一个定论。“自古以来，什么是正义这一问题是永远存在的。为了正义的问题，不知多少人流了宝贵的鲜血与痛苦的眼泪，不知有多少杰出思想家，从柏拉图到康德，绞尽了脑汁；可是现在和过去一样，问题依然未获解决。”② “正义有着一张普洛透斯似的脸，变幻无常、随时可呈不同形状并具有极不相同的面貌。③ 这些争论主要集中在公平正义是普遍的还是相对的，是抽象的还是具体的，公平正义的规范性内容应当有哪些等问题之上。

我们认为，公平正义是一套不断发展变化的有关行为和制度的道德评价标准，这包括三方面的含义：一是公平正义属于一种道德评价标准。从有关正义的讨论来看，虽然分歧很大，但有一点是没有太大争议的，那就是都认为正义并不是一整套实在的规范体系，而只是一套用以评价人的行为和社会制度的道德标准，是一种正当性的评价标准。例如，罗尔斯的正义理论就是如此，“我希望强调，正义观只是一种理论，一种有关道德情感的理论，它旨在建立指导我们的道德能力，或更确切地说，指导我们的正义感的原则。”④ 德国学者奥特弗利德·

① ［美］约翰·罗尔斯著：《正义论》，何怀宏等译，中国社会科学出版社 1988 年版，第 3 页。

② 转引自张文显著：《二十世纪西方法哲学思潮研究》，法律出版社 1996 年版，第 575 页。

③ ［美］E. 博登海默著：《法理学：法律哲学与法律方法》，邓正来译，中国政法大学出版社 1999 年版，第 252 页。

④ ［美］约翰·罗尔斯著：《正义论》，何怀宏等译，中国社会科学出版社 1988 年版，第 50 页。

赫费也认为，正义是一种道德约束力，是对社会具有重要意义的行为或社会关系进行评价第三个层次，“在法和国家批判中发生的规范性评价可以按三种方式来理解：可以从技术或策略的意义上，继而从实用的意义上，最后是从道德的意义上称之为好或坏；而正义只涉及第三种意义，即批判性评价的合道德的意义。”“借助于政治的正义性，就可以区分合法与不合法的法和国家形式；政治的正义性成了法和国家道德批判的基本概念。”① 二是正义的主题是人与人之间的利益冲突如何合理解决。这可以说是所有探讨正义理论的思想家的出发点与共识。正如休谟明确指出的，“正义只是起源于人的自私和有限的慷慨，以及自然为满足人类需要所准备的稀少的供应”，因此，“使我们确立正义法则的乃是对于自己利益和公共利益的关切”，② 正义的应用范畴是财物，而正义的作用是妥善分配物品。③ 罗尔斯也认为，“正义原则处理的是分配社会合作所带来的利益时的冲突要求，它们适用于在若干个人或若干团体之间的关系”，正义的作用是确定一套原则来指导人们在决定利益分配的不同社会方案中作出选择，并能够为有关恰当分配的协议提供一种保障。④ 三是正义是一个不断发展的追求目标。首先，正义在于调和不同人之间的利益冲突。虽然出于人共同的生理构造、心理特征以及人的知性能力，不同时代、不同地域的人都有一些共同的要求，如基本的生理需要、保存生命、保护身体的完整性等，导致不同时代、不同地域之人有一些共同不变的正义要求，⑤ 但人的需求是多方面、多层次的，不仅不同时代的人与人之间，即使同时代的人与人之间也还有很多不同的需求，这也就导致用以调节这些利益冲突的正义原则不可能完全相同，而必须随着所处社会状况的变化而不断发展变化。其次，正义并不是一个已经完全实现的任务，而只能是一个不断接近的目标。这一方面是因为前面所述的人的需求是随社会发展而不断发展的，在满足某一个正义要求后，又可能在此基础上提出更高的正义要求。另一方面在于正义

---

① ［德］奥特弗利德·赫费著：《政治的正义性——法和国家的批判哲学基础》，庞学铨、李张林译，上海世纪出版集团 2005 年版，第 29~32 页。

② ［英］休谟著：《人性论》（下册），关文运译，商务印书馆 1980 年版，第 536 页。

③ 慈继伟著：《正义的两面》，三联书店 2001 年版，第 68 页。

④ ［美］约翰·罗尔斯著：《正义论》，何怀宏等译，中国社会科学出版社 1988 年版，第 16 页、第 126 页。

⑤ ［美］E. 博登海默著：《法理学：法律哲学与法律方法》，邓正来译，中国政法大学出版社 1999 年版，第 273~277 页。

的实现需要各方面的条件，这些条件可分正义的主观条件和正义的客观条件两方面。正义的主观条件不仅仅是利他主义的缺乏，还有人与人之间善观念的冲突。在这两个条件中，虽然我们可以通过争取达到物质资源的尽可能丰富，在一定程度上克服正义的客观条件而接近正义，但正义的主观条件是不可能完全被克服的，因此，正义在任何时候都不可能彻底地、全面地得以实现。“关于正义的判断不是事实的结论，这种结论也可以单纯从联系行动或联系人们的态度或联系假定的标准予以证实。正义不是一个事实，而是一项任务：给我们的头脑和我们的心灵规定的一项任务。”①

社会的公平正义涉及各方面的利益分配，但是我国检察机关的法律监督权只是一种法律实施的监督权，不包括立法的监督权。而且，我国检察机关的法律监督权只是众多法律监督权体系中的一个部分，虽然是最重要的部分，但并不包括公民一般违法行为的监督，而只是公民、团体的重大违法行为即犯罪行为与诉讼违法行为。因此，检察制度作为公平正义实现手段的领域是有一定范围的，只限于司法正义领域。司法正义，也就是一种评价纠纷解决活动的道德标准，它的要求就是所有纠纷的解决都应当通过正当的法律程序，查明纠纷事实，并将确定的实体法规范适用于该纠纷而得出一个合理的裁决。它包括三个方面：一是适用的法律程序本身应是正义的，即程序正义。程序正义其实也就是一个如何在诉讼过程中分配程序权利与义务的问题。虽然现在就程序正义的具体要求还没有完全达成共识，但一般认为包括程序参与性、法官中立性、程序对等性、程序自治性、程序理性（程序必须符合理性的要求，而不能是任意的和随机的）、程序及时性与终结性、程序公开性等。二是程序得出的结果是正义的，即实体正义。其要求是，判决应当以事实为根据、判决应当准确地适用法律、判决对诉讼双方实体权利与义务的重新分配或确认是合理的。三是应当严格遵守法定程序和实体法律规范，即形式正义。从罗尔斯、贝勒斯等人的论述来看，这其实也就是一个适用法律平等的原则。它包括两方面：对合法权益的平等保护与对违法行为的平等惩罚和制裁。

从检察机关的职能来看，我国检察制度对司法正义的实现具有一种有力的促进与保障作用。首先是对程序正义的实现。这主要通过两个方面来实现，一方面

① 转引自杨一平著：《司法正义论》，法律出版社 1999 年版，第 23 页。

是通过检察机关独立于审判机关，将公诉权独立于审判权而为法官中立性提供一个重要的保障。法官中立，这是司法正义的最重要要求，我国检察制度明确规定检察机关是一种独立于审判机关的法律监督机关，公诉权是检察权的一个重要组成部分，这也就为程序的参与性、程序的对等性创造了条件，从而为司法正义的实现扫平了最重要的障碍；另一方面是通过侦查阶段的适度介入，在侦查阶段形成一种诉讼性而促进程序正义的实现。在我国，审判机关并不介入侦查阶段，侦查程序具有很强的行政性，如果没有检察机关的介入，几乎成了一种侦查机关与犯罪嫌疑人双方的对抗活动。检察机关通过侦查监督权如批捕而适度地介入侦查阶段，为侦查机关与犯罪嫌疑人的对抗起到一种裁判作用，这虽然不能使目前侦查程序与审判程序具有一样的诉讼性，但毕竟为其赋予了相应的诉讼色彩。其次是对实体正义的实现。我国检察制度对于实体正义的实现主要通过两个途径来实现：一是通过诉讼监督权促使侦查机关与审判机关遵守诉讼程序来保证实体正义的实现。程序是实体正义实现的保证，虽然遵守程序不一定就能绝对地实现实体正义，但遵守程序实现实体正义的机会总要比不遵守程序的机会大；二是通过侦查权与公诉权的实施来促使实体正义的实现。犯罪行为尤其是职务犯罪行为由于其隐蔽性与对抗性以及主体的特殊性，使得公民个人或团体很难完成取证与追诉行为，而检察机关不仅是以国家作为后盾的，而且还独立于行政机关，能在一定程度上防止犯罪行为人利用职务来干扰追诉行为。因此，由检察机关来侦查取证与公诉，就可最大限度地防止有罪不罚现象的出现，从而保证实现实体正义。最后是对形式正义的实现。程序正义是程序本身的设计要符合正义的要求，而形式正义是要求执法人员排除一切法外因素，将程序法与实体法平等地适用于所有公民。我国的检察机关是一种法律监督机关，这种法律监督既监督公民的犯罪行为，更重要的是监督侦查机关与审判机关遵守法定程序，法律是抽象且适用于所有公民的，从这点来看，我国检察制度的最大功能就在于保证司法的形式正义。

当然，我国检察制度对于司法正义的实现途径并不是没有问题的，相反还有诸多需要完善的地方。例如，检察机关侦查权的范围问题、检察机关如何实现对侦查机关的监督尤其是对自侦案件的监督问题、检察机关如何在对审判机关进行监督的同时又不损害判决的权威性问题，等等。但是，绝对不像一些学者所说的我国目前这种定位于法律监督权的检察制度有碍公平正义的实现。正如有些学者认为，检察机关的审判监督权可能损害法官中立性，从而损害司法正义。对于这种观点，前面已从权力制衡的角度进行了相应的论述，在此再从司法正义的角度作简要说明。不能保持中立性，也就是导致法官偏向一方，从论者的逻辑来看，它是指审判监督权的存在可能导致法官偏向控诉一方。可能导致个人作出某个行为的，除了物理强制，就是通过利益分配来影响。检察机关是法律监督者，只要法官没有违法行为，检察机关是不可能对其作出羁押等强制行为的；而在利益分配上，审判机关与检察机关是相互独立的，都要受权力机关的监督与制约，检察机关并没有直接影响法官利益分配的途径。只要法官没有违法行为，检察机关是没有合法途径来影响其利益的；如果因为检察机关有监督权而屈服于检察机关，那并不是检察机关的原因，而是法官自己的原因。因此，只要法官能严格遵守法律规定，检察机关的审判监督权并不会影响到法官的中立性而损害司法正义。

（四）公共利益

根据《辞源》的解释，“公”有无私的意思，“公”和“共”两个字连在一起都有“共同”的基本含义。① 因此，从逻辑上看，公共利益概念的存在是以个人利益存在差异作为前提条件的，共同利益也就是某特定社会群体的个人利益的最大公约数，即所有个人利益中相同的部分。但是利益作为一种好处，都是相对于某一需求而言的，而个人的需求不仅不同时代、不同地域的人不同，而且相同时代、相同地域的人也有所不同，同一个人不同时期的需求也是不同的，尤其在有阶级分层的社会中，某个阶层认为是公共利益的另一个阶层却不以为然。这样也就存在一个多大群体、多宽地域的利益才属于公共利益的问题。正因为如此，公共利益的含义至今还没有定论。马克思认为，公共利益不是仅仅作为一种“普遍的东西”存在于观念之中，而且首先是作为彼此分工的个人之间的相互依存关系存在于现实之中。② 英国学者哈耶克则认为，“自由社会的共同福利或公共利益的概念，绝不可定义为所要达到的已知的特定结果的总和，而只能定义为一种抽象的秩序。作为一个整体，它不指向任何特定的具体目标，而是仅仅提供最佳渠道，使无论哪个成员都可以将自己的知识用于自己的目的。”③ 德国学者 C. E. Leuthod 认为，公共利益概念为“任何人、而不必是全体人们的利益”，并

① 《辞源》，商务印书馆 1979 年版，第 311、314 页。

② 《马克思恩格斯全集》（第 3 卷），人民出版社 1960 年版，第 37 页。

③ ［英］哈耶克著：《经济、科学与政治——哈耶克思想精粹》，冯克利译，江苏人民出版社 2000 年版，第 393 页。

在此基础上提出了“地域基础”理论，这一理论主张将公共利益界定为“相对空间内关系人的大多数”的利益。[①] 但究竟什么是“相对空间内关系人的大多数”、其他地区的人是不是可以跨越地区享受公共利益资源等则很成问题。为了克服这一问题，德国学者纽曼提出了“不确定多数人理论”。根据这一理论，判断公共利益的标准是利益效果所及范围内受益人的多寡，只要大多数的不确定数目的利益人的存在，就有公共利益。[②] 但这也存在一个范围界定问题。面对这种歧义，美国的行政学家库伯甚至认为，要想给出一个能在理论界或者实际工作者中公认的社会公共利益的定义，是不可能的。

我们认为，公共利益的含义之所以难以达成共识，关键原因在于个人利益差异性过大，而无法取得基本的公约数，尤其是在阶级对抗严重的社会里。中华人民共和国成立后，阶级与阶级对抗现象已不复存在，社会不同阶层利益需求虽有差异，但是仍有较多的共同利益。因此，公共利益并不是可遇而不可求的，关键在于如何确定公共利益的内容范围。从不同角度出发，概括的公共利益范围也就有所不同。从程序法的角度来看，我们认为，公共利益应当包含以下几层含义：一是社会的安全与秩序。社会的安全与秩序是人类得以生存和发展的必要条件，这是因为个人虽然有不同的利益需求，但生命的存在是人类最基本的需求，只有在此需求得以满足后其他的利益需求才有存在的意义，而社会的安全与秩序的维持是生命安全的前提条件。二是社会的经济利益、道德利益和可持续发展的利益。正如心理学家马斯洛所言，生命安全只是人类最基本的需求，人类在此需求被满足后必定会产生出更高层次的需求，如物质上的需求、精神上的需求（得到别人的尊重与爱等），社会也就是在人类不断地追求更高层次的需求满足过程中而得以向前发展的。而社会的经济利益、道德利益和可持续发展利益正是个人这种需求得以满足的外在条件，因而也就应当被作为一种公共利益加以维护。三是当事人的利益特别是犯罪嫌疑人的个人利益。公共利益是个人利益的公约数，因此公共利益并不排斥个人利益，只有个人正当利益得以维护的前提下公共利益才能得以实现，公共利益就是体现在个体利益之中的。打击犯罪而维护社会的安宁和秩序固然是公共利益的重要诉求，但是这并不意味着国家在追诉犯罪的过程中

① 转引自陈新民著：《宪法基本权利之基本理论》（上），三民书局 1992 年版，第 37 页。

② 陈新民著：《德国公法学基础理论》，山东人民出版社 2001 年版，第 185～186 页。

就可以完全置个人的权益（包括被害人和犯罪嫌疑人、被告人的权益）于不顾，公共利益不仅体现在无辜的个人利益之上，也体现在犯罪嫌疑人、被告人甚至罪犯的正当利益之上。

虽然法律在奴隶制、封建制社会里只能是少数统治者利益的体现，法律稳定的最大受益者是这些少数统治者，但在现代民主社会中，通过合理的、民主的程序而制定的法律虽然不能完全代表所有社会成员的利益诉求，但也应当体现大多数人的利益即社会公共利益，法律得到遵守的主要利益者应当是社会大众。而检察机关，不管大陆法系的检察机关，还是英美法系的检察机关，虽然并不定位于法律监督机关，但也是以法律的维护为目标的，这且不说以追诉犯罪行为为目标的公诉行为，即便是大陆法系检察机关对侦查机关的监控行为，也包含一种要求侦查遵守法律的目的在内。因此，虽然西方国家的检察机关在其萌芽之初是以维护王室利益为目标的，但在现代西方国家中，维护社会公共利益也成了检察机关的目标，至少理论上是如此的。这主要表现在两个方面：一方面是检察机关无论是在直接侦查案件过程中，还是在指挥和领导侦查活动中，不仅要关注国家控诉犯罪的利益，而且还必须保持一种客观义务和诉讼关照义务，以保障诉讼参与人——特别是犯罪嫌疑人、被告人的个体利益。例如，德国《刑事诉讼法》第160条明确规定："检察院不仅要侦查证明有罪的，而且还要侦查证明无罪的情况，并且负责提取有丧失之虞的证据。"在英国，"规范检察官的主要规则是他们不能不惜代价地谋求胜诉。控方律师对被告人负有公正义务并应当公正行事。正如阿沃瑞法官所说，检察官'不应当追求不利于（被告人）的裁决，他们应该进入协助实现正义的执法者的角色'。现行的《律师行为守则》把这一责任表述如下：'控方律师不应当千方百计地希望获得定罪，他不应把自己视为一方当事人出庭。他应当公正无偏地向法庭展现构成控诉案件的全部事实，并应当在本案可能出现的所有法律问题上协助法庭。'"① 另一方面是检察机关在决定是否起诉犯罪行为时，除了要考虑有罪证据的充足性外，还必须考虑起诉是否符合公共利益。如果起诉有违公共利益，即使有罪证据充足，也不能向法院起诉。例如，英国《皇家检察官守则》第6条就规定，在每一个案件中，在具有足以定罪

① ［英］迈克·麦康威尔：《英国刑事诉讼导言》，载《英国刑事诉讼法》（选编），中国政法大学出版社2001年版，第70页。

的证据时必须考虑公共利益。德国《刑事诉讼法》第153条也明确规定，如果犯罪行为轻微，且追究刑事责任对公共利益没有什么意义时，检察机关在征得法院同意后可以通过多种途径中止诉讼。

在我国，由于人民民主专政的政体，我国的法律是最广大社会成员利益的体现，保证法律得以遵守就是公共利益得以实现的最重要的途径。我国检察机关是法律监督机关，以监督法律得以严格执行为己任，从这点来看，我国检察机关是与公共利益紧密联系在一起的，公共利益的维护就是我国检察机关的最终目标。我国检察机关各项职能的设置也体现了这一点。当然，在我国检察机关对公共利益的维护上，也有一些需要厘清或完善的问题。第一，在检察机关客观与诉讼关照义务的履行上还需要进一步完善。在我国，虽然不少法律规定都体现了检察机关的这种客观与诉讼关照义务，如《刑事诉讼法》第52条规定，检察人员在收集证据时，除了必须依照法定程序收集能够证实犯罪嫌疑人、被告人有罪、罪重的证据外，还要收集能够证实犯罪嫌疑人、被告人无罪、罪轻或者减轻处罚的证据。但在司法实践中，这些义务却难以落到实处。例如，在侦查过程中，由于追诉犯罪的职业心理，有的检察人员比较注重对犯罪证据的收集，而忽视对无罪、罪轻证据的收集；在司法实践中，我国检察机关很少为了被告人的利益而主动地按二审程序提出抗诉或者按再审程序提出再审。对此，我们应当通过扩大被追诉方的权利和建立证据展示制度等措施进行完善，确保检察机关客观与诉讼关照义务得以切实履行。第二，对我国检察机关的起诉裁量权限制过多，且没有以公共利益作为考虑的主要因素。在我国，虽然检察机关有一定的自由裁量权，可以对一些案件作不起诉处理，但往往有案件性质的限制，只有轻微案件可以作不起诉处理。而且在考虑是否适用不起诉时，更多的是从案件性质是否严重、是否需要判处刑罚来考虑，其他公共利益很少进入考虑范围。为了改变这种状况，首先，应当在立法上明确规定检察机关在作出不起诉决定时应当考虑的公共利益因素，如社区的安定与和谐、被害人权利的保障、被追诉人重新回归社会的需求等；其次，立法应当放宽对检察机关起诉裁量权的限制，取消作出酌定不起诉的现有限制条件，赋予了检察机关为实现公共利益对较为严重的犯罪作出不起诉决定的权力。第三，关于检察机关的公益诉讼权问题应予以考虑。所谓公益诉讼，是指特定的国家机关或者公民个人和社会组织，为了维护国家利益、社会利益和公众利益而对侵犯这些利益的行为提起诉讼，要求法院予以审判的行为。应当说，提起公益诉讼是最能体现公共利益维护的行为。因此，世界多数国家检察机关都有提起公益诉讼的权力，在有些国家，检察机关甚至是提起公益诉讼的最为重要的主体。例如，法国现行《民事诉讼法典》第 421 条规定，检察院得为主当事人进行诉讼，或者为从当事人参加诉讼，于法律规定的情形，检察院代表公众。德国检察机关不仅可以提起公益民事诉讼，还可以提起公益行政诉讼。德国《民事诉讼法》规定，检察官对于宣告婚姻无效案件、申请禁治产案件、雇用劳动案件等，都可以提起诉讼，或者参加诉讼，可以独立地提出申诉并提起上诉。而德国《行政法院法》规定，联邦最高检察官、州高等检察官和地方检察官分别作为联邦、州和地方公共利益的代表人，以诉讼参加人的身份参与不同层次行政法院的行政诉讼，依法享有上诉权和请求变更权。我们认为，我国检察机关也应当有权提起公益诉讼。一是检察机关提起公益诉讼有着深厚的历史渊源。早在中华人民共和国成立初期，我国检察机关就被赋予了提起公益诉讼的职能，如 1949 年 12 月颁布的《中央人民政府最高人民检察署试行组织条例》第 3 条规定，检察机关对于全国社会及劳动人民利益之有关民事及一切行政诉讼，均可代表国家公益参与之。二是检察机关提起公益诉讼有着坚实的制度基础。根据我国宪法的有关规定，检察机关是国家的法律监督机关，是国家利益和社会公共利益的代表。三是我国现行法律的有关规定也为检察机关提起公益诉讼奠定了良好的基础。我国《刑事诉讼法》第 101 条规定，如果是国家、集体财产遭受损失的，人民检察院在提起公诉的时候，可以提起附带民事诉讼。此外，根据我国民事诉讼法的有关规定，机关、社会、团体、企事业单位对损害国家、集体或者个人民事权益的行为，可以支持受害单位或个人向人民法院起诉。四是有现实的需要。近年来，随着我国经济的飞速发展，侵害公共资源的各类事件愈演愈烈、层出不穷。而对于这种行为，单个的个体往往难以胜任诉讼救济行为，只有以国家为后盾的检察机关才有能力提起诉讼。并且，从司法实践的情况来看，我国不少地区的检察机关已经成功开展提起公益诉讼的尝试，为公益诉讼制度的构建积累了丰富的实践经验。

（五）法制统一

法制，一般来说就是指一国所制定的法律制度，包括法律的制定、执法、司法等。而法制统一则是指已有法律在一定区域内得到普遍而严格的适用和遵守，恪守法律效力至上和平等适用的精神。它包括两个方面的要求，一是所有法律在体系上必须是完整的、在逻辑上必须是自洽的，而不能有所遗漏或相互冲突；二是法律在主权效力范围之内都应当得到普遍的执行，例外情形必须由法律加以规定。因此，虽然法制与法治并不是同义语，两者含义相差甚大，但法制统一却是法治的必备要素。“规范性制度的存在以及对该规范性制度的严格的遵守，乃是在社会中推行法治所必须依凭的一个不可或缺的条件。”① 首先，体系完整、逻辑自洽的法律制度是法治的前提条件。法律制度只有在内部不存在内容冲突、效力抵触等状况，才能为具体的行政决定、命令及排除纠纷的司法裁判提供明确的、有权威效力的法律渊源，而不致发生法律执行和适用的矛盾、混乱等情形。其次，法制统一与法治在法律应当得以普遍执行的要求上是相同的。法治的本质在于法的正当性与法效力的普适性，其中法效力的普适性也就是要求法律在主权范围内都应当得到所有人的遵守，不管是公民还是执法者，而这也是法制统一的基本要求。最后，法制统一与法治在社会秩序的整合目的上也是相同的。法制统一，不管是对体系内部的完整性与自洽性要求，还是在效力上的普适性要求，其最终的落脚点还是在于社会秩序的整合，而法治的正义性要求与普遍性守法要求，其实也是在于防止社会秩序的脱轨。因此，法制统一虽然并不一定就会产生法治，但法治的实现必须以法制统一作为前提条件。

在西方社会，法治是其社会得以不断发展的一个不可缺少的促进因素，因此可以说，法制统一也是其社会得以发展的一个重要因素。在检察权与法制统一的关系上，由于西方国家一般都将检察权定位为一种行政权，其作用主要限于刑事司法领域，因此它对法制统一起到的作用似乎并不那么明显。其实，检察机关在西方国家法制的统一中也是不可或缺的。这且不说检察机关对犯罪行为的追诉本身就是维护法制统一的一个重要手段，即使在对侦查机关的监控与对审判权的制约中都隐含了一种维护法制统一的意蕴。这是因为，滥用权力相对于公民的违法行为，其对法制统一的威胁性更大。也正是因为如此，在大陆法系国家中，检察官在角色上常常被视为一种“法律守护人”。法律守护，意在法制统一。当然，由于各国国情不同，检察机关对法制统一的要求也是不同的，在联邦制国家如美国等，法制统一中的普适性对不同层次的法律要求是不同的，联邦法律与州法律

① ［美］E. 博登海默著：《法理学：法律哲学与法律方法》，邓正来译，中国政法大学出版社 2004 年版，第 255 页。

的适用范围都有其限制。

在我国，检察机关是一种专门的法律监督机关，检察权是一种法律监督权，而法律监督并不是为了监督而监督的，其直接目的在于保证法律在全国范围都得以普遍遵守，即法制统一。因此，可以说，我国检察机关至少在形式上是为法制统一而生的，为法制统一而发展的。首先是在检察机关理论基础上，我国检察机关的建立在很大程度上是根据列宁的法律监督理论建立起来的，而在列宁的法律监督理论中，法制的统一是法律监督的根本目的。列宁认为，“……法制应当是统一的。我国全部生活中和一切不文明现象中的主要症结是放任半野蛮人的旧俄观点和习惯，他们总希望保持卡卢加的法制，使之与喀山的法制有所不同”,[①]“检察长的唯一职权和必须做的事情只是一件：监视整个共和国对法制有真正一致的了解，不管任何地方的差别，不受任何地方的影响。”[②] 当然，从列宁的这些论述来看，他所说的法制统一主要在于执行上的统一，对我们所说的法律制度内部的统一还没有过多涉及。其次是从逻辑分析来看，对法律的实施进行监督，意在防止违法行为的发生，而违法行为的发生，这是破坏法制统一的最重要的因素。因此，我国检察机关既然是一种法律监督机关，法制统一应当是其所有职权行为的目的所在。最后是由我国检察机关通过法律监督来保证法制统一有其现实的必要性。这除了我们前面所说的由于我国的权力结构模式，需要检察机关对行政、审判权进行权力制衡以保证法制统一外，还在于法律的抽象性特征与我国目前的社会状况。法律的抽象性虽然可以扩大适用范围，但也带来含义的模糊性，影响法律的统一理解。尤其是受“立法宜粗不宜细”的思想影响，我国不少法律法规概括性、原则性较强，伸缩弹性大，导致在司法实践中对法律的解释和适用存在很大的差异，严重影响法制的统一性和司法的权威。而且，我国目前正处于经济和社会发展的重大转型时期，经济利益主体出现多元化现象，这也使得在立法和执法过程中各利益主体间的博弈现象日益突出，从而加剧了法律实际运作中的冲突与人为割裂，诱发了地方保护主义和部门保护主义。这些都需要检察机关通过法律监督权将其尽量控制在一定范围内。

从我国目前来看，由于我国检察机关是一种专门的法律监督机关，其所拥有

① 《列宁全集》（第33卷），人民出版社1957年版，第326页。
② 《列宁全集》（第33卷），人民出版社1957年版，第326页。

的职权都是以维护法制统一为取向的，这些职权有公诉权、职务犯罪侦查权、诉讼监督权，另外还有与此相联系的最高人民检察院的司法解释权。公诉权在于通过运用提起公诉、出庭支持公诉等手段，追究犯罪人的刑事责任，从而保证刑事法律的执行；诉讼监督权通过采用通知立案、审查批捕、审查起诉手段对公安等其他侦查机关的侦查行为进行监督，通过提出纠正意见、抗诉等监督法院的刑事审判行为，监督监狱、看守所等机关的刑罚执行活动和对民事行政诉讼活动实施监督；职务犯罪追诉权则通过侦查措施对国家机关工作人员职务犯罪进行追诉，从而保证公权力的正确实施；司法解释权则旨在通过对职权范围内法律适用进行解释而保证检察机关的法律监督严格依法进行。从这些监督措施来看，我国检察机关对法制统一的监督具有以下特点：一是程序性，即检察机关对于违法行为的法律监督，只能启动相应的法律程序，请求法院及其他主管机关审查行为事实和作出实体裁判、处分，它本身并不能对被监督事项直接进行实体处理，具有有限性、非终局性。二是主动性，即检察机关不同于审判权的被动性，它在发现职权范围内的违法行为时必须主动采取措施进行监督，有时甚至需要在违法行为发生之前就采取措施进行预防性监督。三是独立性，即检察机关依法独立行使检察权，独立于行政机关与审判机关。四是检察一体性，即检察机关是独立行使检察权的，但并不是检察官独立行使而是检察机关作为一个系统独立行使检察权，检察官是不独立的，只能代表检察机关行使职权。五是有限性，即检察机关的法律监督只是一种重点监督与有限监督，一般只限于犯罪行为与诉讼行为的监督，而对立法性行为与一般违法行为不能进行监督。

我国检察机关的这种法律监督特点虽然对我国法制统一产生了积极作用，但也存在一些不足而影响法制统一的监督。首先是检察机关现有的职权配置与其作为国家法律监督机关的宪法地位不相符。我国目前检察机关的法律监督主要集中在刑事诉讼领域，其他可能有违法制统一的领域则缺乏有效的监督措施，如民事、行政诉讼中的检察监督就因立法规定上的简单，在实践中遭遇到诸多问题而导致监督难以发挥实效。还有检察机关对于行政立法、地方立法等下位立法活动监督的缺位，导致行政法律规范与上位法律相抵触的现象普遍存在，严重损害了行政法律体系的统一与稳定。针对此问题，应考虑对检察监督的内容予以改进，赋予检察机关对有关立法进行监督的参与权，使其可提出审查相关法律合法性问题的程序性权力，同时完善与拓展民事行政诉讼监督，增加相应的具体监督措施。其次是检察机关独立性的保障问题。检察机关要有效地维护法制统一，就必须独立于监督对象，避免受外来势力的操纵和干扰。然而我国现行的检察体制却由于在人事、财政等方面严重地附属于地方管理，本为维护法制统一而设置的检察权有蜕化成“地方性权力”的倾向。这很不利于法制统一的监督。因此，有必要借鉴国外检察制度的经验，在立法及实务层面将检察一体予以明确化和具体化，以保证检察机关能独立、公正地行使法律监督权。因为检察一体存在双重目的与功能，一是以组织一体化保证对外的整体独立，抵御外部势力的非法干预；二是保持检察权行使活动整体的统一，防范检察权受各种因素干扰而出现滥权或失误的危险，从而更有效地发挥检察效能。最后是检察官独立行使职权的问题。如前所述，我国检察制度强调的是检察机关作为独立行使检察权的主体，而不是检察官，检察官缺乏独立办案的权力，这往往会导致执法主体的地位与责任不够明确，妨碍法律监督的有效进行。例如，在刑事司法实践中的层层审批、集体负责为主要内容的办案机制，虽然有利于正确执法，提高办案质量，有利于加强对检察官的监督，但也带来责任推诿与责任不清等负面效应。一般来说，工作任务越明确与具体，该任务也就越能有效完成。因此，我们应当针对检察机关不同职权的规律与特点，适当地提高检察官个体的独立性，通过明确责任来保证法律监督的有效性。

（六）人权保障

人权概念在西方国家是一个具有悠久历史渊源的概念，虽然就其内涵至今还没有一个所有人都能接受的定论，但发展到今天，它已经是一个具有人本主义精神的概念，是一个以人为中心，以人为价值本位的基本概念。从法学角度来说，人权，是指在一定的社会历史条件下每个人按其本质和尊严享有或应该享有的基本权利，如生命安全、人身自由、人格尊严、基本社会保障等，如西方有的学者和人权组织就根据世界各国人权法和国际人权法将人权概括为六个方面的内容：(1) 生命权，即人身不受伤害和杀害的权利，得到保护以免遭伤害和杀害的权利，取得维持生命和最低限度的健康保护的物质必需品。(2) 自由权，即一般意义上的自由权，也指特定的自由权，如思想自由、言论自由、宗教自由、结社自由和活动自由。(3) 财产权，即拥有基本财产的权利，以及财产受法律保护的权利。(4) 关于公民个人地位的各种权利，如国籍权和各项民主权利。(5) 涉及政府行为的权利，尤其是涉及法治和司法行政的权利，如不受任意逮捕的权利和公平审判的权利。（6）经济、社会和文化权利，如受教育、工作、社会保险、休息、娱乐，以及足以维持个人健康和福利的生活水准的权利。

人权概念并不是一个固定的概念，而是随着社会发展而不断改变的社会历史范畴，不同的社会也应当有不同的人权概念。例如，有的人权学者就曾提出“三代人权”学说，认为第一代人权形成于美、法两国革命时期，其目的在于要求国家权力受到限制，以保护公民自由，免遭国家专横行为之害，可称为消极的权利；第二代人权形成于俄国革命时期，又受到了西方“福利国家”概念的影响，主要是指人权公约中所称的经济、社会和文化权利，由于它们要求国家积极采取行动，因而可称为积极的权利；第三代人权涉及人类生存条件面临的各种重大问题，如维护和平、保护环境和促进发展等，这些都需要通过国际合作来加以解决，因而可称为“连带关系”权利。[①] 而我国学者徐显明教授则提出了第四代人权的观点，认为和谐权就是第四代人权。[②] 在我国，根据社会发展状况与我国已经参加的国际人权公约，我们认为，我国的人权内容应当包含以下内容：一是生存权、人身人格权；二是政治权利和自由；三是经济、社会和文化权利。其中，生存权和人身人格权是最低限度的权利或首要权利，是人权的逻辑起点；政治权利和自由是核心权利；经济、社会和文化权利是基础权利。

人权保障，也就是要求国家保护公民所享有的上述基本权利免受来自国家机关、法人和其他组织，以及其他公民的侵害和破坏。由于对人的价值的重新认识，人权保障在当今世界已经作为一个世界性的潮流和趋势，不仅大多数国家都不断加强社会制度的构建与完善，以加强本国的人权保障措施，而且世界各国还在国际范围内达成了一系列的人权保障公约，如《世界人权宣言》、《公民权利和政治权利国际公约》等。由于法律的功能一方面在于对社会成员的权利与义务进行分配或固定，另一方面还为这些权利的实现提供保障措施，法律是人权保障的最重要途径。而检察机关作为法律的守护者或法律监督者，其势必成为人权保障的一支不可缺少的力量。“尽管各国检察官的职责各有不同，但作为检察官必须尊重和保障个人的权利。检察官不仅在执行法律方面起着关键性的作用，而且更重要的是在确保权利（当然包括人权）之全面有效方面发挥着重要作用。无

① 沈宗灵、黄枬森主编：《西方人权学说》（下），四川人民出版社 1994 年版，第 13～14 页。

② 徐显明：《和谐权是第四代人权》，载 http://news.thebeijingnews.com/0565/2006/11－23/014@041434.htm。

论检察官在一个国家的刑事司法制度中具体承担什么职责，他（她）都必须承担‘维护人权的职责’。作为检察官，我们应当永远铭记人权的最佳保障和维护来自国内。检察官应当在他们国家的实践中扮演人权守护者的重要角色”。[①] 检察制度的产生与发展过程以及检察机关在现代国家中所扮演的角色也说明了这一点。从检察制度在英法等国的产生与发展历史来看，虽然如前所述，其源于国王利益的代表者，但其在国家政治生活中扮演着最基础也最重要角色的却是公共利益与人权保障的维护者。在中世纪的纠问式诉讼中，由于法官集控审权力于一身，法官既是控诉者，又是裁判者，“当时纠问法官所奉行者，实乃由警察国家精神发展出来的调查手法：不计代价，穷追猛打被告”。[②] 在这种诉讼模式下，公民的人权毫无保障，尤其是被告人，纯粹被当作刑事诉讼的客体，面对心中早存有罪预断的法官，被告人根本就难脱有罪的判决。“控告人如果成为法官，就需要上帝作为律师”。[③] 当初人们让渡一部分自由组成国家的根本目的在于使保留的那部分自由更有保障、更安全，而不是使自己受到奴役与压迫。为了保障人权，革命胜利后的资产阶级实行一种控审分离原则，将纠问式法官的权力分为控诉权和审判权，并分别授予检察机关和法院行使，没有检察机关的合法起诉，法院不能主动启动审判程序并对被告人定罪判刑。正是通过制约司法权专横行为的这一平台，检察机关从单纯的国王利益维护者变成了人权保障的旗手。在现代西方国家，检察机关不仅通过对司法权进行制衡而保障人权，而且还通过对侦查权的监控而保障人权。“警察官署的行动自始蕴藏着侵害民权的危险，而经验告诉我们，警察人员经常不利关系人，犯下侵犯民权的错误。检察官的根本任务，应为杜绝此等流弊并在警察一行动时就赋予其法的基础”。所以，“检察官之创设，乃催生法治国并克服警察国之明显标志”。[④] 这在视检察官为法律守护人的大陆法系表现得比较明显，而在英美法系则比较模糊。现代英美法系国家的侦检关系较大陆法系那种带有指挥性的紧密型检侦关系要松散，检察官并不能直接指挥警察进行侦查，但检察官通过行使起诉权与不起诉权仍然可以对警察侵害人权的侦

---

① 国际检察官联合会编：《检察官人权指南》，杨宇冠、李立译，中国检察出版社 2005 年版，第 1 页。

② 林钰雄著：《刑事诉讼法》（上册　总论篇），中国人民大学出版社 2005 年版，第 43 页。

③ ［德］拉德布鲁赫著：《法学导论》，米健等译，中国大百科全书出版社 1997 年版，第 121 页。

④ 林钰雄著：《检察官论》，台湾学林文化事业有限公司 1999 年版，第 17 页。

查行为进行制约。因为证据的有效性（证据力）往往是检察官决定是否起诉的一个重要考虑因素，而证据是否有证据力，取决于取证行为是否合法。

在我国，检察机关是一种专门的法律监督机关，而法律是人权保障的最重要措施。因此可以说，检察机关是人权的专门维护者。首先从宏观上看，追诉犯罪是检察机关的基本职责，检察机关的诸多职能都与此有关，而犯罪行为往往是人权的最直接侵害因素，检察机关追诉犯罪就是在维护人权。其次从检察机关在控审分离诉讼结构下的作用来看，我国检察机关与西方国家检察机关一样，承担的是控诉角色，因此，也在制度上通过对审判权进行制衡而发挥一种人权保障的作用。再次是检察机关通过对国家工作人员的职务犯罪进行侦查而保障人权。在我国，虽然并不是所有的职务犯罪都对公民人权直接造成了侵害，但这类犯罪由于其主体的特殊性，规避追诉的可能性要大于一般刑事犯罪，其造成人权的侵害也更具严重性。检察机关对这些案件进行侦查更有利于人权的保障。最后是执法行为，尤其是刑事司法行为由于直接关涉公民基本权利的处置，往往可能造成对公民尤其是犯罪嫌疑人、被告人人权的侵害。例如，侦查机关各种强制性侦查行为，还有司法机关、行政执法机关的判决、裁定执行行为，都易于造成相关人员的人权侵害。我国检察机关通过诉讼监督与判决、裁定执行的监督就可以在一定程度上防止这些侵害人权现象的出现。

当然，上述我国检察机关对人权保障的维护作用更多的是从理论与制度规定的角度来分析的，具有相当的应然性质，但从司法实践到目前的制度构建来看，仍有很大的完善空间。首先可能是出于对人权内容的理解偏差，我国对人权的保障主要在于人身权方面的保障，而对于财产权却不够重视，导致我国检察机关对公民财产权的保障存在制度性的空白。这主要表现在两方面：一方面是对民事、行政的监督仅限于对法院的生效判决的监督，而对于大量的侵害公民财产权但又没有进入诉讼程序的民事、行政行为却缺乏有效的法律监督依据。最明显的表现就是当前就检察机关的公益诉讼权仍没有达成一种共识。另一方面是对侦查阶段的诉讼监督，检察机关主要限于通过批捕权来监控侦查机关的侦查行为，防止其侵害犯罪嫌疑人的人身自由权，而对于侦查机关可能侵害犯罪嫌疑人甚至其他公民的财产权的侦查行为，如对搜查、扣押、冻结等行为却没有有效的监督措施，而只能由侦查机关便宜行事。对判决、裁定执行过程中有关财产部分也存在这些制度空白的问题。其次就是对犯罪嫌疑人、被告人人身自由权的保障上，我国检察机关也缺乏一种有效的保障措施。在我国，虽然检察机关可以对侦查程序进行监督，但往往是一种事后监督，并不能有效防止人权侵害现象发生，一般只是提供一种人权侵害现象发生后的救济渠道。另外，即使这种事后救济也只限于逮捕措施，对于同样可能侵害人身自由权的拘留措施，还有监视居住措施，都是由侦查机关自己决定进行的，检察机关几乎没有合法渠道、合法措施来进行防止与救济。还有自侦案件、起诉与审判程序中的羁押措施也是一样，检察机关与法院采取的羁押措施都有可能侵害人权，但却没有有效的措施与渠道进行监督。针对以上问题，我们认为，一方面是立法上要从权力制衡的角度出发，适当扩大检察机关的监督范围，将侦查机关、法院甚至检察机关本身的各种可能侵害人权的行为都纳入监督范围。尤其是要将侦查的各种强制性侦查措施与法院所采取的逮捕与财产扣押、冻结行为都纳入监督范围。另一方面在于赋予检察机关相应的具体的监督权限，从事后监督适当提前到事中或事前监督。尤其是在侦查机关与检察机关的关系上，可以适当借鉴大陆法系国家的侦检关系模式，重新厘清侦查与公诉的关系，加大检察机关对侦查行为的监控力度，防止其侵害人权现象的出现。

（七）正当程序

正当程序，也称为正当法律程序，是指国家在剥夺或限制公民、法人的权利时，必须经过正当合理的法律程序，否则就不得作出此类决定。正当程序的功能，一方面在于保证权力行使的形式合法化，即可促使决策的最佳化、吸收当事者的不满、限制决定者的恣意、减轻决定者的责任风险、增强决定的可预见性、权威性和可执行性等；另一方面在于保证权力行使的实质合法性。最合理的权力不仅要在形式上合法，还应当在实质上合法，也正因为正当程序有这些功能，正当程序起源并在早期发展于英国，后在美国获得了巨大发展，并从一个少数国家的权力行使基本原则发展为一个区域性人权保障原则，并最终成为一个国际性的人权保障原则，为《联合国宪章》、《世界人权宣言》、《公民权利和政治权利国际公约》、《执法人员行为守则》、《禁止酷刑和其他残忍、不人道或有辱人格的待遇或处罚公约》、《关于司法机关独立的基本准则》、《联合国少年司法最低限度标准》、《保护所有遭受任何形式的拘留或监禁的人的原则》、《关于律师作用的基本原则》、《关于检察官作用的准则》所吸纳。

虽然正当程序目前已经为大多数国家的法律所确立，但对于正当程序的内容应当包括哪些，却不无争议。在这些问题中，焦点有两个方面：一方面，正当程序保护的客体是什么；另一方面，什么样的程序才是正当程序。对于第一方面的问题，美国宪法第五修正案规定："未经正当法律程序，不得剥夺任何人的生命、自由和财产。"也就是说，正当程序保护的客体是生命、自由与财产。但是，自由是一个比较模糊的概念，既包括消极的自由（即不受别人干涉的自由），也包括积极的自由（即要求他人作为或不作为的自由）；既包括行为自由，也包括精神自由。因此，此一规定并没有对正当程序的保护客体作出具有可操作性的规定。任何制度都不能离开本国现实情况而作出抽象的规定，因此正当程序的保护客体也不可能作出一个普适性的规定。但是，将联合国《世界人权宣言》中明确规定的以下基本权利作为最低限度的保护客体却是符合各国情况的：（1）生命健康权，包括生命安全权和身体安全权。（2）自由权，包括人身自由权、意志自由权和政治自由权，人身自由权包括不受奴役，不受任意逮捕、拘禁和放逐等消极权利以及迁徙自由等积极权利；意志自由权包括思想、良心和宗教自由；政治自由权包括主张、发表意见自由以及集会结社自由等。（3）平等权，包括在享受权利方面的平等、法律地位上的平等以及受法律保护的平等。（4）财产权，包括财产所有权和财产不受任意剥夺的权利。（5）人格权，包括私生活、家庭、住宅、通信不受任意干涉的权利以及名誉、荣誉不受侵犯的权利等。（6）诉讼权，包括由独立无偏倚的法庭进行公正、公开审讯的权利以及无罪推定的权利。而对于第二个方面问题的回答却更多的是一个需要不断发展的历史范畴，不同时期不同国家很难有一个完全相同的标准。这也导致学者们的观点纷纭，莫衷一是。例如，英国的自然正义原则是要求任何人不得在与自己有关的诉讼案件中担任法官；法官在制作裁判时应听取双方当事人的陈述，并须给予所有与案件有利害关系的人充分陈述意见的机会。英国的丹宁勋爵则认为："我所说的经'法律的正当程序'，系指法律为了保持日常司法工作的纯洁性而认可的各种方法：促使审判和调查公正地进行，逮捕和搜查适当地采用，法律援助顺利地取得，以及消除不必要的延误，等等。"① 美国学者萨默斯却认为程序正当有10项基本内容：程序参与性、程序正统性、程序和平性、人道性及尊重个人的尊严、保护个人隐私、协议性、程序公平性、程序法治、程序理性、及时性和终结

① ［英］丹宁著：《法律的正当程序》，李克强等译，法律出版社1999年版，前言第1页。

性。[①] 现在引用较多的是美国学者戈尔丁的正当程序三个方面的九项原则：第一，中立性。包括：(1) 案件与自身有关的人不应该是法官。(2) 结果中不应含纠纷解决者的个人利益。(3) 纠纷解决者不应有支持或反对某一方的偏见。第二，劝导性争端。包括：(1) 对各方当事人的诉讼都应给予公平的注意。(2) 纠纷解决者应听取双方的论据和论证。(3) 纠纷解决者应只在另一方在场的情况下听取一方的意见。(4) 各方当事人都应得到公平机会来对另一方提出的论据和证据作出反应。第三，解决。包括：(1) 解决的诸项条件应以理性推演为根据。(2) 推理应论及所提出的论据和证据。[②] 另外，美国学者迈克尔·D. 贝勒斯正当程序标准也为人所熟知：(1) 和平原则：程序应是和平的。(2) 自愿原则：人们应能自愿地将他们的争执交由法院解决。(3) 参与原则：当事人应能富有影响地参与法院解决争执的活动。(4) 公平原则：程序应当公平——平等地对待当事人。(5) 可理解原则：程序应当能为当事人所理解。(6) 及时原则：程序应提供及时的判决。(7) 止争原则：法院应作出解决争执的最终决定。[③] 我们认为，正当程序的标准不应当有完全相同的标准，但可以有最低标准，这些最低标准应当有以下几个方面：(1) 程序法定，即程序必须事先由法律明确规定。(2) 程序人道，即程序必须以尊重人的基本尊严、保护人的基本权利和自由的方式进行。(3) 程序中立，即裁判者在双方当事人之间严守中立，不存有针对任何一方当事人的偏见。(4) 程序平等参与，即给予受实体结果影响的当事人平等的、充分的机会和便利参加诉讼，并保证其参与对裁判者的裁判产生实质性影响。(5) 程序自治，即裁判的结果必须产生于程序自身，排除一切非程序因素的干扰。(6) 程序公开，即程序不仅要向受程序结果影响的双方当事人公开，也要向社会公众公开，从而使程序正义真正成为“看得见的正义”。

从以上有关正当程序的争议来看，更多是集中在程序如何才是正当的问题上，是一种静态的分析，更多的是对立法的要求，而对于正当程序的动态分析，即执法方面的正当程序却较少关注。其实，一个完整的正当程序应有两个方面的要求：一

---

① 陈瑞华：《通过法律实现程序正义——萨默斯“程序价值”理论评析》，载《北大法律评论》1998 年第 1 卷第 1 辑，第 187~191 页。

② [美] 马丁·P. 戈尔丁著：《法律哲学》，齐海滨译，三联书店 1987 年版，第 240~234 页。

③ [美] 迈克尔·D. 贝勒斯著：《法律的原则——一个规范的分析》，张文显等译，中国大百科全书出版社 1996 年版，第 34~37 页。

是法律规定的程序必须是正当的，这就是众多论者所讨论的静态的正当程序的内容；二是权力的行使必须遵守通过法律规定的程序，此即动态的正当程序。静态的分析只是为权力行使提供一种规范，还只是权力行使正当的可能性，要使可能性转变为现实，关键还在于实践中的权力行使切实遵守了这些程序。从这点来看，正当程序既是检察机关的目标，也是对检察机关的要求。

正当程序是检察机关的目标，这是从检察机关的法律监督定位来看的。有关权力行使的法律程序虽然具有正当性，如果有关机关在行使权力时不遵守这些具有正当性的法律程序，程序正当的价值追求仍然不能实现。而检察机关通过法律监督促使这些机关在行使权力时遵守具有正当性的法律程序，也就成为正当程序目标得以实现的关键一环。从这点来看，检察机关的法律监督旨在保证程序正当的实现。程序正当是检察机关的要求，则是从检察机关也是一种权力执行者来说的。从我国检察机关的职能来看，检察机关的法律监督行为也往往会关系到公民的权利、义务的分配与承担，如检察机关的侦查与公诉行为就直接关系到公民的权利与义务，而诉讼监督虽然只是监督其他机关遵守正当的法律程序，但也间接地影响到了公民的权利与义务。因此，检察机关进行法律监督时也必须遵守正当法律程序。这两方面是相互联系的，检察机关法律监督程序是否正当往往会影响到其监督目标的最终实现，如果监督程序不正当，不仅不能促使有关机关遵守正当法律程序，反而会使这些机关的权力行使脱离正当程序的轨道。我国目前检察机关的法律监督缺乏实效性，其实就与检察机关本身的监督程序的正当性存在问题有关。

对其他国家机关的权力行使进行监督，这主要体现在检察机关的诉讼监督权，即在刑事诉讼中对公安机关、人民法院以及监狱、看守所等刑罚执行机关的诉讼行为合法性和在民事、行政诉讼中对法院的审判行为进行监督。从目前来看，这种诉讼监督的有效性不尽如人意：首先，事后监督和书面监督方式导致检察监督效力大打折扣。根据法律规定，无论是侦查监督、审判监督还是执行监督，除批捕工作之外，人民检察院均采取事后监督的方式，特别是对侦查活动的合法性监督，只能通过审查批捕、审查起诉这种书面方式来进行。事后监督既不利于检察机关及时发现非法行为并给予当事人救济，也会导致证明非法行为（如刑讯逼供行为）的证据灭失，从而影响到对非法行为的查证和处理。而书面监督一般建立在被监督机关自己移送的案卷材料的基础之上，很难客观反映被监督机关实施的非法行为。其次，对于在诉讼监督过程中发现的违法侵权行为，缺乏对相应的程序性法律后果的规定。根据有关的法律规定，人民检察院行使诉讼监督权的具体方式有两种：（1）对于情节较轻的违法行为，如属个别人员的违法，应当向违法者本人口头提出纠正意见；对于带有普遍性的违法行为，应当向所在机关的负责人提出纠正意见。（2）对于侦查、审判、执行机关在诉讼活动中比较严重的违法行为，应当报请检察长批准后，向其发出《纠正违法通知书》，有关机关应立即纠正违法行为并将纠正的情况回复检察机关。但是检察机关的纠正意见对于侦查、审判、执行机关并没有多大的约束力，如果侦查、审判、执行机关拒不接受检察机关的纠正意见，检察机关也无计可施。“这就形成了这样一种现象：监督者的监督意图能否实现取决于被监督者是否配合；如果其不配合，则监督权就落空”,[①] 诉讼监督也就成了一种“乞丐式监督”。

另外，也需要对检察机关本身的法律监督行为进行监督，但有关法律却没有建立相应的有效的监督措施。我国目前对检察权的监督制约主要有：在内部监督层面上是上级检察机关对下级检察机关的领导和制约、检察机关内部各业务部门的职能分工和互相制约等；在外部监督层面上是程序外的监督和程序内的监督，前者包括党的领导、人大及其常委会的监督、人民群众和新闻媒体的监督，以及人民监督员的监督等，后者则指诉讼内的公安机关、人民法院、当事人、律师等对检察机关的监督。但这些监督制约措施在实践中往往很难发挥应有的作用。就内部监督而言，上命下从、检察一体的领导体制这种单向性监督决定了一旦上级机关的检察权运用失当或违法，检察机关依靠自身根本难以纠正错误。同时，固然检察机关内部存在业务部门的职能分工，但检察长负责制和检察委员会讨论决定重大案件制度完全有可能消弭业务部门分工所具有的权力制约功能。就程序的外部监督而言，党的领导是一种宏观领导、政策领导，人大及其常委会的监督也是集体监督、宏观监督和事后监督，人民群众和新闻媒体的监督则有赖于检察业务公开的范围和程度，因此这几种监督方式很难对检察权的行使形成直接、有效的制约。人民监督员制度是近年来检察机关大力推行的监督制约机制，这种监督在形式上具有个案监督、事中监督、直接监督的特点，相对于上述其他外部监督机制而言，其有效性是较为明显

① 张建伟：《从权力行使型到权力抑制型——刑事程序构造的重新设定》，载《政法论坛》2004 年第 3 期。

的。但由于人民监督员制度建立的时间较短，目前仍处于探索阶段，在具体制度上存在许多缺点和不足，如人民监督员欠缺中立性（如人民监督员由检察机关选任、监督办公场所由检察机关负责安排、监督员的物质补助由检察机关支付），监督范围的有限性（目前仅限于检察机关自侦案件中），监督结果的非强制性（人民监督员只提出监督意见）等，这些缺点在很大程度上影响着此种监督制约机制的效果。就程序内的外部监督而言，公安机关、人民法院对检察权的行使未能形成有效制约，检察机关在自侦案件中享有完全的强制措施决定权，不受公安机关和人民法院的制约；检察机关在对公诉案件进行审查决定是否起诉时，其裁量权虽受到公安机关一定程度的制约，但这种制约是以公安机关向检察机关提请复议、复核的方式而存在的，是否起诉的决定权最终仍掌控于检察机关之手，法院对此没有任何制约；对于检察机关提起的公诉，法院没有进行实质性审查的权力，只要起诉符合法律规定的形式要件，法院必须开庭审理；在审判过程中，检察机关变更、追加、撤销公诉的权力几乎不受法院的监督和制约；案件审结后，只要检察机关认为法院的生效裁判在认定事实、适用法律上确有错误，就可以通过抗诉启动审判监督程序，不论抗诉是否有理，法院必须对案件进行再审等。

如何解决上述这些问题，我们认为，其实上述两个方面在解决措施上是相互联系的，即关键在于对检察机关的法律监督程序进行正当化改造，一方面可以解决检察机关本身的法律监督程序的正当性问题，另一方面可解决检察机关诉讼监督的有效性问题。具体来讲，就是根据正当程序原则对检察权的运行程序进行一种诉讼化改造，比如将事后监督、书面监督改造为事前、事中以言词方式进行，将当事人、诉讼参与人的申诉、控告改造为告诉，将对违法行为的口头或书面纠正意见改造为程序性制裁机制，将审查起诉程序改为一种类似于听证式的诉讼程序，使法律监督成为具有较强公开性和参与性的程序，同时为当事人提供充分的救济途径，将检察权的行使置于当事人、诉讼参与人及其他诉讼机关的监督之下，在解决谁来监督监督者问题的同时，解决法律监督的实效性问题。

四、检察制度原理与法哲学

从这七大原理的内容与要求来看，权力模式原理与权力制衡原理属于检察制度的结构性原理，它们解决的是影响检察制度本身内部结构与组成的外部制度环境问题，说明了不同的国家权力结构之下往往会形成不同的检察制度，我国检察制度是由我国人民代表大会制这一政权组织形式所决定的，在检察制度的理论研究与制度完善过程中应当避免一种不加批判的移植或模仿。公平正义原理、公共利益原理与法制统一原理是检察制度的功能性原理，功能往往是对某种需要的满足，因此，这三个原理其实也就是我国检察制度所要实现的三个目标。其中，法制统一旨在公平正义与公共利益的实现，而公平正义与公共利益又是相互促进的，没有不要公共利益的公平正义，也没有能远离公平正义的公共利益。只有通过公平正义才能实现公共利益，只有包含公共利益，公平正义才是真正的公平与正义。人权保障既是检察制度的目标，也是公平正义、公共利益得以实现的重要手段。因此，人权保障既是检察制度的功能性原理，也是检察制度的工具性原理。正当程序原理则是检察制度诸多功能得以实现的途径，只有通过正当程序原理，公平正义、公共利益、人权保障以及法制统一才有可能实现。因此，正当程序原理也就是检察制度的运作性原理。如果将检察制度比喻成一个运动着的物体，权力模式原理与权力制衡原理揭示的是该物体的内部构造，正当程序反映的是该物体运行的轨道，而其他原理则是该物体运行所指向的目标。没有正当程序的规范，检察制度不可能实现上述各种功能；没有这些功能的指引，检察制度就失去了行动的方向；没有权力模式原理与权力制衡原理的支撑，检察制度既不能走向正当程序，也不会达到预定的目标。因此，在检察制度的研究与制度构建中，必须全面考虑这七个方面的内容，只有这样才有可能避免陷入一种理论的边陲化陷阱，才能适应我国目前的社会状况建立一套极具中国特色的检察制度。

如何从法哲学的视角来看《检察制度原理》呢？《检察制度原理》于2009年4月出版发行，不到半年的时间，报刊发表的书评以及引证已有数十篇，从评论中可以看出，如何从法哲学的视角理解和认识检察原理研究，已经成为人们关注的热点。《人民检察》杂志2010年第3期谢鹏程研究员在《突破重点　科学发展》一文中指出：“樊崇义主编的《检察制度原理》则可视为检察价值论方面的开篇之作，但是，检察认识论仍然是一块处女地”，[①] 他还指出“一般而言，检察原理应当包括检察本体论，检察价值论和检察认识论三个部分。”[②] 他对《检

① 谢鹏程：《突破重点　科学发展》，载《人民检察》2010年第3期。
② 谢鹏程：《突破重点　科学发展》，载《人民检察》2010年第3期。

察制度原理》从检察价值论视角的研究成果是这样论述的："樊崇义教授主编的《检察制度原理》把研究的重心放在检察制度的价值基础（权力制衡、公平正义、公共利益、法制统一、人权保障、正当程序）之上，并以此为契机，深刻阐述了这些价值与检察制度、检察工作之间的内在联系，对于理解和改革检察制度都具有理论指导作用。就其主要内容和理论成就而言，尽管它没有对检察价值的概念、特征和分类等基础性问题进行论述，但它仍然可以被视为我国第一部检察价值论专著。"① 对于谢鹏程研究员这样精辟的研究，以及他从法哲学的视角对《检察制度原理》的高调定位，笔者内心是十分感谢的。但是，如果真正从法哲学科学体系的构成来看以上七大原理的定位和定性分析，笔者认为关于权力机构模式原理和权力制衡原理应归属于检察本体论范畴。因为这两个原理是对检察权之生成和本质属性之归纳，它还不是价值论层面的问题；公平正义原理、公共利益原理、法制统一原理才是检察价值论的范畴，因为这三个原理是阐述具有中国特色检察制度的价值、功能、作用，或曰目的的；人权保障原理和正当程序原理是检察制度运行论的范畴。由此可见，从法哲学的角度理解上述七大原理，不仅仅是检察价值论的突破，还涉及检察制度本体论和检察制度运行论的范畴。确实如谢鹏程研究员所云，检察认识论范畴，尚未涉及。不过，本书所述的诉讼认识论是检察人员在刑事诉讼中所不可缺少的。

五、法律监督职能哲理论纲

许多文章在论证检察机关法律监督职能的正当性、科学性、必要性时，一个重要的理由或论据就是因为我国《宪法》第 129 条规定："中华人民共和国人民检察院是国家的法律监督机关。"这种实然性的回答，还不能令人彻底信服，我国宪法为什么要这么规定呢？其应然性何在？回应对检察机关法律监督的质疑，必须从实然走向应然，亦即从法哲学的高度（或曰深度）才能说明问题，并令人信服。我国宪法的规定是法律的实然性范畴，只满足于法律实然性范畴的解释，是不能从根本上解决问题的，只有从法哲学的角度，立足于应然性范畴，对实然作出理性阐述，从哲理的高度进行哲理性说明才能做到有针对性。为了解决这一关系到法哲学的问题，最近一个时期笔者作了一些研究和思考，尚未成形，

---

① 谢鹏程：《突破重点　科学发展》，载《人民检察》2010 年第 3 期。

更不成熟，仅把自己的一些粗浅的想法提供给大家，以期指教。

关于“法律监督”的哲理基础研究，早在20世纪80年代初期王桂五同志就指出：“各种类型的检察制度都有各自的理论基础，不过理论认识的自觉程度有所不同，在理论形态的系统化和完备程度方面也有差别。封建主义的检察制度是以封建的中央集权主义作为理论基础的。资本主义的检察制度是以分权学说作为理论基础的。列宁领导创建的社会主义检察制度，则具有更加明确的指导思想，即法制统一的思想。我国检察制度是自觉地建立在马克思列宁主义、毛泽东思想的基础上的。具体地说，有以下几个方面：

在政治理论方面，是以人民民主专政即无产阶级专政的理论为指导思想的。人民民主专政的国体决定检察机关的性质和任务，基于民主集中制原则的人民代表大会制度决定检察机关在国家机构中的地位和职能，人民民主专政的理论指导检察机关的实践活动。

在法学理论方面，是把列宁关于法律监督的理论和中国的实际相结合，坚持法制统一的原则，并有所发展，显示出中国检察制度的特色。

在哲学思想方面，是把唯物辩证法和认识论应用于检察活动，从对立面的斗争（在哲学意义上说，法律监督就是对立面的斗争）中实现法律的要求，正确办理案件，并且形成‘公、检、法’在办理刑事案件中的分工负责、互相配合、互相制约的制度。”①

对检察学研究造诣颇深的王洪俊教授也指出：“辩证唯物主义揭示：一切事物的发展都是矛盾运动的过程，矛盾是事物发展的动力和根本原因。公、检、法三机关分工负责，互相配合，互相制约制度的制定，是把辩证唯物主义的认识论原理运用于办理刑事案件的过程。检察机关在刑事诉讼活动中，通过运用法律监督职能，与公安机关、人民法院互相配合，互相制约，就是为了发现矛盾，解决矛盾，以消除办案人员的主观随意性和片面性，排除各种客观障碍，逐步深化对案件事实的认识，最后发现案件的客观真实。检察学必须自觉运用矛盾学说和认识论的基本观点，深入分析检察人员在诉讼过程中发现和解决矛盾的特点，揭示出检察机关法律监督的客观规律。”由此可见，如何从马克思主义哲学原理方面

① 王桂五：《关于检察学研究的几个问题》（检察学研究论文集），沈阳市检察学会1986年印，第7页。

阐释我国检察机关法律监督的科学性和正当性，早已为理论界权威人士所重视，他们在20世纪80年代就提出唯物辩证法和认识论是揭示检察机关法律监督的理论武器，而马克思主义辩证唯物主义的认识论和方法论，更是我国《宪法》第129条的理论根据。但是，对这一哲理根据的具体内容是什么？深入探讨的文章并不多见。近一个时期，在学习科学发展观的活动中，笔者把“法律监督”、“诉讼规律”、“有中国特色的检察制度原理”等命题，联系起来进行了哲理思考，关于检察机关法律监督职能的科学性和必然性，有以下几个方面的立论。

（一）一元分立论

从具有中国特色的检察制度的法律监督职能的生成来看，是有其深刻的宪政基础的，这种宪政基础，笔者把它概括为“权力结构模式原理”。在现代国家这种普遍化的分权体制下，检察权作为国家权力的一部分，必然会处于一种权力结构之中，与国家权力的其他组成部分发生各种各样的关系，从而构成一种体现检察权不同地位和作用的国家权力架构形式，即权力结构模式。不同国家不同的权力结构模式，决定着检察权的地位和作用，决定着检察职能分工。

我国《宪法》第2条规定：“中华人民共和国的一切权力属于人民。人民行使国家权力的机关是全国人民代表大会和地方各级人民代表大会。”第3条第3款进一步规定：“国家行政机关、审判机关、检察机关都由人民代表大会产生，对它负责，受它监督。”这表明，人民代表大会制度是我国的根本政治制度，人民代表大会拥有一切国家权力，国家行政机关、审判机关和检察机关都是由人民代表大会产生并对人民代表大会负责的国家机关，是根据人民代表大会的授权行使部分国家权力。这样一种宪政制度，就决定了法律监督机关存在的必然性。[①]因为作为国家的最高权力机关，人民代表大会和地方各级人民代表大会享有最高的和广泛的职能，它对各级行政机关、检察机关和司法机关虽然有广泛的最高监督权，但这种监督职能是宏观的，只能针对带有影响的重大事项，而不可能对遵守和执行法律进行经常性的监督，按照国家权力的制约制衡原则，防止违法犯罪情况的发生，防止权力走向腐败，理所当然要在一元化的人民代表大会之下设立一个专门的法律监督机关。所以，对人民检察院的法律监督职责的授权，这是由我国人民代表大会的宪政制度所决定的；另外，在我国这种宪政体制下，隶属于

① 孙谦主编：《中国检察制度论纲》，人民出版社2004年版，第77页。

人民代表大会的各个国家机关之间，互不隶属，各自独立，行使人民代表大会授予的权力，这种独立又不互为隶属的性质，在权力运行的过程中，特别是对法律的统一实施和执行，也必然要有一个专门的法律监督机关，履行监督制约、制衡职能，以防止权力腐败，保证其正常运行。

我国宪政体制中的权力结构模式，不同于西方国家。一是以美国为代表的平面结构模式。这种分权理论认为，国家权力应当分为三种权力：立法权、行政权和司法权，并应该分别由不同的人或不同的机关掌握，否则，公民的自由便没有保障。这三种权力是不分层级而平行的，在同一个权力平台上，各种权力主体之间形成法律上的牵制关系，消灭独尊的、绝对的权力。

二是以英国与法国为代表的半平面化权力结构模式。在英国，虽然也实行三权分立，也强调立法权、行政权和司法权的相互分立与制约，但这种分权是在形式上维护代议制机关的最高权威的基础上实行的分权。也就是说，在权力平台上，各种权力并不完全处在同一个平面上，立法权高于其他权力，只是立法权在运作时又参与到同其他权力的制约中来，因此与美国权力结构模式相比，只能称为半平面化的权力结构模式。在法国，根据1958年制定的法兰西宪法，国家权力分为立法权、行政权、司法权等权力，但是，行使这些权力的主体都可以同时行使其中两项或两项以上的权力，特别是行政权表现得十分强大，行政权优位表现得明显。一方面，总统的产生和权限类似美国总统；另一方面，法院可以通过司法审查权来对议会的立法权和政府的行政权进行平衡、制约，以防止立法权和行政权的膨胀、扩张或滥用。

美国的平面化权力结构模式，和英国、法国的半平面化权力结构模式，都是三权分立体制的不同表现，可统称为三权分立的权力结构，我国的则可称为一元分立的权力结构。虽然不同权力结构的分权目的都在于对国家权力予以有效制约，但不同的权力结构下产生了不同的法律监督需求，从而出现不同的检察权。在西方国家三权分立权力结构模式下，检察机关只是一种公诉机关，行使的只是一种具有控告性质的公诉权，检察机关的其他权力都是在此权力基础上衍生的一些附属权力。

在我国的一元分立的权力结构之下，在权力运行的基本逻辑起点上与三权分立结构一样，都是以权力与规范间的关系为依据所作的划分，即制定规范的权力是立法权，执行法律的权力是行政权，对行为的合法与非法作出规范性判断的权力是司法权。不同的是，在马克思主义人民主权的国家学说之下，人民是国家权力的拥有者，代表人民行使国家权力的人民代表大会在理论上拥有所有的国家权力，但由于执行法律的行政权与对行为合法与否进行规范性判断的审判权是一种经常性的权力，而人民代表大会只是一种定期性的机构，为了解决这种矛盾，只能由代表人民行使国家权力的人民代表大会产生行政机关与审判机关来行使行政权与审判权，而人民代表大会本身只行使不具有经常性的立法权。在此种情况下，权力机关人民代表大会虽然是行政权与审判权的来源，行政机关与审判机关要对权力机关负责和受它监督，但由于人民代表大会作为一个定期性的议事机构，很难对经常性的、大量的行政活动与审判活动进行动态的、有效的监督与制约。为了弥补这种监督与制约的不足，就需要由人民代表大会在行政权与审判权之外设置一个经常性的法律监督权，来保证法律的统一性。因此，可以说，在行政权与审判权之外另设专门的法律监督权，是一元分立权力架构下对权力运行和制约的必然选择。

（二）对立控制论

辩证唯物主义揭示，一切事物的发展都是矛盾对立运动的过程，对立与矛盾是事物发展动力的根本原因。运用对立统一的世界观方法论，观察和研究我国“一元分立”的权力结构模式，就不难看出检察机关的法律监督职能。把辩证唯物主义关于对立统一的规律运用于国家权力机关的运行过程中，尤其是公、检、法三机关之间分工负责、互相配合、互相制约的办案过程中，以保证权力正常运行和科学、健康地发展。

同时，权力的对立制衡理论是任何一种形式的国家权力结构模式的普遍规律。我国不搞三权（立法、行政、司法）分立，但是，权力制衡理论却有普适性，这是由于权力作为一种社会关系，它是一种有目的地支配他人的力量，这种支配往往能给权力拥有者带来物质和精神利益。“人们追求权力不仅仅是因为权力能满足个人的利益、价值和社会观念，而且还有权力自身的缘故，因为精神和物质的报酬存在于权力的所有和使用之中。”① 正因如此，权力不仅容易成为人们追求的对象，而且也往往容易被滥用而成为权力拥有者谋取私利的工具，所

① ［美］约翰·加尔布雷恩著：《权力的分析》，陶远华、苏克军译，河北人民出版社 1988 年版，第 7~8 页。

以，孟德斯鸠指出，“从事物的性质来说，要防止滥用权力，就必须以权力约束权力。”① 正是因为国家权力这些本质特征，资产阶级国家从产生到发展，运用制衡理论，形成三权分立的国家权力结构模式，在我国一元分立的权力结构模式下，作为国家权力的行政权、司法权毫不例外，同样离不开监督和制约。否则，必然导致权力的滥用和腐败，这是不依人主观意志为转移的一个客观规律，这是由权力的本质特征所决定的。

当然，对于权力制衡原理的运用，在我国一元分立模式下的对立与制衡，与三权分立模式下的对立与制衡，有着本质的不同。一是我国是人民当家做主的国家，这种对立和制衡是代表广大人民群众的根本利益而行使法律监督职责，它的正当性和必然性，不言自明；二是我国对制衡原理的具体运用的内容和方法与西方国家三权分立的制衡过程是完全不同的。特别是检察机关法律监督的地位，以及监督的内容、形式和法律后果，更有其特殊性。

在我国，由于检察权被定位为一种独立于行政权与审判权的法律监督权，检察权对审判权与侦查权具有较西方国家更广泛的制衡作用，尤其在对审判权的制衡上，不仅仅限于刑事司法领域，还包括民事与行政诉讼领域。在对审判权的制衡上，根据我国相关法律的规定，一是通过公诉权中的审判启动权，防止法院主动追诉和无诉而判；二是通过起诉书而限制法院的审判范围，防止法院扩大审判范围；三是通过对有错误的未生效判决、裁定提出抗诉来防止法院枉法裁判；四是通过对有错误的生效判决提出抗诉来保证法院依法裁判；五是通过审判监督权来防止法院审判程序违法；六是通过判决执行监督权来保证法院依法进行刑罚的减免与假释。在对侦查权的制衡上，目前主要通过两方面进行制衡：一方面是通过侦查监督权（包括批捕权），促使侦查机关依法立案与遵守侦查程序；另一方面通过行使起诉与不起诉权，促使侦查机关依法办案。另外，根据我国《监狱法》的规定，检察机关还可以通过刑事判决执行权制衡司法行政机关的行政执法权。

（三）存在决定论

恩格斯指出：“全部哲学，特别是近代哲学的重大的基本问题，是思维和存

---

① ［法］孟德斯鸠著：《论法的精神》，张雁深译，商务印书馆 1961 年版，第 154 页。

在的关系问题。”① 这是我们观察世界和认识世界的一个基本立场和基本方法。关于检察机关法律监督的科学性、正当性和必然性问题，亦即为什么要赋予检察机关法律监督职权，除了上述的权力结构模式和权力对立制衡原理以外，另一个重要的理由就是回归现实，回归客观存在，回归司法现状，笔者认为法律监督是客观存在之必须，客观要求之必然，我们可以把这一思维和认识概括为：存在决定论。

什么是“存在”？什么是“现实”？

首先，我国当前正处在社会主义社会发展的初级阶段，目前中国社会显现的阶段性特征在呼唤法治，要求法制的统一，专门的法律监督职能必须加强而不能削弱。“从国内看，我国正处在改革和发展的关键阶段，经济体制深刻变革，社会结构深刻变动，利益格局深刻调整，思想观念深刻变化，社会建设和管理面临许多新课题，维护社会和谐稳定的压力加大；从国际上看，西方反华势力仍在加紧对我国实施西化、分化战略，一些境外非政府组织加紧对我国进行渗透破坏活动，对维护国家安全、维护社会和谐稳定构成了严峻挑战。这些复杂的国际国内因素，使我国社会在总体稳定中呈现出人民内部矛盾凸显、刑事犯罪高发、对敌斗争复杂的特点。在这种形势下，只有坚定不移地推进依法治国的进程，才能保证国家长治久安；只有坚持和完善中国特色社会主义检察制度，发挥社会主义司法制度的优越性，才能有效地保障法制统一和司法公正。”② 同时，构建社会主义和谐社会，实现民主政治、公平正义、诚信友爱、充满活力、安定有序、人与自然和谐相处的社会，检察机关的法律监督职责，直接肩负着社会稳定，实现社会公平正义的重大责任，尤其是在惩治犯罪，保障人权，化解矛盾，调节社会关系，维护社会稳定，实现法制统一等方面所发挥的作用，是任何一个国家权力机关所无法替代的。

其次，在转型时期的中国，腐败现象仍然存在，惩治腐败的法律监督职能只能加强而不能削弱。对于这个问题的认识，笔者想用党的十七届四中全会的《中共中央关于加强和改进新形势下党的建设若干重大问题的决定》中所指出的关于

① 恩格斯：《路德维希·费尔巴哈和德国古典哲学的终结》，载《马克思恩格斯选集》（第 4 卷），人民出版社 1972 年版，第 219 页。

② 孙谦：《中国特色社会主义检察制度》，中国检察出版社 2009 年版，第 35 页。

"加快推进惩治和预防腐败体系建设，深入开展反腐败斗争"的论述来回答。当今中国所显现的一个重大特征就是腐败现象还严重存在，该决定明确告诉我们："坚决反对腐败，是党必须始终抓好的重大政治任务，必须充分认识反腐斗争的长期性、复杂性、艰巨性，把反腐倡廉建设放在更加突出的位置。"① 同时还指出，要"加大查办违纪违法案件的工作力度。保持惩治腐败高压态势，坚决遏制一些领域腐败现象易发、多发势头。绝不让任何腐败分子逃脱党纪国法惩处。严肃查办发生在领导机关和领导干部中滥用职权、贪污贿赂、腐化堕落、失职渎职案件，严肃查办商业贿赂案件和严重侵害群众利益案件，严肃查办群体性事件和重大责任事故背后的腐败案件。加强工程建设、房地产开发、土地管理和矿产资源开发、国有资产管理、金融、司法等领域专项治理。健全反腐败协调工作机制，加强查办大案要案组织协调，形成整体合力。健全反腐倡廉网络举报和受理机制、网络信息收集和处置机制。坚持依纪依法办案，完善举报人和证人保护制度，保障被调查人合法权益，依法追究诬告陷害行为。完善重大案件剖析制度和通报制度，发挥查办案件惩戒功能和治本功能。"②

司法领域中的腐败易发多发的势头已经成为一个不容回避的客观事实。发生在司法领域中的腐败大案要案我们没必要在文中一一列举，这一客观存在的严重性已经成为人民群众反映强烈的问题，司法腐败的矛头所向，不仅仅是利用手中的司法大权，攫取私利，更重要的是司法不公，"这既影响了法律在人民群众心目中的形象和审判权威，也妨碍了司法活动的目标即公平和正义在全社会的实现。这种客观现实，要求在诉讼程序中必须有一种有效的救济途径，使不公的裁判得以纠正。而检察机关通过提起抗诉的程序比其他任何程序都更有效。因此，加强对审判活动的法律监督，是保证裁判公正从而维护司法权威的客观需要，也是防止审判权滥用的现实需要。"③

司法权是国家权力的一部分，审判权是实现社会公平正义的最后一道屏障，其性质和地位的重要性，更能显现其必须接受监督的必要性。因为"权力使人腐

① 《中共中央关于加强和改进新形势下党的建设若干重大问题的决定》，载《检察日报》2009 年 9 月 28 日第 2 版。

② 《中共中央关于加强和改进新形势下党的建设若干重大问题的决定》，载《检察日报》2009 年 9 月 28 日第 2 版。

③ 孙谦主编：《中国检察制度论纲》，人民出版社 2004 年版，第 94 页。

化，绝对权力，绝对腐化。”① 权力的易腐性和寻租性是权力的固有属性。审判权的重要性，以及司法实践中出现的问题，这一客观存在就是监督职能正当性的科学根据。至于为什么由人民检察院来行使这一职权，它的必要性和可行性是由我国权力结构模式的宪政制度所决定的，前文已作论述。还有法律监督职能与公诉职能的关系，出现的矛盾与冲突如何处置将在下文论述。

（四）职权二元论

检察机关的职权，是指为了实现检察职能，国家法律赋予检察机关的各项权能。关于检察机关的职权问题，我国《宪法》、《人民检察院组织法》，以及《刑事诉讼法》虽然都作了明确的规定，但是对其各项职权的归类、定位、关系等方面的认识和运行，从理论界到实际工作部门均有不同的理解，尤其是关于法律监督和公诉两职能的关系，众说纷纭，归纳起来也就是“职权一元论”与“职权二元论”之争。有专家、学者认为，“法律监督方式和手段的多样性、多元化与法律监督本质和职能的唯一性、统一性并不矛盾。各种检察职能包括诉讼职能和非诉讼职能统一于法律监督，都是法律监督的实现方式和途径。法律监督方式和手段的多样性与法律监督性质的唯一性是统一的，共性寓于个性之中，个体体现共性。检察机关不具有与法律监督平行或并列的其他职能。我们反对检察定位和性质的多元论，即反对把公诉职能和侦查职能与法律监督职能并列，或者把检察机关定位为公诉和法律监督机关。正是在这种意义上，我们坚持法律监督一元论，因为只有一元论才符合我国宪法和法律关于人民检察院是国家的法律监督机关的规定，才具有理论上的彻底性，才能理解各种检察职能之间的内在联系，发挥检察职能的整体效能，坚持检察改革的正确方向”。②

这种检察职能一元化的论点，有其一定的道理。特别是从广义上理解“法律监督”职能，法律赋予检察机关的公诉职能，还有侦查职能，以及其他权能，无可非议，都可以囊括在法律监督职能之中。但是，真正从理论研究和实际工作的运作过程分析，法律监督职能与公诉职能，虽有联系，可其差异还是相当大的，对这种差别的理解，笔者认为是带有实质性的，如果不加以区分，将直接影响两种职能的运作效果。出于这种思考，笔者坚持“职权二元论”的观点，其理由

① 俞荣根著：《文化与法文化》，法律出版社 2003 年版，第 172 页。

② 孙谦著：《中国特色社会主义检察制度》，中国检察出版社 2009 年版，第 42 页。

如下：

第一，法律授权检察机关的法律监督职权和公诉职权，两项权力的授予目的不同，法律监督的目的是以权力制衡权力解决国家权力的滥用，以实现法制的统一；公诉职能则是一种诉讼职能，诉讼分工，它是按照诉讼的运行，对侦查、审判的制约，奉行“分工负责，互相配合，互相制约”的原则，其目的是共同完成诉讼的任务。

第二，监督和制约的概念和内涵不同。所谓监督是指“察看并督促”，[①] 从旁边察看、监视；而“制约”则是“甲事的本身的存在与变化，以乙事物的存在和变化为条件，则甲事物为乙事物所制约，互相制约”。[②] 刑事诉讼的公诉职能，以侦查职能的存在和变化为条件，公诉与侦查之间相互制约，公诉的存在与变化又是审判的前提和条件，公诉与审判之间形成相互制约的关系。整个诉讼的进程，前者是后者存在的前提条件，后者是前者发展的必然结果，形成了一种结构严密的诉讼法律关系。检察机关的法律监督则不然，它与侦查、审判等各个诉讼阶段，没有相互依存，互为条件的法律关系，它只是察看和督促，或程序的启动和建议。当然，目前的司法改革中，不少学者建议，要强化法律监督，对法律监督的启动权和建议权的进一步强化，提出了三项建议，“一是把法律监督权仅仅定位于法律程序启动的建议权，则法律监督权的地位或效力应当低于被监督的权力，即法律监督权的全部内涵只能提出纠正建议，而不能停止决定的执行。在监督与被监督关系中，被监督者居于主导地位，法律监督者居于次要的地位，建议提出了，被监督者是否接受，是否按照建议的内容变更决定，则是被监督者的事，法律监督者无权干预。二是把法律监督权定位于法律实施的督促权，则法律监督权与被监督权地位应当是对等的，在监督与被监督的关系中，监督者与被监督者居于平等的地位，监督者和被监督者可以有效交换意见，发现被监督者在适用法律和认定事实存在问题时，可以督促被监督者采取措施予以变更。三是把法律监督权定位于纠正权，则法律监督权应当高于被监督权，法律监督者的地位高于被监督者，法律监督者认为被监督者违法执法时，有权停止被监督者的执法行为并向违法者提出纠正，被监督者应当执行监督者的纠正决定。在监督与被监督

① 《现代汉语词典》，商务印书馆 1973 年版，第 490、330 页。

② 《现代汉语词典》，商务印书馆 1973 年版，第 490、330 页。

关系中，监督者居于主导地位。”① 这些建议，对提高建议权的法律效力，提高法律监督者的地位，赋予监督者纠正权等具有重要意义。笔者认为，这不仅涉及，对“监督”一词的理解问题，更重要的是涉及一个立法问题，关系到法律的修改和应否修改的问题，尤其是关于监督者和被监督者的法律地位问题，监督者要高于被监督者，并有权停止被监督者的执法行为并向其提出纠正意见，被监督者应当无条件执行监督者的纠正决定。这些强化手段和措施，完全需要立法的授权。同时，这些授权同诉讼的规则和规律如何协调一致是值得进一步研究的。

第三，出于尊重和遵循诉讼规则和规律的需要，不能把诉讼中的法律监督职能与公诉职能合二为一。在刑事诉讼中，从立案侦查到刑罚的执行，它完全是平等主体，按照平衡、对等、公开、透明等原则，依照法定的程序，有步骤、按次序，一步一步往前运行，在程序的设计上，检察机关通过公诉求刑，各方参与人参加法院进行审判，一审宣判后当事人不服有权上诉，公诉机关有权抗诉，案件进入第二审程序，判决生效后，当事人不服还可申诉，检察机关不可通过审判监督程序进行抗诉，履行其法律监督职责等。这些设计严密科学的程序，从启动到交付执行，从求刑到判决生效，完全有它自身运转的规律，笔者认为诉讼这规律不容违背。因此，一些学者提出质疑，公诉加监督，既是运动员，又当裁判员，以此为借口来反对或取消法律监督职能是不对的。但把两种职权合二为一，职能一元化的提法和做法，笔者也认为这样做既有违诉讼规律，又不利于强化诉讼中的法律监督。笔者主张，以职权二元化为指导，公诉与法律监督分离，检察机关借司法体制改革之机，设置专门的法律监督机构，以履行法律监督职责，对于诉讼中违法乱纪，滥用职权，大搞关系案、人情案、金钱案、权钱交易的腐败问题，加大惩处力度。这样做完全可以避免集“运动员与裁判员”于一身的弊端，既尊重了诉讼运动规律，又强化了法律监督的职责。

第四，从公诉权的产生、发展来看，公诉一直是检察机关的基本职能，我们不能在“职权一元化”的命题下，轻易地把提起公诉并于法律监督之中。纵观世界两大法系各国检察制度的发展史，包括苏联、俄罗斯以及中国的检察制度的生成和发展，世界各国无不把公诉职能作为检察制度的一项重要的基本职能，尤其是近代和现代检察制度的发展变化，其公诉职能都在不断地加强，大陆法系国

① 向泽选著：《法律监督原理》，群众出版社 2006 年版，第 5~6 页。

家的代表德国和法国是这样，英美法系国家更是这样，根据英国《犯罪起诉法》的规定，自 1986 年在英格兰和威尔士建立了由总检察长领导的全国性的起诉机构，加强了对公诉权的控制，扩大了检察机关的职权，突出了国家追诉的重要性。[①] 就对我国检察制度影响较大的苏联和俄罗斯的检察制度而言，也并没有奉行职权一元化的理论设计，而是在倡导和奉行法制统一，强化法律监督的同时，把公诉职能作为检察机关一项重要的基本职能在不断加强。笔者认为，在刑事犯罪不断攀升的今天，检察机关的公诉权，即对刑事犯罪的追诉权提起公诉、支持公诉等一系列诉讼活动，不宜轻易地纳入法律监督职能之中，当然广义地理解，也可以说得过去。从检察职责和权力而言，独立于法律监督，将其纳入诉讼的轨道，遵循诉讼的规律，有其独立的功能和价值，它能保证诉讼渠道通畅，实现公诉职能专业化，保证公诉的质量，回应对检察权的各种质疑，对最终实现检察机关法律监督职能更具特殊意义。

综上，笔者认为检察职权二元论比一元论要好，按照二元论的理论设计检察机构设置，理顺诉讼渠道，遵循诉讼规律，保证公诉质量，强化法律监督，更具科学性。当然，我们在进行职权二元论的哲理思考时，也绝不能削弱法律监督的职能，笔者认为法律监督与公诉二者是辩证统一的，都是我国检察权不可偏废的，不可忽视的两个重要组成部分、两种基本职能。公诉职能加强了，法律监督的效果必然会显现出来，公诉是手段，法律监督是目的，实现法制统一是效果。我们要用马克思主义的辩证统一的世界观和方法论正确审视“职权二元论”。

① 孙谦著:《中国特色社会主义检察制度》，中国检察出版社 2009 年版，第 72~73 页。

第八章　刑事诉讼法再修改理性思考*

一、理性解读

虽然现代西方大儒雅斯贝斯曾言："完成从而认识理性是什么，从来是并且永远是真正的哲学任务"，[①] 但是，对于何谓理性，从古到今，却是众说纷纭。连哲学大师黑格尔也不得不发出这样的感慨："我们一般时常和多次听人说起理性，并诉诸理性，却少有人说明理性是什么，理性的规定性是什么？"[②] 现在一般认为，理性常在三种意义上使用：本体论、认知论、实践论。其中，用得较多的是后两者。

本体论意义的理性指的是作为人区别于动物的、用以调节自己的欲望、控制自己的行为，以协调自己与他人、社会的关系的精神活动与能力。这种具有浓厚伦理色彩的理性早在古希腊时就已产生。柏拉图就认为，"人的灵魂分为三个部分，即情欲、意志和理性"，"三者之间有着一定的等级统属关系，理性最高，意志次之，情欲最低"，"一个有道德的人，就是一个理性控制了情感与情欲的人。"[③] 另外，弗洛伊德的"自我"的理性定义，其实也是一种本体论上的理性。他认为，人人皆有本我，即人人都有天性、本能、七情六欲或感情，满足这些是人生的根本动力，这就需要通过超我即压抑本我的规范来进行控制，否则一味地放纵本我，人便会成为害群之马，受到社会的制裁；而一味服从超我，便会使自己异化而成为不正常的工具人。为此，人生便意味着随时地用自我在本我与超我

---

* 本章内容由吴光升博士协助整理。

① ［德］卡尔·雅斯贝斯著：《生存哲学》，王玖兴译，上海世纪出版集团 2005 年版，第 51～52 页。

② ［德］黑格尔著：《小逻辑》，贺麟译，商务印书馆 1980 年版，第 355～356 页。

③ 罗国杰、宋希仁编：《西方伦理思想史》（上册），中国人民大学出版社 1985 年版，第 157 页。

之间进行判断和权衡。这种自我就是理性。但是，由于古希腊哲学中的神学因素，“理性”在古希腊罗马后期发生变异，并在中世纪的宗教神学中成为上帝的理性，而不是人的一种能力。直到启蒙运动后，理性才又成为人的主体性特征。

认知论意义的理性，也称为理论理性，作为一种观念、知识形成的方式及结果，它是指以概念、判断、推理等思维活动获取高于感性与知性的知识的能力。大多数情况下的理性概念指的是这种认知论意义的理性。例如，以笛卡儿为代表的唯理论理性与洛克为代表的经验论理性，一般都是从认知论的角度来理解与阐述的。这两种观点的区别主要在于知识获得的途径。唯理论认为认识真理和获得普遍有效知识的唯一途径就在于在明确前提基础上通过逻辑演绎推理，凡是不能通过演绎推理证明为真的，都是不可信的知识，如笛卡儿认为，“我思故我存在”，“凡我们能够设想得很清晰、很判然的一切事物都是真的”，“认识外界事物不可靠感官，必须凭精神。”[①] 他“拒绝把任何不能以逻辑的方式从‘清晰且独特的’明确前提中推导出来的从而也不可能加以怀疑的东西视作为真实的东西。”[②] 而经验论则认为，真理或知识的获得不是通过逻辑推理所得，而是从经验中归纳所得，如洛克认为，根本就没有什么天生的观念或天赋的原则，观念来自于经验，“那么我们且设想心灵比如说是白纸，没有一切文字、不带任何观念；它如何装备上了这些东西呢？人的忙碌而广大无际的想象力几乎以无穷的样式在那张白纸上描绘了的庞大蓄积是从何处得来的？它从哪里获有全部的推理材料和知识？对此我用一语回答，从经验：我们的一切知识都在经验里扎着根基，知识归根结蒂由经验而来。”[③] 现在的认知论理性一般是在平衡、调和唯理论理性与经验论理性基础上建立的认知论理性，如康德的认知理性概念就是调和唯理论理性和经验论理性形成的，他认为一切科学知识只能是由感性与知性两大因素构成，是感性材料与知性形式的结合。只是这种调和并不成功，因为他的调和是建立在他认为先验的知性原理和直观形式起主导作用之上的，即以某种固定不变的先验框架来规范、支配感性材料，歪曲了科学来自实践的根本性质。[④] 博登海默

① ［英］罗素著：《西方哲学史》（下），马元德译，商务印书馆1976年版，第87~89页。

② ［英］弗里德利希·冯·哈耶克著：《法律、立法与自由》（第一卷），邓正来等译，中国大百科全书出版社2000年版，第4页。

③ ［英］罗素著：《西方哲学史》（下），马元德译，商务印书馆1976年版，第140页。

④ 李泽厚著：《批判哲学的批判——康德评述》，天津社会科学院出版社2003年版，第52~53页。

的理性概念也可以纳入这范围。博登海默认为，理性概念有广义和狭义的两种，狭义的理性概念就是笛卡儿的唯理论理性概念，而广义的理性概念，也就是“人用智识理解和应对现实的（有限）能力”，这种能力可以使人能够辨识一般性原则并能够把握事物内部、人与事物之间以及人与人之间的某种基本关系，可以使人有可能以客观的和超然的方式来看待世界和判断他人，使人所作的评价并不是基于他本人的那些未经分析的冲动、前见和成见，而是基于他对所有有助于形成深思熟虑的判决的证据所作的开放性的和审慎明断的评断。① 依据这种能力作出论证和判断，虽然是建立在详尽考虑所有同解决某个规范问题有关的事实方面以及根据历史经验、心理学上的发现和社会学的上洞识去捍卫规范性解决方案中所固有的价值判断的，但从逻辑的角度来看，它可能既不是演绎的，也不是归纳的，而且严格来讲也不是使人非相信不可的，不过却可能具有高度的说服力。②

实践论意义的理性，是一种行动的理性，也就是黑格尔所说的行动的推理，它实际上指的是人进行正当行为的能力。由于人的行为往往出于一定的目的，这种目的的达到需要借助相应的方法、手段，实践论的理性实际包括价值理性或目的理性与工具理性两方面。价值理性也就是人类追求合理目标的能力，它要求的是以某种道德的理想和信念作为人们行为的最高目标；工具理性则是人类实现追求目标而使用各种方法、工具的能力，它注重的是如何有效达到预期目的与效果，只考虑行为所达到的功用、利益和效果。工具理性和价值理性最早见诸韦伯的理性异化观点。在韦伯看来，新教徒由于自认为是上帝选民而形成一种“天职”观念的职业伦理，这种职业伦理使得新教徒们争相以世俗工作的成功来证明自己是上帝的选民。这种对世俗工作的追求导致了经济政治活动中理性主义的发展，从而最终推动了资本主义的产生。在这之中，上帝的观念是一种价值理性，而世俗活动则是一种工具理性，这时的理性对新教徒来说是一个完整的统一体。但随着近代科学的迅猛发展，宗教的理论基础受到削弱，人们开始怀疑上帝选民这种价值，“寻求上帝天国的狂热开始逐渐变为冷静的经济德行，宗教的根慢慢枯死”。由于价值理性的丧失，物质与金钱成了人们追求的直接目标，而人的活

---

① ［美］E. 博登海默著：《法理学：法律哲学与法律方法》，邓正来译，中国政法大学出版社 1999 年版，第 454 页。

② ［美］E. 博登海默著：《法理学：法律哲学与法律方法》，邓正来译，中国政法大学出版社 1999 年版，第 260 页。

动本身则异化为经济理性与金钱的手段。“金钱和物质这些身外之物对圣徒来说，本应‘是披在他们肩上的一件随时可甩掉的轻飘飘的斗篷’，然而命运却注定这斗篷变成一只铁的牢笼。”① 理性也因此被分化而主要成为一种工具理性。

从西方社会发展史来看，正是理性促进了科学思维的发展，而科学思维的发展又推动了科学技术的发展，从而促进工业的发展。可以说，是理性带来了现代工业文明。理性虽然催生了现代工业文明，但由于对其的不合理使用，也给现代社会带来了诸多问题，如两次世界大战造成的大规模破坏性后果，全球环境的恶化，贫富两极分化，有关克隆技术的使用问题，等等。再加上“二十世纪的科学已经提供了使得理性主义的雄心显得过于自负的答案，这种答案本身表明人必须改进他那传统的理性概念”，② 理性万能的神话逐渐被打破。如爱因斯坦相对论的提出，使任何自称发现绝对的、终极的知识的观念几乎成为不可能，“相对论的时代使人想要找到他能够为之坚定地毫不含糊地献身的终极价值的希望大大破灭了”；③ 海森堡的“测不准原理”④ 的出现，也使一些西方哲学家认为因果论和决定论因此破产；还有就是哥德尔的“不完全性定律”，⑤ 也使“在那些理性科学中最可靠的领域中出现人的不牢靠感，标志着西方思想中一个新转折点”。⑥ 其他的还有弗洛伊德的精神分析学的创立，也对由亚里士多德提出的“人是理性动物”这一传统观念造成巨大冲击。由于这些问题，不少人把问题的矛头指向理性，怀疑人的理性，如海德格尔就对理性进行了否定：“唯有当我们体会到，千百年来被人们颂扬不绝的理性乃是思想的最顽冥的敌人，这时候思想才能启程。”⑦ 这也就导致现代社会非理性主义和反理性主义的诞生。非理性主义，也称非逻辑主义，这种观点一是主张知识的相对化，认为并不存在绝对的知识，如

---

① ［德］马克斯·韦伯著：《新教伦理与资本主义精神》，于晓、陈维刚等译，三联出版社 1987 年版，第 138~142 页。

② ［美］威廉·巴雷特著：《非理性的人》，彭镜禧译，商务印书馆 1995 年版，第 36 页。

③ ［美］L. J. 宾克莱著：《理想的冲突》，马元德等译，商务印书馆 1983 年版，第 52 页。

④ 由德国物理学家维尔纳·海森堡在 1927 年提出，这一理论表明了要同时测定微观粒子的位置和动量是不可能的，即我们不可能设想出任何一种办法，把任何一种物体的位置和动量同时精确地测量下来。把位置测定得越准确，能测得的动量就越不准确，测得的动量越准确，能测定的位置就越不准确。

⑤ 由德国著名数学家哥德尔在 1931 年提出，该定律与塔斯基的形式语言的真理论，图灵的判定问题理论，被赞誉为现代逻辑科学在哲学方面的三大成果。该定律表明我们永远不可能把数学形式化为任何完整的系统，或者说我们根本不能建立一组可以凭以推导出一个完美无缺的数学体系的公理。

⑥ ［美］威廉·巴雷特著：《非理性的人》，彭镜禧译，商务印书馆 1995 年版，第 39 页。

⑦ ［德］马丁·海德格尔著：《林中路》，孙周兴译，上海译文出版社 2004 年版，第 272 页。

尼采就认为，真理本质上是一种解释的艺术，不是发现的，而是为了生存的需要而发明的。[①] 二是主张关注具体的个人而不是抽象的个人，认为生命、情感、欲望、意志才是人生存的原动力，才是哲学研究的对象。“思辨哲学的不幸恰就在于每每忘却了认识者是一个生存着的个人。”[②] 反理性主义对理性的批判与怀疑则更为激进。反理性主义主要是指后现代主义思想中有关理性的观念，如利奥塔就声称“后现代主义是与理性观念的主要转变的发生相适应的”。威尔默也认为，后现代主义的意识虽然轮廓尚不明确，但其中心体验却是“理性之死亡”。[③] 反理性主义者的主要观点，一是反基础主义，即否定人类知识有其确定的、坚实的、可靠的基础，如美国新实用主义哲学家罗蒂就认为，其代表著作《哲学与自然之镜》就是摧毁读者对“知识”的信任，摧毁读者对康德以来人们所设想的“哲学”的信任。二是反本质主义，即否认本质与现象的区分，认为各种现象背后并没有一个内在的、稳定的、终极的本质，如罗蒂认为哲学的目的并不是去发现客观真理，而是维持谈话继续进行，达到人类的相互理解而已。[④]

在上述情况下，为了坚守理性的阵地，维护理性的地位，不少学者对传统理性进行反思与重建，提出了不少新的理性模式，如哈贝马斯的交往行动理论、伽达默尔的新释义学理论、波普尔的批判理性主义等。但这种重建，由于其理论支点的局限性，并没有形成对非理性主义和反理性主义的有力抗击，理性并没有得到有效维护。

面对现代社会存在的诸多问题，面对非理性主义者和反理性主义者的责难，面对理性坚持者无力的辩护，我们是否就应当放弃理性原则，尤其在刑事诉讼立法方面放弃理性的要求呢？我们认为，答案是否定的，现代社会中出现的问题并不是由人类理性过度造成的，相反是由理性不足或理性发展不平衡造成的，在刑事诉讼的立法中，我们不应当放弃理性原则，而是要更加完善与坚持理性原则。首先，传统理性理论本身不足，给非理性主义者与反理性主义者借以非难的突破口。如前所述，唯理论理性认为仅凭在一种先验的、确证的基础上进行演绎推理就可以获得一般的、普遍的知识，这种唯心主义的理性除了说明唯理论者的狂妄

① 文兵著：《理性：传统与重建》，当代中国出版社 2004 年版，第 81 页。
② 文兵著：《理性：传统与重建》，当代中国出版社 2004 年版，第 77 页。
③ 文兵著：《理性：传统与重建》，当代中国出版社 2004 年版，第 95 页。
④ 文兵著：《理性：传统与重建》，当代中国出版社 2004 年版，第 97~98 页。

外，并不能给我们带来什么，因为世界根本没有什么先验的知识，也不可能脱离实践仅凭一种演绎推理就可获得普遍的知识，更没有如数理逻辑般精确且绝对的知识。经验论理性虽然承认实践的重要性，但又走向唯理论理性的反面，割断归纳与演绎的联系，主张知识完全是相对的，体现了经验论理性者对人类智识的不自信。康德、黑格尔的理性虽然对唯理论与经验论进行了调和，但由于受唯心主义的影响，仍然追求一种绝对的知识，颠倒一般与个体之间的关系，忽视个体的正当需求，注定其走向依然是经验论理性与唯理论理性的相同命运。人类行为中，并不都是为了对必然真理进行识别，更多的行为在于使自己更好地生存，在于及时解决所遇到的各种问题，它们可能既不是演绎的，也不是归纳的，更不是都需要在准数理逻辑的帮助下才能解决。因此，如何解决理性本身存在的问题，关键在于对理性作广义的理解，使其不致限制于归纳与演绎等逻辑方法，同时解决好归纳与演绎、一般与个别、非理性与理性之间关系，为感性与直觉等非理性的因素留下适度的生存空间。其次，不是理性本身而是价值理性与工具理性发展不平衡，给现代社会造成了严重的问题。理性应当是价值理性与工具理性的统一体，价值理性是理性的理想目标，没有价值理性，理性就会像一只在大海中失去方向的船，只能无助地随波漂荡；工具理性是理性得以实现的有效途径，没有工具理性，理性这只船也不能驶向理想的彼岸。在 20 世纪的西方社会中，由于过度关注工具理性而忽视价值理性，理性异化成为一种工具理性，理性被等同于一种技术理性，导致科技发展在极大满足人类的物质需要的同时，却并不能给人类带来应有的归宿感，相反使人逐渐异化成物质追求的一种工具与手段，使人类对生命的价值越感迷茫。非理性主义与反理性主义的出现，正是对这种现象进行反思与批判的结果。解决这些问题的出路不在于放弃理性，而在于高扬价值理性，使理性作为价值理性与工具理性的统一整体而全面发展。再次，刑事诉讼的立法要求理性。这表现在以下几个方面：一是刑事诉讼各种规则、程序的形成需要理性的指导。对于法律是如何形成的，有建构论与进化论两种不同的观点。前者认为法律是人类为了某种目的凭借自己的智识而刻意设计的，而后者则认为法律并不是人类刻意建构的，而是对长期积淀的习惯与规则的选择而形成的。法律作为一种文化，它只可能发生转向而不可能发生断裂，对已有习惯、制度、规则进行有选择的吸收是不可避免的，法律有时是生成的，而不是刻意建构的。同时，法律作为一种行为规范，它指向的是未来的行为，如何调整还未曾出现的行为，仅对已有习惯、规则的分析与选择显然不足，根据未来预测进行一定的法律建构也是必需的。但不管是对已有习惯、制度、规则的选择，还是根据未来预测建构法律，都离不开理性的运用，因为法律必须在逻辑上具有一致性、在内容上具有抽象性、在规范对象上具有一般性。二是刑事诉讼价值的选择与平衡需要理性的指引。刑事诉讼解决的是国家、社会与犯罪行为人之间的冲突问题，直接关涉各方面的利益，而这些不同利益又形成不同的价值需求，如何选择需要实现的价值目标，并在这些价值目标发生冲突时如何合理平衡，都需要我们运用价值理性合理分析我国所处社会发展阶段后才能作出正确的决定。三是在具体制度的设置上离不开理性的指导。虽然各国的刑事诉讼都是为了解决犯罪问题的，根据“有限变异原则”，所应满足的基本需求是一样的，在诉讼基本原理上应当是一致的，但是，犯罪及其解决毕竟是一个社会问题，不同社会由于其不同的政治、文化、传统，其面临的犯罪问题不可能完全一样，刑事诉讼作为解决犯罪问题的一种重要途径，其具体制度和规则的设置也不可能完全相同。这就需要我们理性地分析各国具体刑事诉讼制度的形成与发展过程，分析哪些内容是可以普遍适用的，哪些是只适用这些国家的，以及我国是否存在移植该制度的社会土壤，而不能机械地、不加分析地按照制度逻辑进行照搬或移植。

二、刑事诉讼法再修改理性思考

随着我国民主法制建设进程的加快和社会各方面的发展，现行刑事诉讼法又出现了一些亟待修改完善的问题，司法实践中也积累了一些经验需要认真总结，我国已经批准和正在研究批准的有关国际公约也对我国现行刑事诉讼法提出了一些新的挑战，人权入宪和构建社会主义和谐社会目标的提出，我国社会对刑事诉讼法提出了更高的要求。中央关于司法体制和工作机制改革的初步意见对进一步修改完善刑事诉讼法提出了一些要求，全国人大常委会已将刑事诉讼法列入立法规划，我国刑事诉讼法已面临着再修改。在这次再修改中，我们应当如何坚持理性，并体现理性的要求呢？笔者认为，这可概括为以下十个方面。

（一）从以斗争哲学为指导转向以和谐哲学为指导

所谓政治哲学观，是指有关政治及其活动的一些基本观点和方法。从中国共产党八十多年的历史来看，不同时期的政治哲学观是不一样的，以前的可以说是一种斗争哲学观，现在的可以说是一种和谐哲学观。当然，不管是斗争哲学观还是和谐哲学观，都只是相对的，并不是绝对的，说的都只是占主导地位的是斗争哲学观或和谐哲学观，而不是说我党以前完全只讲斗争哲学不讲和谐哲学，现在只讲和谐哲学不讲斗争哲学。

斗争哲学观，从马克思主义的矛盾运动原理出发，认为阶级斗争是推动社会发展的直接动力，矛盾的斗争性是绝对的，统一性是相对的，因而应注重矛盾的斗争性，主要通过斗争的方法和手段来消除各种社会矛盾。① 众所周知，我党诞生于半封建、半殖民地社会的旧中国，帝国主义与中华民族的矛盾、封建主义与人民大众的矛盾，是当时社会的主要矛盾。这种矛盾是一种敌我矛盾，矛盾的属性决定了我党的历史使命就是夺取政权，建立一个新中国。政权的更替，也就意味着社会的质变，意味着统治阶段既得利益的丧失，这并不是统治所愿意的，他们肯定会以暴力手段作最后挣扎。对于这种暴力的反革命只能用暴力的革命手段才能达到目的。这种革命的历史使命也就决定了中国共产党人在当时必须把马克思主义的阶级斗争理论作为主要思想武器。不使用这种阶级斗争理论，我党就不可能取得革命的成功，民主革命初期的历史教训也确实证明了这一点。这种阶级斗争理论，正如毛泽东 1945 年在《在中国共产党第七次代表大会的口头政治报告》中所讲的，它就是被压迫人民的“斗争哲学”。

和谐哲学观，就是各平等主体利益发生冲突时，通过各种平和而非激烈对抗的方式来化解这些冲突，最大限度地增加和谐因素，最大限度地减少不和谐因素，不断地促进社会和谐，从而促进社会稳定，推动社会发展。和谐哲学观是以马克思主义的历史唯物论和辩证唯物论为理论基础，结合我国新时期的社会矛盾特点而发展形成的，是马克思主义在我国新时期的应用和发展。当然，和谐政治观在我国传统文化中，始终贯穿着“和合”思想这一主线。这种“和合”思想强调，世界万事万物都是由不同方面、不同要素构成的统一整体。和谐哲学观的提出，在某种程度上就是传承和弘扬了“和合”思想中的积极因素和合理内涵，是对中华民族传统文化的扬弃。

从社会矛盾的角度来看，和谐哲学观是我国社会矛盾从敌我矛盾转变为人民

---

① 梅宁华：《中国共产党人政治哲学观的重大发展——学习十六届六中全会〈决定〉的体会》，载《北京日报》2006 年 11 月 6 日。

内部矛盾的结果，因为人民内部矛盾不同于敌我矛盾，它们只是基本利益相同的情况下的局部利益冲突，只能以平和的手段来解决这种矛盾，而不能是以斗争的、暴力的手段来解决。只是这种结果的出现并不是一帆风顺的。实事求是地讲，从中华人民共和国成立以后，我国社会的主要矛盾就已逐渐发生变化，从敌我矛盾逐渐转变为人民内部的矛盾，从夺取国家政权的矛盾转变为人民日益增长的物质文化需要与落后的生产力之间的矛盾。在这种情况下，根据唯物辩证法质量互变规律的要求，斗争哲学观应当逐渐退出历史舞台。但实际情况并非如此，而是在很长时期内，斗争哲学观仍是我党指导社会主义建设的思想基础。为什么会这样，究其原因，既有“不要忘记阶级斗争”等极“左”思想的影响，也有当时国际国内形势还比较严峻的因素。另外，这也与长期的战争环境使初期的执政者形成了一种思维定式，习惯于从对立和斗争的视角思考问题，擅长斗争哲学，忽视从对立的同一面化解矛盾，轻视和谐哲学，以致在社会已经发生质变，对抗性矛盾基本消失时仍奉行斗争哲学有关。① 直到改革开放后，以邓小平为核心的党的第二代中央领导集体，重新确立了解放思想、实事求是的思想路线，果断摒弃了“以阶级斗争为纲”的指导方针，确立了“以经济建设为中心”的指导方针，我党的斗争哲学从此才逐渐有所淡化。以江泽民为核心的党的第三代中央领导集体，提出了“三个代表”重要思想，强调我党已经从一个领导人民为夺取全国政权而奋斗的党，成为一个领导人民掌握着全国政权并将长期执政的党后，我党的斗争哲学观逐渐退出历史舞台而转向和谐哲学观。党的十六大以后，以胡锦涛为总书记的党中央对和谐社会的认识不断深化。党的十六届四中全会明确提出了“构建社会主义和谐社会”的重大命题。2005 年胡锦涛同志在“2·19讲话”中，又把“构建社会主义和谐社会”作为重大目标和战略任务加以阐述；党的十六届六中全会《中共中央关于构建社会主义和谐社会若干重大问题的决定》又进一步明确了“构建社会主义和谐社会”在中国特色社会主义事业总体布局中的战略地位，明确提出了“社会和谐是中国特色社会主义的本质属性”，和谐哲学观至此正式取代斗争哲学观而成为主导我党的政治哲学观。

中国共产党是我国的执政党，而刑事诉讼法又是一国解决社会矛盾的一个重要途径，执政党不同的哲学观势必会对刑事诉讼法基本原则和具体制度造成不同

① 杨豹：《马克思主义的新发展——从斗争哲学到和谐哲学》，载《唯实》2007 年第 5 期。

的影响。从中华人民共和国成立后几十年的历史来看，在斗争哲学观的影响下，刑事诉讼法往往带有一种专政工具的色彩。因为斗争哲学观，在矛盾的解决上，也就是将矛盾的双方置于一种完全对立的立场，解决的方法就是消灭其中一方或将其中一方的抵抗力完全解除，使其完全受另一方控制。反映在刑事诉讼中，也就是将犯罪行为作为一种敌对行为看待，国家对犯罪嫌疑人、被告人采取的是一种高压态势，以有力打击犯罪分子为价值导向，至于犯罪嫌疑人、被告人的人权保障和程序公正问题，并不是刑事诉讼法的目标。以这种哲学观为指导的刑事诉讼的最极端的表现形式就是我国“文革”时期的“砸烂公检法”，完全抛弃诉讼形式而以运动方式打击犯罪分子。1979 年刑事诉讼法虽然时值实事求是、解放思想的思想路线已在党的十一届三中全会上确立，但仍受斗争哲学观的强烈影响。其总的表现就是刑事诉讼法基本上是作为一种专政工具而存在的，公、检、法三机关都是专政机关。该法第 1 条就规定：“中华人民共和国刑事诉讼法，以马克思列宁主义毛泽东思想为指针，以宪法为根据，结合我国各族人民实行无产阶级领导的、工农联盟为基础的人民民主专政即无产阶级专政的具体经验和打击敌人、保护人民的实际需要制定。”阶级斗争色彩极其浓厚，而有关犯罪嫌疑人、被告人的利益则没有受到应有的重视，在刑事诉讼的过程中“有罪推定”的色彩相当浓厚，重打击轻保护，无罪推定原则不仅在 1979 年刑事诉讼法中没有规定，而且也是当时学界的一种忌讳。

由于法制环境的改善，1996 年刑事诉讼法虽然较 1979 年刑事诉讼法有了很大进步，但受我党斗争哲学观影响仍然比较明显，专政意味依然存在，只是没有 1979 年刑事诉讼法严重。其主要表现有：重打击、轻保护，重实体、轻程序的观念仍没有改变，侵犯犯罪嫌疑人、被告人人权的现象时有发生，无罪推定原则没有得到完全的确立，犯罪嫌疑人在侦查阶段的人权保障措施缺失，对侦查措施缺乏有效控制，犯罪嫌疑人、被告人，辩护权受到较多限制，这一时期诉讼中没有建立有效的非法证据排除规则等。

和谐社会的前提性条件是对各种主体、各方利益、各种形态的社会存在予以广泛认同和尊重，社会自身的多元化、多层次化是和谐社会的前提与基础。因此，和谐，从刑事诉讼法的角度来讲，最重要的就是承认与尊重不同主体特点，平等保护不同主体的合法权益，而不能将其中一种主体的利益尤其是国家利益凌驾于其他主体的合法利益之上。如何随着这种政治哲学观的转变而将和谐理念体现在刑事诉讼法中，笔者认为可从以下几方面着手：

一是以和谐观念为指导，在宏观上和理论上理顺几大关系。首先是刑事诉讼法与其他法律的关系，包括刑事诉讼法与宪法、刑法以及民事法律规范的关系等。其次是处理好刑事诉讼各阶段之间的关系。最后是处理好权力和权利之间的关系，处理好国家追诉权和犯罪嫌疑人、被告人人权保障之间的关系。

二是对刑事诉讼法的价值、目标和功能等进行重新定位。如前所述，我国目前的矛盾主要是大同之下的小异，是整体利益相同而局部利益不协调的矛盾，是人民内部矛盾，解决这种矛盾的方法只能是和平的手段即正当的诉讼手段化解，而不能使用专政的手段来解决。据此，应对刑事诉讼法的价值、目标和功能等进行调整，即在定位的基础上，再赋予时代发展的新要求。关于刑事诉讼的价值，要从一元价值转向多元价值，要更加注意公平、正义的内在价值；关于刑事诉讼的目标，要强调刑事司法的法律效果与政治效果、社会效果的有机统一，不能为惩罚而惩罚，对犯罪行为打击了事，还要致力于弥补被犯罪行为破坏了的社会关系，使社会秩序真正回到稳定和谐的状态中来；在刑事诉讼的功能上，应将传统的专政工具论转变为社会矛盾的化解器。

三是改革、完善相关刑事诉讼原则、制度与具体程序，根除行政化倾向，还原刑事诉讼的本来面目。以行政化方式运作，这是受斗争哲学影响的刑事诉讼的特点，这是与和谐哲学下刑事诉讼作为社会矛盾化解器的要求不相符的。要在刑事诉讼中体现和谐理念，必须根除刑事诉讼的行政化倾向。首先，严格执行控、审分离原则，防止法院充当追诉角色。这就需要限制法院罪名变更权，取消其再审启动权。其次，明确规定犯罪嫌疑人、被告人的不得强迫自证其罪特权，防止犯罪嫌疑人、被告人成为控诉方的追诉工具，同时保障犯罪嫌疑人、被告人的辩护权，强化他们的抗辩能力，赋予其律师在场权，条件成熟时规定沉默权制度。最后，明确规定无罪推定原则，适当按诉讼化改革侦查程序，增强其应有的诉讼因素。当然，这种改造也必须有一个度，必须兼顾犯罪的控制。另外，就是增加法官的独立性，尽量减少法官判决过程中的行政审批现象。

四是引入纠纷解决的合意因素，以化解社会矛盾。在诉讼制度改革方面主张，要增设诉讼和解制度，通过和解方式化解社会矛盾，减少不和谐因素。在和谐政治哲学视野下，犯罪行为其实也是一种矛盾，一种人民内部的矛盾，这种矛盾有以和解方式解决的可能，尤其是在有被害人的公诉案件中，只要犯罪行为所造成的危害结果并不是很严重，应当也可以和解。在制度的设计上，可以在侦查、起诉、审判和执行各个阶段都设立和解制度。在侦查终结后，对于一定范围内的刑事案件，可以和解结案；在审查起诉阶段，对于一定范围内的刑事案件，如果犯罪行为人和被害人达成和解协议，检察机关可以附条件不起诉；在审判阶段，如果被告人认罪并和被害人达成和解协议，法院可以通过简易程序审判，并减轻对被告人的刑罚处罚；在执行阶段，如果被判刑人和被害人达成和解协议并履行的，可以对被判刑人减刑或予以假释等。

五是提高诉讼效率。在刑事诉讼法再修改时，我们应当在公正的前提下兼顾诉讼效益，探索在诉讼各阶段建立诉讼分流程序，尤其是审查起诉阶段建立附条件不起诉制度，在审判阶段扩大简易程序的适用范围，采取措施加快诉讼进程，及时化解不和谐的因素。

（二）从国家本位转向国家、社会与个人本位并重

国家、社会、个人三个概念的区别可以说是黑格尔的发明。“自从黑格尔对市民社会和政治国家作了实质性区分以来，国家与社会两个层面的事实得到了基本的学理说明。马克思早期仍然借助于黑格尔的学说作为分析工具，即使其后来的经济基础与上层建筑的区分，也是在充分肯定黑格尔学说的基础上发展起来的”。[①] 诉讼尤其是刑事诉讼常是国家利益、社会利益和个人利益进行博弈的场所，在这一博弈过程中，应当优先保护国家利益，还是社会利益，抑或是个人利益，也就有国家本位主义、社会本位主义和个人本位主义之分。所谓国家本位主义，简言之，就是指在刑事诉讼过程中，从国家的角度和立场出发，简单地把刑事诉讼法视为国家控制和管理社会的一种工具的思想观念。社会本位主义则是指社会公共利益高于其他利益，刑事诉讼法优先保护的是社会公共利益，刑事诉讼只不过是保护社会公共利益的一种手段。而个人本位主义则相反，它是指个人在刑事诉讼的合法权益应当受到优先保护，刑事诉讼法是个人权利保障的工具，个人权利是刑事诉讼法得以存在的基础。

在我国，对法律本质的认识，有一个历史发展的过程，在这个过程中整体法学领域，不仅对什么是法、什么是刑事诉讼、什么是刑事诉讼的任务等问题，有不同的认识和理解，更重要的是对法的本质，对刑事诉讼的本质，有一个不断发

① 《中国法学家法律观的转变》，载《法制日报》（第3版）2000年5月7日。

展、不断深化的认识过程。长期以来，我们在“国家本位”、“权力本位”的法律观下，把刑事诉讼定位为“专政的工具”、“刀把子”，不惜牺牲社会利益、个人合法利益，去保卫国家利益，坚持“以阶级斗争为纲”，“国家本位”的一元化诉讼观；党的十一届三中全会以后，尤其是党的十五大以后，我国把“依法治国”作为理政治国的基本方略，“尊重和保障人权”入宪，这一重要的变化，使我国必然要把保障无罪的人不受刑事追究，把对公民的权利保障，把对社会利益和公民个人合法利益的保护，作为重要任务。因此，党的刑事诉讼法法律观已经从一元化转向多元化，社会和公民的利益开始得到强调和肯定。但是，由于我国传统法律文化中缺少个人自主的地位和独立的价值，国家本位的价值观根深蒂固，导致我国刑事诉讼法实际上采取的价值取向还是一种国家本位主义。

这种国家本位主义主要表现在以下几个方面：一是在立法指导思想上，重国家利益保护，轻个人权利保障。在刑事诉讼中，以国家本位价值观为指导，其结果必然导致置诉讼参与人的诉讼权利于不顾。因为在一元化思想指导下，必然会导致义务本位和权力本位，在“为了国家”，“必然要牺牲个人”的名义下，诉讼中的独立、平等和权利很难有存在的空间。这种恶果，早在20世纪初陈独秀在分析义务本位和权力本位的价值观时就已指出：“一曰损坏个人独立自尊之人格，一曰窒碍个人意见之自由，一曰剥夺个人法律上平等之权利，一曰养成依赖性，戕贼个人之生产力。”① 体现在刑事诉讼法上，就是《刑事诉讼法》第1条的规定，该条规定，刑事诉讼法的目的就在于保证刑法的正确实施，其言下之意也就是刑事诉讼法只不过是打击犯罪的一种工具而已。打击犯罪，虽然有保护人民的意思，但也如该条后面规定的，更多的是维护国家、社会安全和社会秩序，而不是保护个人的权利。二是在刑事诉讼法中没有规定程序法定原则。要求国家司法机关在行使权力时必须按规定程序进行，实际也就是给司法机关设置一个行使轨道，防止其随意倾轧个人的权利。从这个意义上，程序越规范，公民权利越有保障；程序越不规范，公民权利受到侵害的概率越大。但在我国刑事诉讼法中，根本没有程序法定原则，重实体轻程序，作为国家代表的司法机关往往可以为了达到自己的目的而便宜行事。三是在刑事诉讼法中，国家司法机关权多责少，而公民则权利少义务多。从某种程度上讲，公民的权利就是国家的义务，国

① 公丕祥著：《法律文化的冲突融合》，中国广播电视大学出版社1993年版。

家的权力就是公民的义务，它们之间是一种此消彼长的关系。我国刑事诉讼法的一个特点就是公民的义务多而权利少，国家司法机关则相反。最明显的一点就是犯罪嫌疑人、被告人应当有的不得强迫自证其罪的特权、沉默权、律师在场权、非法证据排除权都没有，最重要的辩护权也受到诸多限制，而不该有的义务却不少，如实陈述的义务、自己承担出庭受审费用的义务，甚至在被判决无罪后，其辩护律师的费用也得由自己承担。而国家司法机关的很多权力不仅没有受到法律规范，而且即使程序违法后也很少受到有效制裁。

刑事诉讼法，从本质上看，作为一种程序法，它目的在于限制国家权力的滥用，要求国家通过正当程序来追究犯罪行为人的刑事责任。因此，在这次刑事诉讼法再修改中，我们应当从一元化的国家本位主义转变为国家、社会、个人本位并重。第一，刑事诉讼法的修改，要把社会矛盾化解，创新诉讼机制作为一个重点，把社会利益和公民的合法利益的保护落实在刑事诉讼程序上。第二，要调整刑事诉讼结构，创新刑事诉讼机制，使控、辩、审三方在权力和权利的配置上，做到结构合理、科学，尤其是对物化的刑事辩护权，司法监督权，要予以强化。第三，要增强社会利益、公民个人的合法权利保护意识，把尊重和保障人权的基本原则落实到刑事诉讼程序的各个环节中去。第四，要应市场经济发展的要求，正确处理权力和权利的关系，打击与保护的关系，要有权利主体平等意识，在立法和修法的价值取向上要讲市场经济下的主体平等，权利保护平等，公平、公开、公正，实现实体正义和程序正义，尤其是程序正义，要凸显程序的价值。第五，既要有一个世界的眼光，又要解决中国的实际问题，对于我国已经参加或批准的国际公约，要逐步落实，不能借口中国特色拒之门外。同时，对西方的经验，不照搬照抄，要以解决中国问题，适合中国国情为标准，批判地吸收。江泽民同志在联合国千年首脑会议分组讨论会上的发言中曾指出："促进和保护人权是各国政府的神圣职责。任何国家都有义务遵照国际人权公约，并结合本国国情和有关法律，促进和保护本国人民的人权和基本自由。"为完成这一任务，必须冲破国家本位一元化的刑事诉讼法律观，牢固地树立国家本位、社会本位和个人本位多元化的法律观。

从我国刑事诉讼法来看，最大的问题就是国家本位过度扩张而导致社会本位，尤其是个人本位受到严重压制而无发挥的空间。因此，如何实现这种转变，关键在于如何使国家本位退缩到其应有的空间，给社会本位尤其个人本位留出应有的空间。具体来讲，这包括以下几个方面：一是对刑事诉讼法的本质重新进行定位，改打击犯罪的单一目的为打击犯罪与保障人权并重；二是明确规定程序法定原则，规范公安司法机关的权力行使，防止其侵害公民个人尤其犯罪嫌疑人、被告人的权利。在具体制度设置上，将公安司法机关的权力尤其是公安机关的强制性侦查措施纳入法律规范范围；三是扩大犯罪嫌疑人、被告人等诉讼参与人的诉讼权利，将不得强迫自证其罪、律师在场权等权利纳入刑事诉讼立法之中。四是建立程序违法制裁机制，建立犯罪嫌疑人、被告人权利救济机制。

（三）从一元化价值观转向多元化价值观

何为法的价值，可以说自古以来就众说纷纭。但一般来说，都认为法的价值是作为主体的人与作为客体的法之间的关系范畴。我国现在比较恰当的理解是卓泽渊教授的观点。他认为，法的价值在广义上可以指法对于人的一切意义，是法对于人的需要的满足，没有人的需要，也就无所谓法的价值；人的需要是多元、多层次的，法的价值也具有多元、多层次性。“法是人的创造物，人在创造法的时候，就赋予或确定了它应有的价值使命。或者也可以说，法是人在一定的价值指导下创制出来的。法的状况、法的价值状况都与人的主观企求，有着极大的关系。”① 刑事诉讼法作为法的一种，它的价值也是指它本身对人的意义，其价值也应当是多元、多层次性，国家在创制它的时候就已赋予了它应有的价值使命，只是不同国家，由于其对刑事诉讼法价值企求不一样，赋予刑事诉讼法的价值使命不一样，刑事诉讼法的价值也就不一样。

在人类的历史上，对于刑事诉讼法的价值一直存在着绝对工具主义、相对工具主义、程序本位主义和经济效益主义等四种法律观之争。所谓绝对工具主义，按边沁的说法：“程序法的唯一正当目的，则是最大限度地实现实体法”，“程序法的最终有用性取决于实体法的有用法……除非实体法能够实现社会的最大幸福，否则程序法就无法实现同一的目的”。② 这也就是说，刑事诉讼法的价值在于实现刑事实体法，除此之外，它本身是没有任何价值和意义的。相对工具主义理论是由美国学者 R. 德沃金提出的。1985 年，德沃金在《原则、政策和程序》一文中对相对工具主义理论作了阐释。他认为，绝对工具主义理论强调了程序的

① 卓泽渊著：《法的价值论》，法律出版社 2006 年版，第 51 页。
② 转引自陈瑞华著：《刑事审判原理论》，北京大学出版社 1997 年版，第 2 页。

工具性价值，但忽视了权利。事实上，任何一名无辜的公民都享有一种不受错误定罪的“道德权利”，对一名事实上无罪的公民予以定罪是一种内在的“道德错误”，它会带来一种“道德上的耗费”。这种“道德错误”和“道德耗费”能否减少到最低程度，是评价刑事审判程序正当与否的独立价值标准。为此，他提出一种相对工具主义理论，认为在坚持工具主义立场的同时，还应当兼顾程序的两个独立价值目标：无辜者不受定罪的权利和被告人获得公正审判的权利。程序本位主义，又称非工具主义，认为评价刑事诉讼程序的唯一价值标准就是程序本身是否具备一些内在的品质，而不是程序作为实现某种外在目的的手段的有用性。这种理论主要盛行于英美国家，他们相信“正义先于真实”，即法院的审判只要依照公正的程序进行，就能够作出公正、合理的判决，如英国大法官基尔穆尔认为：“必须遵守关于审判活动的程序，即使——在一些例外场合下——有损于事实真相，也在所不惜。”① 经济效益主义是西方经济分析法学派提出的程序价值理论，兴起于20世纪70年代的美国，其主要代表人物是芝加哥大学教授波斯纳，他在《法律之经济分析》、《法律程序和司法活动的经济分析》等著作中指出，所有法律活动（包括立法、执法和诉讼等）和全部法律制度都以利用自然资源，最大限度地增加社会财富为目的，因此，“效益”是法律活动的一个公认的法律价值。它的目标“是最大限度地提高经济效益，减少诉讼耗费”。这种理论问世以后，受到了一些学者的批评。有的学者说，它贬低了人的生命、自由和人格尊严，因为它是不能用金钱来衡量和计算的。也有学者批评说，经济效益论者忽略了一个重要的价值目标——正义。更有学者认为效益与正义二者是统一的。

在我国，关于刑事诉讼法的价值问题，长期以来，无论在理论研究还是在法律的执行上，一直是沿用和秉承着工具主义的法律观，认为刑事诉讼法是实施国家刑罚的工具，是无产阶级专政的工具。这与人们对法律在总体认识上的工具主义法律观有关。在20世纪80年代中期以前，一直认为“法律是国家的工具”、“法律是阶级斗争的工具”、“法律是发展经济的工具”、“法律是党的政策的工具”等。在这种工具主义法律观的影响下，作为一种程序法的刑事诉讼法更不能例外，“程序法是实施实体法的工具”，“刑诉法是实施刑法的工具”，便顺理成

① 陈瑞华著：《刑事审判原理论》，北京大学出版社1997年版，第2页。

章而几乎成为一种"公理"。在这种法律观的指导和影响下，刑事诉讼法处于"从属"、"服从"、"可有可无"的地位，是一种"工具"而没有独立存在的内在价值，所以想用就用，不想用就扔在一边，如有的执法者就曾言："超期羁押行为虽然是对刑事诉讼法的一种抵制行为。可是，什么是刑事诉讼法呢？刑事诉讼法只不过是一种工具，是一种可以执行，也可以不执行的软法，因为不执行刑诉法所规定的期限，也不会受到什么制裁。"实务界如此，理论界长期以来也是如此。有的高等法学教育的教科书也认为刑事诉讼法是手段，是工具，而不是目的，保证刑法的实施才是目的。长期以来，"重实体、轻程序"，"程序虚无"的做法，刑事诉讼中刑讯逼供、超期羁押、剥夺辩护权，律师参与诉讼难等现象，认真反思一下，无不与单一的工具主义法律观有关。

法律的价值就在于满足人的生存需要安全、秩序、自由以及人格上的尊严。作为刑事诉讼法，其价值必须满足于人的上述需求，实现刑事实体法，依法定罪量刑，这只是刑事诉讼法的价值之一，而不是其最终的价值。从这点来看，刑事诉讼法的目的在于保证司法机关通过正当程序即在不侵害公民包括犯罪嫌疑人、被告人合法权益的情况下打击犯罪，维护社会秩序，从而满足所有人的安全、秩序、自由以及人格尊严的需要。在价值目标上，它既有工具性价值，也有本身独立的价值，还有效益的价值，是一种多元价值目标体系。

如何实现和完成刑事诉讼法的多元价值呢？首先是要解放思想，改变过去那种认为程序法服务于实体法的观点。长期以来，占据理论界与实务界的一直是一种"工具论"，其理论依据就是马克思的一著名论述，即"实体法……具有本身特有的，重要的诉讼形式……审判程序和法律二者之间的联系如此密切，就像植物的外形和植物的联系，动物的外形和动物的血肉联系一样。审判程序和法律应该具有同样的精神，因为审判程序只是生命形式，因而也是法律内部生命的表现"。[①] 其实，马克思就是在同一篇文章中也明确地指出："如果审判程序只归结为一种毫无内容的形式，那么这种空洞的形式就没有任何独立的价值了。"由此可见，程序法不仅仅是用以实现实体法的工具、手段或形式，它还具有一种独立于实体结果的内在价值。

根据我国目前的民主与法治进程，重点在于加强对刑事诉讼法自身独立价值

① 《马克思恩格斯全集》（第1卷），人民出版社1995年版。

的认识和研究，并将之付诸实施。内在价值虽然是刑事诉讼程序本身应有的属性，但它在人类历史上被认识得比较晚，回顾和追溯刑事诉讼制度的发展史，在一定程度上可以说是人类不断认识刑事诉讼内在价值的过程，是从绝对工具主义到程序本位主义的发展史，是诉讼程序内在价值从无到有，从依附到独立的历史。现在，虽然已有不少国家已经认识到刑事诉讼程序的独立价值并将之付诸实施，联合国的许多文件，尤其是《公民权利和政治权利国际公约》、《经济、社会及文化权利国际公约》、《禁止酷刑和其他残忍、不人道或有辱人格的待遇或处罚公约》、《囚犯待遇最低限度标准规则》等一系列文件，也对刑事诉讼程序的内在价值作了相应规定，明文规定了不少刑事诉讼的程序正义标准；而我国1996年和2012年《刑事诉讼法》的修改，虽然进步较大，如1996年《刑事诉讼法》通过一系列的规定确立了无罪推定原则的吸收、收容审查的取消、免予起诉的废除、辩护律师提前介入诉讼、庭审方式的改革等，特别是2012年《刑事诉讼法》第227条关于“第二审人民法院发现第一审人民法院的审理有下列违反法律规定的诉讼程序的情形之一的，应当裁定撤销原判，发回原审人民法院重新审判”的规定，在一定程度上体现了刑事诉讼的内在价值；2012年《刑事诉讼法》的修改确立了“尊重和保障人权”的任务，通过“五条八款”确立了非法证据排除规则，确立了“不得强迫自证其罪”原则，完善了证据制度和律师辩护制度等，但总体上是不够的，与刑事诉讼应有的内在价值目标还有相当差距，还需不断完善、改革。例如，刑讯逼供现象仍时有发生，非法取证还有所存在，非法证据排除规则还需要进一步贯彻落实，刑事辩护还受诸多因素限制，强制措施滥用现象仍然比较多等。这些都说明我国刑事诉讼法在价值目标的问题上的不足，是程序公正的内在价值没有得到应有的重视和体现，而不是实体正义的工具价值没有得到充分体现。为此，目前修改的重点应当是加强刑事诉讼内在价值的分量。

另外，刑事诉讼法的发展与变化还应当适当重视诉讼效益价值的体现。诉讼效益虽然在层次上，其重要性不能与实体公正和程序公正同日而语，只有在不损害公正的情况下兼顾诉讼效益。但它也并不是可有可无的，正如日本法学者棚濑孝雄所说的，司法制度是一种生产正义的制度，不能无视成本问题，面对现代社会中权利救济大众化的趋势，缺少成本意识的司法制度更容易产生功能不全的问题。[①] 在刑事诉讼法以后修改的过程中，我们也应把诉讼经济效益价值观纳入修改的范围。

（四）从权力治人转向权利保障

刑事诉讼的目的与刑事诉讼法的目的是不一样的。刑事诉讼作为一种诉讼活动，虽然参与人是多方面的，有代表国家的公安司法机关，有当事人，还有其他诉讼参与人，他们参加诉讼的具体目的虽然是不同的，甚至可能是相互冲突的，但诉讼行为合力最后所指向的目的只有一个，至少在一个国家中这种目的是唯一的。而刑事诉讼法的目的则不一样，它是国家之所以制定这样一部刑事诉讼法的目的，这种目的可能是单一的，也可能是复数的，这取决于一个国家的刑事政策。打一个不是很恰当的比喻，刑事诉讼的目的就是一群人最后所要去的目的地，尽管他们之间可能有争论，而刑事诉讼法的目的就是给这些人设计一条道路（程序），防止这些人随意闯入或践踏其他人或他们中间一些人的私人空间（权利）。很明显，刑事诉讼法的目的要受刑事诉讼活动的目的制约。例如，目的地是朝东的，总不能把道路设计成往西；刑事诉讼目的是控制犯罪，总不能把刑事诉讼法设计成有利于犯罪行为人逃避侦查、毁灭证据。否则，把道路两边的围栏设计得再高、再巩固，刑事诉讼法制定得再精致，也总会人不惜代价逾越围栏，破坏诉讼程序，更严重一些的，甚至会弃该道路、该法律程序而不用。不少公共绿地中间的"小路"，刑事诉讼活动中的不少潜规则的形成虽然不排除有人恶意违规，但这与有关道路、程序设计不符合应有的人性关怀、应有的程序目的也不无关系。另外，刑事诉讼法的目的虽然不能不兼顾刑事诉讼目的，但两者绝对不能等同，刑事诉讼法最主要的目的在于规范诉讼行为，尤其是规范有滥用权力和扩张权力倾向的国家机关的诉讼行为，以保障公民合法权益不受侵害，即保证国家机关通过正当程序来实现刑事诉讼活动的目标。目前存在的问题是不少人把刑事诉讼活动的目的等同于刑事诉讼法的目的，从而导致诸多不应有的争议。

刑事诉讼活动作为一种追究犯罪行为人刑事责任的活动，其前提条件是发生了犯罪行为。因此，虽然各国的刑罚目的不同，有的出于矫正，有的出于预防，

① ［日］棚濑孝雄著：《纠纷的解决与审判制度》，王亚新译，中国政法大学出版社2004年版，第267页。

有的甚至出于报应，但总体来说，各国刑事诉讼活动的目的还是在于发现犯罪行为人，并对其给予恰当的定罪处罚，从而控制犯罪，进而维护社会秩序，保障全社会公民的自由与安全。我国刑事诉讼活动的目的也不例外，也无可非议。问题在于我国在立法过程中没有正确区分刑事诉讼的目的与刑事诉讼法的目的，把刑事诉讼法的目的等同于刑事诉讼的目的，将刑事诉讼法本应有的控制国家权力、防止权力滥用的主要目的置换成了本属于刑事诉讼直接目的控制犯罪，即以权力治人。也正是这种错误的理解与不正当的置换，导致我国刑事诉讼法中有关权利保障和权力制约的规定并不多，更多的是规定如何保证有效打击犯罪与控制犯罪。其表现主要有：一是在刑事诉讼法的基本原则中没有规定程序法定原则。程序法定原则，其实也就是要求公安司法机关的权力运行必须遵守预定的轨道，从而防止其滥用而侵害公民尤其是犯罪嫌疑人、被告人的合法权益。这应当是刑事诉讼法的主要目的。但由于将刑事诉讼法的目的混同于刑事诉讼的目的，该原则在我国刑事诉讼法中并没有得到确立。二是不少侦查机关采取的强制性侦查措施在法律上没有规定。将有关诉讼行为通过立法加以规定，这是规范这些诉讼行为的前提条件。但我国侦查机关的不少侦查措施如技术性侦察措施却是由公安部以内部规定形式加以规定，不在刑事诉讼法的法律规范范围内。三是侦查权缺乏有效制约。有些侦查措施，如强制措施、搜查、扣押等，虽然在刑事诉讼法有一些规定，但对这些措施如何制约却缺乏相应的规定，而是大部分由侦查机关便宜行事，导致除了给侦查机关提供合法依据以外，规定与不规定的效果一样。四是对公安司法机关程序违法行为缺乏相应的制裁。有针对违法行为的制裁措施，这是诉讼行为合规范的必要条件，没有这种制裁措施，有法律规定其实也就相当于没有法律规定。五是缺乏应有的权利规定，对权利缺乏有效保障。前者如没有赋予犯罪嫌疑人、被告人的不得自证其罪的特权，后者如辩护难问题。六是公民权利尤其是犯罪嫌疑人、被告人合法权益受到侵害后缺乏相应的救济措施。无救济就无权利。由于缺乏救济措施，刑事诉讼法的不少权利规定往往无异于法律白条，如非法证据排除问题。

刑事诉讼法的目的不同于刑事诉讼的目的，刑事诉讼法的目的在于权力制约，在于权利保障，使刑事追诉行为控制在正当程序内。刑事诉讼法的制定虽然离不开刑事诉讼目的的影响，但更应当在刑事诉讼法的目的指导下进行。为此，我们在刑事诉讼法再修改时，应当理性地区分刑事诉讼法的目的与刑事诉讼的目的，从犯罪控制、权力治人的刑事诉讼法目的观转向权力制约、权利保障的刑事诉讼法目的观。这在我国目前尤其必要。一是权力本来就是扩张性的，不受制约的权力必定导致权力滥用，权力的本性要求必须对公安司法机关的权力加以规范、制约。二是我国是一个官本位传统比较严重的国家，权力更具有扩张性、侵略性。这种文化传统更加要求我们对权力进行制约。三是我们已将人权保障写入宪法，并参加不少有关人权保障尤其是刑事诉讼人权保障的国际公约，如《公民权利和政治权利国际公约》，这种国内与国际的承诺要求必须重视刑事诉讼过程中的人权保障问题，加强对权力的制约，否则有损我国在国际上的人权形象。

权利保障与权力制约是一个问题的两个方面，如何在刑事诉讼法中从权力治人转向权利保障，关键在于一方面采取切实有效措施加强对公安司法机关权力的制约，另一方面在刑事诉讼法中明确规定犯罪嫌疑人、被告人等诉讼参与人应有的权利，并规定相应的救济措施。具体来讲，一是分清刑事诉讼法的目的与刑事诉讼的目的，将权利保障明确规定于刑事诉讼法的目的中，并使其占据主导地位。我国 2012 年《刑事诉讼法》修改的过程中，将“尊重和保障人权”纳入刑事诉讼法的任务，可以看出，该法的修改，增强了对于犯罪嫌疑人、被告人的人权保障。二是在刑事诉讼法的基本原则中增加程序法定原则，使权力制约有据可循。三是将侦查机关实践中经常用的侦查措施纳入法律规定，使其有法可规范，2012 年《刑事诉讼法》第 148 条，对“技术侦查措施”的适用范围和适用阶段进行了明确的规定。四是加强对权力运用的制约，必要时在侦查程序引入司法审查机制。这方面的重点是侦查权的制约问题，尤其是强制性侦查措施的制约问题。五是对犯罪嫌疑人、被告人应有的权利加以规定，以权利制约权力。这方面必须结合我国的实际情况进行，目前切实可行的是犯罪嫌疑人、被告人的不得强迫自证其罪的特权、加强辩护等，以及在探索过程中的律师在场权等。六是建立权利救济机制，加强对公民权利尤其犯罪嫌疑人、被告人合法权益的保护。这种权利包括人身自由权、辩护权，也包括财产权等。目前尤其是要加强财产权的保护，因为目前刑事诉讼法重刑事责任的追究而轻财产权保护的现象特别严重，很多涉案财物的处理是按行政化方式进行的，根本不符合正当程序的最基本要求。七是建立程序违法行为的制裁机制，保证公安司法机关的诉讼行为合法进行。目前亟须解决的是完善我国的非法证据排除规则，建立一种程序性裁判制度，使程序制裁有章可循。

（五）从有罪推定转向无罪推定

在法院作出生效判决之前，被追诉人是否有罪是不确定的，在这种情况下，应当给予被追诉人何种法律地位，自古以来有两种不同的做法：有罪推定和无罪推定。

有罪推定，也就是在法院判决之前，被追诉人被推定为有罪。为此，被追诉人必须提出证据证明自己无罪，同时被追诉人并不具有一般公民所享有的权利，追诉机关可以对之采取各种措施限制其人身自由。无罪推定则是指刑事诉讼中，任何被怀疑犯罪或受到刑事指控的人，在未经法院最终判决确认有罪之前，在法律上应当被推定为无罪。在无罪推定原则下，被追诉人是否有罪，应当由控诉方提出证据证明，不能证明的就判决无罪，被追诉人没有证明自己无罪的义务；同时，由于被推定为无罪，被追诉人享有与一般公民同等的权利，追诉方不能随意剥夺或限制被追诉人的权利。从表面上看，有罪推定不利于被追诉人的权利保障，但有利于国家对社会的控制，而无罪推定有利于被追诉人的权利保障，但不利于国家对犯罪的追诉，但由于被追诉人的确定具有偶然性，一个社会中的任何公民都可能在某一天成为被追诉人，为此，是有罪推定还是无罪推定，其实直接关系到公民的权利保障问题，也是一国刑事诉讼是否民主、文明的标志。也正因为无罪推定原则的权利保障功能，其自 18 世纪由意大利刑法学家贝卡里亚提出后，现已成为大多数国家刑事诉讼法的基本原则，有的甚至上升成为宪法原则，如意大利 1947《宪法》第 27 条就规定：“被告人在最终定罪之前，不得被认为有罪。”联合国通过的许多人权保障公约或其他法律文件也对该原则进行了确认，该原则为此也成为联合国刑事司法准则的最低标准之一，如联合国《公民权利和政治权利国际公约》第 14 条就规定：“凡受刑事控告者，在未依法证实有罪之前，应有权视为无罪。”

在我国长达两千年封建社会中，实行的是一种有罪推定原则，任何人一旦被确定为犯罪嫌疑人，往往就被作为罪犯看待，没有辩护权，刑讯逼供合法化。中华人民共和国成立以后，由于意识形态方面的原因，无罪推定原则被看作西方资产阶级的产物，“封建社会采取有罪推定原则，资产阶级针对有罪推定提出了无罪推定。我们坚决反对有罪推定，但也不是西方国家那种无罪推定，而是以客观事实为依据”。[①] 在长期一段时间内，我国不仅没有规定无罪推定原则，甚至在理论上讨论无罪推定原则都成为一种忌讳。1979 年《刑事诉讼法》没有规定无罪推定原则，我国现行《刑事诉讼法》第 12 条规定：“未经人民法院依法判决，对任何人都不得确定有罪。”对于该条规定的内容是否就是无罪推定原则，有不同的理解。有人认为这就是我国的无罪推定原则，而有人认为这只是规定了法院的统一定罪权，并不是无罪推定原则。笔者认为，从其他有关规定来看，我国 1996 年《刑事诉讼法》并没有完全确立无罪推定原则，只是吸收了无罪推定原则的部分合理因素，第 12 条规定充其量只是一个非完整的无罪推定原则：一是我国刑事诉讼法区分了犯罪嫌疑人与被告人，被追诉人在提起公诉前称为犯罪嫌疑人、提起公诉后称被告人，并删去了带有有罪推定色彩的“人犯”的称谓。二是赋予了犯罪嫌疑人、被告人更多的诉讼权利，为保障犯罪嫌疑人、被告人的权利提供了程序保障，尤其是规定了律师可以提前介入侦查阶段。三是取消了免予起诉制度。免予起诉制度，从本质上看，也就是检察机关未经法院判决就确定被告人有罪，侵害法院审判权的同时也表明当时刑事诉讼法有罪推定的色彩极浓。取消免予起诉制度，也就表明 1996 年刑事诉讼法吸收了无罪推定原则的部分内容。四是明确规定证明被告人有罪的责任由控诉方承担。无罪推定原则的一个重要功能就是确定证明被告人有罪的证明责任在于控诉方，被告人没有证明自己无罪的责任。1996 年《刑事诉讼法》规定证明责任由控诉方承担，2012 年及 2018 年《刑事诉讼法》的修改重申了该规定，这也是吸收无罪推定原则合理因素的重要标志。五是确定了疑罪从无原则。疑罪从无，这是无罪推定原则的一个重要内容。1996 年《刑事诉讼法》除规定证据不足起诉外，还规定了证据不足、指控犯罪不能成立的无罪判决，其实也是吸收无罪推定原则合理因素的结果。

由于我国刑事诉讼法只是吸收了无罪推定原则的部分合理因素，而没有完全确立无罪推定原则，我国刑事诉讼法与国际上通行的无罪推定原则之标准还有相当差距：一是没有规定犯罪嫌疑人、被告人不得强迫自证其罪的特权。根据无罪推定原则，证明被告人有罪的证明责任在于控诉方，被告人不仅没有证明自己无罪的责任，更没有协助控诉方证明自己有罪的责任。但我国《刑事诉讼法》第 120 条却规定，“犯罪嫌疑人对侦查人员的提问，应当如实回答”。在被告人有罪

① 转引自卢勤忠：《试探无罪推定在中国的确立和贯彻问题》，载《法学》1998 年第 10 期。

的情况下，这无异于要求被告人协助控诉方证明自己有罪，这种要求不仅与人趋利避害的本性有冲突，而且也有违无罪推定原则。二是强制性措施的使用没有得到有效的控制。按无罪推定原则，在法院判决有罪之前，犯罪嫌疑人、被告人应当被视为无罪，其权利应当受到与一般公民的同等保护。为此，控诉方不能随意对其采取强制措施，剥夺或限制其合法权利。但我国刑事诉讼法在这方面却缺乏应有的规定，许多应当被纳入法律规范范围的强制性侦查措施没有法律规定，如技术性侦查措施；刑事诉讼法有规定的又缺乏相应的有效措施予以制约和救济，如逮捕、拘留、搜查、扣押等。三是非法证据没有得到彻底的否定。非法证据大都是通过侵害犯罪嫌疑人、被告人的合法权益所得到的，如要彻底贯彻无罪推定原则，就应当对这些证据予以排除，才能真正实现无罪推定原则保障公民权利的目的。但根据我国刑事法以及相关司法解释，规定排除的只有非法取得的言词证据，对于非法取得的实物证据，如果不是特别严重地损害公民合法权益就并不排除。即使是非法言词证据，由于缺乏相应的保障机制，在实践中排除的也并不多。四是“疑罪从无”贯彻不彻底。如我国刑事诉讼中对于证据不足、指控犯罪不能成立的无罪判决，根据最高法院的司法解释，检察机关发现新证据的，可以重新起诉，法院应当受理，这也就使得因疑罪从无的无罪判决效力不具有确定性。

无罪推定原则由于其在人权保障方面的重要意义，可以说是刑事司法人道、民主、文明的标志，是法治社会应有的内容。法治社会也是有中国特色社会主义的建设目标，刑事司法更文明、人道、民主，也是我国法治建设的目的，尤其是无罪推定原则已成为国际刑事司法最低标准之一而为诸多国际公约与法律文件所规定，而这些公约与国际法律文件中，有不少是我国已加入或即将加入的，根据国际条约必须信守的原则，我国没有理由拒绝无罪推定原则，在即将进行的刑事诉讼法再修改中，我们应当确立完整的无罪推定原则。

如何在刑事诉讼法再修改中确立无罪推定原则，根据我国目前存在的问题，我们应当作以下方面的努力：一是建议把《刑事诉讼法》第 12 条修改为：“任何人在人民法院依法确定有罪之前，都应当被推定为无罪。”① 二是对权力尤其

① 陈光中：《刑事诉讼法再修改之基本理念——兼及若干基本原则之修改》，载《政法论坛》2004 年第 3 期，第 4 页。

是侦查权力进行有效控制，保护犯罪嫌疑人、被告人的合法权益不受非法侵害。三是强化控诉方的举证责任和举证意识，贯彻落实非法证据排除规则，制约和规范控诉方的取证行为。四是增强法院证据不足、指控犯罪不能成立的无罪判决的既判力，彻底贯彻一事不再审原则。五是明确规定存疑有利于被告人的原则。在笔者看来，这项原则虽是从无罪推定原则衍生出来的，但在某种意义上它又超越了无罪推定原则而体现了一种更为彻底的人权保障意识。

（六）从口供本位转向物证本位

在现代社会的刑事诉讼中，案件事实的认定必须通过证据加以证明，而证据的种类繁多，从证据的表现方式来看，可以分为言词证据与实物证据两种，其中言词证据包括证人证言、犯罪嫌疑人、被告人的口供、被害人的陈述等。根据刑事诉讼主要通过何种证据来证明案件事实，可以分口供本位和物证本位两种证明方式。口供本位证明方式也就是在诉讼证明过程中注重犯罪嫌疑人、被告人的口供，虽然也注意收集除口供以外的各种证据，但口供被认为是证据之王，因此全部证明活动的核心是获取犯罪嫌疑人、被告人的口供而不重视收集其他证据，并主要根据口供认定案件事实。与此种证明方式相应的是刑讯逼供现象盛行。物证本位证明方式是随着现代人权保障思想的发展和刑事侦查技术的提高而出现的。在这种证明方式下，口供虽然也被认为是证据中的一种，但因获取口供对人权保障和发现实体真实存在双重危险，因而口供在审判中的使用受到了严格限制，案件事实主要是通过口供以外的其他证据尤其是物证来证明。与此种证明方式相适应的是，由于诉讼证明活动的重点就是收集除口供以外的其他各种证据，特别是物证，因此物证技术鉴定技术比较发达。

仅从立法规定上看，我国的证明方式是以物证为本位的。我国《刑事诉讼法》第 55 条规定："对一切案件的判处都要重证据，重调查研究，不轻信口供。只有被告人供述，没有其他证据的，不能认定被告人有罪和处以刑罚；没有被告人供述，证据确实、充分的，可以认定被告人有罪和处以刑罚。"《刑事诉讼法》第 52 条规定："……严禁刑讯逼供和以威胁、引诱、欺骗以及其他非法的方法收集证据……"要求公安司法人员注意调查收集其他证据，而不是获取犯罪嫌疑人、被告人口供，这与物证本位的精神是一致的。但从司法实践来看，由于我国侦查技术落后，侦查投入不足等原因，我国的诉讼证明方式基本上还是以口供为中心，一般是侦查机关在掌握了一定的犯罪线索以后，立即讯问犯罪嫌疑人，然后再以犯罪嫌疑人的供述为线索收集其他证据。如果收集的其他证据与犯罪嫌疑人的口供有出入，就继续讯问犯罪嫌疑人，整个取证活动基本上都是围绕犯罪嫌疑人、被告人的口供来进行的。在审判过程中，虽然我国《刑事诉讼法》已明确规定，没有被告人供述，证据充分确实的，可以认定被告人有罪和处以刑罚，但在司法实践中，法院没有被告人供述时通常不敢作出有罪判决。

这种口供本位的证明方式弊端极多，一是由于其常常伴随着刑讯逼供现象而不利于犯罪嫌疑人、被告人的人权保障；二是影响刑事案件破案率，因为过于重视犯罪嫌疑人、被告人口供，一旦被告人在法庭上翻供或指控侦查人员刑讯逼供，公安司法机关就会非常被动，影响案件的追诉；三是与现行法律规定不符，尤其是与我国已加入或将加入的有关国际公约要求不符。反对强迫自证其罪，这是联合国《公民权利和政治权利国际公约》规定的联合国刑事司法准则的一项基本内容，我国政府已于 1998 年 10 月签署了该公约，按条约必须信守的原则，一旦全国人大批准该公约，我国就必须在国内刑事诉讼中执行该条约的规定，再以口供为本位，显然是不符合该条约的要求的。因此，我国必须在刑事诉讼证明方式上从口供本位转向物证本位。

诉讼证明方式的转换是一项长期而艰巨的系统工程，既涉及公安司法人员自身主观意识的改变，也涉及客观技术装备和司法投入的增加，既亟须实现司法操作方式的真正转换，又需要对相关法规作出配套修改。笔者认为，要实现这一转变，必须做好以下工作：

一是转变观念，提高认识。要深刻认识口供主义的证明方式产生的历史及现实原因，从诉讼观念上转变到先查证后取供的证明方式上来。当然，实现诉讼证明方式的转变，关键在于实现诉讼价值取向的转变。因为从根本上说，任何法律制度的设计和运作都是以实现一定的法律价值为基点和归宿的，诉讼证明方式的设计更是如此。我国目前之所以实行的是一种口供本位的证明方式，主要是由于我国目前的“犯罪控制”这种价值取向导致的。因此，要实现诉讼证明方式的转变，从根本上讲，就是要将诉讼的价值观和出发点从单纯地以国家、社会利益为本位，片面地追求效率，转变到以国家、社会本位与个人本位同时兼顾的价值选择上，即不仅要积极主动地追究犯罪，而且要把诉讼行为建立在科学合法、程序公正的基础上，把犯罪控制同权利保障有机地结合起来。

二是大力使用技术侦察措施。技术侦察措施是侦查机关运用技术装备调查和分析作案人和案件证据的一种侦查措施，如用机器设备排查、传送个人情况数据，用计算机模拟犯罪嫌疑人的体貌等。技术侦察措施由于其对被侦查对象造成的伤害较少，能通过不限制犯罪嫌疑人权利的常规侦查措施中获取的证据分析出许多对侦破犯罪具有重要价值的案件信息，被西方学者认为是一种能够实现控制犯罪和保障人权兼顾的理想侦查方式。由于各种主客观因素的影响，我国对技术侦察手段一直重视不够。要从口供本位转向物证本位，这要求我们必须大力加强刑事侦查的技术研究，大力提高公安司法机关的技术装备水平，从而实现诉讼证明在技术含量上的提升。

三是建立健全刑事诉讼信息网络系统。许多犯罪通常没有明确的受害人和明显的犯罪现场，且行动非常隐秘，因此拓宽刑事诉讼的信息渠道具有非常重要的意义。目前，我国刑事侦查的信息来源主要有群众举报、犯罪人自首、领导交办和公安司法机关办案中发现等几种途径，信息来源非常有限。从我国的现实情况来看，还有以下信息渠道是可以利用的：第一，是其他部门接受的报案、控告、举报线索。目前我国的纪委、人大、监察、公安、法院等许多部门都设有信访办公室或举报电话等途径接受群众报案、控告和举报，但这些部门之间在信息的使用上很少进行沟通，今后有必要加强信息的登记管理工作，并由中央有关部门负责，将全国所有接受群众报案、控告和举报部门的计算机进行联网，实现全国信息的资源共享。第二，是政府部门管理的国家公务员财产申报资料。目前我国的公务员财产申报制度还极不规范。根据国外的做法，国家公务员的财产申报不仅应该包括工资收入，工资以外的其他各种收入，包括接受赠与、股票证券收入、银行存款利息等都必须定期申报。将这些信息纳入刑事诉讼的信息网络系统，对于公安司法人员及时核查被追诉者的支出中是否含有非法收入，准确侦控犯罪将具有重要意义。第三，是新闻媒介接受或报道的与违法犯罪有关的情况，等等。

四是健全和完善收集和使用物证的配套法律法规。我国的证据立法极其疏漏，有关物证的立法更是如此。要想实现从口供本位向物证本位的转变，就必须强化对物证的收集和运用。当前特别需要制定的是有关秘密侦查的法律法规。由于现代犯罪行为逐渐朝着智能化、隐秘化和组织化的方向发展，不少国家都针对这一现象制定了有关秘密侦查的法律。例如，美国 1968 年《综合犯罪控制与街道安全法》明确规定十二种犯罪可以采用秘密监听手段;[①] 意大利1988年《刑事诉讼法》规定刑事侦查可以采用“通信窃听”手段;法国于1991年7月10日通过的第91—646号法律在刑事诉讼法典中增加了“电信的截留”一节,对秘密监听的程序问题作出了详细规定。但秘密侦查的适用也可能导致对犯罪嫌疑人隐私权的侵犯和限制,因此亟须制定出相应的法律法规,对秘密侦查的方式、条件、审批机关、适用程序、违法责任等问题作出严格的规定。另外,有关鉴定人出庭作证的有关法律规定也必须作出相应的完善措施,因为以物证为本位,也就不得不更多地依赖于鉴定结论,而鉴定结论是否能作为定案根据,一般要经过质证才能作出决定。

五是加大对刑事诉讼的人力、物力和财力投入。与讯问犯罪嫌疑人只需在室内进行相比,其他取证方式将涉及更广泛的诉讼空间和更复杂的司法操作,因而也就需要更充足的司法投入,如检验物证、书证需要购置技术设备和培训操作人员,勘验现场需要出动车辆和大批公安司法人员,制作视听资料需要比较先进的技术、人员和设备,等等,所有这些都要求我们加大对刑事诉讼的司法投入。

六是优化公安司法人员的专业结构,建立一支专家型的公安司法队伍。许多刑事案件涉及复杂的专业知识和特殊技能,如会计、金融、财务、证券、外汇、计算机甚至测谎器等。这些知识和技能有些是可以通过短期培训来强化的,有些则只有经过长期的系统学习甚至专业训练才能掌握。这就要求我们改变以往在进行公安司法人事管理时仅注意配备法律方面人才,甚至吸收没有任何专业知识和技能的人员的人事管理模式,大力引进精通会计、金融、财务、证券、外汇、计算机甚至心理学和语言学等方面知识和技能的专业人才,提升公安司法人员的专业化程度。

(七)从客观真实转向法律真实

刑事诉讼的证明标准问题,尤其是有罪判决的证明标准问题,是我国学界和实务界长期关注的一个热点问题。在2000年以前,学界与实务界对此问题就说法不同,运用不一。学界有“客观真实说”,“实质真实说”,“法律真实说”,“两个基本说”(即基本事实清楚,基本证据具备)等。在各种说法中,客观真实说处于主导地位,高等院校法学本科统编教材《证据学》,就是把“客观真

---

① See John N. Ferdico J. D: Criminal Procedure, West Publishing Co, at p. 358.

实”作为刑事诉讼的证明标准，即认为“查明案件的客观真实”是诉讼证明的任务，这不仅是十分必要的，而且也是“完全可能”的。[①] 笔者在2000年《中国法学》第1期发表一篇对“客观真实说”提出一些不同看法的文章以后，[②] 在学界引起很大争论，有赞同者，也有反对者。客观真实，是指刑事证明应当查清犯罪事实真相，裁判者只有在所认定的案件事实正确反映犯罪事实真相时，才能裁判被告人有罪。法律真实，是指公安司法机关在刑事证明过程中，运用证据对案件事实的认识，应当符合刑事实体法和程序法的规定，应当达到从法律的角度认识真实的程度。笔者仍然认为，对于刑事诉讼的证明标准，应当是法律真实而不是客观真实，应当从过去那种客观真实观转向法律真实观。理由有：

一是法律真实顺应和符合从实质合理法律观向形式合理法律观的转变。所谓实质合理，即人们对事物的认识在价值的选择上所追求的是事物在实质层面上的公正与合理。形式合理又称程序正义或诉讼正义，是相对于实质合理而言的，它起源于古老的“自然公正”原则，形式合理所追求的是人们处理事情的形式上的公正标准。由于实质合理常因人们的需求不同而具有多样性，即每个人的背景不同，认识能力不同，经验不同，世界观、价值观、人生观不同，对实质合理的需求和标准也就不同。而且从认识上看，实质合理是一个带有终极意义的用语，过分地追求实质合理，非实质合理就不能得到认同，有时就会不可避免地走向形而上学、走向专制。因此，现代法治国家一般追求的是形式合理而不是实质合理。在我国，由于受传统文化的长期影响，人们在处理事情的价值选择上，习惯于追求事物的实质合理。例如，在立法和执法中，特别是法律的实施中，人们就有“重实体法、轻程序法”的倾向。但近年来，随着法学界对法律形式合理的深入认识，已经发生了深刻的变化，这一变化过程就是从实质合理的法律观转到形式合理法律观。这也是我国依法治国方略的必然要求，如我国刑法罪刑法定原则的确立，就是实质合理法律观向形式合理法律观的一个转变。“随着罪刑法定原则的确立，类推制度的废止，在刑法中形式合理性的诉求战胜了实质合理性。”[③] 我国刑事诉讼法对无罪推定原则合理因素的吸收和使用，以及刑事诉讼法第200条关于“疑罪从无”的确立，其实也是对实质合理性的一种放弃。从这

---

① 陈一云主编：《证据学》，中国人民大学出版社1991年版，第114~115页。

② 参见樊崇义：《客观真实管见——兼论刑事诉讼证明标准》，载《中国法学》2000年第1期。

③ 陈兴良主编：《刑事法评论》（第5卷），中国政法大学出版社2000年版，第30页。

个意义上看，我国刑事诉讼过程的形式合理的思维和法律观也正在形成，这也就意味着在证据运用的价值选择上也必然走形式合理之路，必然从客观真实转化为法律真实。因为客观真实在某种意义上是与实质合理相对应的，而法律真实是与形式合理相对应的。

二是在证据的运用上，离开形式合理去追求实质合理，而达到所谓客观真实，弊多利少，甚至是不能实现的虚幻。传统的客观真实论，在我国刑事诉讼法尚不完备，而且证据立法也非常原则、笼统的背景下，再加上以儒家思想为主导的中国传统文化，缺乏自然法与形式法的逻辑理念，所以在证据的运用上，对案件事实的查证，追求实质合理，选择客观真实的价值标准，是完全可以理解的。但问题有三点：其一，我国正走向法治，法律纷纷出台，尤其是将要制定一部完善的证据法。在这种情况下，证据运用的价值选择、案件事实的证明标准就不能再以实质合理作为指导，而应以形式合理作为指导。其二，所有的刑事案件都是过去发生的不可能重现的事件，这种事后性的证明活动不同于自然科学的规律认识，刑事诉讼是以恢复社会秩序为目标的，案件事实的认识必须有相应的时空限制，而自然科学研究是以真理发现为目标的，没有时空的限制，这一代人不行，还可以由下一代来完成。更何况自然科学研究的对象是客观规律，作为一种规律，它可以因重复出现而对其客观性加以准确检验，而刑事诉讼的案件事实是单向不可重复的，通过证据证明的案件事实只能是一种经验性事实，它与客观发生的案件是否完全一致，是没有可靠的方法与工具来检验的，除非我们人类能穿越时空回到过去。由于诉讼认识的这种复杂性，案件事实的认识永远只能是接近原物，近似原物，把客观真实定为认识活动的价值目标，无异于一种幻想。其三，从绝对真理与相对真理的辩证关系来看，客观真实论也只能是一种虚幻的理想价值，不是一个可以达到的现实价值目标。列宁曾生动形象地论述过这个问题，他指出："（一）有没有客观真实……（二）如果有客观真实，那么表现客观真理的人的表象能否立即地、完全地、无条件地绝对、或者只能近似地、相对地表现它？这第二个问题就是绝对真理和相对真理的关系问题。"① 列宁还生动地比喻说："图画的轮廓是受历史条件制约的，而这幅图画描绘客观存在的模特儿，这

① 列宁：《唯物主义和经验批判主义》，载《列宁选集》（第2卷），人民出版社1960年版，第121页。

是无条件的。"[①] 按照马克思主义关于真理的绝对性和相对性的辩证关系的原理，笔者认为对一个刑事案件的证明要求，在价值的选择上只能达到近似于客观真实，而且越接近客观真实越有说服力。那种"必须"达到，"就要"达到，"一定"达到客观真实的说法，在认识论上是不能成立的，更是无法实现的。

三是法律真实是"程序正义"的要求，是刑事诉讼法内在价值的集中体现。我国《刑法》第3条规定："法律明文规定为犯罪行为的，依照法律定罪处罚；法律没有明文规定为犯罪行为的，不得定罪处罚。"这就是罪刑法定原则。这一规定的精神实质是在刑法中确立法治精神，是否犯罪以及如何处罚以法有明文规定者为准，这样我国刑法的内在价值就突出地表现出来了，它在公民自由与国家刑罚权之间画出了一条明确的界线，有利于保障公民的个人权利。我国刑法在这一原则的指导下，明确规定了各类、各种罪的构成和条件。这样作为定罪处刑根据的证据，理所当然地要以刑法的要求为依据来调查、收集和运用。法律真实的主要根据之一就是刑事实体法，离开国家的刑法，去另外寻求什么客观真实，那只能是一种虚幻的、无所遵循的想象。收集到的证据，最后达到的证据标准，只能用刑法各罪的构成要件来权衡。至于如何收集、调查、审查、判断和运用证据认定事实，那就要按照我国《刑事诉讼法》规定的程序进行。我国刑事诉讼法的价值与功能，就在于它外在的工具价值、内在的程序正义价值和效益价值。这三位一体的价值，反映着刑事诉讼法的地位和作用。近年来，我国诉讼法学者在过去工具价值的基础上，对刑事诉讼法独立的、内在的程序正义价值的研究和认同，反映了我国学术水平的提高和进步。《刑事诉讼法》第12条"未经人民法院依法判决，对任何人都不得确定有罪"的规定，第175条第4款"对于二次补充侦查的案件，人民检察院仍然认为证据不足，不符合起诉条件的，应当作出不起诉的决定"的规定，以及第200条第3项"证据不足，不能认定被告人有罪的，应当作出证据不足、指控的犯罪不能成立的无罪判决"的规定等，不仅从立法上肯定了程序公正的诉讼价值，而且为我们指明了刑事证据的证明标准。因此，法律真实的另一根据就是刑事诉讼法规定的程序标准。诉讼程序上的法律真实，就是为了体现刑事诉讼法程序公正的价值，就是刑事诉讼关于运用证据的原

---

① 列宁：《唯物主义和经验批判主义》，载《列宁选集》（第2卷），人民出版社1960年版，第135页。

则、程序和标准等有关规定的集中表现。

四是在运用证据的价值选择上，从客观真实转向法律真实不仅符合我国民主与法治的进程，而且也是司法实践所亟须的。在党的十五大把依法治国的方略作为治国之本，把社会主义市场经济定位为法治经济之后，我国在政治、经济各方面发生了很大变化，人治渐渐退出历史舞台，法治社会、法治经济正在逐渐形成。在这种形势下，如何正确运用刑事诉讼中的证据，唯一出路就是依法进行即根据我国刑法、刑事诉讼法规定的规格和标准进行，其证明要求和标准必须从虚幻的客观真实转向实实在在的法律真实。同时，在司法实践中，许多案件定案难，质量低，破案不佳，积案成堆，人民群众不满意，社会治安仍然是人民群众关心的一个热点问题。笔者认为，这在一定程度上不能不归因于我们在运用证据定案时选择了客观真实。客观真实虚幻、神秘、不可预测，而且模糊笼统，可操作性差，致使办案人员认识不一，相互扯皮而贻误时机，造成拖案、积案。凡此种种说明，司法实践呼唤一个规范的、容易操作的证明标准，而法律真实因其是以我国刑法和刑事诉讼法规定的犯罪构成要件和收集运用证据的规则、程序、标准来认定案件事实，而显然符合这一证明标准。

如何从客观真实转向法律真实，关键在于从实体法和程序法两方面对诉讼证明活动进行规范。在实体上，根据刑法规定的构成要件来确定诉讼证明的对象，只要证明了对于定罪量刑有决定意义的事实就可以定案判决。在程序上，对于刑法规定的犯罪构成要件事实的证明必须达到以下标准才能认定案件事实：(1) 每个证据材料必须具有客观性、关联性和合法性；(2) 各个证据材料的内容经过排列、组合、分析必须与案件的发生、发展的过程，即案件事实相符；(3) 借助证据材料进行的推理必须正确，必须符合逻辑规则；(4) 全案证据事实必须达到“三统一”，即证据自身统一、证据与证据统一、证据案件统一，统一的标准就是排除了矛盾。

(八) 从重实体轻程序转向两者并重最终转向程序本位

在刑事诉讼的过程中，如何处理遵守程序与追求有效打击犯罪之间的关系，有程序绝对工具主义、程序相对工具主义和程序本位主义三种不同做法。程序绝对工具主义，也称结果本位主义，这种理论认为，刑事程序仅仅是实现某种外在目的即刑事实体法目标的工具或手段，它本身并不是目的，程序本身是好是坏完全取决于能否实现实体法目标。程序相对工具主义则认为，刑事诉讼程序是实现实体法的工具和手段，但在追求这一目标时也要兼顾程序本身的一些独立价值目标。[①] 由于这种理论本质上仍然属于一种工具主义，因此，在程序本身价值与实体目标发生冲突时，它选择的是后者。程序本位主义，是一种旨在强调程序本身的功能和价值的观点，这种观点认为，刑事诉讼程序是好是坏，其评价标准是程序本身是否具有一种独立于程序结果的内在的善。在诉讼进行中，首先要承认程序的价值和作用，才能真正保证实体正义的实现，如日本的法学家把程序本位、程序优先称为“程序是实体之母，或程序法是实体法之母”。[②]

从法律的发展来看，“原始社会没有实体法的观念，共同体的代表诉请于某种超自然的力量来解决纠纷的所谓审判就是依靠程序。即使对这种原始状态存而不谈，只要回溯到英美法和大陆法历史的早期阶段就可以发现只有程序而不存在实体法观念的现象。早期的英国法采取诉讼方式（formsofaction）的程序，具有特定实施关系的案件通过特定诉讼方式处理……作为大陆法起源之一的罗马法中同样可以看到类似现象。罗马法首先看到的是‘诉权’（action），诉权不同程序也不同。诉权的逐渐增加，意味着实体法被创制。”[③] 在早期社会中，程序先于实体，实体是源于程序的。但就近现代社会而言，法律常被按其内容分为实体法和程序法。“实体法从常识来讲就是‘应当如此’的法律关系为内容，提示什么是实体正义的规范。与此相对，程序法被理解为规定如何实现实体法的内容的手段性规范。程序法可以包括各种各样的规范，但其中核心部分是规定民事诉讼和刑事诉讼的法律规范。由于程序法作为手段、工具的性质，有时被称为‘助法’，或‘附带性规范’。这里表现出一种思想，即以完美无缺的实体法为前提，程序法仅仅是以判决的方式产生出其结果的机械性过程或这个机械本身。孟德斯鸠作为法治理想而描绘出来的所谓‘自动售货机’式的法官正是这种程序观念的象征。”[④] 把诉讼程序看作“助法”、“附带性规范”、“机械的过程”等，这就是“重实体，轻程序”绝对工具主义法律观的一种表现。这种理念和观点，一

① 陈瑞华著：《刑事审判原理论》，北京大学出版社 1997 年版，第 30 页。

② ［日］谷口安平著：《程序的正义与诉讼》，王亚新、刘荣军译，中国政法大学出版社 1996 年版，第 8 页。

③ ［日］谷口安平著：《程序的正义与诉讼》，王亚新、刘荣军译，中国政法大学出版社 1996 年版，第 7 页。

④ ［日］谷口安平著：《程序的正义与诉讼》，王亚新、刘荣军译，中国政法大学出版社 1996 年版，第 6 页。

直在我国法律界占据主导地位，直到今天还有不少市场。在20世纪以来的有关程序价值的讨论中，人们逐渐认识到“重实体，轻程序”的危害，认识到程序不仅是贯彻实体法的工具和手段，更重要的是它还有一种独立的品格，独立的价值，即程序本身的正当性如何，以及是否严格按照法定程序办案，它直接关系到一个民族、一个国家的进步、文明、民主与法治的问题。也就是在这样的背景下，我国司法领域出现了一种“程序与实体并重”的理念和提法。这一提法貌似公允、合理，但一旦实体正义与程序正义发生冲突和矛盾时怎么办？是要实实在在的结果呢？还是要程序正义？多数人的回答是，当然是要牺牲程序捍卫实体，其结果是又回到“重实体，轻程序”的老路上来。笔者认为出现这种现象是正常的，因为一种理念的确立，一种创新思想的引进，并非一朝一夕，就是要在反复的思索中，乃至痛苦的教训中逐步确立起来。

以科学的发展观而论，或曰按照诉讼进程和诉讼规律来说，笔者认为应当依照程序优先的原则，牢固地树立起“程序本位”的理念，即“程序优先于实体，重于实体”的观点。其道理在于“正当程序”得到实施的前提下，程序过程本身就能使程序结果取得正当性，即按一般的规律，不仅程序正义往往可以保证实体正义，而且在正当程序的指导下，由于程序已经给予被追诉人充分机会参与诉讼，表述自己的观点，并提出充分的证据，还经过法官公正的审理，即使判决结果对其不利，被判者也不得不接受这一结果并服判。同时，这一结果对社会和广大公众而言，也会产生一种正当化效果，因为如果已在程序的正当性上和执法必严上得到了公众的信赖，即司法权威已牢固树立，广大群众在判断实体结果的正当性，即是否正义时，一般也是从程序和制度的保障功能上来判断其结果如何。相反，如果把程序放在可有可无、随意牺牲的位置上，一味地去追求所谓的实体公正性，但又不知这种结果的公正性从何而来，办案者就会不知不觉地把被追诉者当作一个追诉客体来看待，而不讲程序、不择手段地去查明“事实真相”，这往往很容易滑向非法收集证据的深渊，历代的冤案、错案都证明了这一点。

就我国刑事诉讼立法而言，1996年《刑事诉讼法》虽有明显的进步，但从总体上还没有充分体现“以程序为本”、“程序本位”的理念，程序优先、程序重于实体的原则尚未显现出来。例如，1996年《刑事诉讼法》仅仅在第191条规定：“第二审法院发现第一审法院的审理有下列违反法律规定的诉讼程序的情形之一的，应当裁定撤销原判，发回原审人民法院重新审理：（一）违反本法公开审判的规定的；(二) 违反回避制度的；(三) 剥夺或者限制了当事人法定诉讼权利，可能影响公正审判的；(四) 审判组织的组成不合法的；(五) 其他违反法律规定的诉讼程序，可能影响公正审判的。”这一规定同1979年刑事诉讼法相比，虽然有历史的进步，初步体现了程序的一些价值和作用。但是，就这一仅有的规定本身而言，不仅在立法的行文上软弱无力，而且在贯彻执行上也无所适从，实务部门反映，标准不明，难以执行。什么叫“可能影响公正审判”？什么叫“其他违反法律规定的诉讼程序”？规定模糊笼统，概念不清。就1996年《刑事诉讼法》整体而言，与有关“程序本位”的理念与标准存在的差距有五个原因：一是没有把“程序法定”作为诉讼原则加以规定；二是仅仅规定审判公开，在诉讼的透明度上，没有把“程序公开”作为诉讼原则规定下来；三是只规定了“被告人有权获得辩护”原则，没有规定“保障犯罪嫌疑人、被告人辩护权”的原则；四是在诉讼程序上，只规定了应当和可以怎么做，没有专章规定违反了这些程序的制裁措施和救济措施，更没有这种相关程序。例如，超期羁押的救济与制裁，刑讯逼供、骗供、诱供的制裁与救济，非法证据的排除，没有律师辩护或辩护不力，剥夺了当事人诉讼权利的法律后果等。

在2012年《刑事诉讼法》的修改中，遵循“程序本位”这一理念，针对上述问题，在立法上采取了以下几方面的措施：第一，明确了程序的地位、价值和功能，在刑事诉讼法的任务中增加了“程序合法”、“尊重和保障人权”、“程序法定”和“程序公开”的原则，这就要求在整个刑事诉讼程序中都要树立人权观念。第二，确立了“非法证据排除”规则，即在刑事诉讼的过程中，违反本法的规定所取得的证据不允许采信。2012年《刑事诉讼法》第54~58条，较为详细地规定了非法证据排除的具体规则。第三，完善了强制措施制度，扩大了非羁押性强制措施的适用范围，完善了侦查阶段讯问犯罪嫌疑人程序等。第四，完善了以庭前会议为主要内容的第一审程序，扩大了适用简易程序案件范围，改革了死刑复核程序，完善了审判监督程序，增设了当事人和解的公诉案件诉讼程序等四大特别程序。

但是，如果从程序本位的角度出发，我国刑事诉讼程序仍有诸多待完善之处，如需要确立程序保障和程序违法制裁机制，为公民基本权利和诉讼权利的保障提供一套从基本原则到诉讼程序的保障机制，并规定程序违法的制裁机制，除对非法证据的排除外，对超期羁押、非法拘捕、羁押、扣押、冻结、搜查、勘验、鉴定等涉及公民人身权利、财产权利、隐私权的一切违法行为，都要视轻重缓急、影响大小给予相适应的制裁，以促进诉讼的文明进行。此外，还需要构建程序违法的救济机制，正确处理上诉、申诉、申请、控告，制定各种救济行为的条件、范围、提起和审理程序。在一些程序和环节上，适当增加听证程序，以听取各方面的意见，使诉讼能够和谐进行。特别是对那些可能造成冤、假、错案，导致矛盾激化，给社会带来严重影响的申诉和控告，必须立即采取行动，启动应急救济措施。

（九）从高压从重转向宽严相济

由于前面提到的斗争哲学的影响，在相当长的时间内，我国对犯罪的处理是按敌我斗争而不是按内部矛盾来处理的，实行的是一种高压从重的政策。在这种高压从重政策下，不仅在实体上重刑化倾向严重，而且在程序上犯罪嫌疑人、被告人的权利得不到保障，处于一种诉讼客体地位，司法机关在诉讼过程中倾向于对犯罪嫌疑人、被告人采取不必要的强制性措施。这种高压从重政策最明显的体现：一是死刑适用过多，二是犯罪嫌疑人、被告人的辩护权受到较多限制，三是逮捕、拘留等羁押措施适用率很高，且羁押期限比较长，四是公、检、法三机关不时联合办案，诉讼行政化色彩极浓。

这种高压从重政策形成于我国国内外形势都比较严峻、阶级斗争还比较严重的中华人民共和国成立初期。因此，从其形成来看，并不是没有其历史的合理性。但随着我国经济形势的好转、国内外局势逐渐趋向和平稳定，绝大部分犯罪行为已转变为人民内部矛盾，这一合理性已逐渐消失，再以高压从重政策处理犯罪行为，已不能适应我国社会的发展要求。特别是在 2004 年中共第十六届四中全会上提出构建社会主义和谐社会的目标后，以敌我斗争哲学为基础的高压从重刑事政策完全是与该目标相违背的，它必须退出历史的舞台。正是这种情况下，宽严相济逐渐成为我国的刑事司法政策。2005 年 12 月 5 日，时任中共中央政治局常委、中央政法委书记罗干在全国政法工作会议上提出，要注重贯彻宽严相济的刑事政策，2006 年 10 月，中共中央十六届六中全会通过的《中共中央关于构建社会主义和谐社会若干重大问题的决定》明确强调，要实施宽严相济刑事司法政策。

从我国的历史发展来看，宽严相济刑事政策不仅是我党和国家的一贯政策，而且在我国也有着深厚的历史渊源，是我国的法律传统之一。因为不仅我党早在第一次国内革命战争时期就已提出与宽严相济相类似的镇压与宽大相结合的政策，在 1979 年我国第一部刑法已将惩办与宽大相结合刑事政策作为刑法第 1 条的重要内容正式确定外，在我国古代的法律传统中也早已有宽严相济的思想。这主要体现在以下几方面：一是“刑罚世轻世重”，不同时期适用轻重不同的刑罚措施；二是针对特定种类的犯罪人适用较轻刑罚，如对老年人、未成年人、残疾人、妇女犯罪减轻或免除刑罚，对自首者减轻处罚，对犯罪进行赦免等。

宽严相济刑事司法政策不仅与我国构建社会主义和谐社会的目标相契合，而且也具有深厚的理论基础，符合对立统一规律、正义论、效益论和以人为本的思想。如何在刑事诉讼法中贯彻宽严相济刑事司法政策，笔者认为该当从以下几方面着手：

首先，是正确理解宽严相济刑事司法政策的内涵。不仅要从实体角度理解宽严相济刑事司法政策，而且还必须从程序角度理解宽严相济刑事司法政策。因为不仅程序本身体现了对犯罪行为人的处理是宽还是严，而且程序还是保证宽严相济刑事政策得以正确贯彻实施的重要条件。基于此，笔者认为，宽严相济刑事政策是一种在有效打击犯罪、维护社会秩序与保障人权、尊重人性之间进行合理平衡的刑事政策，它的内涵应当包括这个几方面：一是宽严相济刑事政策体现的是一种合理的区别对待，这种区别对待包括两个方面内容：横向的区别对待和纵向的区别对待。何为“严”，除了实体上的从重外，还包括一种程序上的“严”，如采取逮捕等较严厉的强制措施。何为“宽”，与严相对应，也包括非犯罪化、处以较轻刑罚和在程序上给予宽缓处理等三个方面。除根据不同时期有宽严之分以外，还应当根据不同地区的不同社会治安情况对同一种犯罪行为是否犯罪化、是否判处刑罚以及是否采取宽缓程序上适当地作不同处理。二是严有度、宽有节，不管是宽是严都应当依法进行，不能突破法律的规定。宽严相济刑事政策中的宽与严都应当依法进行，打击犯罪不能不择手段，严要有度；任何权利都不是绝对的，宽要有节。三是宽严应当“相济”。“济”，也就是帮助、配合、协调之意。宽与严“相济”，实际也就是要求宽与严应当相互体现、相互配合与相互统一。具体而言，就是要求在刑事立法与刑事司法中对重罪处以较重刑罚要能体现出轻罪所处刑之轻，对轻罪处以较轻刑罚也要能体现出重罪所处刑之重。只有合理使用“重”，才能使“轻”收到应有效果；只有适时使用“轻”，才能使“重”的作用得以发挥。

其次，是正确理解宽严相济刑事政策与“严打”政策的关系。对于宽严相济刑事政策与“严打”政策的关系，目前有两种不同的观点：一是认为依法从重从快的“严打”政策与宽严相济刑事政策是相符合的，两者之间是一种具体政策与基本政策之间的关系，“严打”政策是宽严相济刑事政策的重要体现和重要内容之一。二是认为“严打”政策和宽严相济刑事政策是两种不同的刑事政策，在“严打”时期，“严打”政策是实然的刑事政策，而惩办与宽大相结合的刑事政策是应然的刑事政策；“严打”政策体现的只是惩办的一面，“严打”政策在其内容上和惩办与宽大相结合刑事政策是相抵触的。我国在 1997 年修改刑法时之所以将 1979 年刑法第 1 条规定的惩办与宽大相结合刑事政策删除，主要还是为了给“严打”刑事政策让路。① 笔者认为，从“严打”的历史来看，本意上的“严打”政策是在某一时期依法从重从快打击某些严重危害社会治安的犯罪分子，它既不排除在同一时期对其他犯罪分子予以从宽处理，也不排除在其他时间尤其是社会治安缓和时期对这些犯罪分子予以从宽处理。因此，“严打”政策并不与宽严相济刑事政策相抵触，它是宽严相济刑事政策中从严的重要内容之一。“严打”政策之所以会在司法实践中出现这样或那样的问题，并不是因为“严打”政策本身有问题，而主要是由实践中片面理解甚至曲解“严打”政策所造成的，现在的问题不是要不要“严打”政策的问题，而是如何保证“严打”政策被正确依法执行的问题。

最后，是在刑事诉讼的各阶段切实贯彻宽严相济刑事司法政策。一是在刑事立案阶段严把案件材料审查关，使无辜者或不应当受刑事处罚之人不受刑事追究，同时严密法网，使有罪者不致逃脱刑事责任两方面。严密法网，在此体现的是宽严相济中“严”的一面。其要求一方面是严格依照法律的规定，只要有一定的证据证明犯罪事实发生，且没有《刑事诉讼法》第 16 条规定的情形之一，就应当立案；另一方面是立案机关应当在收到有关案件材料后及时审查并作出是否立案的决定，因为刑罚的确定性，不仅仅是一个该不该追究刑事责任的问题，还是一个能不能将刑事责任变成现实刑罚的问题。如果有犯罪事实发生，也应当追究刑事责任，但因为时过境迁或遭人为破坏没有证据证明，刑罚的确定性也不可能实现。宽严相济刑事政策中的“宽”，从我国刑事诉讼法规定来看，在此主

① 陈兴良：《宽严相济刑事政策研究》，载《法学杂志》2006 年第 1 期。

要体现在对行为情节显著轻微不予立案的规定上。即合理使用《刑事诉讼法》第16条第1项的规定："情节显著轻微、危害不大，不认为是犯罪的"，从犯罪的社会危害性、犯罪人的主观恶性、案件的社会影响等三方面进行权衡，可从宽不立案的就不立案侦查。二是在侦查程序中，最能体现宽严相济刑事政策是强制措施的适用和案件侦查终结后的处理两方面。从我国有关强制措施的立法与有关司法解释来看，强制措施的适用本身已体现一种宽严相济的精神，目前要解决的主要是监视居住的使用问题，解决其在实践中的虚置现象。而对于侦查终结的处理来看，最能体现宽严相济精神的在于公安机关侦查终结的案件，因为检察机关侦查部门的侦查终结处理实际上只是一种内部处理意见，对外没有实际意义。对于公安机关的侦查终结的处理，要使其能充分体现宽严相济刑事司法政策，目前要解决的是扩大侦查机关在侦查终结时的处理权限，让其可以对一些双方当事人已经和解的轻微刑事案件作撤销处理。当然，从广义来看，公安机关作为侦查机关，充分行使和发挥其侦查职能，尤其是破案中关于案件证据的收集，把案件事实搞清、搞准，使证明从宽从严的事实情节的证据准确无误，为起诉、审判提供良好的基础和前提，这也是贯彻执行宽严相济刑事政策的应有之义。三是在审查起诉过程中，改革完善审查起诉的方式，保证宽严准确。从目前来看，我国的审查起诉程序在一定程度上已体现了宽严相济刑事司法政策，在从宽方面，有慎用强制措施尤其是逮捕这种强制措施，明确规定未成年人犯罪案件有7种情形可不予逮捕外，还规定未成年犯罪嫌疑人被羁押的，检察机关应当审查是否有必要继续羁押，可捕可不捕的不捕；借鉴国外暂缓起诉制度，对轻微案件慎重起诉；对确需提起公诉的轻微刑事案件在提起公诉的同时提出从宽处理的意见；快速办理轻微刑事案件。从严的方面包括两方面：一方面是体现在加强对某些严重犯罪案件的打击，该逮捕的就捕，该起诉的就起诉；另一方面是对于严重犯罪案件要及时处理，但不适用快速办理机制。但是，我国审查起诉实行的是一种书面色彩很浓的方式，这种方式并不能保证宽严准确，该起诉的就起诉，可不起诉的就不起诉。为了保证宽严适当，我们应当将我国审查起诉方式改造成一种听证方式，加强辩方抗辩能力，增强办案检察官的独立性，使审查起诉宽与严能得以恰当体现。四是在审判阶段，我国除了应当在实体上制定比较科学的量刑制度，使每个被告人被判处的都是与其刑事责任相称的刑罚处罚外，还应当改革和完善刑事审判程序，建立宽严不同的审判程序，使在对被告人审判的程序上也能体现宽严相济的刑事政策。一方面是引入和解制度，完善现有的简易程序。在我国简易程序中，不管是公诉案件，还是告诉才处理的案件与被害人有证据证明的轻微刑事案件，被告人的人身危险比较小，侵犯的也主要是被害人的利益，公共利益则较少。因此，在审判过程中，法院应当少用强制措施，或使用比较轻缓的强制措施，而不能使用逮捕措施，如果被告人能与被害人和解，并履行和解协议，法院就应当对被告人减轻或免除刑罚，或尽量判处缓刑，以体现简易程序的宽缓性。另一方面在被告人认罪程序中明确可以从宽判处的刑罚，使用轻缓的强制措施。因为被告人对指控的犯罪事实予以承认，本身就说明该被告人的人身危险性以及伪造证据、串供的可能性都比较小，对其适用强制措施尤其是逮捕的必要性不大，完全可以使用一些轻缓的强制措施而没有必要使用逮捕措施，而且被告人认罪后，其人身危险性低，国家也可以节省一笔不小的追诉资源与审判资源，作为对其认罪的“奖励”，国家应当明确“奖励”的幅度，增加认罪结果的可预期性。只有把“坦白从宽”的政策落到实处，才能促使被告人认罪伏法。五是在执行阶段，完善社区矫正程序和判刑程序，使刑事执行也能有宽有严。应当说，我国的社区矫正制度与量刑制度本身已体现了宽严相济刑事司法政策，但这些制度主要是从实体上进行了规定，其落实还有待合理的程序。我国的社区矫正程序和量刑程序应当说并不是很合理，存在很大的“暗箱操作”空间，不能保证宽严恰于其所。因此，我们应当增加相关程序的透明度，将现有书面裁定与决定程序改造为听证程序，切实保障被害人、罪犯等利害关系人和社会公众的程序参与权，以权利制约权力，保证程序结果的准确性，同时设立专门机构行使社区矫正或量刑的决定权和监管权，加强检察机关的监督力度。

（十）从国内优位转向国际优位

对于本国所签署的国际公约在本国是否具有法律效力，有国内优位和国际优位两种做法。所谓国内优位，也称国内法优先原则，它是指一个主权国家在国际公约与本国法律发生冲突时，基于国家主权的考虑，优先适用国内法。国际优位又称国际法优先原则，即一个主权国家在处理国际法与国内法的关系时，必须恪守所签署加入的国际公约，不得以国内法为借口而不执行自己已签署加入并批准实施的国际条约。

当今世界是一个由于国际分工的深化而不断加强合作与交往的世界，任何一个国家，如果不想被世界遗忘，如果想有所发展，就必须把自己融入国际社会之中。但是，在国际交往与合作中，出于利益最大化的考虑，国际摩擦难免时有发生，这就需要相应的规则加以规范，这些规则也就是国际公约。可以说，国际公约的存在是国际交往与合作得以发生的前提条件，而遵守所加入的国际公约，这是一个主权国家融入国际社会的前提条件。为此，确立并落实国际法优位原则已经为国际社会所共认，世界各国已经步入国际法优位的时代，一个法治国家要融入国际社会，就必须恪守自己所认可的国际法的准则和规定。例如，在俄罗斯，原苏联宪法和旧刑事诉讼法典均无国际优位原则的规定，2002年颁布的新刑事诉讼法典第 1 条第 3 款就以新宪法第 15 条第 4 款的规定为根据，明确规定："公认的国际法原则和准则及俄罗斯联邦签署的国际条约是俄罗斯联邦调整刑事诉讼的立法组成部分。如果俄罗斯联邦签署的国际条约规定了与本法典不同的规则，则适用国际条约的规定。"只是不同国家在适用方法上不一样而已，有的是转化适用，即把国际条约的内容转化为国内法后加以适用，而有的是直接适用，即不需要国内进行相应的立法而直接将条约的条款适用于国内，当条约与国内法相抵触时，采取国际法优于国内法的原则，美国、日本、法国等都采用这种做法。①

国际优位的理念或原则，虽然在我国的立法中早已有所体现，如早在中华人民共和国成立之初的 1955 年，周恩来总理在亚非万隆国际会议上就明确地向世界宣告："尊重基本人权，尊重联合国宪章的宗旨和原则……都是中国人民一贯主张，也是中国人民一贯遵守的原则。"我国《民法通则》第 142 条第 2 款明确规定："中华人民共和国缔结或者参加的国际条约同中华人民共和国的民事法律有不同规定的，适用国际条约的规定，但中华人民共和国声明保留的条款除外。"我国的民事诉讼法及行政诉讼法也作了同样的规定。但是，我国在刑事司法领域，国际优位原则却迟迟不能在立法中得以体现。在相当长的时间内，在极"左"思潮的笼罩下，对国际刑事司法准则和国际人权标准采取的是一种否定的态度，一种批判的做法。例如，关于"无罪推定"原则的认识和理解，凡是主张"无罪推定"原则的法学家，统统被打成"右派"分子，这一沉痛的教训，我们还记忆犹新。在这种情况下，无论是理论研究，还是刑事司法，占据人们大

① 程味秋、杨诚、杨宇冠编：《联合国刑事司法准则和中国刑事法制》，中国法制出版社 1998 年版，第 71 页。

脑的是国内优位的法律观。如果说在20世纪50年代末期，由于复杂的国际和国内斗争形势迫使我们不得不处于与外部世界相隔离的状态，从而也不得不实行一种国内法优位的原则。但在党的十一届三中全会以后，随着我国改革开放政策的实施，我国与世界已不再隔绝，我国渐渐融入国际社会，并于20世纪90年代，中国在国际社会中已经成为负有特殊责任的大国。这种形势的变化与时代的要求，已不容许中国不重视国际法，在刑事司法领域不重视国际刑事司法准则了。尤其是我国作为联合国的常任理事国之一，于1997年10月27日签署了联合国《经济、社会及文化权利国际公约》，并已经全国人大批准生效实施。于1998年10月5日签署了《公民权利和政治权利国际公约》（未批准）。这两个公约再加上联合国《世界人权宣言》，被誉为“国际人权宪章”，并且已成为联合国制定一系列国际人权公约、决议等法律文书时理论上和法律上的重要依据。特别是这些文件中所确立的诉讼原则、证据规则、诉讼人权标准、诉讼程序标准等，都是全人类诉讼文化的总结和结晶，都是诉讼文明的优秀成果，我们已没有理由再拒绝执行。因此，对于我国已签署并批准实施或待批准的这些公约，我们理应将之接受并转化为国内法加以执行，使之成为我国刑事诉讼法立法的渊源之一。

如何在这次刑事诉讼法的修改中以“国际优位”为指导，适用国际法优先原则，笔者认为着重要解决的问题有四：一是要认清改革开放的形势，明确我国在国际社会中的地位和应承担的责任，要解决在刑事司法领域内，如何正确处理好联合国刑事司法准则与国内法的关系，牢固地树立国际优位的法律观。把人的尊严和权利的保障贯彻在诉讼的各个环节中，既要惩罚犯罪，保障被害人及社会公众的合法权益，又要注意保障犯罪嫌疑人、被告人及一些诉讼参与人的合法权益，还要完整、准确地理解和掌握人权保障问题。对于对各国普遍采用的最低限度的一些刑事标准，我们不能借口“中国特色”、“条件不成熟”、“不能太超前了”等虚假的理由，而将之拒之门外。二是积极创造条件，促使我们已经参加、签署的国际公约批准生效并认真加以实施。中国作为联合国的创始成员国和安理会的常任理事国，对于联合国1945年6月26日签署的《联合国宪章》，1948年12月10日通过的《世界人权宣言》和1966年通过的两项关于人权国际公约——《经济、社会及文化权利国际公约》和《公民权利和政治权利国际公约》等文件的约束力，必须要有一个明确的认识。对于《联合国宪章》和《世界人权宣言》，中国作为参加国，对这两个文件规定的宗旨和原则，正如江泽民同志所说："我们应该致力于弘扬《联合国宪章》的宗旨和原则……《联合国宪章》就是一部国与国关系的指南，为我们指明了应循之路，各国都应该严格照章办事。"① 我们必须严格执行。联合国刑事司法准则高度重视刑事司法中的人权保障，它的前瞻性和针对性，从长远着眼于对犯罪的预防的有关规定，都对我国有着明显的指导意义。②《公民权利和政治权利国际公约》第9条关于人身自由和安全的权利的规定，第14条关于刑事司法中各项准则和标准的规定，作为世界多数国家通行的最低标准，对于完善和改革我国的刑事司法制度，对于推进刑事诉讼法的科学化与民主化都有非常重要的移植和借鉴意义。一旦全国人大批准生效后，除有可能保留的条款外，我们必须奉行国际优位原则，认真地加以实施。三是对于国际上通行的带有普遍意义的做法，特别是刑事诉讼的一些最低限度标准，笔者的看法是不宜随意持保留意见。正如当前人们议论较多的是刑事诉讼中犯罪嫌疑人、被告人的沉默权问题，或曰"不被强制作不利于他自己的证言或强迫承认犯罪"。不管人们对这两种称谓的含义如何理解，笔者认为，中国应当积极地创造条件加以实施，赋予犯罪嫌疑人、被告人这一权利，这对司法文明水平的提高，对遏制刑讯逼供，对消除口供主义，保证案件的质量有着非常重要的作用。再如沉默权，其创设本身就是人类历史的一个进步，就是一个反封建专制的产物，它对防止司法专横，促使刑事司法的民主和法治都有重要的作用。因此，在签署和批准国际公约之后，对沉默权问题，我国不应作出彻底的保留，但可根据我国的具体情况，适当地加以限制，或作一些例外的规定，这是完全可以的。例如，英国就对沉默权作了一些限制性的规定。1944年《刑事审判与公共秩序法》第34、35、36、37条规定，在一些法定的情况下被告人的沉默权可以用作对他不利的证据。当然，在这些情况之外，沉默权规则仍然有效。③ 英国1987年《刑事审判法》第2条规定："在严重欺诈调查局的官员调查欺诈案件过程中，接受讯问的犯罪嫌疑人如果在没有合理理由的情况下拒绝回答提出的问题或者说谎，这本身就构成犯罪，并可能被判处短期监禁刑罚。"④ 四是在刑事诉讼法立法技术和行文上，笔者认为，可在刑事诉讼法的诉讼原则部分，采用上述民事诉

① 程味秋等编：《联合国人权公约和刑事司法文件汇编》，中国法制出版社2000年版，第1页。
② 陈光中、江伟主编：《诉讼法论丛》（第2卷），法律出版社1998年版，第16页。
③ 陈光中、江伟主编：《诉讼法论丛》（第2卷），法律出版社1998年版，第368页。
④ 陈光中、江伟主编：《诉讼法论丛》（第2卷），法律出版社1998年版，第367页。

讼法、行政诉讼法的规定，增加一条关于国际法优位原则，其具体表述可以参考俄罗斯刑事诉讼法典第 1 条第 3 项规定的表述方法，并完整规定无罪推定原则、不被强迫自证其罪原则以及完整的公开和辩护原则等。在诉讼制度和程序方面，要在辩护制度的改革，法律援助制度的完善，证据制度的修订，侦查程序的设计与人权保障相一致，审判方式的改革与完善，通过死刑程序的严格限制以达到逐渐缩小死刑适用等一系列问题上，认真仔细地对照国际刑事司法最低准则，以求实现二者的统一和协调。